U0454493

乡村旅游高质量发展案例研究

程丛喜　彭雪婷　著

WUHAN UNIVERSITY PRESS
武汉大学出版社

图书在版编目(CIP)数据

乡村旅游高质量发展案例研究 / 程丛喜,彭雪婷著 . -- 武汉 : 武汉大学出版社, 2024.12(2025.5 重印). -- ISBN 978-7-307-24469-6

Ⅰ. F592.3

中国国家版本馆 CIP 数据核字第 2024NZ5861 号

责任编辑:陈 红　　　 责任校对:汪欣怡　　　 版式设计:马 佳

出版发行: **武汉大学出版社**　 (430072　 武昌　 珞珈山)

(电子邮箱 : cbs22@ whu.edu.cn　 网址 : www.wdp.com.cn)

印刷:武汉邮科印务有限公司

开本:720×1000　 1/16　　 印张:24.5　　 字数:411 千字　　 插页:1

版次:2024 年 12 月第 1 版　　 2025 年 5 月第 2 次印刷

ISBN 978-7-307-24469-6　　　 定价:98.00 元

版权所有,不得翻印;凡购我社的图书,如有质量问题,请与当地图书销售部门联系调换。

序　言

　　乡村旅游是以具有乡村性的自然和人文客体为旅游吸引物，依托农村区域的优美景观、自然环境、建筑和文化等资源，在传统农村休闲游和农业体验游的基础上，拓展开发会务度假、休闲娱乐等项目的新兴旅游方式。在 2004—2024 年连续发布的 21 个中央一号文件中，"三农"工作一直作为我党工作统筹推进的重要内容，其中多个文件明确规定了大力发展休闲农业与乡村旅游的具体措施。从 2014 年开始，国务院、国家旅游局(现文化和旅游部)、国家发展和改革委员会、国土资源部(现自然资源部)等部门陆续发布或联合发布了一系列的乡村旅游政策，为乡村旅游开发、发展提供了支持和保障。2014 年 8 月公布的《国务院关于促进旅游改革发展的若干意见》提出大力发展乡村旅游来拓宽农村发展路径；2015 年 8 月公布的《国务院办公厅关于进一步促进旅游投资和消费的若干意见》提出实施乡村旅游提升计划，大力推进乡村旅游的实施；国务院 2016 年 1 月中央一号文件明确规定要大力发展休闲农业和乡村旅游；2016 年 8 月原国家旅游局等 12 个部门制定并印发《乡村旅游扶贫工程行动方案》，确定了乡村旅游扶贫工程的五大任务和实施乡村旅游扶贫八大行动等，所有这些充分说明乡村旅游在乡村发展中越来越得到重视，其发展程度直接影响农村发展的持续性、健康性、稳健性。

　　近年来，随着城乡居民收入水平的不断提高和消费方式的不断转变，作为新型农业产业业态和新型消费业态的休闲农业与乡村旅游，已经成为横跨农村一二三产业的新兴产业，促进农民就业增收和满足居民休闲需求的民生产业，缓解资源约束和保护生态环境的绿色产业，发展新型消费业态和扩大内需的支柱产业。当前，正值"美丽中国""美丽乡村"建设和"乡村振兴"黄金期，为休闲农业与乡村旅游带来难得的发展机遇，蕴含着巨大的发展潜力。休闲农业与乡村旅游是以农业生产模式和农村生活方式为要素，以自然资源和地域文化为载体的生产经营活动。两者可以独立存在，亦可以包容并举。休闲农业与乡村旅游具有广阔的物理发展空间，其吃住行游娱购的行业特征，具有改变传统农业生产方式的带动功能，具有吸纳农民就业的承载功能，具有拓展新农村建设内涵的牵动功能，具有促进农村经济社会发展的承接功能。发展休闲农业与乡村旅游是后现代农业的重要标志，是实现城乡一体化的重要举措。因此，开展休闲农业与乡村旅游方面的研究具有重要的理论意义和实践意义。

该书将立足于乡村振兴、精准扶贫、"互联网+"、农业供给侧结构性改革背景，聚焦乡村旅游为平台的农产品营销、乡村旅游精准扶贫、三产融合、文旅融合及乡村旅游安全、乡村旅游游客满意度等问题的研究，详细分析相关案例的研究背景、研究理论基础等内容，在分析相关典型案例的基础上，针对休闲农业与乡村旅游发展过程中存在的问题提出切实可行的对策建议，旨在探索休闲农业与乡村旅游发展趋势、发展规律及内在联系，为我国休闲农业与乡村旅游的科学发展、研究推广及经营管理提供参考借鉴。该书主要内容包含7个休闲农业与乡村旅游研究案例，是作者与研究生们多年实地调查研究成果及经验的总结。从研究主题来看，该书瞄准的都是我国时下急需解决的热点问题，就农村地区如何利用乡村旅游促进农产品营销、乡村振兴、农业供给侧结构性改革、文旅融合发展等有针对性地提出了一系列相应的策略，具有较强理论意义和实践指导性。从研究方法来看，综合运用了案例分析、调查研究等多种研究方法，定性分析和定量分析相结合，分析存在的问题及原因，借鉴相关典型成功案例的经验启示，使得相关对策建议更加科学全面。从研究成果来看，该书聚焦新时代我国休闲农业与乡村旅游发展的相关热点，经过科学论证发现相关问题并提出有针对性的解决策略，为湖北省乃至全国类似地区的乡村旅游经营主体以及当地相关政府部门如何因地制宜地利用好乡村优势资源，实现农村美、农业强、农民富，振兴乡村，提供科学有效的策略建议。

该书受武汉轻工大学湖北县域经济发展研究中心（Center for County Economic Development Research in Hubei）资助出版，感谢研究中心余茂辉教授、高全胜教授、赵喜洋教授、赵伟锋教授等的大力支持和帮助。

笔者写作此书的过程中还得到了政协湖北省委员会，湖北省委统战部，政协武汉市委员会，民进湖北省委会，湖北省文化和旅游厅，民进武汉市委会，武汉市文化和旅游局，湖北省旅游学会，汉江师范学院，武汉轻工大学党委统战部、管理学院、经济学院、科学技术发展院、研究生院等有关领导以及老师的大力支持和帮助，在此表示衷心的感谢！还要感谢毛锋、李清扬、来凡、方诗豪、苏兰兰、喻寒莉、杨文静、郭雨露、康金倩、胡嘉祺、耿朋飞、向兰、季哲斌、秦熹微、徐光木、寇倩、李正银、江伟、王绣、刘保丽、陈顺良、罗琳、车前亮、严丽、陈媛媛、徐一凡、何宇硕、姚自强、李鹏、陈伟、陈彤敏、郑静、蒋潞、潘振兴、段翔宇、张阳阳、余品杨、孙鹏、魏慧、李文娟、纪婷婷、王勇、邹林翰、顾柳柳、刘开元、徐文瑾、王春慧、曹国辉、彭雪婷、魏萱、王田田、杨田静、张兆亿、张逸飞、刘广澳、徐心娱、郭丽、邓莫寒等，感谢他们为该书提供了丰富的资料、有建设性的建议以及付出的辛勤工作。

由于水平有限，书中的疏漏和不当之处在所难免，恳请广大读者批评指正。

作　者

于武汉轻工大学

2024 年 6 月

目　录

湖北省房县发展黄酒文化乡村旅游促进乡村振兴研究

1. 研究背景

1.1 中央政策支持引领，发展乡村旅游助力乡村振兴动力强劲

在 2018 年中央一号文件中，乡村旅游的概念首次与乡村振兴联系在了一起。近几年的实践证明，乡村旅游在推动我国农村地区产业的进步、促进我国农村经济的发展、助力我国乡村振兴过程中发挥着突出的作用。笔者纵观 2015 年至 2021 年的中央一号文件发现，它们都或多或少地对发展乡村旅游助力乡村振兴做了强调与说明。由此可见，发展乡村旅游已成为我国深入开展"三农"工作与全面实施乡村振兴战略的重要推动力，不少地方政府立足当地实际制定和实施相关政策，以期通过发展乡村旅游促进当地乡村社会的进步与经济的发展进而助力乡村的全面振兴。大力发展乡村旅游有利于优化农村的产业结构促进农村产业链在横向以及在纵向上的有机延伸进而大大发掘与激发农村产业链的深层价值，进一步促进农村地区三产的融合发展从而助力乡村的产业振兴；有利于激发我国乡村特色文化资源活力，促进文化+旅游深度融合发展从而助力乡村的文化振兴；有利于改善农村生态环境与人居环境，促进美丽乡村建设从而助力我国乡村的生态环境振兴；有利于进一步提升农村的基层治理水平，助力乡村实现有效治理；有利于农民参与乡村旅游的发展增收致富，实现生活富裕。总之，发展乡村旅游对于促进我国农民的增收致富、农业的高质量发展、农村的美丽宜居，最终实现乡村振兴具有重大的推动作用。

1.2 房县文化旅游资源优势明显，发展乡村旅游助力乡村振兴潜力巨大

　　房县地处湖北省西北部，向北毗邻"中国道教圣地"武当山，向南倚靠有着"华中屋脊"之称的神农架，它是"两山"之间的重要节点。房县在古代很长一段时间内被称为"房陵"，房县山清水秀、地广物博、林木葱郁、环境优美。自周朝建城以来，房县这片土地孕育出了许许多多灿烂的文化，经过历朝历代文人雅士的发扬与民间百姓的传承，房县如今形成了"尹吉甫采诗"的诗经文化、"庐陵王李显东山再起"的黄酒文化、"神农尝百草"的中药文化等，其中最具特色的要数房县的黄酒文化。房县有着悠久的黄酒历史与厚重的黄酒文化，早在西周时期，房陵黄酒就已经成为"封疆御酒"；唐朝时期，武则天称帝贬李显至房县为庐陵王，李显在房县与随行的宫廷技师对房县黄酒做了改良与优化，后李显复位称帝为唐中宗。在位期间李显大力推崇房县黄酒，并封之为"皇酒"，使房县黄酒得到了长足的发展与强盛。历经千年的文化积淀与技艺传承，房县黄酒背后的故事与传统文化在房县广为民间百姓熟知，房县黄酒在房县民间成为家家户户会做、爱喝的珍品酒。房县黄酒还多次登上了央视的《探索发现》栏目，房县黄酒文化成为房县乡土文化中最璀璨的明珠。在当前乡村振兴背景下，房县蕴藏着发展黄酒文化乡村旅游的巨大潜力。

1.3 房县发展黄酒文化乡村旅游助力乡村振兴已取得初步成效

　　近年来，房县县委、县政府坚持"借'两山'之盛名，承'两山'之辐射，与'两山'同互补，同'两山'共相融"的发展方略和"全域旅游"发展理念，立足于房县的美丽山水与特色黄酒文化做文章，打造黄酒文化乡村旅游升级版，全县乡村旅游红红火火。与此同时，作为房县发展黄酒文化乡村旅游助力乡村振兴的前沿阵地，房县土城村坐落在湖北省"一江两山"黄金旅游线上，209 国道穿村而过，村内大部分居民擅长酿造黄酒，风景优美、过境客流量大、黄酒酿造技艺先进，发展黄酒文化乡村旅游优势明显。房县县委、县政府将土城村作为发展黄酒文化乡村旅游的发力点，以酒香为魂、花香为景、茶香悟道、稻香思源为总体发展思路，制定发布相关支持政策，直接投入资金 1000 余万元，大力引入社会资本，在土城村成立房县土城村黄酒专业合作社，扶持土城村村民进行系统化学习并发

展了 257 户房县黄酒酿造专业户，着手打造面向华中、宣扬房县黄酒文化、主打乡村旅游的土城黄酒民俗文化村。土城黄酒民俗文化村的建设直接带动了周边 5 个村发展黄酒生产 200 余户，实现年销售黄酒 800 万斤、产值 8000 余万元，同时直接带动当地村民 1300 余人参与黄酒文化乡村旅游的服务、生产、销售等环节实现灵活就业，人均增收 3000 余元，带动贫困户 57 户、176 人稳步走上致富之路。围绕着"一壶黄酒"，房县通过发展黄酒文化乡村旅游实现了"黄酒经济"在全县的遍地开花。据现有已公布数据，自房县 2018 年年底建成土城黄酒民俗文化村以来，2019 年 1—10 月房县全县乡村旅游接待游客高达 341 万人次，实现旅游收入 23.5 亿元，实现了近几年内房县乡村旅游的小高峰。乡村旅游已成为支撑房县乡村振兴、经济持续发展、人民增收致富的重要产业之一，初步形成了一二三产业深度融合、协同发展的乡村旅游良好局面。

由上可见，目前房县发展黄酒文化乡村旅游助力乡村振兴已经取得了良好的成绩，特别是以房县土城黄酒民俗文化村为代表，已经实实在在带动了一批村民脱贫致富。但是，房县的黄酒文化乡村旅游发展时间相对较晚，目前还处于起步阶段，房县除了土城黄酒民俗文化村，境内其他乡村都没有系统地发展黄酒文化乡村旅游助力乡村振兴。而且学术界对湖北省房县发展黄酒文化乡村旅游助力乡村振兴的研究也极少。因此，新时代背景下房县如何更加科学、有效地发展黄酒文化乡村旅游，从而更好更快地促进房县乡村振兴、产业发展、创新繁荣房县乡村产业、弘扬房县黄酒文化，最终实现房县乡村的全面振兴具有重要的研究意义。

2. 相关概念及理论基础

2.1 相关概念

2.1.1 乡村旅游

乡村旅游是一种以观光旅游、康养休闲为主旨，以乡野村落为目的地，以乡村目的地的特色景观、风俗人情、文化资源、美食特产等为核心旅游吸引物的一种新兴的旅游方式。目前，在我国的学术界，针对乡村旅游的定义仍然存在争论，这主要是因为不同的学者在研究乡村旅游这一课题时所偏向的内容不同。笔者认为，只有全面认识到乡村旅游的五大特征，才能充分厘清乡村旅游的概念。乡村旅游有以下五大特征：

(1)地域性：我国幅员辽阔、物产丰富、人口众多，特别是我国农村地区的文化以及旅游资源各有千秋且形态各异，主要包含农村传统风俗、农村特色民风、农村自然生态环境、农民的劳动作业状态等，以上这些均会因所处地域的水土、气候、历史、区位条件的不同而存在差异。

(2)季节性：众所周知，旅游活动受季节影响较大，乡村旅游更是如此。不同于人们的衣食住行，乡村旅游活动的进行会因时间与季节的变化而存在较大的差异。"杜鹃花不是春夏秋冬都有，樱桃也不是一年 365 天都有……"所以，对于乡村旅游活动来说，在不同的季节、不同的时间，乡村旅游活动对人们的吸引力是不一样的。

(3)原真性：乡村旅游之所以对于都市人群有着较强的吸引力，是因为乡村旅游具有都市观光旅游所不具备的原真性，体现在乡村旅游本色的农村生产生活方式、原生态的自然资源、极具乡土气息的民俗文化以及淳朴本真的乡村旅游环境，可以给予旅游者回归本真、感受乡愁的真实旅游状态。

(4)体验性：乡村旅游活动并不仅仅包含乡村观光游览，还集中了乡村娱乐活动、乡村民俗文化体验活动、乡村特色美食品鉴、乡村绿色生态环境疗养、乡村旅游商品交易等一系列复合型的活动，游客在乡村观光游览、休闲放松的同时，品尝当地特色美食、感受当地独特的民俗风情、体验乡村各类生产生活环节活动等，这些都是乡村旅游体验性的重要体现。

(5)定向性：乡村旅游不仅是要供人们观光游览、休闲放松，同时还要满足广大旅游者的消费需求，对于不同喜好和消费倾向的消费者，乡村旅游可以定向发展出不同的模式来迎合消费市场，如越野定向、田园定向等。

2.1.2 酒文化

相传在黄帝时期，杜康首先发明了酿酒技术，在商周时期，人们开始大量酿造黄酒。在绵延几千年的中华文明演化与人类社会发展中，智慧的中国人民通过不断地劳作，又发明了白酒、药酒等不同的酒类，随着人们的各类社会交流活动的增加，酒也不断与我国社会的文化、政治、娱乐、饮食等各方面紧密结合，中国的酒文化逐渐形成并得到长远的发展。历朝历代以来，上到王侯将相、达官贵族，下至平民百姓，无一不陶醉在酒带来的欢快与愉悦之中，同时，在觥筹交错之中，无数的文人雅士、英雄豪杰借酒助兴、灵感大发、挥斥方遒，歌功颂德，留下了无数卓越的诗词名篇、礼节典故，中国的酒文化也得以发扬光大，一直流传至今，并在中华文化史上占据着极为重要的地位。在我国学术界，经过多年的研究与探讨，按照酒的类型来分，我国的酒文化又分为黄酒（酿造酒）文化、白酒（蒸馏酒）文化等（见表1）。

表1 中国酒文化分类（按酒的类型分）

主要类型	基 本 内 容	典型代表
黄酒文化	在公元前一千多年的商周时期，勤劳智慧的中国人创造性地发明了酒曲发酵酿酒法，从那之后中国人开始大量酿造黄酒。黄酒是中国人独创的且极具历史价值的酒类，黄酒因其生性温和、厚重雅致的特点被儒家所推崇，历史上"武松打虎""关公温酒斩华雄""贵妃醉酒""李白酒后作诗"等典故中的酒都是黄酒，黄酒也被人们称为"国粹"。现在我国有名的黄酒有江南的绍兴黄酒、湖北的房县黄酒等	庐陵王黄酒制酿文化、绍兴黄酒文化等
白酒文化	宋代时期，人们开创了蒸馏法，自此白酒登上了历史舞台，自宋朝以后，白酒逐渐替代黄酒成为中国人饮用最广泛的酒类。宋元时期，正值中国词文化与书画的巅峰时期，无数文人雅士因白酒助诗词之兴，留下许多脍炙人口的佳作，如宋朝苏东坡的"把酒问青天"、元朝黄公望酒后挥毫作画《富春山居图》等	贵州仁怀市酱香酒文化、山西的汾酒文化等

2.2 相关理论基础

2.2.1 乡村振兴理论

农业的发展始于乡村，扎根于乡村，也兴旺于乡村，可以说，我国的发展与富强程度很大一部分与我国乡村的兴旺与富强有着极为紧密的关系。2018年发布的中央一号文件明确未来我国实现乡村振兴战略的五大任务：实施乡村振兴战略，必须协调我国农村的产业进步、精神文化建设、基层治理水平、人居生态环境、农民收入水平五大方面有机发展。

（1）乡村振兴的重点在于乡村的产业兴旺。产业是我国农村地区经济社会发展的强力引擎与核心驱动力。乡村要振兴，产业必须先行发展，我国的农村地区要积极协调农业、工业、服务业三大产业融合发展，同时还要协调统筹推进农村的各产业链在横向及纵向上的有机延伸与健康发展，鼓励农村地区因地制宜发展具有当地文化特色、生态特色的乡村旅游产业，大力扶持农村各类生产以及经营主体的快速发展；

（2）乡村振兴的关键在于乡村的生态宜居。大自然是人类赖以生存的家园，"绿水青山就是金山银山"，我国的任何地区、任何行业的发展与进步都不能建立在以破坏环境、牺牲生态的基础上。特别是在乡村地区，美丽宜居的生态环境与富饶的自然资源更是我国乡村地区的一笔宝贵的资源，所以在大力推动乡村产业发展的同时必须保护好生态资源，坚持人与自然和谐共生；

（3）乡村振兴的重要保障在于乡风文明。乡风文明能否实现的基础主要体现在乡村文化精神能否得到充分的挖掘。在新时代，要坚持中国特色社会主义核心价值观，抓牢农村地区的精神文明建设；大力传承和发扬我国乡村地区优秀的、有地方特色的传统文化；抓牢农村地区居民的文化自觉意识与科学文化素养建设，进一步发挥农民在乡村文化的传承与创新上的主体作用，提升乡村社会文明程度；

（4）乡村振兴的基础在于乡村的有效治理。实施乡村振兴战略，要求党员带头，深入基层，这就对我国乡村地区基层党组织和行政管理部门的治理能力水平提出了更高的要求。必须坚持党的领导，政府负责，团结全国群众，利用好社会上一切资源，完善相关政策机制，通过德治、法治、自治等手段把我国乡村地区建设得更加美丽、更加平安、更加和谐；

（5）乡村振兴最根本的目的就在于不断改善乡村老百姓的生活，让老百姓过上更加富裕、更加美好的生活。要在重点民生项目上加大投入，不断改善乡村地区的教育、医疗、就业、社保、基建、生态环境，进一步促进农民增收，使农民生活富裕。

2.2.2 扶贫带动论

该理论系国务院扶贫办副主任、中国扶贫发展中心研究员黄承伟基于习近平总书记关于我国扶贫脱贫工作的重要讲话及论述，同时结合了带动论所总结梳理的、旨在为我国脱贫扶贫工作提供指导的全新理论。中国推进扶贫脱贫工作一直以来的重要理念就是通过发展产业、发展经济带动减贫，这也是世界各国进行脱贫扶贫工作的一致观点。该理论可细分为经济发展带动、区域发展带动、产业发展带动三个方面。

一是经济发展带动。经济的发展可以有效地带动大规模的脱贫，但是当某一个地方经济社会的发展水平达到一定程度逐渐趋于放缓之后，继续发展当地经济对脱贫的带动作用将逐渐减弱，此时该地的经济增长方式就需要进一步的创新，需要更强力、更具有包容性的经济增长方式更好更快地促进脱贫。以中国为例，自 20 世纪 80 年代我国全面实行改革开放以来，中国经济走上了持续的稳定增长的高速路，在此期间国家出台实施了一系列扶持贫困人口脱贫的政策，从而在21 世纪第一个 10 年之中实现了国家经济快速增长的同时，中国也实现了大范围、大量的减贫。然而，在 2010 年之后，中国脱贫扶贫工作中的难题日益显现，主要表现在中国的贫困人口分布呈现出了"大分散小聚集"的现象，与此同时，各种非共性、非普遍性而导致的贫困人口或村落无疑成了一块块"硬骨头"。此时，采用消除普遍性的、大区域性的、共同性的贫困难题的经济发展带动方式已然无法发挥有效作用，所以，以上的现实为我国实施精准扶贫、打响脱贫攻坚战奠定了客观基础。

二是区域发展带动。一直以来，中国对于扶贫的态度都不仅仅局限于"单打独斗"，中国的扶贫工作始终是围绕着地方的发展同步进行的。消除贫困，守株待兔、单打独斗是行不通的，必须将扶贫与发展有机结合起来，在扶贫中不断发展，在发展中解决贫困，这不仅是具有中国特色的扶贫做法，更是有中国特色减贫道路的基本方法论。中国进行专项扶贫减贫工作最初遵循的理念和路径就是区域发展带动论，即首先确定一批经济发展落后的连片贫困地区，在宏观层面上针对这些贫困地区出台相关的支持政策、加大财政倾斜力度，旨在加快这些贫困地区产业的进步与经济社会的发展从而带动脱贫。

三是产业发展带动。通过发展产业带动减贫，是全球面临的减贫难题，当然这个"难"就难在贫困地区如何因地制宜、实事求是地发展产业，如何选择产业类型，从而更好更快地促进当地的产业扶贫。中国在产业扶贫方面也进行了长期的、大量的探索，并从中汲取和积累了较多的成功经验与做法。这些都很好地在乡村振兴战略中体现了出来，并以加快构建现代化创新驱动发展的农业生产体系、加快农村三产深度融合发展等为主要做法，构建了中国的产业扶贫论。

2.2.3 乡村文化旅游相关理论

乡村文化旅游是指旅游者在乡村地区选择相关的休闲娱乐、观光游览、实地体验等方式来满足自身文化需求与深化旅游体验感的综合旅游活动的集合。

从乡村振兴角度来说，乡村振兴的重要保障是乡风文明，而文明乡风建设的基础则在于充分发掘、传承和创新乡村优秀精神与乡村特色文化，融合了乡村优秀精神与特色文化的乡村旅游则是推进乡村振兴全面实现的强力引擎。

从文化发展的视角看，乡村文化旅游是一种时代契机，在新时代我国发展乡村文化旅游可以有效促进乡村文化资源进行创造性转化。

从乡村发展动力视角看，乡村文化旅游更像是一台"输血泵"，政策支持和资本引入为乡村文化旅游的实践提供了保障，乡村文化旅游的实践如同一台"输血泵"源源不断驱动着先进技术与丰富资源为乡村所接纳、驱动着先进生产方式与能力逐渐为农民所掌握、驱动着市场意识与产业模式为农业所吸收。

从文旅融合的视角看，乡村文化与乡村旅游两者之间的深度融合发展，有利于促进我国乡村旅游新业态的更迭和乡村特色文化资源的创造性转化，从而进一步推动我国乡村的文化振兴，最终助力我国乡村的全面振兴。

从统筹城乡发展的视角看，我国的城市与乡村发展水平悬殊，存在着发展不平衡不充分问题，三农发展现代化水平滞后，而乡村振兴战略正是在这一背景下提出来的。发展乡村文化旅游产业可以将创造价值的文化和传递价值的旅游串联起来，能够有效作用于农村的文化建设和文化振兴，从而进一步作用于乡村振兴。同时，通过发展乡村文化旅游有利于调动城市居民的"乡愁"使其走向农村、拥抱农村，有利于激发乡村居民对于大城市美好生活向往的"城愁"，进一步加强城乡居民的交流，促进我国高效推进现代化"三农"工作，从而有效统筹城乡发展促进乡村振兴。

3. 湖北省房县发展黄酒文化乡村旅游促进乡村振兴价值分析

房县通过发展黄酒文化旅游业可以带动乡村经济的发展，促进"三产"融合发展实现产业兴旺、带动农村百姓就业创业实现增收脱贫致富、繁荣房县乡村文化、改善房县乡村的人居环境、弘扬房县黄酒文化打造长久经济名片，最终实现房县乡村旅游业又好又快发展，进一步促进房县的乡村振兴。

3.1 有利于促进三产融合发展，实现产业兴旺

2018 年中央一号文件中明确指出，要实现农村的产业兴旺，实施特色乡村旅游精品工程是重点。对于房县来说，发展有房县特色的黄酒文化乡村旅游是促进房县农村三产融合发展的重要途径。目前房县全县年销售黄酒收入逾 3.5 亿元，通过发展黄酒相关乡村旅游直接或间接实现旅游综合收入逾 7 亿元，各类黄酒文化乡村旅游产品与商品的蓬勃发展直接带动了房县及周边县市区发展水稻生产基地逾十万亩，带动一大批当地居民再就业、再创业，也带动了各类包装工业企业、深加工企业的蓬勃发展。

在乡村振兴的大背景下把握国家的政策优势、同时充分利用房县优良的乡村生态和独有的黄酒文化资源，在此之上发展黄酒文化乡村旅游有助于解决房县乡村地区发展中存在的产业结构老化、产业核心竞争力不强、产业的发展活力不足等问题，从而进一步优化升级房县的乡村产业结构，在纵向上延长黄酒产业链，在横向上拓宽黄酒价值链，在极大地促进房县黄酒产业的发展的同时，推动房县以黄酒产业为核心的一二三产业链的深度融合发展，促进乡村经济效益又好又快增长，最终实现产业的兴旺，助力乡村振兴。

3.2 有利于改善乡村人居环境，实现可持续发展

乡村旅游的特色在于游客可以体验生态无污染、环境无破坏的村野旅游产品，不同于城市旅游，我国乡村地区发展乡村旅游的最大优势就在于农村地区拥有优美的生态环境。乡村旅游的发展在促进乡村产业链融合发展、提升居民收入的同时，还能提升居民保护环境的意识，能够促进乡村居民主动接纳并逐渐习惯更加文明、更加环保的生活方式与工作模式，进而推动乡村的生态环境建设。黄酒文化乡村旅游的发展与推进将一幢幢古朴的民居变为美丽的休闲民宿，将一壶壶醇香的黄酒变成热门的旅游商品，将一间间黄酒作坊变为充满乐趣的旅游体验馆，这些变化也极大地改善了乡村的人居环境。与此同时，房县黄酒民俗文化村也与线上电商及 OTA 平台如京东、携程等建立了合作关系，京东物流入驻房县土城黄酒民俗文化村极大地解决了房县黄酒出山难的困境，携程旅行 App 上架各类房县黄酒文化乡村旅游产

品(如房县土城黄酒民俗文化村研学一日游、房县黄酒品鉴游、房县土城黄酒民俗文化村民宿套餐等)为房县黄酒文化乡村旅游引来了大量的客流,这些都带来了巨大的经济效益。渠道打开了,名气变大了,游客更多了,村民的钱包也更鼓了,发展房县黄酒文化乡村旅游所带来的经济效益反过来驱使土城镇政府、土城黄酒民俗文化村合作社、土城村民主动加强土城黄酒民俗文化村的基础设施建设、改善乡村的交通环境、美化乡村的生态环境,创建更加美好、更加生机勃勃的房县黄酒文化乡村旅游环境,吸引更多的客源、投资、物流、宣传流量。所以,湖北省房县通过发展黄酒文化乡村旅游能够有效地带动当地转变传统的行为方式与生产生活方式,让村民们主动维护与改善土城黄酒民俗文化村的生态环境与人居环境、主动参与打造更美好的房县黄酒文化乡村旅游产品,实现湖北省房县黄酒文化乡村旅游的可持续发展进而助力房县的乡村振兴。

3.3 有利于繁荣乡村文化,助力乡村旅游高质量发展

有文化的地方就有旅游,有旅游的地方也少不了文化的存在,总而言之,文化和旅游的发展是相辅相成的。乡村优秀文化与乡村旅游的融合发展往往可以产生"1+1>2"的效果,促进乡村旅游的高质量发展并为当地带来良好的社会与经济效益,从而进一步助力乡村振兴。近两年来,房县县委、县政府把发展黄酒文化乡村旅游作为房县推动乡村振兴、脱贫攻坚工作的重点,积极培育以房县黄酒文化乡村旅游为核心的新业态的发展与壮大。为了进一步传承与发扬房县的黄酒文化,不断壮大房县黄酒文化乡村旅游产业从而助力房县的乡村振兴,房县土城黄酒民俗文化村在县委、县政府的主导下于 2018 年正式建成迎客。在房县土城黄酒民俗文化村,一间间集生产、体验、交易为一体的黄酒作坊整洁美观,一幢幢充满了房县黄酒文化气息的特色民宿鳞次栉比,以房县黄酒文化为主题的文化广场热闹非凡,土城花田酒溪度假村内的中国房县黄酒文化酒博物馆、房县黄酒文化生态茶园也是游人如织。一系列以房县黄酒文化为主题的乡村旅游产品和项目悉数落地,房县土城黄酒民俗文化村开村不到 6 个月时间,共计接待省内外游客约 15 万人次,房县土城黄酒民俗文化村已然成为房县推动乡村旅游高质量发展、促进乡村振兴的一支先锋力量。

3.4 有利于加强基层治理水平,推动幸福和谐乡村建设

基层治理水平的高低可以影响一个地区发展乡村旅游的质量,反之,一个地

区乡村旅游的发展也有利于促进当地基层治理水平的提高。在 2018 年中央提出实施乡村振兴战略后，房县县委、县政府以土城村为前沿阵地着力打造以房县黄酒文化为核心的、以弘扬房县黄酒文化与特色民俗文化为任务的、以乡村旅游为主要内容的、面向全国的中国土城黄酒民俗文化村。在房县县委、县政府的政策鼓励与资金扶持下，房县土城村委会坚持共建共治共享的理念，成立土城村黄酒合作社，引进社会资本，大力发展以房县黄酒文化为核心的乡村旅游产业。如今的土城村，整洁靓丽的马路修起来了，古朴美观的民宅民宿建起来了，游手好闲的人少了，学习酿造黄酒、从事黄酒民俗旅游产业的人多起来了，村内随处可见前来游览购物的游客，房县土城黄酒民俗文化村的经济得到了长足的发展，村民全部实现了脱贫。土城村村支书耿吉奎认为，土城黄酒民俗文化村能够取得如今的成果，与基层管理者的担当和智慧是分不开的，同样，如今一片生机勃勃的土城黄酒民俗文化村也激励着每一名基层管理者不断前进，为把土城黄酒民俗文化村建设成全国闻名的房县黄酒文化乡村旅游目的地而不懈努力。

3.5 有利于带动百姓创业就业实现增收致富，巩固脱贫成果

"小黄酒助力真脱贫"，房县土城村的瞿万江就是一个典型案例。2015 年刚从外地打工回家的他在村委会的帮扶下建起了自家的黄酒作坊，跟着土城村的黄酒合作社学习酿酒手艺，在土城镇党委与土城黄酒民俗文化村委会的支持与他自身的勤劳苦干下，他家的黄酒产量年年攀升，酒的质量也是越来越好。依靠着黄酒产业，瞿万江把自家小楼改造成了黄酒民宿，开始发展以房县黄酒为核心的乡村旅游业。在当地政府的支持与自身的勤劳经营之下，他家的生意越来越好。2017 年瞿万江被房县总工会评为"黄酒酿造致富能手"，2020 年已完全脱贫的瞿万江组建了幸福的家庭。他"脱贫又脱单"的故事在当地也成为一大热门，并被《湖北日报》头版头条所报道。

瞿万江的故事近几年在房县比比皆是，房县黄酒文化旅游产业就像是一台强力的引擎，带动着房县百姓从事黄酒及黄酒文化旅游产业的生产与经营活动，完成了一个又一个从农民到老板、从贫困户到小康之家的转变。未来，房县黄酒文化旅游产业必将承担着成为房县乡村富民产业与巩固脱贫成果重点产业的重任。

3.6 有利于弘扬房县黄酒文化，打造长久经济名片

"房县黄酒"是一张很好的旅游名片，大力发展房县黄酒文化乡村旅游，对

于弘扬房县黄酒传统文化，让更多的人了解房县黄酒、走进房县旅游具有重大的意义。过去几年房县在打造以黄酒为核心的乡村旅游品牌上做了大量的工作，并且取得了一些成效。第一，房县以"中国的房·你的家园"为品牌主题，重点策划黄酒品鉴、野人探秘、田园风光、红色文化、精品赏花、乡村采茶、健康养生、诗经溯源、美食体验等多条精品线路，联合多部门开展以黄酒文化、诗经文化为主题旅游产品的线上线下宣传推广。第二，房县与湖北省、重庆市、四川省、陕西省4省市共计16个县市共同成立了"大巴山旅游联盟"，以房县黄酒文化乡村旅游为核心，联手打造鄂西北精品乡村旅游产品，拓展重点客源市场。第三，房县以黄酒与诗经文化为主题积极开展多元化推介，近些年房县成功举办了多届诗经(黄酒)文化旅游节、黄酒音乐帐篷节、土城黄酒民俗文化村年货节等活动，同时，房县积极参与《魅力中国城》现场拍摄及投票评选活动并取得实效，房县黄酒、小花菇等乡村旅游商品也多次登上央视《第一时间》《回家吃饭》栏目。一系列活动的开展，有效提升了房县黄酒以及房县黄酒文化乡村旅游产品在全国的美誉度和知名度。

未来，随着互联网技术日渐成熟与信息时代的加速到来，越来越多的人将会逐渐通过互联网进行日常活动或休闲娱乐，借助当前的信息技术，房县发展黄酒文化乡村旅游将更有利于房县黄酒文化在全国甚至全世界的传播与弘扬，打造专属于房县的长久经济名片。

4. 湖北省房县发展黄酒文化乡村旅游促进乡村振兴的现状

4.1 房县黄酒的发展现状

4.1.1 房县黄酒的历史渊源

黄酒有着悠久的历史，是中国所独有的酒类。在中国黄酒中，起源于鄂西北秦巴大山深处的房县黄酒有着最为悠久的历史。根据相关史料的记载，早在距今三千多年的西周时期，酿制黄酒的技艺已经在房县民间流传开来，房县黄酒的名字最初被人们称为"白茅"。

相传在西周时期，时任西周太师、《诗经》编撰者尹吉甫(古房陵人，今房县人)受楚王的委派向周宣王纳贡献礼，尹吉甫向周宣王献上了产自房陵的"白茅"，即如今的房县黄酒。酒坛开启，满殿飘香，周宣王品尝之后连连称赞"白茅"之美味，并将"白茅"封为"封疆御酒"。自此之后，房县黄酒便成为王室御用酒，并被赏赐给众诸侯。

房县黄酒在中国的土地上得到广泛的普及是在汉朝时期，据房县考古专家介绍，20世纪70年代在房县城关镇七里河村发现的汉代墓穴中，人们发现了大量盛装黄酒的酒杯、酒壶等器具。

房县黄酒在唐朝得到了长足的发展与兴盛。唐嗣圣元年，武则天贬李显为庐陵王至房县，李显带领一批宫廷技师在房县对黄酒作了改良与优化，后李显复位称帝为唐中宗，在位期间李显大力推崇房县黄酒，并封之为"皇酒"。房县黄酒正是沿用了盛唐的宫廷秘方，直到如今。

4.1.2 房县黄酒的重要价值

相关科学研究证实了房县黄酒中富含人体所需的多种蛋白质与氨基酸，其中蛋白质的含量为酒中之最。其次，经检测，房县黄酒中富含多达15种无机盐以及大量有益于人体的微量元素，如人体常需的钙元素、镁元素、钾元素、磷元素以及铁、铜、锌、硒等微量元素。房县黄酒因其丰富的营养成为男女老少皆宜的酒类，长期饮用房县黄酒有助于排毒养颜、通经活络、提神御寒、养护脾胃、强身健体、延年益寿。

4.1.3 房县黄酒风俗与技艺传承

房县自酿米酒的风俗由来已久，几乎家家户户都会自酿黄酒。在房县民间，不论是逢年过节还是家中红白喜事，房县的老百姓总是将以自家酿造的黄酒招待宾客为最高礼仪。除了招待客人，很多房县老百姓每日也会小酌几杯自家酿造的黄酒解乏。

房县黄酒制作技艺，在古代没有明确的传承人，据史料记载，始于西周，盛于唐朝，并一直流传至今。据房县黄酒的制作传人介绍，房县黄酒的酿造区域性极强，因为它只能用房县本地产的酒曲为媒介、房县本地的糯米为底料、房县本地的水源为灵魂，还要在房县的土地上，才能酿制出酒色清黄、酒性温和、酒味甘醇绵长的优质房县黄酒。房县家家户户做黄酒，母做女学，父做子学，只不过是因酿酒技术不同，酒的含糖度、酒精度、清澈度和香醇度，全凭酿酒师的经验，所以有"东家做酒做成曲，西家做酒做成醋，百家做酒百个样，千次喝酒千个味"的说法。因此，可以说是房县的地理位置、环境、气候、温度、水土中微量元素的含量、历代民间酿酒师傅的不断传承等客观条件，才造就了房县黄酒的诞生和延续。

独特的地理环境、酿造技艺、饮食习惯也孕育了悠久的黄酒文化。房县老人口中常说一句关于黄酒的谚语："没有黄酒不成席，白酒再好不稀奇"，房县本地人喝黄酒必用大碗，这与盛唐文化的熏陶是分不开的，大碗畅饮房县黄酒才能真正地体味到人逢盛世"大碗喝酒、大口吃肉"的欢愉与满足。随着市场经济的蓬勃发展，房县黄酒也走出"深闺"，成为商品，被广大海内外人士所知晓。

4.1.4 房县黄酒的地位

随着现代物质生活水平的日益提高，人们对传统健康食品的追捧也成为一种时尚，房县黄酒也"走出深闺"，成为海内外餐桌上的美味山珍。房县黄酒已成为远近闻名的一个产业。在房县，不仅有康师傅集团投资建设的神农皇黄酒公司、产品口感清冽的野人泉黄酒公司、远近闻名的庐陵王黄酒公司等规模较大的房县黄酒制造大厂，更多的是遍布房县全县各个乡镇村落、以家庭为单位的大小规模各不相同的数万家房县黄酒作坊。房县黄酒在新形势下焕发出勃勃生机与活力，被县政府列为房县精准扶贫六大产业模式之一，成为当下促进乡村振兴的"助推器"。2014 年房县黄酒入列国家地理标志保护产品，成为国人品味乡愁的神秘符号。

4.2 房县乡村旅游业的发展现状

房县县政府 2018 年、2019 年的公开数据显示，2018 年房县全县接待乡村旅游游客共计 316 万人次，实现乡村旅游综合收入 19.2 亿元。2019 年前 10 个月，房县乡村旅游实现游客接待量高达 341 万人次，实现乡村旅游综合收入 23.5 亿元。目前，乡村旅游已成为支撑房县经济持续发展的重要产业之一，初步形成了一二三产业深度融合、协同发展的乡村旅游良好局面。

4.2.1 市场主体快速增长

近年来，房县乡村旅游的蓬勃发展促进了全县各类乡村旅游市场主体的快速成长。截至 2020 年年初，房县全县发展乡村旅游主体 400 余家，拥有乡村旅游购物场所 20 余家，三星级饭店 5 家，在建高星级饭店 3 家；拥有可品尝、购买房县黄酒的特色农家乐等房县黄酒文化乡村旅游接待点 300 余家，其中星级农家乐 97 家，"银宿级"民宿 1 家，精品采摘园 7 个；授牌湖北旅游名镇、名村各 1 个，正在积极创建十堰旅游名镇、名街各 1 个、名村 3 个；房县土城黄酒民俗文化村入选省乡村旅游后备厢工程示范点，野人谷镇杜川村正在积极创建乡村旅游后备厢工程示范基地。2019 年，房县实现国内生产总值 119.6 亿元，其中以乡村旅游产业为龙头的第三产业实现增加值 35.48 亿元，占全县 GDP 比重达 29.67%，有力促进了房县全县乡村地区经济社会的快速发展。

4.2.2　农民收入显著提高

随着房县黄酒热度的持续升温与房县乡村旅游业的长期健康发展，房县以餐饮住宿与旅游服务为代表的第三产业发展欣欣向荣。越来越多的游客前往房县品尝房县黄酒、体验乡村文化、感受绿水青山、购买农家特产，房县黄酒文化乡村旅游产业的蓬勃发展吸引了越来越多的村民参与到房县黄酒文化乡村旅游的开发、建设与服务中来。房县文化和旅游局与人社局等部门的数据显示，截至 2019 年年底，房县乡村旅游业的直接从业人员 8000 余人，间接从业人员 27000 余人，通过旅游就业实现脱贫的贫困人数有 4000 余人，这批人实实在在从房县黄酒文化乡村旅游的发展中获得了收益，实现近 3 万元的年均收入。野人谷镇杜川村 2008 年农民人均纯收入只有 3800 元，该村通过参与、服务野人洞、野人谷景区开发，开建房县黄酒街等措施。截至 2019 年年底，该村农民人均纯收入逼近 8000 元，值得一提的是，经统计该村农民通过直接或间接参与乡村旅游获得的收入占全村人均收入的 70%。

4.2.3　产业结构不断调整

房县通过发展以"品房县黄酒、住养生民宿、赏怡人风景"为主题的乡村旅游带动全县的一二三产业的深度优化与进步。房县通过发展黄酒文化乡村旅游吸引了一批批游客旅游休闲，同时也吸引了一批社会资本与人力资源。客源多起来了、资本足起来了，房县以黄酒为核心的各种乡村旅游商品如房县大米、房县小花菇、房县黑木耳、大鲵等农特产品的渠道也逐渐拓宽了，过去许多滞销的农特产品足不出户就被抢购一空，这极大地推动了房县产业结构的优化与升级。2018 年 6 月，房县土城村在县委县政府的牵头和支持下与湖北中青国旅签订合作协议，投入资金 1 亿元，以黄酒产业为抓手，以旅游为载体，以康养为核心，以农户+企业的合作方式，将黄酒小镇建设成中国康养功能最齐全，旅居条件最好，黄酒产业兴旺，中国唯一的排他性的"乡村旅游+大健康康养小镇"，着手打造面向华中、宣扬房县黄酒文化、主打乡村旅游的土城黄酒民俗文化村，大力发展房县黄酒、文化乡村旅游、康养中心三大主导产业，土城黄酒民俗文化村的建设直接带动了周边 5 个村发展黄酒生产 200 余户，实现年销售黄酒近 1000 万斤、产值逾 1 亿元。

4.2.4 城乡面貌持续改善

近些年，房县黄酒文化乡村旅游的蓬勃发展有效转变了房县多数农村地区村民的传统观念，充实了他们的精神生活，改善了他们的生活现状并极大地促使他们转变并适应更健康、更现代、更舒适、更富裕的生产生活方式。房县通过发展黄酒文化乡村旅游有力地改善了房县数十个贫困乡、贫困村的生态环境与人居环境。贫困落后的小山村被游人如织的旅游景区所取代，简陋破败的民居被精美宽阔的农家乐所取代，尘土飞扬的农业基地被趣味十足的特色景点所取代，农户家的黄酒、香菇、木耳等农副产品变成了抢手的乡村旅游商品，在外打工的人们纷纷回乡就业创业。在房县的乡镇村庄，看书看报、跳广场舞健身的人多了，打牌的人少了；讲规矩、守秩序的人多了，喝酒闹事的人少了；从简办事的人多了，大操大办的人少了；勤劳致富、孝敬父母的人多了，守、靠、要的人少了，实现了就地就业、就地脱贫、就地城镇化，农民群众的身心更加和悦，农村家庭更加和顺。

5. 湖北省房县发展黄酒文化乡村旅游促进乡村振兴研究设计

5.1 理论模型构建

5.1.1 理论模型维度及影响因素指标选取

（1）理论模型维度的选取

本研究在湖北省房县发展黄酒文化乡村旅游促进乡村振兴研究理论模型维度的选取上充分参考了国内相关研究结论，并充分结合前文中关于房县发展黄酒文化乡村旅游促进乡村振兴的背景、意义、价值与现状分析，从乡村振兴战略五大要求的视角出发，选取了房县黄酒文化乡村旅游的产业发展水平、生态环境水平、文化发展水平、基层治理水平、居民收入水平五个方面。

产业是地区发展的核心驱动力，农村的产业发展水平作为农村发展的直接衡量标准，影响着农村地区对社会上各类企业、高校以及科研机构的资金、人才、科研项目的吸引力，这也直接决定着乡村振兴战略的实现(黄旭兴，2020)。乡村旅游是实现乡村振兴的重要手段，对于我国很多坐拥美丽自然资源与文化旅游资源的乡村地区来说，可以从完善乡村旅游产业基础配套设施、鼓励村民进入乡村旅游产业、提升交通物流水平等多方面进一步提高乡村旅游产业的发展水平，有利于带动乡村经济发展，有利于促进农民增收致富，有利于有效解决城市与乡村发展不协调不均衡的问题，从而促进乡村振兴(徐婉馨，2021)。所以，本研究选取乡村旅游的产业发展水平作为反映湖北省房县发展黄酒文化乡村旅游促进产业兴旺助力乡村振兴的维度指标之一。

"绿水青山就是金山银山"，美丽宜居的生态环境是我国农村地区发展乡村旅游的宝贵财富与重要资源基础。我国在自然资源与生态环境的保护上仍存在着较多短板，其中，我国农村地区在人居生态环境的保护与建设上发展不平衡矛盾突出，需要补足的短板还很多，所以在大力推动乡村产业发展的同时必须保护好乡村的生态资源，不断改善乡村的人居生态环境水平(矫旭东，2019)。习近平总书记的"两山"理论指出了乡村地区发展乡村旅游的前提与保障在于乡村的生态环境，对于我国乡村地区维护好乡村生态平衡、保护好乡村优质旅游资源与环境、加强生态环境的科普与教育等提出了新要求，以保护好、建设好乡村的生态环境为抓手之一推进我国乡村旅游的可持续发展，从而助力乡村振兴(海笑，2020)。所以，本研究选取乡村旅游的生态环境水平作为反映湖北省房县发展黄酒文化乡村旅游促进生态宜居助力乡村振兴的维度指标之一。

在新时代，加强乡风文明建设可以为我国乡村振兴战略的实施提供强劲动力与重要保障，需要从村干部和村民的思想层面、乡村经济基础层面、乡村文化建设层面、乡村基础教育层面等方面进一步加强我国乡村地区的乡风文明建设，助力乡村的文化振兴(刘保庆，2020)。而乡村的文化振兴是一个复杂且浩大的工程，单打独斗是无法推动乡村的文化振兴的，这个过程需要政府、企业、高校、知识分子、广大农民等社会上多种主体参与，还需要通过传承、保护、创新、发展等多种文化建设方式的协调。对于我国许多有文化资源优势、区位优势的乡村地区来说，发展乡村文化旅游则是实现乡村文化振兴助力乡村振兴的最有效的方式（贺雪峰，2019）。所以本研究选取乡村旅游的文化发展水平作为反映湖北省房县发展黄酒文化乡村旅游促进乡风文明助力乡村振兴的维度指标之一。

我国乡村地区的治理能力关系着我国实施乡村振兴战略的成败，一定程度上可以反映整个国家的治理能力。但是我国乡村的治理能力一直以来都是我国治理体系内的薄弱环节，未来必须把提升农村基层治理水平作为农村治理有效的核心任务来抓，农村治理能力的提升有利于促进形成村民安居乐业、农村平安和谐的美好局面，从而实现乡村振兴（柯涛，2020）。在乡村振兴战略治理有效的背景下，为促进我国乡村旅游业向健康化现代化转变、为乡村旅游消费者创造美好消费环境与良好体验、为增强我国乡村地区治理水平的全面化发展，提升乡村旅游治理水平是一个急需关注的问题（宫海婷，2020）。所以，本研究选取了乡村旅游的治理水平为反映湖北省房县发展黄酒文化乡村旅游促进治理有效助力乡村振兴的维度指标之一。

乡村振兴最根本的目的就在于切实增加农民的收入，让农民过上更加富裕、更加美好的生活，当农民的"腰包"鼓起来了，贫困的"帽子"被摘掉了，生活水平提升了，就说明乡村振兴战略的实施产生了良好效果（丁立江，2020）。我国学术界早在 20 世纪 90 年代就提出了"旅游扶贫"的概念，经过近 40 年的理论发展与实践证明，在当前乡村振兴大背景下，在拥有一定的文化与自然资源的农村地区开发乡村旅游项目、开展乡村旅游扶贫工程可以吸引当地居民参与到乡村旅游的建设与服务中来从而有效带动当地居民增收致富（李凯，2020）。所以，本章选取了乡村旅游的居民收入水平作为反映湖北省房县发展黄酒文化乡村旅游促进生活富裕助力乡村振兴的维度指标之一。

（2）影响因素指标的选取

关于研究中影响因素指标的选取，本章理论结合实际，从两个方面入手：①充分参照房县土城黄酒民俗文化村与房县城关镇三海村实地访谈记录的游客意见；②参考并借鉴国内近两年关于在乡村振兴背景下发展乡村旅游影响因素的研究成果。

陈博（2020）从乡村振兴战略中产业兴旺的视角出发，将陕西省乡村旅游的发展作为研究案例，探讨品牌建设在乡村旅游发展中的影响力与作用机制。最终得出结论，不仅仅陕西省，我国乡村旅游的发展缺乏品牌意识、缺少特色品牌都是共性问题，乡村旅游品牌的实质就是乡村旅游的产品、商品与服务的核心竞争力表现，对我国乡村旅游的品质、特色、形象、服务水准产生着直接的影响，进而影响我国乡村的产业振兴。所以，我国乡村旅游的品牌建设对于促进乡村产业振兴，最终助力乡村振兴具有重大现实意义。

吴杰（2019）在乡村振兴背景下，从"文化+旅游"的视角，分析了我国在发展特色文化的乡村旅游的动力、需求、开发定位、文化创意等存在的问题，他认为：在新时代，发展乡村旅游不仅要紧密围绕乡村特色资源，更重要的是需在固有乡村文化资源基础上做出创新发展，开发打造创意感强、特色性足、内涵丰富的乡村旅游项目与产品，这对我国有文化特色与旅游资源条件的乡村地区发展乡村旅游助力乡村振兴起着极其重要的作用。

王莉琴（2020）在乡村振兴背景下，就我国休闲农业和乡村旅游高质量发展的现状和面临的主要阻碍做了深入研究，最终发现我国在高质量发展休闲农业与乡村旅游过程中仍然存在着较多的问题和挑战。其中，对外宣传营销因素在当前乡村振兴背景下我国乡村旅游高质量发展过程中产生着较大影响。"酒香也怕巷子深"，我国农村地区拥有着美丽的生态环境、多样的民俗文化与丰富的旅游资源，但是我国乡村旅游目的地还未能做到提前将当地的乡村旅游的产品、商品以及服务等特色项目通过多种宣传手段推广给游客群体，造成消费者抵达乡村旅游目的地之后总体满意度不高、消费动力低等问题，不利于乡村旅游目的地的产业高质量发展、不利于乡村振兴。所以，宣传营销是我国高质量发展乡村旅游促进乡村振兴过程中一个重要影响因素。

在房县土城黄酒民俗文化村与房县城关镇三海村，笔者设计了访谈问题，面对当地的游客进行了访谈并做了记录。共计采访120名游客，笔者对游客的访谈记录做了整理。

在访谈问题8中，笔者要求游客根据自己在土城黄酒民俗文化村和三海村的游玩体验，谈谈他们个人认为影响房县发展黄酒文化乡村旅游的因素（见图1）。根据最后的访谈结果，有33位游客认为房县黄酒及其相关的乡村旅游产品的宣传营销力度是影响房县发展黄酒文化乡村旅游的因素，占比最大，为27.5%；有30位游客认为房县黄酒文化乡村旅游在特色文化创新方面力度不足，同样也有另外30位游客认为房县黄酒文化乡村旅游的当地品牌建设能够影响房县发展黄酒文化乡村旅游，各占25.0%。有12位游客认为基础设施建设是影响房县发展黄酒文化乡村旅游的因素之一，占比10.0%。有8位游客认为生态环境建设能够影响房县发展黄酒文化乡村旅游，占比最少，为6.7%。另外，还有7名游客持其他态度，占比5.8%。从该访谈结果可知，关于影响房县发展黄酒文化乡村旅游的因素，得票较多的项目分别为宣传营销力度、特色文化创新、当地品牌建设三个影响因素，得票总数超七成。

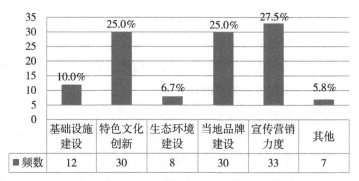

图1　游客对影响房县发展黄酒文化乡村旅游因素的看法

　　综上所述，本研究结合房县土城黄酒民俗文化村与房县城关镇三海村实地访谈记录的游客意见，同时参考并借鉴国内近两年关于在乡村振兴背景下发展乡村旅游影响因素的相关研究成果进行论证，理论结合实际整理出了品牌建设、文化创新、宣传营销三个影响房县发展黄酒文化乡村旅游促进乡村振兴的因素。

5.1.2　理论模型

　　在上一节中，笔者在对国内相关研究结论进行论证的基础上，从乡村振兴战略五大要求出发，选取乡村旅游的产业发展水平、文化发展水平、基层治理水平、生态环境水平、居民收入水平五个方面作为构建理论模型的维度层。同样，基于对当地游客的访谈结果与对国内发展乡村旅游促进乡村振兴相关文献的总结，笔者选取了影响房县发展黄酒文化乡村旅游促进乡村振兴的因素，即在构建理论模型时，乡村旅游的文化创新、品牌建设、宣传营销三个因素都可对湖北省房县发展黄酒文化乡村旅游促进乡村振兴产生影响。基于此，笔者初步构建了理论模型(见图2)。

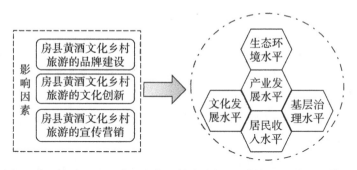

图 2 湖北省房县发展黄酒文化乡村旅游促进乡村振兴研究理论模型

5.2 研究假设

刘长江(2019)认为，我国农村地区应立足于本地的特色风俗文化、旅游资源及生态环境优势，因地制宜地进行创新，打造出一批具有本地特色的乡村旅游产品与农产品名优品牌，以此推动我国乡村特色产业可持续发展进而助力乡村振兴，同时通过打造特色、优质的乡村旅游品牌，能够吸引外来投资与游客，从而倒逼乡村生态环境的日臻改善，促进生态宜居农村建设。周菲菲(2020)将漳州发展"中国蘑菇节"作为研究案例，分析了品牌建设对发展乡村旅游起到的经济效益与文化效益，她认为地方乡村旅游品牌的打造可以在潜移默化中构建起一个城市或者一个村庄的特色招牌，并为具有当地特色文化的乡村旅游项目的推广提供前提，推动文化振兴。程倩(2020)认为品牌形象建设有助于推动乡村旅游目的地的治理水平，地方政府相关部门通过制定一系列多向扶持与引导政策推动当地乡村旅游品牌形象的建设，从而促进乡村旅游的高质量发展助力乡村的全面振兴。陈瑾(2019)认为乡村地区应该围绕品牌做强当地的乡村旅游，譬如打造能够吸引国内外游客的乡村旅游大 IP、统筹乡村旅游特色商品品牌的打造等，围绕品牌做大、做优乡村旅游产业推动村民脱贫致富。通过对以上相关研究成果的分析，本研究提出以下几点假设(见表2)：

许春华(2020)认为在当前乡村振兴的新阶段，基于乡村文化资源的创新发展是优化农村地区农业产业结构、促进三产融合、推动农民增收致富最终助力乡村振兴的重要突破口与持续动力。韩国学者박준모(2016)认为地方政府可以利用历

表2   品牌建设因素与湖北省房县发展黄酒文化乡村旅游促进
            乡村振兴关系的研究假设

假设编号	假 设 内 容
H1	品牌建设因素对湖北省房县发展黄酒文化乡村旅游促进乡村振兴具有显著正向作用
H1a	品牌建设因素对湖北省房县发展黄酒文化乡村旅游促进产业发展具有显著正向作用
H1b	品牌建设因素对湖北省房县发展黄酒文化乡村旅游促进生态环境具有显著正向作用
H1c	品牌建设因素对湖北省房县发展黄酒文化乡村旅游促进文化发展具有显著正向作用
H1d	品牌建设因素对湖北省房县发展黄酒文化乡村旅游促进基层治理具有显著正向作用
H1e	品牌建设因素对湖北省房县发展黄酒文化乡村旅游促进居民收入具有显著正向作用

史文化资源促进乡村旅游的发展从而实现经济增长,在历史文化资源的打造、创新发展过程中,乡村当局的管理效率与领导能力将得到全面的检验。王琳丽(2020)认为乡村优秀文化的创新可以为乡村旅游的高质量发展提供新契机,在乡村传统文化的基础之上不断创新进一步扩充其文化内涵,以此为发力点推进乡村特色文化有机、深度融入乡村旅游中协调发展,从而进一步助力乡村的全面振兴。通过对以上相关研究成果的分析,本研究提出以下几点假设(见表3):

表3   文化创新因素与湖北省房县发展黄酒文化乡村旅游促进
            乡村振兴关系的研究假设

假设编号	假 设 内 容
H2	文化创新因素对湖北省房县发展黄酒文化乡村旅游促进乡村振兴具有显著作用
H2a	文化创新因素对湖北省房县发展黄酒文化乡村旅游促进产业发展具有显著正向作用

续表

假设编号	假 设 内 容
H2b	文化创新因素对湖北省房县发展黄酒文化乡村旅游促进生态环境具有显著正向作用
H2c	文化创新因素对湖北省房县发展黄酒文化乡村旅游促进文化发展具有显著正向作用
H2d	文化创新因素对湖北省房县发展黄酒文化乡村旅游促进基层治理具有显著正向作用
H2e	文化创新因素对湖北省房县发展黄酒文化乡村旅游促进居民收入具有显著正向作用

　　王倩颖(2019)从产业融合的角度出发,对乡村振兴背景下乡村旅游的市场营销做了深入的探讨与详细的研究,她认为乡村旅游与市场营销的结合是大势所趋,完善的乡村旅游宣传营销机制是乡村旅游市场营销的关键所在,有利于吸引大量城市游客对乡村旅游的关注,进一步释放人们的消费潜力,同时还有利于吸引更多的外来资本进入乡村旅游业;发展乡村旅游可以宣传营销为突破口,促进乡村三产融合,助力乡村产业振兴。Evgenia Bitsani(2014)认为地区的公共部门、企业以及相关社区应该协同合作建立一个网络来促进该地乡村旅游可持续发展,而乡村旅游的宣传营销就是建立网络的前提与核心,有效的宣传与营销可以为该地区带来更多的客流与收入,有利于当地特色文化的输出和新文化的输入,同时还能够提升该地乡村旅游业的竞争力与乡村旅游公共部门的执行力,进而有效促进地区乡村旅游的可持续发展。陈晓华(2020)指出,当前农产品供应链不畅、乡村旅游产品营销难问题仍然困扰着许多乡村旅游经营个体及农户,这不利于未来我国巩固脱贫攻坚成果工作,因此,多渠道、大范围、高频率地进行乡村旅游产品以及各类农副产品的宣传营销对于我国巩固脱贫攻坚成果和产业扶贫工作具有积极的意义。通过对以上相关研究成果的分析,本研究提出以下几点假设(见表4):

表4　　宣传营销因素与湖北省房县发展黄酒文化乡村旅游促进乡村
振兴关系的研究假设

假设编号	假 设 内 容
H3	宣传营销因素对湖北省房县发展黄酒文化乡村旅游促进乡村振兴具有显著作用

续表

假设编号	假 设 内 容
H3a	宣传营销因素对湖北省房县发展黄酒文化乡村旅游促进产业发展具有显著正向作用
H3b	宣传营销因素对湖北省房县发展黄酒文化乡村旅游促进生态环境具有显著正向作用
H3c	宣传营销因素对湖北省房县发展黄酒文化乡村旅游促进文化发展具有显著正向作用
H3d	宣传营销因素对湖北省房县发展黄酒文化乡村旅游促进基层治理具有显著正向作用
H3e	宣传营销因素对湖北省房县发展黄酒文化乡村旅游促进居民收入具有显著正向作用

　　李乾(2018)站在产业融合发展的角度,对乡村产业发展水平与农民增收之间存在的互动机制做了探究,他指出,农村一二三产业的融合发展是产业发展水平提升的重要体现,可以创造劳动力、资金、土地等路径有效促进农民增收致富。相反,农户增收也可通过加强对产业发展的认知、提升对产业发展的诉求、转换产业发展中的主体角色、优化产业发展的环境等途径反作用于农村产业发展。程莉(2019)认为,依靠政府的政策支持与社会优秀人才、资金引进,可以逐步提升乡村产业的发展水平,对于统筹城乡发展、宣扬乡村特色文化具有积极意义。汪厚庭(2019)选择了乡村振兴战略中产业兴旺和治理有效两个视角,探究了产业发展促进治理水平的最优发展路径,他认为乡村产业发展水平的提高可以倒逼农村基层治理机制的完善。黎珍(2019)认为,在新时代下,我国农村地区必须坚持党的领导,不断提升农村基层治理水平,坚定落实农村的"三治"不动摇,促进乡村产业与经济社会的健康发展。阳盼盼(2019)从乡村生态振兴的角度,分析了国内外大量关于乡村生态旅游、乡村生态振兴、乡村生态产业相关的研究,并提出:乡村地区发展产业、振兴经济是建立在乡村生态宜居的基础之上,美好的乡村生态环境可以为乡村产业发展提供不竭动能。赵欢春等(2021)在乡村振兴背景下,对我国农村基层党组织管理人员的治理能力水平的高低与推进乡村振兴的效果相互机制做了深入探讨与研究,他认为乡村基层治理水平应该与时俱进,坚持"三生并举",力促"三治融合",加紧构建"四力协同"的乡村基层治理能力现代化体系,不断提升基层党组织的治理能力水平,以治理有效带动乡村的产业、生态、文化的振兴从而助力乡村振兴。罗春秋(2020)在深入地阅读与研究了学者曾

蓉的《从文化视角探索乡村振兴的发展之路》一书之后，从文化振兴的视角出发深入探讨了中国乡村地区的文化振兴对振兴乡村的作用机制，并提出：乡村地区应重视乡土文化的发掘，繁荣乡村文化，将乡村特色文化融入乡村产业之中，以文化振兴为推手深入推进乡村产业的高质量、高效率、高水平发展促进农民增收致富，从而助力乡村的全面振兴。上文中对丁立江（2020）研究结论的分析发现，乡村振兴最根本的目的就在于要切实增加农民的收入，让农民过上更加富裕、更加美好的生活，而农民生活富裕的经济基础直接体现在农民的收入水平上，当农民的"腰包"鼓起来了，贫困的"帽子"被摘掉了，生活水平提升了，就说明乡村振兴战略的实施产生了良好效果。胥爱贵（2020）认为，农民的收入水平是乡村振兴战略互动机制中的结果与根本，乡村的产业发展、文化发展、治理水平发展最终落脚点在于促进乡村农民增收致富，农民生活富裕可反哺农村产业，促进农村产业更加健康持续发展。通过对以上相关研究成果的分析，本研究提出以下几点假设（见表5）：

表5　　　**湖北省房县发展黄酒文化乡村旅游促进乡村振兴内部结构**
维度作用机制研究假设

假设编号	假 设 内 容
H4a	湖北省房县黄酒文化乡村旅游的产业发展水平对文化发展水平有显著正向作用
H4b	湖北省房县黄酒文化乡村旅游的产业发展水平对基层治理水平有显著正向作用
H4c	湖北省房县黄酒文化乡村旅游的产业发展水平对居民收入水平有显著正向作用
H4d	湖北省房县黄酒文化乡村旅游的生态环境水平对产业发展水平有显著正向作用
H4e	湖北省房县黄酒文化乡村旅游的文化发展水平对产业发展水平有显著正向作用
H4f	湖北省房县黄酒文化乡村旅游的文化发展水平对居民收入水平有显著正向作用
H4g	湖北省房县黄酒文化乡村旅游的基层治理水平对产业发展水平有显著正向作用
H4h	湖北省房县黄酒文化乡村旅游的基层治理水平对文化发展水平有显著正向作用
H4i	湖北省房县黄酒文化乡村旅游的基层治理水平对居民收入水平有显著正向作用
H4j	湖北省房县黄酒文化乡村旅游的居民收入水平对产业发展水平有显著正向作用

5.3 问卷设计与数据处理

5.3.1 问卷设计

为详细深入了解湖北省房县发展黄酒文化乡村旅游促进乡村振兴中的真实发展状况。笔者从乡村振兴战略的五大要求出发，结合房县发展黄酒文化乡村旅游的实际情况与资源禀赋，以房县当地的居民为主要调查对象设计了调研问卷与访谈问题(见附录)。

在调研访谈问题中，笔者从当地居民及黄酒酿造户对房县黄酒文化乡村旅游商品及乡村旅游产品的发展现状、特色文化的发掘、相关品牌建立与宣传、新媒体营销看法等多个方面设计了访谈问题。

在调研问卷中，笔者将本次问卷分为三个板块：在第一板块中，笔者从所选取的房县发展黄酒文化乡村旅游促进乡村振兴的五个维度出发，调查了案例地居民对于当地产业发展、治理能力、文化发展、生态环境、收入情况的看法与感知情况；在第二板块中，笔者从影响房县发展黄酒文化乡村旅游促进乡村振兴的三个因素出发，调查了案例地居民对于品牌建设、文化创新、宣传营销在房县发展黄酒文化乡村旅游促进乡村振兴中的作用的看法与感知情况；在第三板块中，笔者围绕受访者的个人基本情况设计了问题，其中包括案例地居民的性别、年龄、文化程度、户口类型、主要收入来源、个人月度收入、村内任职情况等特征。其中，笔者在问卷的第一板块的五个维度与第二板块的三大影响因素下分别设计三个问题，问题的设计运用李克特(Likert)五级量表的形式，"非常不同意""不同意""一般""同意""非常同意"五个感知态度分别与1分、2分、3分、4分、5分的分值进行对应。

调研结束后，运用SPSS 20.0软件和AMOS 22.0等软件对调研数据进行数据的质量检验，对问卷结构进行评判以及对湖北省房县发展黄酒文化乡村旅游促进乡村振兴构建结构方程模型，进行实证研究，旨在找出湖北省房县发展黄酒文化乡村旅游促进乡村振兴中存在的问题与不足，并最终为湖北省房县发展黄酒文化乡村旅游更好更快促进乡村振兴提供策略借鉴。

5.3.2　数据来源

因房县土城村与三海村的水质、气候更适宜房县黄酒的酿造，目前为房县黄酒最大的两个主产地，且土城村内已建成较为成熟的土城黄酒民俗文化村，三海村拥有4A级观音洞景区与众多黄酒酿造户，两地都具有一定的发展黄酒文化乡村旅游的基础，所以笔者选择房县土城黄酒民俗文化村与三海村作为本次研究的调研地点。2020年1—7月，笔者多次前往房县土城黄酒民俗文化村与房县城关镇三海村进行实地调研，在土城黄酒民俗文化村与三海村，笔者深入当地黄酒酿造大户、普通家庭作坊、农家乐、度假村、文化广场等场所针对当地居民发放问卷并当面访谈，当场回收问卷。在本研究进行期间，笔者也同步在线上通过问卷星的形式向这两个村的居民发放问卷。此次问卷调查历时近6个月，线上收到调查问卷296份，线下发放问卷50份，线下回收47份，总计共收到调查问卷343份，回收率99.13%。笔者经过整理后剔除其中48份无效问卷，剩余295份有效问卷，问卷有效率为86.01%。

6.　实证分析

本章将对第五章中收集的湖北省房县发展黄酒文化乡村旅游促进乡村振兴研究的调研结果进行实证分析，其中，针对房县土城黄酒民俗文化村、房县城关镇三海村居民的个人情况进行描述性分析，同时运用SPSS 20.0软件进一步检验调研数据的质量，基于此运用AMOS 22.0软件建立湖北省房县发展黄酒文化乡村旅游促进乡村振兴研究的结构方程模型进行实证研究。最后验证假设，并找出湖北省房县发展黄酒文化乡村旅游促进乡村振兴过程中存在的问题。

6.1　居民个人特征的描述性统计分析

本研究获得有效样本量为295个。主要针对样本居民的性别、年龄、文化程度、户口类型、个人主要收入来源、个人月收入、任职情况等常用人口统计分类方法进行描述性分析，从而反映问卷样本的综合特征(见表6)。

表6 总样本基本特征

个人特征	分类	样本频数	频数占比	个人特征	分类	样本频数	频数占比
性别	男	147	49.83%	户口类型	农业户口	183	62.03%
	女	148	50.17%		非农户口	112	37.97%
年龄段	18岁及以下	1	0.34%	个人月收入	1800元及以下	10	3.39%
	19~36岁	35	11.86%		1801~3600元	48	16.27%
	37~54岁	149	50.51%		3601~5400元	136	46.10%
	55~72岁	99	33.56%		5401~7200元	94	31.86%
	72岁及以上	11	3.73%		7201元及以上	7	2.37%
文化程度	文盲	18	6.10%	个人主要收入来源	从事与房县黄酒旅游有关的生产经营活动	184	62.37%
	初中及以下	138	46.78%		务工收入	48	16.27%
	高中或中专	116	39.32%		养殖收入	36	12.20%
	大学本科	22	7.46%		政策性收入	13	4.41%
	硕士及以上	1	0.34%		其他	14	4.75%

关于受访者的性别，根据在房县土城黄酒民俗文化村与三海村的调查结果，男性占比为49.83%，女性占比为50.17%，男女比例基本接近1∶1，说明调研地的性别比例差距很小。

关于受访者的年龄，根据在房县土城黄酒民俗文化村与三海村的调查结果，在样本中37~54岁的人群占比最大，达到了50.51%，超过一半。其次是55~72岁的人群，占比33.56%，再次是19~36岁的人群，占比11.86%，18岁及以下与72岁及以上的人群占比较少，不足5%。

关于受访者的文化程度，根据在房县土城黄酒民俗文化村与三海村的调查结果，在总样本量中文化程度为初中及以下的人群占比最大，达到了46.78%，接近一半。其次是文化程度为高中或中专的人群，占比39.32%，文化程度为文盲的人群，占比6.10%，文化程度为大学本科的人群较少，占比7.46%。在总样本量中，文化程度为硕士及以上的仅有一个，占比0.34%。

关于受访者的户口类型，调查结果显示，农业户口占绝大部分，占比达到 62.03%，非农业户口占比为 37.97%，说明调研地的居民中农户居多。

关于受访者的月收入水平，根据在房县土城黄酒民俗文化村与三海村的调查结果，在总样本量中月收入水平为 3601～5400 元的人群占比最大，达到了 46.10%，接近一半。其次是月收入 5401～7200 元的人群，占比 31.86%，月收入 1801～3600 元的人群占比 16.27%，月收入为 1800 元及以下与 7200 元及以上的低收入与高收入人群较少，分别占比 3.39%、2.37%。从收入水平可以看出，调研地的居民整体收入大多为中等偏上水平，这说明国家的脱贫攻坚与全面建成小康社会的政策在房县得到了较好的落实，但是样本中仍然存在着较少的低收入群体，且高收入群体不多，这也反映了当地仍然需要继续加大力度推进精准扶贫，实现全面小康。

关于受访者的主要收入来源，根据在房县土城黄酒民俗文化村与三海村的调查结果，在总样本量中收入主要来源为从事与房县黄酒旅游有关生产经营活动的人群占比最大，达到了 62.37%，占绝大多数。其次是务工人群，占比 16.27%，收入主要来源为养殖业的人群占比 12.20%，政策性收入人群占比 4.41%。从收入主要来源可以看出，调研地的居民整体收入大多是依靠从事与房县黄酒旅游有关的生产经营活动，这表明在房县发展黄酒文化乡村旅游促进乡村振兴这一研究结论具有较强的说服力。同时，调研地样本中有 4.41% 的人群主要收入来源为政策性收入。

6.2 信度分析与效度检验

6.2.1 信度分析

在建立结构方程模型进行实证分析之前，为了进一步保证参与实证分析的问卷数据的可靠性，此时对样本数据进行信度分析是极其有必要的。加拿大学者 Patricia E. Longmuir 对信度分析做出了这样的解释：数据的信度也就是数据的可信可靠度，信度包括稳定性以及一致性，通过对数据进行信度分析，可以检验研究中通过问卷等调查方法得出的数据的稳定性、一致性以及可靠性，使研究得出的结论更具说服力与可信性。

在学术界，信度检验有很多种不同的方法，包括重测信度法、复本信度法、折半信度法、α信度系数等，经过多年来大量的相关研究表明，目前国内与国际的学术界大多采用α信度系数法对研究数据的信度进行检验，即克朗巴哈α系数法(Cronbach's α)。

美国的教育学家 Lee Cronbach 在 20 世纪 50 年代率先提出了 Cronbach's α 系数法，该方法的先进之处在于它可以有效克服折半法的缺陷。Cronbach's α 系数的计算公式如下：

$$\alpha = \frac{k}{k-1}\left(1 - \frac{\sum_{i=1}^{k} S_i^2}{S_r^2}\right)$$

式中，k——指量表之中的总题项数；S_i^2——指 i 题项样本的方差；S_r^2——指总样本量得分的方差。

Cronbach's α 系数测量信度的判断标准见表 7。

表7　　　　　　　　　**Cronbach's α判断标准**

Cronbach's α 系数(0≤α≤1)	内部一致性效果
α>0.8	极好
0.6≤α≤0.8	较好
α<0.6	较差

本研究采用SPSS 20.0分析软件对所获取的关于湖北省房县发展黄酒文化乡村旅游促进乡村振兴的问卷数据进行信度检验。检验结果见表8。结果表明，所有数据维度指标的 Cronbach's α 系数均在 0.8 以上，同时，问卷结果的总体信度也达到了 0.986，这说明了问卷数据的信度很好，湖北省房县发展黄酒文化乡村旅游促进乡村振兴研究的调研问卷总样本通过了信度检验，可进行下一步的效度检验。

表8　　　　　　　　　**总样本数据信度检验表**

项　　目	基于标准化项的 Cronbach's α	项数
湖北省房县发展黄酒文化乡村旅游促进乡村振兴维度	0.978	15
产业发展水平	0.849	3

续表

项 目	基于标准化项的 Cronbach's α	项数
文化发展水平	0.853	3
生态环境水平	0.849	3
基层治理水平	0.847	3
居民收入水平	0.852	3
品牌建设	0.834	3
文化创新	0.848	3
宣传营销	0.849	3
总体	0.986	24

6.2.2 效度检验

与信度相似，效度表示测量数据的有效性程度，在这之中数据的有效性程度又分为数据的准确性和有用性，通过对数据进行效度分析，可以检验研究中通过问卷等调查方法得出的数据的准确性、有用性以及与研究所要测量指标的契合度。效度分析的主要类型包括测量对象的内容效度、测量对象的构念效度和测量对象的准则效度。

通常情况下，在实证研究的过程中，对于内容效度和准则效度的分析通常主要体现在研究主题的设计是否有参考量表，是否能够受到有关的专家以及相关科研人员的肯定，但是这样的检验方法非常难以实现。因此，本研究选取了较易实现且当前研究最常使用的构念效度法。通过对现有研究进行梳理发现，因子分析法是构念效度最常用的检验方法。为了确保湖北省房县发展黄酒文化旅游促进乡村振兴的调研样本数据更适合做因子分析，本研究采用了 Bartlett 球形检验和采样充足度检验。

KMO 统计量的取值通常在区间在 0 和 1 之间，关于 KMO 统计量的度量标准，笔者整理了 Kaiser-Meyer-Olkin 给出的解释并归纳如表 9 所示：

表9   KMO 取值判断标准表

KMO 取值(0≤KMO 值≤1)	进行因子分析判别
0.9<KMO 值≤1	非常适合
0.8<KMO 值≤0.9	很适合
0.7<KMO 值≤0.8	适合
0.6<KMO 值≤0.7	比较适合
0.5<KMO 值≤0.6	不太适合
KMO 值≤0.5	极不适合

Hair 等学者于 1995 年在相关学术论文中提出了关于判断构念效度的各构面累计方差贡献率的建议，他们认为只有当该贡献率大于 50%时，才表明具有良好的构念效度。本研究采用 SPSS 20.0 统计分析软件检验了湖北省房县发展黄酒文化乡村旅游促进乡村振兴研究调研问卷数据的构念效度。结果见表 10。

表10   总样本数据构念效度检验表

变量题项	KMO 值	Bartlett 球形检验	解释的总方差
产业发展水平	0.723	0.000	76.857%
文化发展水平	0.732	0.000	77.271%
生态环境水平	0.730	0.000	76.846%
基层治理水平	0.729	0.000	76.581%
居民收入水平	0.729	0.000	77.120%
品牌建设	0.720	0.000	75.157%
文化创新	0.731	0.000	76.724%
宣传营销	0.728	0.000	76.803%

表 10 表明，在湖北省房县发展黄酒文化乡村旅游促进乡村振兴研究中，8个潜变量的 KMO 值均大于 0.7 且所有变量的 Bartlett 球形检验结果的显著性水平均小于 0.001，这说明本研究所用的变量均适合进行因子分析，且本研究各变量的解释总方差都在 70%以上，以上结果说明本研究中所有的潜变量都具有很好的

构念效度。

　　通过以上对总样本数据进行的信度分析及效度检验可知，本研究所选取的关于湖北省房县发展黄酒文化乡村旅游促进乡村振兴的影响因素指标以及乡村振兴维度指标是合理的。因此可以对湖北省房县发展黄酒文化乡村旅游促进乡村振兴研究的结构方程模型进行进一步研究。

6.3　结构方程模型的构建与检验

6.3.1　结构方程模型的构建

　　基于前文的理论模型与研究假设，为了更好地探究品牌构建因素、文化创新因素、宣传营销因素对房县发展黄酒文化乡村旅游促进乡村振兴过程中产业发展水平、文化发展水平、生态环境水平、基层治理水平、居民收入水平最终促进乡村振兴的影响，笔者运用 AMOS 22.0 软件初步绘制了三个结构方程模型(见图 3 至图 5)(下文依次为初始模型 1、初始模型 2、初始模型 3)。在各模型的估计中，

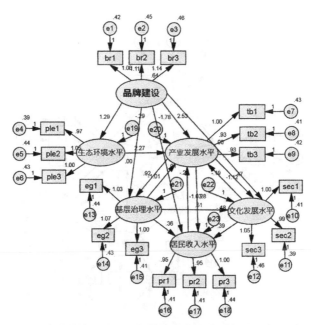

图 3　品牌建设因素对湖北省房县发展黄酒文化乡村旅游促进乡村振兴的
影响模型(初始模型 1)

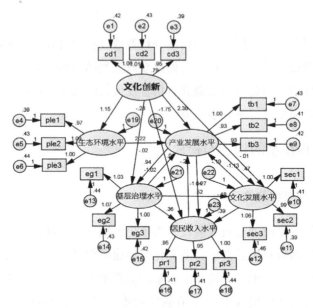

图4 文化创新因素对湖北省房县发展黄酒文化乡村旅游促进乡村振兴的
影响模型(初始模型2)

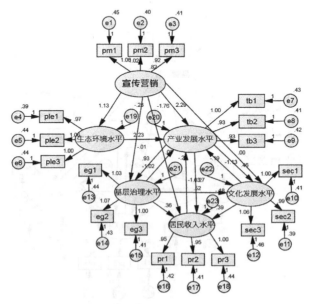

图5 宣传营销因素对湖北省房县发展黄酒文化乡村旅游促进乡村振兴的
影响模型(初始模型3)

本研究参考并梳理了大量的国内外现有研究成果，选用最常用的模型估计方法，采用"最大似然法"进行房县发展黄酒文化乡村旅游促进乡村振兴研究结构方程模型的估计。在本研究构建的湖北省房县发展黄酒文化乡村旅游促进乡村振兴研究的结构方程模型之中，大椭圆形中的影响因素与乡村振兴维度变量指内外因变量，内外因变量互相之间的路径关系用单箭头来表示，每个大椭圆下都有三个矩形框，表示相应内外因变量的测量变量。

6.3.2 初始模型适配度检验

在绘制好初始结构方程模型之后，需要对初始模型的适配度和路径进行检查与测验，找出初始结构方程模型中存在的问题与缺陷并进行有针对性的改正与完善，目的是使得最终得到的结构方程模型更加符合研究的要求，使通过结构方程模型进行实证分析的结果更具科学性、准确性与说服力。

（1）适配度评价标准

本研究对国内外现有研究成果进行梳理整理之后，发现不同学者对指标的选用存在着差异，本研究选取了卡方自由比χ^2/df、适配度指数 GFI、调整自由度的适配度指数 AGFI、估计误差均方根 RMSEA 为绝对适配度指标，选取了比较适配度指数 CFI、归准适配度指数 NFI、增值适配度指数 IFI 为增值适配度指标，选取了简约适配度指数 PGFI、调整后的归准适配度指数 PNFI 为简约适配度指标进行检验。各指标评价的标准见表 11。

表 11　　　　　　　　　整体模型适配度指标

类别	名称	评价标准
绝对适配度指标	卡方自由比χ^2/df	<3
	适配度指数 GFI	>0.9，越接近 1 越好
	调整适配度指数 AGFI	>0.9，越接近 1 越好
	估计误差均方根 RMSEA	<0.05，越小越好
增值适配度指标	比较适配度指数 CFI	>0.9，越接近 1 越好
	增值适配度指数 IFI	>0.9，越接近 1 越好
	归准适配度指数 NFI	>0.9，越接近 1 越好

类别	名称	评价标准
简约适配度指标	简约适配度指数 PGFI	>0.5，越接近 1 越好
	调整后的归准适配度指数 PNFI	>0.5，越接近 1 越好

（2）初始模型适配度评价

本研究借助 AMOS 22.0 软件，绘制了三个初始模型图，并分别导入 295 份问卷数据，运行模型进行拟合，经过整理后得到了下文三个初始模型的适配度指标。

由表 12 可知，品牌建设因素对湖北省房县发展黄酒文化乡村旅游促进乡村振兴的影响初始模型（初始模型 1）的适配度指标中只有 AGFI 值为 0.872，小于适配标准 0.9，但是该值与适配标准值差别很小，对结果影响程度不大，处于可接受范围之内；其他指标均达到了模型拟合度的评价标准。这说明了品牌建设因素对湖北省房县发展黄酒文化乡村旅游促进乡村振兴的影响初始模型（初始模型 1）的整体适配度良好。

表 12　　　　　　　　　　初始模型 1 的适配度指标

项目	GFI	AGFI	RMSEA	x^2/df	CFI	IFI	NFI	PGFI	PNFI
适配标准	>0.9	>0.9	<0.08	<3	>0.9	>0.9	>0.9	>0.5	>0.5
模型 1	0.910	0.872	0.028	1.617	0.988	0.988	0.968	0.639	0.759
结果评价	理想	可以接受	理想	理想	理想	理想	理想	理想	理想

由表 13 可知，文化创新因素对湖北省房县发展黄酒文化乡村旅游促进乡村振兴的影响初始模型（初始模型 2）的适配度指标中只有 AGFI 值为 0.883，小于适配标准 0.9，但是该值与适配标准值差别很小，对结果影响程度不大，处于可接受范围之内；其他指标均达到了模型适配度的评价标准。这说明了文化创新因素对湖北省房县发展黄酒文化乡村旅游促进乡村振兴的影响初始模型（初始模型 2）的整体适配度良好。

表13   初始模型 2 的适配度指标

项目	GFI	AGFI	RMSEA	χ^2/df	CFI	IFI	NFI	PGFI	PNFI
适配标准	>0.9	>0.9	<0.08	<3	>0.9	>0.9	>0.9	>0.5	>0.5
模型1	0.918	0.883	0.026	1.433	0.991	0.991	0.972	0.644	0.762
结果评价	理想	可以接受	理想	理想	理想	理想	理想	理想	理想

由表14可知，宣传营销因素对湖北省房县发展黄酒文化乡村旅游促进乡村振兴的影响初始模型(初始模型3)的适配度指标中只有AGFI值为0.880，小于适配标准0.9，但是该值与适配标准值差别很小，对结果影响程度不大，处于可接受范围之内；其他指标均达到了模型适配度的评价标准。这说明了宣传营销因素对湖北省房县发展黄酒文化乡村旅游促进乡村振兴的影响初始模型(初始模型3)的整体适配度良好。

表14   初始模型 3 的适配度指标

项目	GFI	AGFI	RMSEA	χ^2/df	CFI	IFI	NFI	PGFI	PNFI
适配标准	>0.9	>0.9	<0.08	<3	>0.9	>0.9	>0.9	>0.5	>0.5
模型1	0.916	0.880	0.027	1.439	0.991	0.991	0.972	0.643	0.763
结果评价	理想	可以接受	理想	理想	理想	理想	理想	理想	理想

6.3.4 结构方程模型路径系数显著性检验

(1)结构方程模型路径系数显著性检验标准

吴明隆(2010)对结构方程模型路径系数显著性检验做了说明：在对 AMOS 22.0 软件输出的结构方程模型的非标准化路径系数进行检验时，应该根据偏度系数 C. R. 的绝对值与 P 值两个方面来判断所对应路径系数的显著性水平。以 1.96 为标准值，若路径所对应的 C. R. 系数的绝对值大于 1 标准值 1.96，并且路径所对应的 P 值小于 0.05，这说明对应的路径系数是显著的，该路径是合理的。若两个条件中只满足一个或都不满足，则该路径不成立。

(2)初始模型路径系数显著性检验

上一小节对本研究的三个初始模型的适配度做了检验，检验结果表明三个初始模型的指标均达到了适配标准，说明本研究构建的三个初始模型的整体适配度良好。本节将导入 295 份问卷数据，分别运行三个初始模型进行拟合，对湖北省房县发展黄酒文化乡村旅游促进乡村振兴研究的初始模型路径系数进行显著性检验，根据检验结果判断各路径之间的关系是否成立，从而为后文的假设验证做铺垫。笔者经过模型拟合、数据整理后得到了下文三个初始模型的路径系数表(见表 15)。

表 15   初始模型 1 的路径系数显著性检验表

路径		非标准化系数	标准化系数	S. E.	C. R.	P
生态环境水平	<--- 品牌建设	1.290	1.170	0.081	15.851	***
产业发展水平	<--- 品牌建设	2.534	2.165	0.256	9.903	***
产业发展水平	<--- 生态环境水平	2.271	2.139	0.230	9.874	***
基层治理水平	<--- 品牌建设	−0.003	−0.003	0.013	−0.274	0.784
居民收入水平	<--- 品牌建设	0.008	0.007	0.012	0.672	0.502
文化发展水平	<--- 品牌建设	0.000	0.000	0.013	0.018	0.986
基层治理水平	<--- 产业发展水平	0.925	1.003	0.050	18.480	***
居民收入水平	<--- 基层治理水平	0.363	0.338	0.030	11.945	***
居民收入水平	<--- 文化发展水平	0.390	0.373	0.032	12.266	***
文化发展水平	<--- 产业发展水平	0.465	0.492	0.036	12.979	***
文化发展水平	<--- 基层治理水平	0.514	0.501	0.039	13.062	***
产业发展水平	<--- 居民收入水平	−1.035	−1.026	0.120	−8.651	***
居民收入水平	<--- 产业发展水平	0.279	0.281	0.025	11.094	***
产业发展水平	<--- 文化发展水平	−1.119	−1.059	0.140	−7.994	***
产业发展水平	<--- 基层治理水平	−1.009	−0.930	0.125	−8.043	***

注：***表示 P 值小于 0.001

由表 15 可知，在品牌建设因素对湖北省房县发展黄酒文化乡村旅游促进乡村振兴影响研究的初始模型(初始模型 1)中，品牌建设→生态环境水平、品牌建设→产业发展水平、生态环境水平→产业发展水平、产业发展水平→基层治理水平、基层治理水平→居民收入水平、文化发展水平→居民收入水平、产业发展水平→文化发展水平、基层治理水平→文化发展水平、居民收入水平→产业发展水平、产业发展水平→居民收入水平、文化发展水平→产业发展水平、基层治理水平→产业发展水平这 12 条的路径的 C. R. 的绝对值在 7. 994 ~ 18. 480，远大于 C. R. 绝对值为 1. 96 的显著性水平，而且这 12 条路径的 P 值输出均为" ***"，即 P 值小于 0. 001，说明这 12 条路径系数具有显著性。综上可知：以上 12 条路径是完全合理的，不需再做进一步修改。然而，在该表中也有品牌建设→基层治理水平、品牌建设→居民收入水平、品牌建设→文化发展水平这三条路径的 C. R. 的绝对值在 0. 018 ~ 0. 672，远小于 C. R. 绝对值为 1. 96 的显著性水平，而且这三条路径的 P 值输出分别为 0. 784、0. 502、0. 986，P 值远大于 0. 05 的标准化水平，综上可知：以上这三条路径关系明显不显著，说明路径设定不合理，需要再做进一步的修正。

由表 16 可知，在文化创新因素对湖北省房县发展黄酒文化乡村旅游促进乡村振兴影响研究的初始模型(初始模型 2)中，文化创新→生态环境水平、文化创新→产业发展水平、生态环境水平→产业发展水平、产业发展水平→基层治理水平、基层治理水平→居民收入水平、文化发展水平→居民收入水平、产业发展水平→文化发展水平、基层治理水平→文化发展水平、居民收入水平→产业发展水平、产业发展水平→居民收入水平、文化发展水平→产业发展水平、基层治理水平→产业发展水平这 12 条的路径的 C. R. 的绝对值在 8. 002 ~ 18. 480，远远大于 C. R. 绝对值为 1. 96 的显著性水平，而且这 12 条路径的 P 值输出均为" ***"，即 P 值小于 0. 001，说明这 12 条路径系数具有显著性。综上可知：以上 12 条路径是完全合理的，不需再做进一步修改。然而，在该表中也有文化创新→基层治理水平、文化创新→居民收入水平、文化创新→文化发展水平这 3 条路径的 C. R. 的绝对值在 0. 892 ~ 1. 637，小于 C. R. 绝对值标准为 1. 96 的显著性水平，而且这 3 条路径的 P 值输出分别为 0. 102、0. 166、0. 372，P 值远大于 0. 05 的标准化水平，综上可知：以上这 3 条路径关系明显不显著，说明路径设定是不合理的，需要再做进一步的修正。

表 16　　　　　　初始模型 2 的路径系数显著性检验表

路　径			非标准化系数	标准化系数	S. E.	C. R.	P
生态环境水平	<---	文化创新	1. 151	1. 165	0. 067	17. 063	***
产业发展水平	<---	文化创新	2. 361	2. 246	0. 232	10. 179	***
产业发展水平	<---	生态环境水平	2. 222	2. 087	0. 225	9. 880	***

续表

路　　径		非标准化系数	标准化系数	S. E.	C. R.	P
基层治理水平	<--- 文化创新	−0.018	−0.019	0.011	−1.637	0.102
居民收入水平	<--- 文化创新	0.014	0.014	0.010	1.386	0.166
文化发展水平	<--- 文化创新	−0.010	−0.010	0.011	−0.892	0.372
基层治理水平	<--- 产业发展水平	0.937	1.019	0.051	18.480	***
居民收入水平	<--- 基层治理水平	0.363	0.337	0.030	11.969	***
居民收入水平	<--- 文化发展水平	0.390	0.373	0.032	12.326	***
文化发展水平	<--- 产业发展水平	0.466	0.493	0.036	12.897	***
文化发展水平	<--- 基层治理水平	0.524	0.510	0.040	13.206	***
产业发展水平	<--- 居民收入水平	−1.039	−1.029	0.120	−8.654	***
居民收入水平	<--- 产业发展水平	0.273	0.275	0.025	10.934	***
产业发展水平	<--- 文化发展水平	−1.134	−1.073	0.142	−8.002	***
产业发展水平	<--- 基层治理水平	−1.022	−0.940	0.127	−8.050	***

注：***表示 P 值小于 0.001

由表 17 可知，在宣传营销因素对湖北省房县发展黄酒文化乡村旅游促进乡村振兴影响研究的初始模型(初始模型 3)中，宣传营销→生态环境水平、宣传营销→产业发展水平、生态环境水平→产业发展水平、产业发展水平→基层治理水平、基层治理水平→居民收入水平、文化发展水平→居民收入水平、产业发展水平→文化发展水平、基层治理水平→文化发展水平、居民收入水平→产业发展水平、产业发展水平→居民收入水平、文化发展水平→产业发展水平、基层治理水平→产业发展水平这 12 条的路径的 C. R. 的绝对值在 7.997~18.625，远远大于 C. R. 绝对值为 1.96 的显著性水平，而且这 12 条路径的 P 值输出均为"***"，即 P 值小于 0.001，说明这 12 条路径系数具有显著性。综上知：以上 12 条路径是完全合理的，不需再做进一步修改。然而，在该表中也有宣传营销→基层治理水平、宣传营销→居民收入水平、宣传营销→文化发展水平这三条路径的 C. R. 的绝对值在 0.351~1.811，小于 C. R. 绝对值标准为 1.96 的显著性水平，而且这 3 条路径的 P 值输出分别为 0.182、0.070、0.725，P 值大于 0.05 的标准化水平，综上可知：以上这 3 条路径关系明显不显著，说明路径设定不合理，需要再做进一步的修正。

表17 初始模型3的路径系数显著性检验表

路 径			非标准化系数	标准化系数	S. E.	C. R.	P
生态环境水平	<---	宣传营销	1.131	1.166	0.066	17.022	***
产业发展水平	<---	宣传营销	2.292	2.223	0.225	10.188	***
产业发展水平	<---	生态环境水平	2.231	2.098	0.224	9.964	***
基层治理水平	<---	宣传营销	−0.013	−0.014	0.010	−1.336	0.182
居民收入水平	<---	宣传营销	0.017	0.017	0.009	1.811	0.070
文化发展水平	<---	宣传营销	−0.003	−0.003	0.010	−0.351	0.725
基层治理水平	<---	产业发展水平	0.935	1.014	0.050	18.625	***
居民收入水平	<---	基层治理水平	0.361	0.336	0.030	11.997	***
居民收入水平	<---	文化发展水平	0.388	0.370	0.032	12.303	***
文化发展水平	<---	产业发展水平	0.464	0.491	0.036	12.955	***
文化发展水平	<---	基层治理水平	0.518	0.505	0.039	13.197	***
产业发展水平	<---	居民收入水平	−1.032	−1.023	0.119	−8.649	***
居民收入水平	<---	产业发展水平	0.274	0.276	0.025	11.025	***
产业发展水平	<---	文化发展水平	−1.129	−1.067	0.141	−7.997	***
产业发展水平	<---	基层治理水平	−1.018	−0.938	0.127	−8.045	***

注：***表示 P 值小于 0.001

6.3.5 模型修正

在上一小节中，笔者分别对三个初始模型进行拟合，对湖北省房县发展黄酒文化乡村旅游促进乡村振兴研究的初始模型路径系数进行显著性检验，根据检验结果可知：在品牌建设因素对湖北省房县发展黄酒文化乡村旅游促进乡村振兴的影响模型(初始模型1)中，存在品牌建设→基层治理水平、品牌建设→居民收入水平、品牌建设→文化发展水平这三条路径设定不合理问题；在文化创新因素对湖北省房县发展黄酒文化乡村旅游促进乡村振兴的影响模型(初始模型2)中，存在文化创新→基层治理水平、文化创新→居民收入水平、文化创新→文化发展水平这三条路径设定不合理问题；在宣传营销因素对湖北省房县发展黄酒文化乡村旅游促进乡村振兴的影响模型(初始模型3)中，存在宣传营销→基层治理水平、宣传营销→居民收入水平、宣传营销→文化发展水平这三条路径设定不合理问题。吴明隆(2010)认为，在通常情况下需要采用删除路径或者更改路径方向的办法解决对结构方程模型路径系数进行显著性检验时存在的某些路径系数不显著、路径设定不合理问题，随后反复进行拟合直到相关系数值合理为止。

为了进一步优化本研究的初始模型 1，将品牌建设→基层治理水平、品牌建设→居民收入水平、品牌建设→文化发展水平这三条路径依次从初始模型 1 中删除，并得到品牌建设因素对湖北省房县发展黄酒文化乡村旅游促进乡村振兴的影响的修正模型 1(见图 6)。

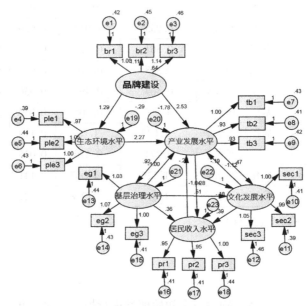

图 6　品牌建设因素对湖北省房县发展黄酒文化乡村旅游促进乡村振兴的
影响模型(修正模型 1)

为了进一步优化本研究的初始模型 2，将文化创新→基层治理水平、文化创新→居民收入水平、文化创新→文化发展水平这三条路径依次从初始模型 2 中删除，并得到了文化创新因素对湖北省房县发展黄酒文化乡村旅游促进乡村振兴的影响的修正模型 2(见图 7)。

为了进一步优化本研究的初始模型 3，将宣传营销→基层治理水平、宣传营销→居民收入水平、宣传营销→文化发展水平这三条路径依次从初始模型 3 中删除，并得到宣传营销因素对湖北省房县发展黄酒文化乡村旅游促进乡村振兴的影响的修正模型 3(见图 8)。

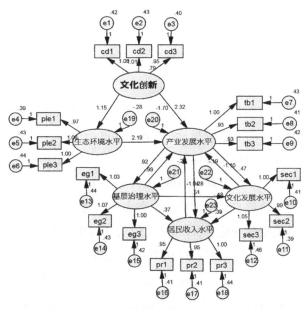

图 7 文化创新因素对湖北省房县发展黄酒文化乡村旅游促进乡村振兴的
影响模型(修正模型 2)

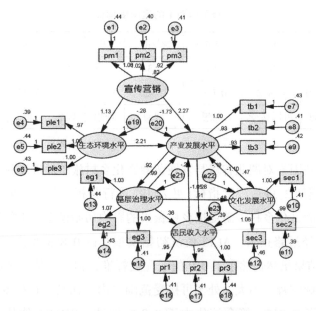

图 8 宣传营销因素对湖北省房县发展黄酒文化乡村旅游促进乡村振兴的
影响模型(修正模型 3)

6.4 修正后模型的检验

6.4.1 修正后模型的适配度检验

对品牌建设因素对湖北省房县发展黄酒文化乡村旅游促进乡村振兴的影响的修正模型(修正模型 1)的适配度指标(见表 18)进行分析,与品牌建设因素对湖北省房县发展黄酒文化乡村旅游促进乡村振兴的影响的初始模型(初始模型 1)的适配度指标相比,模型 1 经过修正后的 AGFI 值为 0.872,该值虽然仍然小于 0.9 的适配度标准,但是该值与适配标准值差别很小,对结果影响程度不大,处于可接受范围之内。其他指标变化中,RMSEA 值从 0.028 升到了 0.053,符合该值小于 0.08 的标准;卡方自由比(χ^2/df)从 1.617 降到了 1.583,符合该值小于 3 的标准;PGFI 值从 0.639 升到了 0.654,符合该值大于 0.5 的标准;PNFI 值从 0.759 升到了 0.778,符合该值大于 0.5 的标准。综上所述,修正模型 1 的适配度指标均达到了标准。

表 18 修正模型 1 的适配度指标

项目	GFI	AGFI	RMSEA	χ^2/df	CFI	IFI	NFI	PGFI	PNFI
适配标准	>0.9	>0.9	<0.08	<3	>0.9	>0.9	>0.9	>0.5	>0.5
模型 1	0.910	0.872	0.053	1.583	0.988	0.988	0.968	0.654	0.778
结果评价	理想	可以接受	理想	理想	理想	理想	理想	理想	理想

对文化创新因素对湖北省房县发展黄酒文化乡村旅游促进乡村振兴的影响修正模型(修正模型 2)的适配度指标(见表 19)进行分析,与文化创新因素对湖北省房县发展黄酒文化乡村旅游促进乡村振兴的影响初始模型(初始模型 2)的适配度指标相比,经过修正后,AGFI 值从初始模型 2 的 0.883 变化到了修正模型 2 的 0.872,该结果虽然仍然小于 0.9 的适配度标准,但是该值与适配标准值差别很小,对结果影响程度不大,处于可接受范围之内。在其他指标变化中,GFI 值从 0.918 降到了 0.915,符合该值大于 0.9 的标准;RMSEA 值从 0.026 升到了 0.045,符合该值小于 0.08 的标准;卡方自由比(χ^2/df)从 1.433 降到了 1.431,

符合该值小于 3 的标准；NFI 值从 0.972 变到了 0.971，符合该值大于 0.9 的标准；PGFI 值从 0.644 升到了 0.658，符合该值大于 0.5 的标准；PNFI 值从 0.762 升到了 0.781，符合该值大于 0.5 的标准。综上所述，修正模型 2 的适配度指标均达到了标准。

表 19 修正模型 2 的适配度指标

项目	GFI	AGFI	RMSEA	χ^2/df	CFI	IFI	NFI	PGFI	PNFI
适配标准	>0.9	>0.9	<0.08	<3	>0.9	>0.9	>0.9	>0.5	>0.5
模型 1	0.915	0.882	0.045	1.431	0.991	0.991	0.971	0.658	0.781
结果评价	理想	可以接受	理想	理想	理想	理想	理想	理想	理想

对宣传营销因素对湖北省房县发展黄酒文化乡村旅游促进乡村振兴的影响模型(修正模型 3)的适配度指标(见表 20)进行分析，与宣传营销因素对湖北省房县发展黄酒文化乡村旅游促进乡村振兴的影响初始模型(初始模型 3)的适配度指标相比，经过修正后，AGFI 值从为 0.880，该结果虽然仍然小于 0.9 的适配度标准，但是该值与适配标准值差别很小，对结果影响程度不大，处于可接受范围之内。在其他指标变化中，GFI 值从 0.916 降到了 0.914，符合该值大于 0.9 的标准；RMSEA 值从 0.027 升到了 0.046，符合该值小于 0.08 的标准；卡方自由比(χ^2/df)从 1.439 降到了 1.434，符合该值小于 3 的标准；PGFI 值从 0.634 升到了 0.657，符合该值大于 0.5 的标准；PNFI 值从 0.763 升到了 0.781，符合该值大于 0.5 的标准。综上所述，修正模型 3 的适配度指标均达到了标准。

表 20 修正模型 3 的适配度指标

项目	GFI	AGFI	RMSEA	χ^2/df	CFI	IFI	NFI	PGFI	PNFI
适配标准	>0.9	>0.9	<0.08	<3	>0.9	>0.9	>0.9	>0.5	>0.5
模型 1	0.914	0.880	0.046	1.434	0.991	0.991	0.972	0.657	0.781
结果评价	理想	可以接受	理想	理想	理想	理想	理想	理想	理想

6.4.2 修正后模型的路径系数显著性检验

对修正模型 1 进行非标准化路径估计以确定品牌建设因素对湖北省房县发展黄酒文化乡村旅游促进乡村振兴的影响模型修正后的路径合理性，结果见表21。

表21　　　　　　　　　　修正模型 1 的路径系数显著性检验

路　　　径			非标准化系数	标准化系数	S.E.	C.R.	P 值
生态环境水平	<---	品牌建设	1.290	1.170	0.081	15.855	***
产业发展水平	<---	品牌建设	2.532	2.163	0.255	9.936	***
产业发展水平	<---	生态环境水平	2.274	2.142	0.229	9.919	***
基层治理水平	<---	产业发展水平	0.922	1.000	0.049	18.898	***
居民收入水平	<---	基层治理水平	0.365	0.339	0.030	12.044	***
居民收入水平	<---	文化发展水平	0.393	0.375	0.032	12.353	***
文化发展水平	<---	产业发展水平	0.466	0.493	0.035	13.213	***
文化发展水平	<---	基层治理水平	0.513	0.500	0.039	13.194	***
产业发展水平	<---	居民收入水平	−1.044	−1.035	0.120	−8.696	***
居民收入水平	<---	产业发展水平	0.281	0.284	0.025	11.371	***
产业发展水平	<---	文化发展水平	−1.116	−1.056	0.138	−8.100	***
产业发展水平	<---	基层治理水平	−1.003	−0.924	0.123	−8.147	***

注：***表示 P 值小于 0.001

由品牌建设因素对湖北省房县发展黄酒文化乡村旅游促进乡村振兴影响研究的修正模型(修正模型 1)的路径系数显著性检验结果可看出，修正模型 1 的各路径 C.R. 的绝对值在 8.100~18.898，远大于 C.R. 绝对值为 1.96 的显著性水平；修正模型 1 各路径的 P 值均小于 0.001，路径系数均达到显著性水平，说明品牌建设因素对湖北省房县发展黄酒文化乡村旅游促进乡村振兴影响研究的修正模型(修正模型 1)的路径设定合理，模型修正成功。

对修正模型 2 进行非标准化路径估计以确定文化创新因素对湖北省房县发展黄酒文化乡村旅游促进乡村振兴的影响模型修正后的路径合理性，结果见表22。

表22   修正模型2的路径系数显著性检验

路　　径			非标准化系数	标准化系数	S. E.	C. R.	P 值
生态环境水平	<---	文化创新	1.152	1.165	0.067	17.084	***
产业发展水平	<---	文化创新	2.321	2.207	0.226	10.247	***
产业发展水平	<---	生态环境水平	2.187	2.056	0.220	9.937	***
基层治理水平	<---	产业发展水平	0.920	1.001	0.049	18.852	***
居民收入水平	<---	基层治理水平	0.365	0.339	0.030	12.038	***
居民收入水平	<---	文化发展水平	0.393	0.375	0.032	12.353	***
文化发展水平	<---	产业发展水平	0.466	0.493	0.035	13.210	***
文化发展水平	<---	基层治理水平	0.515	0.500	0.039	13.193	***
产业发展水平	<---	居民收入水平	−1.040	−1.030	0.120	−8.699	***
居民收入水平	<---	产业发展水平	0.281	0.284	0.025	11.366	***
产业发展水平	<---	文化发展水平	−1.097	−1.037	0.135	−8.102	***
产业发展水平	<---	基层治理水平	−0.989	−0.909	0.121	−8.139	***

注：***表示 P 值小于 0.001

　　由文化创新因素对湖北省房县发展黄酒文化乡村旅游促进乡村振兴影响研究的修正模型(修正模型2)的路径系数显著性检验结果可看出，修正模型2的各路径 C. R. 的绝对值在 8.102～18.852，远远大于 C. R. 绝对值为 1.96 的显著性水平；修正模型2各路径的 P 值均小于 0.001，路径系数均达到显著性水平，说明文化创新因素对湖北省房县发展黄酒文化乡村旅游促进乡村振兴影响研究的修正模型(修正模型2)的路径设定合理，模型修正成功。

　　对修正模型3进行非标准化路径估计以确定宣传营销因素对湖北省房县发展黄酒文化乡村旅游促进乡村振兴的影响模型修正后的路径合理性，结果见表23。

表23   修正模型3的路径系数显著性检验

路　　径			非标准化系数	标准化系数	S. E.	C. R.	P 值
生态环境水平	<---	宣传营销	1.131	1.166	0.066	17.052	***
产业发展水平	<---	宣传营销	2.266	2.197	0.221	10.245	***

续表

路　　径		非标准化系数	标准化系数	S. E.	C. R.	P 值
产业发展水平	<--- 生态环境水平	2. 214	2. 083	0. 221	10. 031	***
基层治理水平	<--- 产业发展水平	0. 922	1. 001	0. 049	18. 908	***
居民收入水平	<--- 基层治理水平	0. 364	0. 339	0. 030	12. 042	***
居民收入水平	<--- 文化发展水平	0. 393	0. 375	0. 032	12. 351	***
文化发展水平	<--- 产业发展水平	0. 466	0. 493	0. 035	13. 208	***
文化发展水平	<--- 基层治理水平	0. 514	0. 500	0. 039	13. 200	***
产业发展水平	<--- 居民收入水平	−1. 050	−1. 040	0. 121	−8. 704	***
居民收入水平	<--- 产业发展水平	0. 281	0. 284	0. 025	11. 365	***
产业发展水平	<--- 文化发展水平	−1. 102	−1. 042	0. 136	−8. 119	***
产业发展水平	<--- 基层治理水平	−0. 987	−0. 909	0. 121	−8. 154	***

注：***表示 P 值小于 0.001

　　由宣传营销因素对湖北省房县发展黄酒文化乡村旅游促进乡村振兴影响研究的修正模型(修正模型 3)的路径系数显著性检验结果可看出，修正模型 3 的各路径 C. R. 的绝对值在 8.119～18.908，远远大于 C. R. 绝对值为 1.96 的显著性水平；修正模型 3 各路径的 P 值均小于 0.001，路径系数均达到显著性水平，说明宣传营销因素对湖北省房县发展黄酒文化乡村旅游促进乡村振兴影响研究的修正模型(修正模型 3)的路径设定合理，模型修正成功。

　　综上所述，修正模型 1、修正模型 2、修正模型 3 的模型适配度均达到了适配标准，模型路径系数均达到显著性水平。所以，品牌建设因素对湖北省房县发展黄酒文化乡村旅游促进乡村振兴的影响因素结构方程模型的最终模型即为图 6 的模型(即修正模型 1)；文化创新因素对湖北省房县发展黄酒文化乡村旅游促进乡村振兴的影响因素结构方程模型的最终模型即为图 7 的模型(即修正模型 2)；宣传营销因素对湖北省房县发展黄酒文化乡村旅游促进乡村振兴的影响因素结构方程模型的最终模型即为图 8 的模型(即修正模型 3)。

6.5　假设验证与分析

6.5.1　假设验证

根据表15、表16、表17和表21、表22、表23，本节汇总了房县发展黄酒文化乡村旅游促进乡村振兴研究模型修正前后的所有路径系数显著性检验结果（见表24），进行湖北省房县发展黄酒文化乡村旅游促进乡村振兴研究假设的验证。

表24　湖北省房县发展黄酒文化乡村旅游促进乡村振兴研究假设的验证

路　　径			标准化系数	C. R.	P 值	对应假设	验证结论
产业发展水平	<---	品牌建设	2.163	9.936	***	H1a	成立
生态环境水平	<---	品牌建设	1.170	15.855	***	H1b	成立
文化发展水平	<---	品牌建设	0.000	0.018	0.986	H1c	不成立
基层治理水平	<---	品牌建设	−0.003	−0.274	0.784	H1d	不成立
居民收入水平	<---	品牌建设	0.007	0.672	0.502	H1e	不成立
产业发展水平	<---	文化创新	2.207	10.247	***	H2a	成立
生态环境水平	<---	文化创新	1.165	17.084	***	H2b	成立
文化发展水平	<---	文化创新	−0.010	−0.892	0.372	H2c	不成立
基层治理水平	<---	文化创新	−0.019	−1.637	0.102	H2d	不成立
居民收入水平	<---	文化创新	0.014	1.386	0.166	H2e	不成立
产业发展水平	<---	宣传营销	2.197	10.245	***	H3a	成立
生态环境水平	<---	宣传营销	1.166	17.052	***	H3b	成立
文化发展水平	<---	宣传营销	−0.003	−0.351	0.725	H3c	不成立
基层治理水平	<---	宣传营销	−0.014	−1.336	0.182	H3d	不成立
居民收入水平	<---	宣传营销	0.017	1.811	0.070	H3e	不成立
文化发展水平	<---	产业发展水平	0.493	13.208	***	H4a	成立
基层治理水平	<---	产业发展水平	1.001	18.908	***	H4b	成立
居民收入水平	<---	产业发展水平	0.284	11.365	***	H4c	成立

续表

路 径		标准化系数	C. R.	P 值	对应假设	验证结论
产业发展水平	<--- 生态环境水平	2.083	10.031	***	H4d	成立
产业发展水平	<--- 文化发展水平	−1.042	−8.119	***	H4e	不成立
居民收入水平	<--- 文化发展水平	0.375	12.351	***	H4f	成立
产业发展水平	<--- 基层治理水平	−0.909	−8.154	***	H4g	不成立
文化发展水平	<--- 基层治理水平	0.500	13.200	***	H4h	成立
居民收入水平	<--- 基层治理水平	0.339	12.042	***	H4i	成立
产业发展水平	<--- 居民收入水平	−1.040	−8.704	***	H4j	不成立

注：***表示 P 值小于 0.001

6.5.2 结果分析

（1）乡村旅游的品牌建设因素对湖北省房县发展黄酒文化乡村旅游促进乡村振兴的影响分析

假设 H1a：由表 24 可知，乡村旅游的品牌建设因素对房县发展黄酒文化乡村旅游促进产业发展水平的标准化路径系数为 2.163，C. R. 值为 9.936，P 值显示为 ***，小于 0.001，即该路径方向正确且在 1% 的显著性水平上显著。这也说明了加强房县黄酒文化乡村旅游的品牌建设，当地的产业发展水平也会随之得到显著提升。即品牌建设因素对湖北省房县发展黄酒文化乡村旅游促进产业发展水平的提升进而助力乡村振兴具有显著正向作用，故研究假设 H1a 成立。

假设 H1b：由表 24 可知，乡村旅游的品牌建设因素对房县发展黄酒文化乡村旅游促进生态环境水平的标准化路径系数为 1.170，C. R. 值为 15.855，P 值显示为 ***，小于 0.001，即该路径方向正确且在 1% 的显著性水平上显著。这说明了加强房县黄酒文化乡村旅游的品牌建设，当地的生态环境水平也会随之得到显著提升。即品牌建设因素对湖北省房县发展黄酒文化乡村旅游促进生态环境水平的提升进而助力乡村振兴具有显著正向作用，故研究假设 H1b 成立。

假设 H1c：由表 24 可知，乡村旅游的品牌建设因素对房县发展黄酒文化乡村旅游促进文化发展水平的标准化路径系数为 0.000，C. R. 值为 0.018，P 值为 0.986，即该路径方向不正确且路径系数未达到显著性水平。这也说明了加强房县黄酒文化乡村旅游的品牌建设，当地的文化发展水平并不会随之得到显著提升。即品牌建设因素对湖北省房县发展黄酒文化乡村旅游促进文化发展水平的提升进而助力乡村振兴不具有显著正向作用，故研究假设 H1c 不成立。

假设 H1d：由表 24 可知，乡村旅游的品牌建设因素对房县发展黄酒文化乡村旅游促进基层治理水平的标准化路径系数为-0.003，C.R. 值为-0.274，P 值为 0.784，即该路径方向不正确且路径系数未达到显著性水平。这也说明了加强房县黄酒文化乡村旅游的品牌建设，当地的基层治理水平并不会随之得到显著提升。即品牌建设因素对湖北省房县发展黄酒文化乡村旅游促进基层治理水平的提升进而助力乡村振兴不具有显著正向作用，故研究假设 H1d 不成立。

假设 H1e：由表 24 可知，乡村旅游的品牌建设因素对房县发展黄酒文化乡村旅游促进居民收入水平的标准化路径系数为 0.007，C.R. 值为 0.672，P 值为 0.502，即该路径方向正确但是路径系数未达到显著性水平。这也说明了加强房县黄酒文化乡村旅游的品牌建设，当地的居民收入水平会随之得到提升，但是提升效果不显著。即品牌建设因素对湖北省房县发展黄酒文化乡村旅游促进居民收入水平的提升进而助力乡村振兴具有正向作用但不具有显著作用，故研究假设 H1e 不成立。

（2）乡村旅游的文化创新因素对湖北省房县发展黄酒文化乡村旅游促进乡村振兴的影响分析

假设 H2a：由表 24 可知，乡村旅游的文化创新因素对房县发展黄酒文化乡村旅游促进产业发展水平的标准化路径系数为 2.207，C.R. 值为 10.247，P 值显示为 ***，小于 0.001，即该路径方向正确且在 1% 的显著性水平上显著。这也说明了加强房县黄酒文化乡村旅游的文化创新，当地的产业发展水平也会随之得到显著提升。即文化创新因素对湖北省房县发展黄酒文化乡村旅游促进产业发展水平的提升进而助力乡村振兴具有显著正向作用，故研究假设 H2a 成立。

假设 H2b：由表 24 可知，乡村旅游的文化创新因素对房县发展黄酒文化乡村旅游促进生态环境水平的标准化路径系数为 1.165，C.R. 值为 17.084，P 值显示为 ***，小于 0.001，即该路径方向正确且在 1% 的显著性水平上显著。这说明了加强房县黄酒文化乡村旅游的文化创新，当地的生态环境水平也会随之得到显著提升。即文化创新因素对湖北省房县发展黄酒文化乡村旅游促进生态环境水平的提升进而助力乡村振兴具有显著正向作用，故研究假设 H2b 成立。

假设 H2c：由表 24 可知，乡村旅游的文化创新因素对房县发展黄酒文化乡村旅游促进文化发展水平的标准化路径系数为 -0.010，C. R. 值为 -0.892，P 值为 0.372，即该路径方向不正确且路径系数未达到显著性水平。这也说明了加强房县黄酒文化乡村旅游的文化创新，当地的文化发展水平并不会随之得到显著提升。即文化创新因素对湖北省房县发展黄酒文化乡村旅游促进文化发展水平的提升进而助力乡村振兴不具有显著正向作用，故研究假设 H2c 不成立。

假设 H2d：由表 24 可知，乡村旅游的文化创新因素对房县发展黄酒文化乡村旅游促进基层治理水平的标准化路径系数为 -0.019，C. R. 值为 -1.637，P 值为 0.102，即该路径方向不正确且路径系数未达到显著性水平。这也说明了加强房县黄酒文化乡村旅游的文化创新，当地的基层治理水平并不会随之得到显著提升。即文化创新因素对湖北省房县发展黄酒文化乡村旅游促进基层治理水平的提升进而助力乡村振兴不具有显著正向作用，故研究假设 H2d 不成立。

假设 H2e：由表 24 可知，乡村旅游的文化创新因素对房县发展黄酒文化乡村旅游促进居民收入水平的标准化路径系数为 0.014，C. R. 值为 1.386，P 值为 0.166，即该路径方向正确但路径系数未达到显著性水平。这也说明了加强房县黄酒文化乡村旅游的文化创新，当地的居民收入水平并会随之得到提升，但是提升效果并不显著。即品牌建设因素对湖北省房县发展黄酒文化乡村旅游促进居民收入水平的提升进而助力乡村振兴具有正向作用但不具有显著作用，故研究假设 H2e 不成立。

(3)乡村旅游的宣传营销因素对湖北省房县发展黄酒文化乡村旅游促进乡村振兴的影响分析

假设 H3a：由表 24 可知，乡村旅游的宣传营销因素对房县发展黄酒文化乡村旅游促进产业发展水平的标准化路径系数为 2.197，C. R. 值为 10.245，P 值显示为 ***，小于 0.001，即该路径方向正确且在 1% 的显著性水平上显著。这也说明了加强房县黄酒文化乡村旅游的宣传营销，当地的产业发展水平也会随之得到显著提升。即宣传营销因素对湖北省房县发展黄酒文化乡村旅游促进产业发展水平的提升进而助力乡村振兴具有显著正向作用，故研究假设 H3a 成立。

假设 H3b：由表 24 可知，乡村旅游的宣传营销因素对房县发展黄酒文化乡村旅游促进生态环境水平的标准化路径系数为 1.166，C. R. 值为 17.052，P 值显示为 ***，小于 0.001，即该路径方向正确且在 1% 的显著性水平上显著。这说明了加强房县黄酒文化乡村旅游的宣传营销，当地的生态环境水平也会随之得到显著提升。即宣传营销因素对湖北省房县发展黄酒文化乡村旅游促进生态环境水平的提升进而助力乡村振兴具有显著正向作用，故研究假设 H3b 成立。

假设 H3c：由表 24 可知，乡村旅游的宣传营销因素对房县发展黄酒文化乡村旅游促进文化发展水平的标准化路径系数为 -0.003，C. R. 值为 -0.351，P 值为 0.725，即该路径方向不正确且路径系数未达到显著性水平。这也说明了加强房县黄酒文化乡村旅游的宣传营销，当地的文化发展水平并不会随之得到显著提升。即宣传营销因素对湖北省房县发展黄酒文化乡村旅游促进文化发展水平的提升进而助力乡村振兴不具有显著正向作用，故研究假设 H3c 不成立。

假设 H3d：由表 24 可知，乡村旅游的宣传营销因素对房县发展黄酒文化乡村旅游促进基层治理水平的标准化路径系数为 -0.014，C. R. 值为 -1.336，P 值为 0.182，即该路径方向不正确且路径系数未达到显著性水平。这也说明了加强房县黄酒文化乡村旅游的宣传营销，当地的基层治理水平并不会随之得到显著提升。即宣传营销因素对湖北省房县发展黄酒文化乡村旅游促进基层治理水平的提升进而助力乡村振兴不具有显著正向作用，故研究假设 H3d 不成立。

假设 H3e：由表 24 可知，乡村旅游的宣传营销因素对房县发展黄酒文化乡村旅游促进居民收入水平的标准化路径系数为 0.017，C. R. 值为 1.811，P 值为 0.070，即该路径方向正确，但是该路径的系数并未达到显著性水平。这也说明了加强房县黄酒文化乡村旅游的宣传营销，当地的居民收入水平并会随之得到提升，但是提升效果不显著。即品牌建设因素对湖北省房县发展黄酒文化乡村旅游促进居民收入水平的提升进而助力乡村振兴具有正向作用但不具有显著作用，故研究假设 H3e 不成立。

(4)湖北省房县发展黄酒文化乡村旅游促进乡村振兴内部结构维度作用机制研究假设分析

假设 H4a：由表 24 可知，在湖北省房县发展黄酒文化乡村旅游促进乡村振兴的内部结构维度作用机制中，房县黄酒文化乡村旅游的产业发展水平对房县黄酒文化乡村旅游的文化发展水平的标准化路径系数为 0.493，C. R. 值为 13.208，P 值显示为 ***，小于 0.001，即该路径方向正确且在 1% 的显著性水平上显著。这也说明了房县黄酒文化乡村旅游的产业发展水平越高，那么当地的文化发展的显著性水平也就越高。即房县黄酒文化乡村旅游的产业发展水平对文化发展水平有显著正向作用，故研究假设 H4a 成立。

假设 H4b：由表 24 可知，在湖北省房县发展黄酒文化乡村旅游促进乡村振兴的内部结构维度作用机制中，房县黄酒文化乡村旅游的产业发展水平对房县黄酒文化乡村旅游的基层治理水平的标准化路径系数为 1.001，C.R. 值为 18.908，P 值显示为 ***，小于 0.001，即该路径方向正确且在 1% 的显著性水平上显著。这也说明了房县黄酒文化乡村旅游的产业发展水平越高，那么当地的文化发展的显著性水平也就越高。即房县黄酒文化乡村旅游的产业发展水平对文化发展水平有显著正向作用，故研究假设 H4b 成立。

假设 H4c：由表 24 可知，在湖北省房县发展黄酒文化乡村旅游促进乡村振兴的内部结构维度作用机制中，房县黄酒文化乡村旅游的产业发展水平对房县黄酒文化乡村旅游的居民收入水平的标准化路径系数为 0.284，C.R. 值为 11.365，P 值显示为 ***，小于 0.001，即该路径方向正确且在 1% 的显著性水平上显著。这也说明了房县黄酒文化乡村旅游的产业发展水平越高，那么当地的居民收入的显著性水平也就越高。即房县黄酒文化乡村旅游的产业发展水平对居民收入水平有显著正向作用，故研究假设 H4c 成立。

假设 H4d：由表 24 可知，在湖北省房县发展黄酒文化乡村旅游促进乡村振兴的内部结构维度作用机制中，房县黄酒文化乡村旅游的生态环境水平对房县黄酒文化乡村旅游的产业发展水平的标准化路径系数为 2.083，C.R. 值为 10.031，P 值显示为 ***，小于 0.001，即该路径方向正确且在 1% 的显著性水平上显著。这也说明了房县黄酒文化乡村旅游的生态环境水平越高，那么当地的产业发展的显著性水平也就越高。即房县黄酒文化乡村旅游的生态环境水平对产业发展水平有显著正向作用，故研究假设 H4d 成立。

假设 H4e：由表 24 可知，在湖北省房县发展黄酒文化乡村旅游促进乡村振兴的内部结构维度作用机制中，房县黄酒文化乡村旅游的文化发展水平对房县黄酒文化乡村旅游的产业发展水平的标准化路径系数为 -1.042，C.R. 值为 -8.119，P 值显示为 ***，小于 0.001，即该路径方向不正确，但是在 1% 的显著性水平上显著。这也说明了房县黄酒文化乡村旅游的文化发展水平越高，那么当地的产业发展的显著性水平也就越低。即房县黄酒文化乡村旅游的文化发展水平对产业发展水平有显著作用，但不具有正向作用，故研究假设 H4e 不成立。

假设 H4f：由表 24 可知，在湖北省房县发展黄酒文化乡村旅游促进乡村振兴的内部结构维度作用机制中，房县黄酒文化乡村旅游的文化发展水平对房县黄酒文化乡村旅游的居民收入水平的标准化路径系数为 0.375，C. R. 值为 12.351，P 值显示为 ***，小于 0.001，即该路径方向正确且在 1% 的显著性水平上显著。这也说明了房县黄酒文化乡村旅游的文化发展水平越高，那么当地的居民收入的显著性水平也就越高。即房县黄酒文化乡村旅游的文化发展水平对产业发展水平有显著正向作用，故研究假设 H4f 成立。

假设 H4g：由表 24 可知，在湖北省房县发展黄酒文化乡村旅游促进乡村振兴的内部结构维度作用机制中，房县黄酒文化乡村旅游的基层治理水平对房县黄酒文化乡村旅游的产业发展水平的标准化路径系数为 −0.909，C. R. 值为 −8.154，P 值显示为 ***，小于 0.001，即该路径方向正确且在 1% 的显著性水平上显著。这也说明了房县黄酒文化乡村旅游的基层治理水平越高，那么当地的产业发展的显著性水平也就越低。即房县黄酒文化乡村旅游的基层治理水平对产业发展水平有显著作用，但不具有正向作用，故研究假设 H4g 不成立。

假设 H4h：由表 24 可知，在湖北省房县发展黄酒文化乡村旅游促进乡村振兴的内部结构维度作用机制中，房县黄酒文化乡村旅游的基层治理水平对房县黄酒文化乡村旅游的文化发展水平的标准化路径系数为 0.500，C. R. 值为 13.200，P 值显示为 ***，小于 0.001，即该路径方向正确且在 1% 的显著性水平上显著。这也说明了房县黄酒文化乡村旅游的基层治理水平越高，那么当地的文化发展的显著性水平也就越高。即房县黄酒文化乡村旅游的基层治理水平对文化发展水平有显著正向作用，故研究假设 H4h 成立。

假设 H4i：由表 24 可知，在湖北省房县发展黄酒文化乡村旅游促进乡村振兴的内部结构维度作用机制中，房县黄酒文化乡村旅游的基层治理水平对房县黄酒文化乡村旅游的居民收入水平的标准化路径系数为 0.339，C. R. 值为 12.042，P 值显示为 ***，小于 0.001，即该路径方向正确且在 1% 的显著性水平上显著。这也说明了房县黄酒文化乡村旅游的基层治理水平越高，那么当地的居民收入的显著性水平也就越高。即房县黄酒文化乡村旅游的基层治理水平对居民收入水平有显著正向作用，故研究假设 H4i 成立。

假设 H4j：由表 24 可知，在湖北省房县发展黄酒文化乡村旅游促进乡村振兴的内部结构维度作用机制中，房县黄酒文化乡村旅游的居民收入水平对房县黄酒文化乡村旅游的产业发展水平的标准化路径系数为 −1.040，C. R. 值为 −8.704，

P 值显示为 ***，小于 0.001，即该路径方向不正确，但在 1% 的显著性水平上显著。这也说明了房县黄酒文化乡村旅游的居民收入水平越高，那么当地产业发展的显著性水平也就越低。即房县黄酒文化乡村旅游的居民收入水平对产业发展水平有显著作用，但不具有正向作用，故研究假设 H4j 不成立。

6.6 存在问题与原因

在本章中，笔者描述性地分析了调研样本内的居民的个人情况，运用 SPSS 20.0 软件对湖北省房县发展黄酒文化乡村旅游促进乡村振兴影响研究的调研样本数据进行了信度分析与效度检验，运用 Amos 22.0 软件绘制了湖北省房县发展黄酒文化乡村旅游促进乡村振兴研究的结构方程模型，导入了相关样本数据进行了实证分析，检验并修正了初始结构方程模型，得到了路径正确、适配度良好的最终模型，分析了湖北省房县黄酒文化乡村旅游的品牌建设因素、文化创新因素、宣传营销因素对湖北省房县发展黄酒文化乡村旅游促进乡村振兴的影响机制，验证了研究假设，最终笔者思考并总结了湖北省房县当前在发展黄酒文化乡村旅游促进乡村振兴过程中的存在的问题与原因。

6.6.1 房县发展黄酒文化乡村旅游的目的地发展不均衡问题

从描述性统计中的分析发现，房县发展黄酒文化乡村旅游的目的地发展不均衡问题体现在居民整体素质发展的不均衡上，具体表现在土城黄酒民俗文化村、三海村居民的文化程度的不均衡、年龄构成的不均衡方面。在 295 个样本中，土城黄酒民俗文化村与三海村两地居民的文化程度普遍在高中以及初中水平，接受高等教育的人群过少，反映了调研地的人口接受高等教育的人群过少，人们的文化程度普遍偏低，存在明显的年龄不均衡现象，居民年龄的不均衡限制了房县黄酒文化乡村旅游经济与文化产业的可持续发展；受访居民的年龄普遍偏大，反映了调研地人口结构偏老龄化、缺乏青壮年劳动力的现象，居民年龄构成不均衡是阻碍房县发展黄酒文化乡村旅游又好又快促进房县乡村全面振兴的关键所在。

从实地调研的情况发现，房县发展黄酒文化乡村旅游的目的地发展不均衡问题具体体现在乡村旅游基础建设不均衡和乡村旅游服务接待不均衡两个方面。在乡村旅游基础建设方面，笔者在房县土城黄酒民俗文化村调研过程中，发现土城黄酒民俗文化村内介绍黄酒历史文化以及当地民俗的部分展橱、标牌等出现损坏且长期未得到维修,对于刚刚到此的游客来说,站在这些路边醒目的、破损的展橱前,却无法对土城村的情况和房县的黄酒民俗文化有完整的了解,这会让他们对土城黄酒民俗村的第一印象大打折扣;同时该村沿235省道而建,省道只有双向两车道,车道两边可供停车的地方只有居民自家的庭院,来此的旅游大巴都是在路边停靠下客,且省道两边未设置人行道,游客下车后只能沿着省道两边行走,这存在着很大的安全隐患。且该民俗村内的公共洗手间、休息室、游客娱乐互动等基础设施还有待完善,与其形成鲜明对比的是,在房县城关镇的西关印象旅游小镇,房屋规划有序、道路靓丽平整、停车场宽阔便捷。所以,房县急需统筹规划建设标准,高质量地完善乡村旅游的基础设施建设,解决房县黄酒文化乡村旅游基础设施建设的不均衡问题,从而推动乡村振兴。在乡村旅游服务接待方面,房县黄酒文化乡村旅游服务接待不均衡和房县当地居民文化水平不均衡存在着一定的因果关系,房县发展黄酒文化乡村旅游目的地居民整体文化水平发展不均衡,居民整体素质偏低,使得当地服务人员接受相关培训的效率偏低,最终无法很好地为游客提供温馨舒适的接待服务,这是房县黄酒文化乡村旅游服务接待水平不均衡的一个重要体现,更是湖北省房县高质量发展黄酒文化乡村旅游从而促进乡村振兴过程中的阻碍因素。

6.6.2 房县黄酒文化乡村旅游的品牌建设不完善问题

从假设验证中的分析发现,加强房县黄酒文化乡村旅游的品牌建设在提升产业发展水平、生态环境水平、基层治理水平、文化发展水平、居民收入水平进而促进乡村振兴方面均具有正向作用。其中,加强房县黄酒文化乡村旅游的品牌建设对提升产业发展水平、生态环境水平的作用显著,而对提升文化发展水平、基层治理水平、居民收入水平的作用不显著。这反映了房县在发展黄酒文化乡村旅游过程中加强乡村旅游的品牌建设可以促进乡村振兴,但是品牌建设的不完善问题使得房县发展黄酒文化乡村旅游促进乡村振兴的作用不显著。

从实地调研的情况发现,房县黄酒文化乡村旅游的品牌建设不完善问题体现在乡村旅游产品的品牌建设不完善与乡村旅游商品的品牌建设不完善两个方面。在乡村旅游产品的品牌建设方面,房县近几年黄酒文化乡村旅游产品的开发与发展基本是在县政府的主导、乡镇政府的运作下进行的,由于政府在乡村旅游资源的开发、利用、塑造等方面一直发挥着主导作用，忽视了社会上其他相关参与主体如旅行社、广告公司等的作用，极大削弱了这些参与主体的积极性，这就使得房县的黄酒文化乡村旅游产品的品牌匮乏，大多是一些以房县黄酒直接命名、以文化节形式为载体的乡村旅游产品品牌，所以房县乡村旅游产品的品牌建设不完善是因政府"主导过多"导致的不完善。而在乡村旅游商品的品牌建设方面，与前者相反，政府在房县特色乡村旅游商品品牌的保护与扶持上缺乏相应的政策与行动，在房县黄酒的最大产地——土城黄酒民俗文化村，仍有较多农户家的黄酒缺少自家的黄酒品牌，同时，在那些已注册自有黄酒商标的农户中，又有一部分因"三品一标"不完善问题导致自家黄酒销售渠道受阻，这种问题在房县其他特色乡村旅游商品如香菇、木耳上也多有体现，所以房县乡村旅游商品的品牌建设不完善是因政府"干预过少"导致的不完善。

6.6.3 房县黄酒文化乡村旅游的文化创新不深入问题

从假设验证中的分析发现，加强房县黄酒文化乡村旅游的文化创新在提升产业发展水平、生态环境水平、基层治理水平、文化发展水平、居民收入水平进而促进乡村振兴方面均具有正向作用。其中，加强房县黄酒文化乡村旅游的文化创新对提升产业发展水平、生态环境水平的作用显著，而对提升基层治理水平、文化发展水平、居民收入水平的作用不显著。即房县在发展黄酒文化乡村旅游过程中加强乡村旅游的文化创新可以促进乡村振兴，但是文化创新的不深入使得其促进作用不显著。

从实地调研的情况发现，房县黄酒文化乡村旅游的文化创新不深入体现在乡村旅游产品的文化创新不深入和乡村旅游景观的文化创新不深入方面。在房县黄酒文化乡村旅游产品的文化创新方面，房县目前已经形成了"定向"思维，即单纯拿出房县黄酒做文章，大范围、大力度地在各类乡村旅游产品上直接打上黄酒文化的标签，缺乏创新性思维，房县乡村旅游产品的开发者太过于看重房县黄酒文化这一本土文化资源而缺少了与当前时代、社会发展相呼应的创新想法，所以使得房县黄酒文化乡村旅游产品无法很好地满足乡村旅游消费者的需求，造成了房县发展黄酒文化乡村旅游促进乡村振兴的局限性。在房县黄酒文化乡村旅游景观的文化创新方面，房县黄酒文化包含房县黄酒的历史、房县黄酒的酿造、房县黄酒的风俗等，而房县当地黄酒文化乡村旅游景观在规划与建设时没有在原有文化基础上做深入的探索与创新，缺乏主题感与参与感，目前游客在房县游玩时大多是通过观光、游览的方式，缺乏互动式、体验式的环节，乡村旅游景观文化创新的不足会降低游客对于房县黄酒文化乡村旅游的满意度与兴趣，不利于房县发展黄酒文化乡村旅游促进乡村振兴。

6.6.4 房县黄酒文化乡村旅游的宣传营销不全面问题

从假设验证中的分析发现，加强房县黄酒文化乡村旅游的宣传营销在提升产业发展水平、生态环境水平、基层治理水平、文化发展水平、居民收入水平进而促进乡村振兴方面均具有正向作用。其中，加强房县黄酒文化乡村旅游的宣传营销对提升产业发展水平、生态环境水平的作用显著，而对提升基层治理水平、文化发展水平、居民收入水平的作用不显著。即房县在发展黄酒文化乡村旅游过程中加强乡村旅游的宣传营销可以促进乡村振兴，但是宣传营销的不全面问题使得其促进作用不大。

从实地调研的情况发现，房县黄酒文化乡村旅游的宣传营销不全面问题同样体现在乡村旅游商品的宣传营销不全面与乡村旅游产品的宣传营销不全面两个方面。在乡村旅游商品的宣传营销方面，房县黄酒文化乡村旅游商品是以房县本土黄酒为主、周边相关农副产品和生产工具等为辅的一系列物品，而房县在对外宣传中，只是大力对房县黄酒做了推广与介绍，而与房县黄酒的制备、贮存、品鉴等全产业链相关的如大米、酒曲、酒具、泉水、陶艺工具等都是可以进行包装进而宣传营销的乡村旅游商品，这些在房县相关部门及企业对外宣传营销中都没有过多提及，所以房县黄酒文化乡村旅游商品的宣传营销不全面是商品种类挖掘不全面导致的。在乡村旅游产品的宣传营销方面，房县黄酒文化乡村旅游产品目前的受众范围在房县周边100千米的市县，受众群体多为中老年人，这也印证了房县近年来大范围地通过地方报纸、车身广告、线下活动、墙体广告、地方推介会等线下形式进行乡村旅游产品宣传营销不温不火的效果，在当前的互联网时代，"酒香也怕巷子深"，房县黄酒文化乡村旅游产品的宣传营销仅停留在与地方媒体合作上是不够的，急需紧跟"互联网+"的时代步伐。所以，房县黄酒文化乡村旅游商品的宣传营销不全面是宣传渠道不全面导致的。

7. 浙江东浦黄酒小镇发展绍兴黄酒特色文化旅游促进产业振兴的启示

7.1 东浦黄酒小镇的基本情况

"越酒行天下，东浦酒最佳"。浙江绍兴东浦小镇的历史由来已久，作为绍兴黄酒的主要发源地，东浦黄酒小镇早在 1600 年前的东晋时期就开始发展了。东浦黄酒小镇的壮大与繁荣要追溯到两宋时期，在这期间，东浦黄酒小镇人口大量聚集，黄酒产业得到了长足的发展。也是从那时起，东浦黄酒小镇形成了以"中国黄酒之乡"为底蕴的核心文化，同时东浦黄酒小镇也有着"江南水乡""名人雅士之乡""江南桥乡"等美誉。该镇历经 1000 多年岁月的洗礼，如今仍然生机勃勃、一派繁荣。

如今的东浦黄酒小镇被评为浙江省历史文化名镇，2017 年 8 月，东浦黄酒小镇被浙江省人民政府评选为浙江省首批省级特色小镇，同月，国家住房城乡建设部办公厅发布通告，确认浙江省东浦黄酒小镇正式入选全国第二批特色小镇。近些年来，绍兴市委、绍兴市政府、绍兴市发展和改革委员会将东浦黄酒小镇作为发展绍兴黄酒文化旅游弘扬绍兴黄酒文化、推动乡村产业振兴、助力全面脱贫攻坚的主要引擎，投入近百亿资金，以东浦黄酒小镇的花雕里、越红里、溇台里三个具有强大绍兴黄酒文化旅游发展潜力的板块为着力点，以"打造面向全球的绍兴黄酒品牌典范、建设全面传播中国绍兴黄酒文化的大舞台、树立中国首家绍兴黄酒产业商旅文融合发展标杆"为核心设计开发理念，对东浦黄酒小镇进行全方位的开发与建设，旨在将东浦黄酒小镇打造为一个面向世界的、代表中国黄酒文化的标杆黄酒文化旅游观光休闲目的地。

7.2 东浦黄酒小镇的特色分析

7.2.1 人文底蕴浓厚，亮点突出

有文化的地方就有旅游。东浦黄酒小镇有着浓厚的人文底蕴，这无疑为将其打造为一个综合性的黄酒文化旅游目的地提供了最核心最突出的亮点元素。笔者

通过查阅大量关于浙江绍兴东浦黄酒小镇的文献资料、新闻报道之后，总结出以下三个人文底蕴因素：

（1）黄酒历史文化：东浦黄酒小镇是绍兴黄酒最大也是最有名的产地，在两宋时期，东浦黄酒小镇人口大量聚集，东浦黄酒小镇规模不断壮大，黄酒产业得到了极大的繁荣。南宋时，当朝皇帝宋孝宗赵昚特颁旨令东浦产的黄酒为每年进贡朝廷的贡酒，当时叫作"蓬莱春"。清朝晚期著名的诗人李慈铭在游历东浦、品尝黄酒后更是陶醉至此，写下大量脍炙人口的赞扬东浦、歌颂黄酒的名篇。

（2）黄酒品牌文化：在东浦黄酒小镇内，聚集着大量绍兴黄酒的"老字号"品牌，每一个绍兴黄酒品牌的背后都有一段耐人寻味的历史故事抑或是文化渊源。传统的黄酒文化品牌譬如：会稽山、古越龙山、鉴湖、塔牌等，这些品牌无一不向前来游玩的客人们诉说着绍兴黄酒东浦小镇过往的历史和文化。

（3）黄酒民俗文化：东浦黄酒小镇不仅仅是一个面向游客的旅游小镇，镇内还居住着大量的当地居民。漫步在东浦黄酒小镇内，时常可以看到三五成群的当地老人坐在街边巷内，有的在路边售卖自家黄酒糕点，有的坐在街边巷内品酒聊天，向来来往往的游客热情讲解着东浦的过去和绍兴黄酒博大精深的文化。

7.2.2 景观遗存丰富，特色明显

一个地方的文化特征和地理特征很大程度上可以在该地的特色景观遗存上体现出来，这些特色景观遗存可以直接在游客和消费者大脑中形成独特的针对东浦黄酒小镇和绍兴黄酒的视觉感知和印象感受，从而成为东浦小镇体现绍兴黄酒文化的一张标签。笔者通过查阅大量关于浙江绍兴东浦黄酒小镇的文献资料、新闻报道之后，总结出以下两个景观遗存因素：

（1）人文景观。东浦素来有"江南名人之乡"的美誉，东浦镇内留存着大量的历史名人故居，这些故居不仅展示着它们主人生前光辉的故事，还向人们描绘着那个时代的历史风貌。如东浦村内的徐锡麟故居，徐先生是辛亥革命的先驱者，他的故居向人们展示了东浦小镇在辛亥革命时期的历史。镇内还有多处绍兴黄酒的生产遗迹如绍兴谦豫萃酒厂、云集酒坊、孝贞酒坊旧址等，这些都得到了完整的保存与保护。东浦小镇内这样的人文景观还有很多，它们都全面展示了东浦当地的风俗人情和黄酒传统文化，这是东浦小镇极其宝贵的旅游景观资源。

（2）历史古迹。在绍兴东浦黄酒小镇内有四处市级保护文物：大川桥、陈家宗祠、新桥、同泰当铺，这些都得到了完整的保存与保护。东浦小镇还素有"江南桥乡"之称，镇内保存了大量的近代与古代的各类桥梁，这些桥梁都能在当地民谣《十桥谚》中得到体现。在绍兴东浦黄酒小镇内，还能看到许多始建于清朝末道光、光绪时期以及中华民国初期的用于酿造、储存绍兴黄酒的工业遗迹，这些遗迹有的还能正常运作。以上这些历史古迹向过往的游客展现着绍兴黄酒深厚的历史文化与东浦小镇极高的旅游价值。

7.2.3　产业联创发展，动力强劲

东浦黄酒小镇的地方产业以黄酒产业为主。近年来，为了进一步推进产业扶贫，利用黄酒产业带动当地经济、文化、社会的又好又快发展，东浦镇不断改进产业发展模式，采用"一镇两区、一主两翼"的联创发展模式。

（1）"一镇两区"产业发展模式。东浦镇在历史上留存着大量规模不一的黄酒作坊与黄酒工厂，但近几十年来由于某些原因，镇内较多的黄酒大厂不断迁出，这也就导致了东浦黄酒小镇黄酒产业产能的下降。"一镇两区"的发展模式应运而生，这种模式简言之就是指将东浦黄酒小镇产业园分割为两个功能不同的黄酒产业区，一个区主要通过产业化、现代化的科技手段进行黄酒的生产与经营，另一个区仍然采用传统手工酿造技术，通过"传统""古法"的方式进行黄酒的生产和经营，保留黄酒文化与东浦小镇历史底蕴。"一镇两区"产业发展模式很好地促进了东浦黄酒小镇黄酒产业的商旅文融合发展。

（2）"一主两翼"产业发展模式。即以绍兴黄酒为核心产业，以绍兴黄酒周边特色旅游商品和以绍兴黄酒文化为核心的旅游产品为重点产业的发展模式。绍兴黄酒周边特色旅游商品譬如：针对各类年龄段人群推出的极具特色包装的单品绍兴黄酒，融入绍兴黄酒文化元素的绍兴黄酒糕点、绍兴黄酒小零食、绍兴黄酒饮料等富有工艺、内容、体验创意的绍兴黄酒旅游商品。绍兴黄酒文化旅游产品譬如：小镇推出的绍兴黄酒品鉴一日游、绍兴黄酒酿造工艺体验、绍兴黄酒民俗文化研学游、绍兴黄酒历史知识比赛等一系列基于绍兴黄酒文化元素富有创新意义的绍兴黄酒旅游产品。"一主两翼"产业发展模式可以很好地推动东浦黄酒小镇以黄酒为核心的一二三产业的融合、协调发展。

7.3　东浦黄酒小镇的经验启示

7.3.1　注重文化的发掘与创新

文化作为一个地区发展旅游的核心要素，必须发掘其深层次的文化价值并在原有文化基础上进行创新发展。首先，东浦黄酒小镇利用东浦 1000 多年建城史与古代帝王、文人雅士与黄酒之间的故事打造了黄酒历史文化；其次，东浦黄酒小镇拥有众多的老字号品牌，东浦黄酒小镇在积极保护这些本土老字号品牌的同时也在其基础上进行了文创设计，使得绍兴黄酒在这些老字号品牌文化价值的加持下名扬海内外；最后，东浦黄酒小镇进行旅游规划时充分尊重了原居民的意愿，保留了大量原居民在小镇内生活居住，这里的原居民就是当地历史发展的见证者与文化的承载者，这为绍兴黄酒文化的传播与可持续发展提供了沃土。

7.3.2　注重景观的塑造与保护

东浦黄酒小镇从地方特色的主观维度与客观维度出发，坚持当地东浦黄酒小镇特色景观的塑造与历史古迹的保护。在人文景观的塑造上，东浦黄酒小镇不断加强绍兴黄酒文化元素与小镇内各类景观建设的有机结合，塑造最能体现东浦黄酒文化的特色景观，力求在旅游者主观印象中打上他们关于东浦黄酒小镇最深刻的标签，以此加强当地的文化性与游客的重游意愿。在东浦黄酒小镇内各种历史古迹、工业遗迹的保护上，该地严格尊重客观事实，从小镇的历史与地方客观情况出发，对各类历史古迹与工业遗址加大维护与保养的力度，同时进行有针对性的分类和包装，力求把东浦黄酒小镇的特色全面真实并且合理地展现给前来参观游览的客人。

7.3.3　注重产业的创新与融合

在产业的培育上，东浦黄酒小镇创新性地采用"一镇两区、一主两翼"的联动发展模式。东浦黄酒小镇以绍兴黄酒产业为核心产业，围绕绍兴黄酒文化打造多种富有地方特色的、体验性强的乡村旅游产品，同时在绍兴黄酒的基础上进行创意延伸，打造了多款极具地域性、纪念性的乡村旅游商品。这些创新性的做法很好地促进了东浦黄酒小镇黄酒产业的商旅文融合发展，推动了东浦黄酒小镇以黄酒为核心的三产融合发展，最终助力实现产业振兴的目标。

8. 湖北省房县发展黄酒文化乡村旅游促进乡村振兴的对策

8.1 建立健全人才培育机制，推动房县黄酒文化乡村旅游高质量发展

首先，房县应该建立健全发展黄酒文化乡村旅游促进乡村振兴工作的领导机构，制定和完善相关法规，组建研究乡村旅游与乡村振兴方面的专家智库或专业团队，以专业人才为先遣队，认真分析房县黄酒文化乡村旅游资源的现状，深入研究未来房县黄酒文化乡村旅游产业又好又快发展的路径，为房县高质量发展黄酒文化乡村旅游促进产业振兴提供披荆斩棘的人才先锋保障；其次，应建立房县黄酒文化乡村旅游人才储备库，健全房县黄酒文化乡村旅游的人才激励机制，加大政策扶持力度与资金投入，鼓励研究生、大学生、退伍军人、城市精英、外出务工者返乡就业创业，为房县发展黄酒文化乡村旅游促进乡村振兴事业注入年轻血液，为房县高质量发展黄酒文化乡村旅游促进产业振兴提供坚强有力的人才智力支撑；最后，广泛动员懂旅游、明政策、能管理的多领域专业人才下乡进村点对点帮扶，率先在房县从事黄酒文化乡村旅游的农户中培养一批在农业生产、旅游经营方面多向发展的新型职业农民，给予政策倾斜与资金支持，充分调动村民的主观能动性，随后进行村内互助、跨村互助、县内互助的一带二、二带四的互助帮扶模式，为房县高质量发展黄酒文化乡村旅游促进产业振兴筑起牢固的人才保障后盾。

通过以上做法，力争改善房县发展黄酒文化乡村旅游过程中居民素质不均衡的问题，进一步推动湖北省房县黄酒文化乡村旅游的高质量发展，从而促进房县乡村的全面振兴。

8.2 加强基础设施配套建设，推动房县黄酒文化乡村旅游均衡发展

房县政府有关部门要明确各个乡镇、村庄发展房县黄酒文化乡村旅游基础设施的公共产品定位，县政府带头逐级强化镇(乡)、社区(村)各方在房县黄酒文化乡村旅游基础设施建设中的主导责任，不断加大资金投入，并有序因势利导社

会资本投向房县的黄酒文化乡村旅游基础设施建设领域，不断完善房县的黄酒文化乡村旅游基础设施建设。要统筹考量房县黄酒文化乡村旅游公共服务体系的建设与乡村功能的配套，通过规范道路、修建乡村旅游停车场等消除交通安全隐患；定期检查和维护如文化展橱、旅游标牌等旅游标识系统；修建具有房县黄酒文化元素的特色公共洗手间、趣味休息室、主题农家乐等基础配套设施，为慕名前来品尝房县黄酒、体验房县黄酒文化的游客创造良好的乡村旅游环境，进一步提升房县黄酒文化乡村旅游的体验感和满意度。

通过以上做法，力争改善房县发展黄酒文化乡村旅游过程中基础设施建设的不均衡问题，进一步推动湖北省房县黄酒文化乡村旅游均衡发展，从而促进房县乡村的全面振兴。

8.3 增强旅游服务意识，推动房县黄酒文化乡村旅游规范化发展

房县要强化黄酒文化乡村旅游的服务意识，就必须进行黄酒文化乡村旅游相关的教育培训与强化培训。房县应设立专门的乡村旅游培训基地，引进旅游院校的老师、优秀毕业生担任教员，定期邀请旅行社的金牌导游对房县黄酒文化乡村旅游的从业服务人员进行培训。一方面要加强房县黄酒文化乡村旅游从业服务人员关于房县黄酒文化、房县民风民俗的业务水平的培训教育，另一方面更要围绕房县黄酒文化乡村旅游消费者的食、住、行、游、购、娱六个方面进一步强化房县黄酒文化乡村旅游从业人员的整体素质，全面提高房县黄酒文化乡村旅游的规范化服务水平，进一步提升服务质量，为游客提供舒适美好的旅游氛围。

通过以上做法，力争改善房县发展黄酒文化乡村旅游过程中服务接待不均衡的问题，进一步推动湖北省房县黄酒文化乡村旅游规范化发展，从而促进房县乡村的全面振兴。

8.4 统筹兼顾品牌建设，推动房县黄酒文化乡村旅游科学发展

房县发展黄酒文化乡村旅游的有关主管部门与相关经营者应该树立统筹兼顾的思想，统筹乡村旅游产品品牌建设与乡村旅游商品品牌建设、统筹政策导向与实施落地、统筹政府主导与社会参与。

在房县黄酒文化乡村旅游产品的品牌建设方面，政府有关部门应鼓励社会上的旅游公司、乡村内旅游企业或个体发挥主动作用，制定科学合理的品牌建设规

划、提前明确黄酒文化乡村旅游产品的市场定位，将乡村旅游产品品牌的构思、设计、创意等交给旅游企业或者乡村旅游从业者，集思广益，统筹在黄酒文化乡村旅游产品品牌建设过程中的政府主导与社会参与。在房县黄酒文化乡村旅游商品的品牌建设方面，政府应加强主导引领作用，广泛在县内各个有条件酿造黄酒及发展黄酒文化乡村旅游的村落内建立黄酒合作社，重视黄酒合作社在乡村内"向上对接政府、向下带领农户"的纽带作用，以黄酒合作社为抓手，为房县黄酒、特色农产品、手工艺术品的商标的注册、包装的设计、质量的检验、生产设备的采购维护等一系列品牌建设的必要流程提供科学指导与帮助，同时还要逐步完善房县黄酒文化乡村旅游各类商品的"三品一标"建设，将房县黄酒文化乡村旅游商品品牌做大做优。

通过以上做法，力争改善房县发展黄酒文化乡村旅游过程中品牌建设不完善的问题，进一步推动湖北省房县黄酒文化乡村旅游科学发展，从而促进房县乡村的全面振兴。

8.5 深入聚焦文化创新驱动，推动房县黄酒文化乡村旅游可持续发展

房县要在黄酒文化乡村旅游产品与景观的开发与建设上深入发掘黄酒文化的多重价值，聚焦文化创新驱动乡村旅游的可持续发展，以房县黄酒文化+房县乡村旅游的深度融合为持续强劲动力促进房县乡村的全面振兴。

在房县黄酒文化乡村旅游产品的文化创新上，房县可以根据不同乡镇、村落的文化特色与历史故事，融入房县黄酒文化，开发创新特色黄酒文化乡村旅游产品，例如在房县土城黄酒民俗文化村品尝房县黄酒，参观黄酒文化博物馆感受黄酒民俗，在房县三海花海诗酒小镇品尝房县黄酒、踏春赏花作诗，在房县军店镇军马黄酒村品尝房县黄酒、游显圣殿感受道教文化等，通过这些黄酒文化乡村旅游产品的文化创新可以推动房县黄酒文化乡村旅游的可持续发展。在房县黄酒文化乡村旅游景观的文化创新上，房县应在现有黄酒文化乡村旅游景观的基础之上进行体验性与参与性的创新，乡村旅游景观的开发者与建设者应该围绕房县黄酒文化、黄酒风俗构思并设计更具体验性与参与性的乡村旅游景观，以房县乡村的农家乐为例，在农家乐的建筑设计方面可以通过涂鸦、绘画、雕塑、音乐等方式，以房县黄酒文化为主题，借助农家乐的停车场、墙面、桌椅、庭院、客房元素全面展现房县的地域特色与黄酒文化创意。

通过以上做法，力争改善房县发展黄酒文化乡村旅游过程中文化创新不深入的问题，进一步推动湖北省房县黄酒文化乡村旅游可持续发展，从而促进房县乡村的全面振兴。

8.6　广泛扩大宣传营销，推动房县黄酒文化乡村旅游智慧发展

房县应利用独特的文化魅力，同时通过线上与线下相结合的方式进行乡村旅游形象宣传与乡村旅游营销，广泛推广、全面展示，从而在全国甚至国际上提升房县黄酒文化乡村旅游的知名度。

首先，在房县黄酒乡村旅游产品的宣传营销方面，房县应开设"房县黄酒智慧之家"此类集房县黄酒文化乡村旅游产品的展示、销售及相关服务于一体的官方门户网站，聘请互联网及市场营销的专业人才为"房县黄酒智慧之家"的运营、推广、营销提供技术支持与理论指导，并通过网络搜索引擎的营销来实现房县黄酒文化乡村旅游产品的推广、宣传与营销。搜索引擎的作用就是让潜在的消费者更容易发现并接收到乡村旅游产品的相关信息，可通过百度搜索、360搜索、搜狐搜索等搜索引擎键入"房县黄酒""房县乡村""房县旅游"等关键字，点击进入"房县黄酒智慧之家"门户网站进一步了解所需的旅游产品信息，从而全面扩大房县黄酒乡村旅游产品的吸引力。其次，在房县黄酒乡村旅游商品的宣传营销方面，政府有关部门可以牵头在淘宝、天猫、京东、拼多多等电商平台上搭建"房县黄酒铺子"官方旗舰网店，以低手续费或零手续费动员房县当地与黄酒的制备、贮存、品鉴等全产业链相关的黄酒酿造户、种粮农户、手工艺人等在该网络平台进行营销活动，达到实现房县黄酒文化乡村旅游商品的营销与形象宣传相结合的目的，从而全面扩大房县黄酒乡村旅游商品的影响力。最后，还应注重利用当前时尚元素提高房县黄酒文化乡村旅游的宣传效应，如应积极借助自媒体的力量进行房县黄酒文化乡村旅游形象的宣传，利用当下火爆的自媒体平台(如抖音短视频、快手、微博等)进行房县黄酒文化乡村旅游的宣传与营销。

通过以上做法，力争改善房县黄酒文化乡村旅游过程中宣传营销不全面的问题，进一步推动湖北省房县黄酒文化乡村旅游智慧发展，从而促进房县乡村的全面振兴。

9. 结论与展望

9.1 研究结论

本研究从乡村振兴的视角出发，以湖北省房县土城黄酒民俗文化村、房县城关镇三海村为调研案例地，以乡村旅游、酒文化、扶贫论、文化旅游等相关概念与理论为基础，以湖北省房县发展黄酒文化乡村旅游如何更好更快促进乡村振兴为研究主题，运用了调查研究法、定性与定量分析法、案例分析法等方法，对湖北省房县发展黄酒文化乡村旅游促进乡村振兴过程中存在问题进行了剖析，并提出了相应的对策建议。

首先，笔者阅读了大量国内外相关参考文献，了解了国内外乡村旅游的发展历程以及在乡村振兴背景下我国乡村旅游业的发展现状、发展路径与发展对策，厘清了房县发展黄酒文化乡村旅游促进乡村振兴的理论意义与现实意义，深入学习了中共中央国务院自 2018 年提出的乡村振兴战略与一系列相关政策，依据在房县调研期间搜集的关于房县发展黄酒文化乡村旅游促进乡村振兴的一手资料，分析并阐述了湖北省房县发展黄酒文化乡村旅游促进乡村振兴的价值与现状。

其次，笔者充分结合了文中关于房县发展黄酒文化乡村旅游促进乡村振兴的背景、意义、价值与现状分析，详细解读了乡村振兴战略的五大要求，逐步分析了实地访谈中受访者的意见与建议，构建了湖北省房县发展黄酒文化乡村旅游促进乡村振兴研究的理论模型，其中，在详细解读了乡村振兴战略的五大要求与国内关于 SEM 维度潜变量选取研究的基础上提炼选取了乡村旅游的产业发展水平、乡村旅游的生态环境水平、乡村旅游的文化发展水平、乡村旅游的治理水平、乡村旅游的收入水平作为理论模型的基本维度潜变量指标；在逐步分析了实地访谈中受访者的意见并参考了国内关于 SEM 观测变量选取研究的基础上提炼选取了乡村旅游的品牌建设、文化创新、宣传营销作为理论模型的观测变量指标。基于理论模型，同时笔者参考了国内外近两年的相关研究结果，提出了房县发展黄酒文化乡村旅游促进乡村振兴的研究假设，设计了实地调研的问卷，选取了房县土城黄酒民俗文化村与房县城关镇三海村作为调研目的地，在线上借助微信与问卷星的形式、在线下通过实地发放问卷的形式进行调研，并收集了数据。

再次，笔者整理并集合了湖北省房县发展黄酒文化旅游促进乡村振兴研究调研的 295 份有效问卷。基于此，笔者描述性地统计分析了土城黄酒民俗文化村、三海村居民的个人特征，运用 SPSS 20.0 软件对样本数据进行了信度分析与效度检验，运用 Amos 22.0 软件绘制了湖北省房县发展黄酒文化乡村旅游促进乡村振兴研究的结构方程模型，导入样本数据进行了实证分析，检验并修正了初始结构方程模型，得到了路径正确、适配度良好的最终模型，通过修正后的模型分析了房县黄酒文化乡村旅游的品牌建设因素、文化创新因素、宣传营销因素对湖北省房县发展黄酒文化乡村旅游促进乡村振兴的影响机制，验证了研究假设。

最后，笔者在对实证分析结果进行解释与分析的基础上，思考并总结了房县当前在发展黄酒文化乡村旅游促进乡村振兴过程中存在的问题与原因，发现了房县当前在发展黄酒文化乡村旅游促进乡村振兴过程中存在着黄酒文化乡村旅游的目的地发展不均衡、乡村旅游的品牌建设不完善、乡村旅游的文化创新不深入、乡村旅游的宣传营销不全面的问题，同时笔者借鉴了浙江东浦黄酒小镇发展绍兴黄酒特色文化旅游促进产业振兴的经验启示，提出了六点有针对性的对策建议：(1)建立健全人才培育机制，推动房县黄酒文化乡村旅游高质量发展；(2)加强基础设施配套建设，推动房县黄酒文化乡村旅游均衡发展；(3)增强旅游服务意识，推动房县黄酒文化乡村旅游规范化发展；(4)统筹兼顾品牌建设，推动房县黄酒文化乡村旅游科学发展；(5)深入聚焦文化创新驱动，推动房县黄酒文化乡村旅游可持续发展；(6)广泛扩大宣传与营销，推动房县黄酒文化乡村旅游智慧发展。笔者希望以上对策建议的提出可以有效改善湖北省房县发展黄酒文化乡村旅游促进乡村振兴过程中存在的乡村旅游居民整体素质发展不均衡、乡村旅游基础设施建设不均衡、乡村旅游服务接待不均衡、乡村旅游品牌建设不完善、乡村旅游文化创意不深入、乡村旅游宣传营销不全面的问题，从而助力湖北省房县黄酒文化乡村旅游又好又快发展，最终促进房县乡村的全面振兴。

9.2 研究不足与展望

(1)样本数量与代表性仍存在不足。本研究在线下线上共计收到调查问卷 343 份，回收率为 99.13%。笔者经过整理后剔除其中 48 份无效问卷，剩余 295 份有效问卷，问卷有效率为 86.01%。样本数据近九成为线上发放，由于当地村民大多只会使用微信，因此线上问卷的主要发放方式是通过微信朋友圈发放，这就使得样本代表性不足，不能全面了解受访者的真实想法，样本存在局限性和随机性。在后期相关研究中，应该扩大样本数量，与当地村委会合作，在村内通过线下宣传线上填写的方式进一步扩大样本数量。

（2）同时，在论文撰写过程中，由于笔者学术水平有限、理论知识不够全面，对黄酒文化乡村旅游和乡村振兴战略的理解还不够深入，在建立结构方程模型时选取的影响因素指标与维度指标不全面，虽然通过实证分析得出的结果在一定程度上可以较好地反映当地的实际情况但是仍然不够全面、细致。在后期研究中，还需多查阅总结关于结构方程模型影响因子与维度选取的相关文献资料，总结先进经验，同时在进行研究前对案例地的历史、人文、特色产业的发展等情况进行更加深入全面的调查。

参 考 文 献

[1]中共中央国务院关于实施乡村振兴战略的意见[Z].

[2]黄承伟.打好脱贫攻坚战是实施乡村振兴战略的优先任务[N].贵州日报，2018-11-20(10).

[3]黄承伟.中国扶贫理论研究论纲[J].华中农业大学学报(社会科学版)，2020(2)：1-7，161.

[4]徐浩.文化旅游助推乡村文化振兴[EB/OL].https：//baijiahao.baidu.com/s？id=1681033936390043041&wfr=spider&for=pc，2020.

[5]中共中央国务院关于抓好"三农"领域重点工作确保如期实现全面小康的意见[Z].

[6]黄旭兴.产业兴旺助力乡村振兴[J].农村经济与科技，2020，31(17)：311-313.

[7]徐婉馨，祝招玲.乡村振兴背景下的桦川县乡村旅游产业发展研究[J].农村·农业·农民(B版)，2021(1)：36-38.

[8]矫旭东，杜欢政.中国生态宜居和美丽乡村建设路径研究[J].中国农学通报，2019，35(28)：158-164.

[9]海笑，覃建雄."两山"理论背景下西南民族地区乡村生态旅游开发RMP分析——以安宁河流域为例[J].农村经济，2020(12)：137-144.

[10]刘保庆,陈雨昕.乡村振兴背景下乡风文明建设的实现路径[J].农业经济,2020(10):50-52.

[11]贺雪峰.大国之基:中国乡村振兴诸问题[M].北京:东方出版社,2019:11.

[12]柯涛.乡村振兴视角下的乡村治理有效探析[J].现代化农业,2020(12):44-47.

[13]宫海婷."中国之治"视域下的乡村旅游业治理问题[J].社会科学家,2020(8):57-63.

[14]中共中央党校(国家行政学院)社会和生态文明教研部,丁立江.乡村振兴须实现生活富裕根本目标[N].中国经济时报,2020-07-02(4).

[15]李凯,王振振,刘涛.西南连片特困地区乡村旅游的减贫效应分析——基于广西235个村庄的调查[J].人文地理,2020,35(6):115-121.

[16]陈博.产业兴旺战略下陕西省乡村旅游品牌建设问题研究[J].农业经济,2020(8):58-59.

[17]吴杰,苏维词.以"文化+旅游"推进我国乡村旅游创新发展的思考[J].农业经济,2019(3):35-36.

[18]王莉琴,胡永飞.乡村振兴战略下休闲农业与乡村旅游高质量发展研究[J].农业经济,2020(4):57-58.

[19]刘长江.乡村振兴战略视域下美丽乡村建设对策研究——以四川革命老区D市为例[J].四川理工学院学报(社会科学版),2019,34(1):20-39.

[20]周菲菲.漳州"中国蘑菇节"对乡村旅游的启示[J].中国食用菌,2020,39(7):168-170.

[21]程倩.乡村旅游纪念品设计与旅游目的地品牌形象建设研究[J].农业经济,2020(12):137-139.

[22]陈瑾.乡村旅游精准扶贫创新路径:江西实证研究[J].企业经济,2019,38(10):74-81.

[23]许春华."乡愁经济"视角下休闲农业与乡村旅游协同发展研究[J].农业经济,2020(8):66-68.

[24]박준모. A study on application of historic resources to fishing village tourism—a case of Jindo[J]. Jeollanamdo, 2016, 31(1):1-29.

[25] 王琳丽．乡村振兴背景下我国乡村旅游业发展研究 [J]．农业经济，2020 (6)：40-41.

[26] 王倩颖，高文智．产业融合发展趋势下乡村旅游市场营销的三重维度 [J]．农业经济，2019(9)：132-134.

[27] Evgenia Bitsani, Androniki Kavoura. Host perceptions of rural tour marketing to sustainable tourism in central Eastern Europe：the case study of Istria, Croatia [J]. Procedia-Social and Behavioral Sciences, 2014(148)：362-369.

[28] 陈晓华．突出扶持重点，切实增强新型农业经营主体发展带动能力 [J]．农业经济问题，2020(11)：4-7.

[29] 李乾，芦千文，王玉斌．农村一二三产业融合发展与农民增收的互动机制研究 [J]．经济体制改革，2018(4)：96-101.

[30] 程莉．中国农村产业融合发展研究新进展：一个文献综述 [J]．农业经济与管理，2019(2)：37-47.

[31] 汪厚庭．山区乡村产业振兴与有效治理模式和路径优化——基于皖南山区乡村实践研究 [J]．云南民族大学学报（哲学社会科学版），2021，38(1)：64-72.

[32] 黎珍．健全新时代乡村治理体系路径探析 [J]．贵州社会科学，2019(1)：73-77.

[33] 阳盼盼．乡村生态振兴：理论逻辑、历史演进与实现路径 [J]．重庆理工大学学报（社会科学），2019，33(12)：70-79.

[34] 赵欢春，丁忠甫．"乡村振兴战略"架构下基层党组织领导乡村治理的能力体系研究 [J]．江苏社会科学，2021(1)：91-99.

[35] 罗春秋．文化视角下的乡村振兴与经济发展新思路探究——评《从文化视角探索乡村振兴的发展之路》[J]．管理世界，2020，36(9)：221.

[36] 胥爱贵．让广大农民生活更加美好 [J]．江苏农村经济，2020(7)：7-12.

[37] Patricia E. Longmuir, Charles Boyer, Meghann Lloyd, et al. Canadian agility and movement skill assessment (CAMSA)：validity, objectivity, and reliability evidence for children 8-12 years of age [J]. Journal of Sport and Health Science, 2017, 6(2)：231-240.

[38] 吴明隆．结构方程模型——AMOS 的操作与应用 [M]．重庆：重庆大学出版

社，2010.

[39]王琳丽．乡村振兴背景下我国乡村旅游业发展研究[J]．农业经济，2020
　　（6）：40-41.

[40]朱梦岚，许必芳．我国特色小镇的发展现状与问题分析——以绍兴黄酒小镇
　　为例[J]．科技经济导刊，2019，27（29）：91-92.

[41]方诗豪，来凡，苏兰兰，程丛喜．基于实地调研探讨乡村旅游促进农村经济
　　振兴的对策——以湖北省房县土城黄酒民俗文化村为例[J]．武汉轻工大学
　　学报，2020，39（2）：68-72，79.

附录 A
针对土城黄酒民俗文化村、三海村游客进行访谈的问题

1. 请问您来自哪里？您是通过什么方式知道房县黄酒并来此进行乡村旅游活动的？

_____

2. 您最熟悉的房县黄酒品牌是什么？在本次旅游过程中，最令您印象深刻的房县黄酒品牌是什么？

_____

3. 您对房县黄酒的历史、风俗、背景故事了解多少？在本次出游中，您是更在意品鉴房县黄酒还是黄酒文化？

_____

4. 您在平时生活中是否能够经常了解到房县黄酒或与房县黄酒有关的乡村旅游产品？您对房县进行以黄酒文化为核心的乡村旅游宣传推广有何看法？

_____

5. 您认为土城黄酒民俗文化村/三海村适不适合作为发展黄酒文化旅游的目的地？为什么？

_____

6. 根据您在土城黄酒民俗文化村/三海村的游玩体验，您认为房县在发展黄酒产业和黄酒文化乡村旅游过程中面临的挑战与困难有哪些？

_____

附录 B
房县发展黄酒文化乡村旅游促进乡村振兴情况调查问卷

尊敬的女士/先生：

您好！首先请原谅需要占用一点您的时间，我们目前正在对湖北省房县发展黄酒文化乡村旅游促进乡村振兴这一项目进行研究，需要向您调查以下问题，希望能得到您的支持。本调查纯属学术研究，问卷实行匿名制，所有数据只用于统计分析，不做他用。此问卷均为单选题，每道题没有标准的答案选项，请根据您自己的实际情况填选。非常感谢您的帮助！

1. 乡村振兴维度

（1）产业发展水平(tb)

题　项	非常同意	同意	一般	不同意	非常不同意
tb1. 我认为房县发展黄酒文化乡村旅游过程中，乡村旅游产业的基础设施得到了完善	5	4	3	2	1
tb2. 我认为房县发展黄酒文化乡村旅游过程中，从事黄酒文化乡村旅游生产与经营的农户大幅增多	5	4	3	2	1
tb3. 我认为房县发展黄酒文化乡村旅游过程中，相应的交通与物流发展水平得到了提升	5	4	3	2	1

（2）生态环境水平(ple)

题　项	非常同意	同意	一般	不同意	非常不同意
ple1. 我认为房县发展黄酒文化乡村旅游促进了房县乡村地区环境污染问题防治能力的提升	5	4	3	2	1

续表

题　项	非常同意	同意	一般	不同意	非常不同意
ple2. 我认为房县发展黄酒文化乡村旅游促进了房县乡村自然风光与生态环境的改善	5	4	3	2	1
ple3. 我认为房县发展黄酒文化乡村旅游加快了房县乡村旅游生态产业链的建设	5	4	3	2	1

（3）文化发展水平（sec）

题　项	非常同意	同意	一般	不同意	非常不同意
sec1. 我认为房县发展黄酒文化乡村旅游提升了当地村民的精神面貌	5	4	3	2	1
sec2. 我认为房县发展黄酒文化乡村旅游发掘了房县当地优秀的传统文化	5	4	3	2	1
sec3. 我认为房县发展黄酒文化乡村旅游促进了房县优秀黄酒文化的传承与保护	5	4	3	2	1

（4）治理有效（eg）

题　项	非常同意	同意	一般	不同意	非常不同意
eg1. 我认为房县发展黄酒文化乡村旅游提升了房县乡村地区基层党组织的领导治理能力	5	4	3	2	1
eg2. 我认为房县发展黄酒文化乡村旅游提升了房县农村经济合作组织的地位	5	4	3	2	1
eg3. 我认为房县发展黄酒文化乡村旅游加快了房县法治、德治、平安乡村建设	5	4	3	2	1

（5）生活富裕（pr）

题　项	非常 同意	同意	一般	不同意	非常 不同意
pr1. 房县发展黄酒文化乡村旅游推动了农民就业创业	5	4	3	2	1
pr2. 房县发展黄酒文化乡村旅游拓宽了房县黄酒的销路	5	4	3	2	1
pr3. 房县发展黄酒文化乡村旅游改善了农户的收入	5	4	3	2	1

2. 影响因素

（1）文化创新（cd）

题　项	非常 同意	同意	一般	不同意	非常 不同意
cd1. 我所住的地方拥有极具创意感的能体现当地特色的黄酒文化乡村旅游产品	5	4	3	2	1
cd2. 我所住地方随处可见极具房县黄酒文化创意的乡村旅游景观设计	5	4	3	2	1
cd3. 我所住地方的政府部门经常举办各类关于黄酒文化乡村旅游商品及产品的创意设计比赛	5	4	3	2	1

（2）品牌建设（br）

题　项	非常 同意	同意	一般	不同意	非常 不同意
br1. 我有自家的黄酒品牌，会在售卖的黄酒包装上打上自家的商标	5	4	3	2	1
br2. 我所居住的村子拥有属于当地的黄酒文化乡村旅游产品品牌	5	4	3	2	1
br3. 我认为品牌力强的黄酒文化乡村旅游产品更能吸引游客的青睐	5	4	3	2	1

(3)宣传营销(pm)

题　　项	非常同意	同意	一般	不同意	非常不同意
pm1. 我认为身边的人都了解房县黄酒及房县黄酒文化	5	4	3	2	1
pm2. 我会经常在互联网平台或生活中看到房县黄酒文化乡村旅游的产品或者商品的宣传推广信息	5	4	3	2	1
pm3. 我所居住的地方经常会有游客前来体验黄酒文化、进行乡村旅游活动	5	4	3	2	1

3. 居民个人情况调查

(1)您的性别是(　　　)。

　　A. 男　　　　　　　　B. 女

(2)您的年龄是(　　　)。

　　A. 18 岁及以下　　　　B. 19~36 岁　　　　C. 37~54 岁

　　D. 55~72 岁　　　　　E. 72 岁及以上

(3)您的受教育程度是(　　　)。

　　A. 文盲　　　　　　　B. 初中及以下　　　　C. 高中或中专

　　D. 大学本科　　　　　E. 硕士及以上

(4)您的户口类型是(　　　)。

　　A. 农业户口　　　　　B. 非农业户口

(5)您是否在本村担任职务(　　　)。

　　A. 是　　　　　　　　B. 否

(6)您的月收入是(　　　)。

　　A. 1800 元及以下　　　B. 1801~3600 元　　　C. 3601~5400 元

　　D. 5401~7200 元　　　E. 7200 元及以上

(7)您家庭的主要收入来源是(　　　)。

　　A. 从事黄酒相关旅游与经营活动　　　　　　B. 其他

武汉市黄陂区乡村旅游游客感知价值
对满意度的影响研究

1. 研究背景

1.1 发展乡村旅游是黄陂区响应国家乡村振兴战略、美丽乡村建设的切入点

乡村地区拥有如诗画般美丽的山水自然和田园风光，空气清新，景色优美，生态环境优势突出。与城市的喧嚣忙碌相比，人们更向往乡村的宁静，更向往亲近自然、充满乐趣的乡村生活，包括体验不同地域、不同文化、不同特色的乡风民俗、农耕等活动、观赏传统的村落古建筑。近年来，为满足城市居民寻访自然、体验民俗活动、感受民俗文化和浓浓乡愁的需求，各乡村地区开始开办农家乐、民宿等，结合自身丰富的乡村自然资源和独特的乡村民俗文化资源，通过大力发展乡村旅游吸引了大量的游客，提高了农民的收入，促进了乡村经济的发展。

黄陂区，隶属湖北省武汉市，被誉为"武汉市的后花园"，拥有丰富的自然资源、良好的生态环境和独特的文化资源，发展乡村旅游具有明显的优势。近年来，黄陂区各级政府在国家乡村振兴战略等政策的支持下，利用黄陂区的自然和文化资源，充分发挥自身优势，形成了以自然风光和田园生活体验为载体、以木兰文化为内涵核心的乡村旅游发展模式。黄陂区的乡村旅游业发展势头足、效果好。黄陂区通过大力发展乡村旅游，增加了农民收入、提供更多的农民就业岗位和创业机会，促进了当地农业、加工业、旅游业等产业多元化发展。通过创新开发设计旅游产品，盘活了乡村文化资源。在提高当地经济发展水平等多方面产生

了重要的意义。由此可见，黄陂区发展乡村旅游为贯彻落实乡村振兴战略、促进美丽乡村建设提供了有效的经验。

1.2 提高游客满意度是促进黄陂区乡村旅游发展的着力点

每一位旅游者在旅游活动结束之后，都会或多或少地对这次旅游经历产生一种情感状态或者形成一种主观感受。这种情感状态或主观感受是基于游客对比整个旅游实际体验与旅游预期体验后产生的，被称为游客满意度。旅游学领域中对游客满意度的研究借鉴了顾客满意度理论。顾客满意度理论是从市场营销学的视角出发，倡导企业的发展理念从以"产品为中心"转向"以顾客为中心"，重视顾客满意度；同样，游客满意度理论也倡导旅游企业从以"旅游产品为中心"转向"以游客为中心"，重视游客满意度。游客对乡村旅游目的地关心的焦点集中于其是否能提供满足自身需求的旅游产品和服务，因此乡村旅游目的地发展的关键在于以游客需求为导向，尽可能提供能够满足游客需求的旅游产品和旅游服务，致力于提高游客的满意度。目前，在国家政策的大力支持下，各地区的乡村旅游发展可谓百花齐放、如火如荼。但在旅游市场中既有机遇也有挑战，如何在竞争日益激烈的乡村旅游市场中经受住挑战、在众多竞争者中脱颖而出，拥有稳定的客源，是黄陂区乡村旅游在发展过程中各经营者和管理者必须重视且急需解决的问题。而要想拥有稳定的客源，增强自身的竞争力，就需要在提高游客的满意度上发力。由此可见，本研究对提高黄陂区乡村旅游游客的满意度，满足人民日益增长的美好生活需要，从而促进黄陂区乡村旅游可持续发展具有重要的现实意义。

1.3 游客感知价值是影响游客满意度的关键点

与游客满意度相类似，旅游学领域中对游客感知价值的理论研究借鉴了市场营销学中顾客感知价值理论。游客也是顾客的一种，游客感知价值是指旅游者对旅游企业所提供的旅游产品和服务产生的一种总体评价，这种总体评价是基于游客对旅游产品或服务的感知利得和感知利失。对游客感知价值的研究中，多数学者基于"认知-情感-意向"理论，研究了游客感知价值、满意度、重游意愿、忠诚度等变量间的关系。他们认为，游客感知价值对应"认知"，即人们在旅游过程中首先会对旅游产品和服务形成一定的认知，有一个总体评价；游客满意度对应

"情感"，在旅游体验之后，通过旅游预期和实际感受的比较形成一种主观的情感状态；重游意愿对应"意向"，即游客之后的行为意向。三者的内在逻辑关系是先有认知，在认知的基础上产生情感，由情感进而引发个体的行为意向。在旅游体验过程中，游客感知价值是满意度形成的前提条件，而游客满意度又进一步影响重游意向或者忠诚度，后者是基于前者的影响而产生的行为延续。综上可知，提高游客的忠诚度和增强游客的重游意愿，前提是提高游客满意度；而要想提高游客满意度，游客感知价值是关键。对于如何更深刻地探讨黄陂区乡村旅游游客满意度的影响因素，就要着重分析黄陂区乡村旅游游客感知价值，找到游客感知价值对满意度影响的重要因素。

2. 相关概念及理论基础

2.1 相关概念界定

2.1.1 乡村旅游目的地

通俗地说，旅游目的地指的是吸引游客进行旅游活动的地方。马勇等（2014）将旅游目的地定义为有相关旅游设施、为游客提供旅游活动的服务集中地。旅游目的地具有如下特点：在区域范围上，不局限于某一个行政区域；在指向性上，因游客需求不同而有所差异。实质上，旅游目的地的概念是一个系统性的理念思路。相比旅游景区和旅游景点而言，旅游目的地的概念和范围更大。

对于乡村旅游目的地来说，其定义需要基于乡村旅游的定义来界定。目前国内外学者对乡村旅游的内涵研究成果丰富，但对于乡村旅游的定义尚未统一。从不同的视角，学者们提出了不同的观点。比如，有些学者基于地域性的角度，认为所谓的乡村旅游就是指发生在乡村地区的旅游活动；还有一些学者基于旅游资源的角度，认为把乡村独特的自然环境、山水田园景观、农舍村落、乡村民俗和农耕文化等体现"乡村性"的旅游资源作为吸引物，吸引游客进行的旅游活动就称为乡村旅游。由此可见，乡村旅游需要以"乡村性"作为旅游吸引物，并且是发生在乡村地区的旅游活动。其中"乡村性"最能体现乡村旅游的魅力，吸引着广大的游客。乡村旅游的优势在于能为想要逃离城市喧嚣和忙碌的人们带来亲近自然的恬静与惬意。无论乡村美丽的自然风光，还是农家菜肴、农家民宿、乡村风情，都是城市不具备的优势和特色。所以从这一角度来看，可以把乡村旅游理解为以城市居民为主要目标市场，区别于城市旅游而提出的概念。乡村旅游的类型多种多样，如观光农业游、生态农业游、古镇游、民俗游、乡村度假游等。

虽然不同的研究学者从不同的角度给出了不同的定义，但总结前人的研究结论不难发现大家对乡村旅游的本质有着共同的认知。因此，本研究将乡村旅游目的地定义为发生在乡村地区且以"乡村性"作为旅游吸引物吸引游客进行旅游活动的地方。

2.1.2 游客感知价值

感知价值概念始于市场营销学领域，来源于顾客感知价值理论。感知价值是指产品购买为消费者所带来的得、失评估，是指顾客在比较感知利益与感知成本后对产品形成的一种总体评价。游客感知价值是借鉴了顾客感知价值的相关概念进行界定的。目前，比较有代表性的是李文兵等（2010）提出的定义：在旅游活动中，游客在权衡旅游产品和旅游服务的感知利得和感知利失后形成的一种评价。孙凤芝等（2020）提出旅游感知价值是影响游客消费决策行为的重要因素，认为其是旅游者对旅游过程中旅游产品或旅游服务感知利得与感知利失所做出的综合评价。冶建明等（2020）和朱鹏亮等（2021）也都是基于"感知利得"和"感知利失"的权衡观，认为游客感知价值是游客付出的代价和从旅游产品和服务中获得的体验之后的一种比较，并形成的一种总体评价，反映了游客在整个旅游消费过程中对旅游地的真实感受和情感体验。

总之，多数研究学者对权衡观达成了共识，即认为感知价值主要由感知利得（收获）和感知利失（付出的成本）两方面组成。因此，本研究对游客感知价值的概念界定采用了被学者广泛认可的李文兵等学者的观点。

2.1.3 游客满意度

游客满意度的定义借鉴了顾客满意度的定义。Pizam 是第一个提出游客满意度定义的人，他认为游客满意度是一种情感状态，是基于游客对比自身旅游期望和实际旅游体验后产生的主观感受。Pizam 对游客满意度的界定得到了大多数学者们的认可。在后续的研究中，越来越多的学者开始对游客满意度展开了更深入的研究。有的学者从体验角度提出了评估满意度的标准，认为游客对于理想和实际的旅游体验之间的感知差异决定了满意度水平的高低。

本研究在前人的研究基础上，将游客满意度定义为游客在旅游活动中，对比旅游期望和实际旅游感知、当前旅游目的地和之前到访过的同类型旅游目的地之后形成的综合总体评价或情感状态。

2.2 研究理论基础

2.2.1 顾客感知价值理论

研究学者对顾客感知价值理论的研究是基于价值理论的出现。价值理论与传统的消费行为理论不同。它并不认为顾客购买和消费的是产品，而是产品中蕴含的价值。价值理论引发了部分学者对顾客价值的理论研究。20 世纪末期，国外市场营销学者和企业家对顾客价值理论开始高度关注。在顾客感知价值的定义研究方面，研究学者 Monroe 指出顾客感知价值主要体现在衡量产品的感知收益、感知质量和感知价格之间的差异。Anderson 认为顾客感知价值是指顾客对替代供应商的产品及价格、产品所带来的技术、服务以及经济、社会效益进行权衡，从而获得利益的感知。由于顾客感知价值的内涵具有多样性，因此其维度划分也具有多样性，这就决定了其需要多维度的测量方法。除了对感知价值维度划分的研究外，研究学者对感知价值与满意度等变量间关系的研究也越来越多。

正如前文文献综述部分所叙述的，游客感知价值源于顾客感知价值。在旅游领域中，对感知价值理论的初步探索主要集中在酒店管理中。对于其他类型的旅游企业来说，游客的感知价值反映了游客在旅游过程中更注重购买的旅游产品和旅游服务所蕴含的价值。由此看来，当前旅游目的地的管理者和经营者，应当重视游客的感知价值。未来在景区开发、旅游产品的设计、旅游服务与管理等方面，都需要重视游客的感知价值，为游客提供满足其需求的、感知价值高的高质量旅游产品和服务，从而进一步提高游客满意度、提升旅游目的地的竞争力。对于竞争日益激烈、同质化现象严重的乡村旅游目的地来说，更需加强对游客感知价值的重视。因此，加强对乡村旅游游客感知价值的深入研究，对促进乡村旅游科学和可持续发展意义深远。

2.2.2 顾客满意理论

在 1965 年，外国研究学者 Cardozo 第一次提出顾客满意的定义。20 世纪 60 年代以后，在消费者心理学、行为学和市场营销领域中，顾客满意度备受关注。通过借鉴顾客满意理论，国外学者 Pizam 提出了游客满意度的概念，他认为游客满意度就是游客的出行期望和出行后的实际感受的比较。在 Pizam 研究的基础上，Bread 指出游客满意度是基于对旅游期望与旅游现实的比较。目前学术界关于游客满意度内涵的界定都是围绕期望差异来进行的，即通过旅游期望与旅游实际体验的对比差异来衡量游客满意度。由于游客满意度是对旅游目的地做出评价的过程，因此游客满意度将会影响游客进一步的重游意愿，或是将旅游目的地推荐给他人的行为意向。也就是说游客越满意，重游意愿或者忠诚度就会越高，也越可能将此次满意的旅游体验分享给他人，并推荐他人前往该旅游目的地旅游。反之，满意度低的游客不仅会降低自己的重游意愿或者忠诚度，也极有可能向其他潜在的游客倾诉不满，影响其他潜在游客对旅游目的地的决策行为，从而对旅游目的地造成不良的影响和潜在的损失。

顾客满意度理论倡导企业的发展理念应该从以"产品为中心"转向"以顾客为中心"，重视顾客满意度；同样，游客满意度理论也倡导旅游企业从以"旅游产品为中心"转向"以游客为中心"，重视游客满意度。所以，本研究将顾客满意度理论作为理论依据，通过对乡村旅游游客满意度的研究，进一步丰富相关理论，为促进乡村旅游科学发展提供理论借鉴。

2.2.3 "认知-情感-意向"理论

2006 年，GASPER K 等人认为个人会对事件或者事实形成一定的认知，在认知的基础上，个体会给出相应的评价或产生一种情感。这就是认知评价理论。在此基础上，研究学者们对认知评价理论进行进一步的完善，提出了"认知-情感-意向"关系理论。该理论认为首先个体会根据各种事物或事件形成一定的认知；其次，在认知的基础上，基于事件、事物或事实与个体之间的关系，个体会相应地做出评价或产生一定的情感；最后，在评价或情感的基础上能够影响个体后续的行为意向或行为倾向。由此形成了"认知-情感-意向"理论，这三者之间存在着交互作用，彼此之间有着密切的联系。由该理论可知，乡村旅游游客感知价值对应"认知"，游客满意度对应"情感"，游客重游意向对应"意向"。由此可见，在旅游消费过程中，乡村旅游游客感知价值是影响游客满意度的重要前提，游客满意度又是影响游客重游意愿或忠诚度的重要前提。因此，要想留住游客，让游客愿意重游，就需要提高游客满意度；而要想提高游客满意度，游客感知价值则是关键。

本研究基于"认知-情感-意向"理论，建立起乡村旅游感知价值与满意度之间的联系，目的是深入研究乡村旅游感知价值各个维度对满意度的影响路径和作用机制。

3. 研究假设与研究模型

3.1 乡村旅游游客感知价值各维度对满意度影响的研究假设

通过文献综述部分的回顾与总结，大多数研究学者证明了游客感知价值对满意度存在显著正向影响。本研究根据黄陂区乡村旅游的特点，对黄陂区乡村旅游游客感知价值进行维度的划分，主要是研究乡村旅游游客感知价值的各个维度分别对满意度的影响，从而找到影响黄陂区乡村旅游游客满意度的因素，进而为进一步促进黄陂区乡村旅游的发展提出有针对性的建议。因此在正式提出研究假设之前，关于维度划分的依据有必要做出进一步的分析和阐释。

通过本研究的相关文献可以发现，各研究学者对游客感知价值维度的划分是多维的，虽尚未达成统一标准，但一般情况下包括以下三种维度：一是功能性价值，是指为游客提供旅游产品和旅游服务，是旅游最直接的用途，是满足游客的基本旅游需要。二是情感性价值，是指游客在旅游活动中能够感受到内心或精神上的新奇感、愉悦感和轻松感。通过旅游能够满足他们的情感需求。三是社会性价值，是指游客在旅游体验中获得的人际交往能力和个人社会地位等。这三种价值维度中，功能性价值是最基本的、最直观的也是最重要的，原因是社会性价值和情感性价值都是在功能性价值的基础上延伸而来的。这就要求企业需要为游客带来更贴心、舒心的旅游体验，提高游客功能性感知价值是基础和关键。同时也就意味着企业要不断创新发展，为游客提供高质量的旅游产品和旅游服务。

在这三个最基本的价值维度中，无论是功能性价值，还是社会性价值、情感性价值，它们都属于感知价值中的"利得"。而功能性价值又是感知利得中最基本的一个维度，其他学者大多数是对功能性价值根据不同的研究对象，将其进一步划分为更多的维度。而对于感知价值中的"利失"，学者们普遍用的是成本性价值，有的进一步划分为货币成本及非货币成本，包括时间、金钱、精力等成本，总而言之，同属于成本性价值。

由于影响游客感知价值的因素很多，不同的学者有不同维度的划分，但存在着一定的规律性。结合各个研究学者对游客感知价值划分维度的回顾和总结，下面将大多数学者对游客感知价值及乡村旅游游客感知价值维度划分中共有的几个维度总结如下(见图1和图2)。

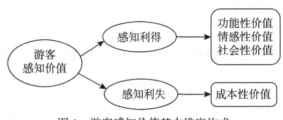

图1　游客感知价值基本维度构成

通过图1和图2可以发现，在对游客感知价值维度的划分中，研究学者大都围绕着三个基本的价值维度即功能性价值、情感性价值、社会性价值，除此之外对成本性价值提及最多。而在对乡村旅游游客感知价值维度的划分中，可以发现，根据乡村旅游提供的特色旅游产品和旅游服务，大多数学者将功能性价值进一步细分为具有乡村旅游特色的不同维度，如乡村美食与特产、乡村文化、乡村景观和环境价值等。

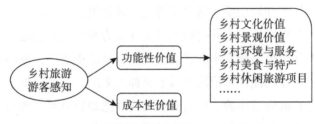

图2　乡村旅游游客感知价值的维度构成

本研究在前人的研究基础上，基于"感知利得与感知利失"的权衡观，用功能性价值衡量游客的感知利得；用成本性价值衡量游客的感知利失。在此基础上结合黄陂区乡村旅游目的地特色，将功能性价值细分为乡村特色文化价值、景观价值、项目与服务价值三个维度。综上，本研究关于乡村旅游游客感知价值的维度划分具体如下：乡村特色文化价值、景观价值、项目与服务价值和成本性价值共四个维度(见图3)。

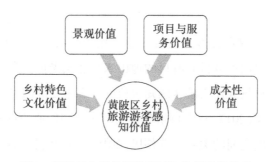

图3　黄陂区乡村旅游游客感知价值维度构成

3.1.1　乡村特色文化价值对游客满意度的研究假设

乡村文化是乡村旅游发展的灵魂。一个乡村旅游目的地最具核心的吸引力就是其内在的乡村文化。体验民俗活动、感受民俗文化、消解浓浓的乡愁是城市居民对乡村旅游的需求。黄陂有木兰文化、二程理学文化、乡村特色美食文化等，乡村文化资源丰富。作为"木兰故里"，黄陂以木兰文化为内涵核心打造出了黄陂区乡村旅游的独特发展模式，其中木兰天池、木兰草原等乡村旅游景点具有较高的知名度。因此，黄陂区的乡村田园文化、山水文化、美食文化、民俗文化等乡村特色文化是吸引游客的关键所在，也是影响游客满意度的关键所在。魏鸿雁等(2014)指出乡村旅游目的地的乡村文化是吸引游客的重要因素。黎玲(2021)认为乡村旅游中文旅融合要素是影响游客满意度的重要因素。在此基础上通过构建乡村旅游游客满意度模型，发现乡村文旅融合质量感知对满意度有显著影响。研究提出乡村旅游目的地需要提供能够满足游客文化需求的旅游产品，开发出具有当地特色文化的旅游项目或旅游活动。本研究基于前人的研究成果，基于黄陂区乡村旅游目的地的特点，提出如下研究假设：

H1：乡村特色文化价值对游客满意度有显著的正向影响

3.1.2 景观价值对游客满意度影响的研究假设

乡村旅游地往往拥有如诗画般美丽的山水自然和田园风光，空气清新、景色优美、生态环境优势突出。这也正是乡村旅游目的地区别于其他旅游类型目的地的优势所在。对于乡村旅游目的地而言，乡村性是最大的卖点。而除了乡村文化，乡村景观最能体现乡村性。黄陂区乡村旅游拥有丰富的自然资源，木兰天池、木兰草原、木兰山等乡村旅游目的地山水自然风光优美，生态环境好，乡村景观优势突出。乡村景观作为游客感知价值的一个重要的因素对游客满意度可能会产生影响。张欢欢（2017）将乡村景观作为游客感知价值的重要维度，研究了乡村景观和游客满意度之间的关系。蔡伟民（2015）构建乡村旅游地游客感知价值体系时，也把景观价值纳入了该体系，并认为景观价值体现在其具有吸引力和乡村性，乡村景观价值可用自然生态环境质量好来衡量。本研究基于前人的研究成果，并结合黄陂区乡村旅游的具体情况，提出如下研究假设：

H2：景观价值对游客满意度有显著的正向影响

3.1.3 项目与服务价值对游客满意度影响的研究假设

旅游项目和旅游服务是一个旅游目的地为游客提供的最基本的功能价值。项目和服务好不好，直接影响游客的感知体验，间接影响游客的满意度。蔡伟民（2015）、何彪（2020）、张婷（2020）和田彩云（2021）等认为游客感知价值维度中包括服务价值、项目价值、管理价值等维度，并将这些感知价值维度与满意度之间的关系进行了研究，结果显示这些价值维度对游客满意度有显著的正向影响。黄陂区乡村旅游目的地为游客提供的旅游项目是否种类丰富、体验感强，提供的旅游服务态度是否好，极大程度上会影响到游客的满意度。本研究基于前人的研究成果，结合黄陂区乡村旅游目的地自身的特点，认为旅游服务和项目感知价值是影响满意度的一个重要因素，因此提出如下研究假设：

H3：项目与服务价值对游客满意度有显著的正向影响。

3.1.4 成本性价值对游客满意度的影响的研究假设

成本性价值被学者们普遍用来衡量游客的感知利失，即游客付出的成本，其中包括货币成本（如金钱成本）以及非货币成本（如时间、精力和体力）。张婷（2020）、冶建（2020）、屈小爽（2021）、何禹璇（2021）等在游客感知价值的维度划分上都纳入了成本性感知价值这一维度，并研究了其与游客满意度、重游意愿、游客行为等之间的关系。研究结论是游客的感知成本越高，则满意度越低；反过来感知成本越低即成本性价值越高，则满意度越高。对黄陂区乡村旅游游客来说，在旅游决策前，游客会考虑到各类旅游成本。比如，黄陂区乡村旅游目的地位于郊区，相对来说距离较远，会产生一定的交通费用。同时由于行程远，在前往目的地的途中会耗费较多的时间，从而产生时间成本。此外，对于黄陂区乡村旅游各景区门票的价格、旅游项目价格、食宿价格等方面也都会对旅游成本进行衡量，考虑整个旅游过程中花费的成本是否值得，如果游客在整体上认为成本性价值越高，那么满意度就会越高。因此，本研究将成本性价值作为影响满意度的因素，基于前人的研究成果并结合黄陂区乡村旅游自身的情况，提出如下研究假设：

H4：成本性价值对游客满意度有显著的正向影响

3.2 理论模型

根据"认知-情感-意向"关系理论，我们可以发现乡村旅游感知价值与满意度存在密切的联系。乡村旅游游客感知价值对应"认知"，游客满意度对应"情感"，游客重游意向对应"意向"。由此可见，在旅游消费过程中，乡村旅游游客感知价值是影响游客满意度的重要前提，游客满意度又是影响游客重游意愿或忠诚度的重要前提。想留住游客，提高游客的重游意愿或忠诚度，就需要提高游客满意度；而要想提高游客满意度，游客感知价值至关重要。本研究基于前人的研究成果，在乡村旅游游客感知价值和满意度之间建立联系，以乡村旅游游客感知价值的"利得与利失观"为依据，在此基础上着重分析乡村旅游游客感知价值四个维度分别对满意度的影响作用。因此，本研究建立的理论模型如下（见图4）。

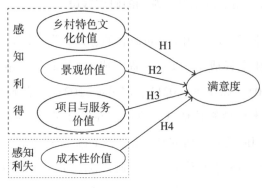

图4　理论模型图

4. 研究设计与数据收集

4.1　问卷设计

4.1.1　设计问卷的过程

为了本研究结果具有真实性和可靠性，问卷设计要保证研究具有科学性、系统性、可操作性。首先，通过回顾和总结大量的相关文献，在前人的研究成果上进行问卷的设计，在此基础上，对旅游领域相关的专家进行访谈，请专家为问卷的设计提出建议，并根据建议进行问卷的修改和完善。这体现了问卷设计的科学性；其次，本问卷的设计是依据前人已经验证过的成熟性的量表，并结合本研究的实际情况对题项进行系统性的分类和筛选，具有一定的系统性；最后，结合本研究的案例对象，根据实际情况对问卷中的题项进行通俗化表述，便于调研对象的理解。这体现了问卷设计的可操作性。

预调研是为了检查问卷设计是否合理，问卷中的具体选项是否表达恰当、是否存在歧义。预调研是正式调研顺利开展的前提和基础。本研究进行预调研的具体方法如下：首先通过请身边的同学和老师试填问卷，初步检查问卷中的问题；然后前往木兰天池，向当地的游客发放预调研问卷，回收后对样本数据进行整理，并进行问卷的信效度检验。如果没有通过检验，则需要咨询专家意见，对问卷进行调整和修改，再次进行发放，最终以通过信效度检验为标准来确定最终问卷。

4.1.2 问卷内容与形式设计

（1）问卷的内容

问卷的整体结构包括三个部分，分别为标题、开头和正文。问卷的标题能够让被调查者明白此次调查的主题；开头部分简单介绍调查的机构、调查的目的、预计调查的时间、对信息保密的承诺，表示感谢等；最后是正文部分，也就是调查问卷的主体内容，反映了此次调查的具体内容。

问卷的主体内容包括三个方面：一是调查对象的基本信息，包括人口统计特征信息，如性别、年龄、收入等方面；出游行为特征信息，如前来目的地的次数、出行交通及结伴方式、停留时间等方面，共计9个测量题项；二是对黄陂区乡村旅游游客感知价值维度的测量，共4部分，14个题项；三是对黄陂区乡村旅游游客的满意度测量部分，共3个题项。

问卷各变量测量选用的方式：第一部分的调查对象的基本信息采用的问卷测量方式为选择题；对于第二部分武汉市黄陂区乡村旅游游客感知价值测量和第三部分满意度测量采用的是五分制的李克特量表。李克特量表是用来测量心理学变量的一种量表，主要是对人的态度、意愿等主观感受的测量。因此用来测量游客感知价值与满意度是非常合适的。通常该量表为五分制，指对每个变量的测度由一组问题陈述组成，调查对象根据每一陈述句给出同意或不同意或非常同意或非常不同意或中立的态度倾向观点，根据不同程度的态度倾向对应记为1至5分。此外，通常用3个或3个以上的问题测度一个心理学变量。

（2）问卷的形式

本研究的问卷通过问卷星、实地走访和委托当地旅行社共3种方式发放。其中，为了保证网络问卷数据的有效性，与纸质版问卷相比，网络版问卷设置了2个前置问题，目的是筛选调查对象，通过询问被调查者是否去过黄陂区，并进一步选择去过的黄陂区乡村旅游目的地，从而完成对调查对象的筛选；而纸质版问卷是由本人及课题组成员到实地进行问卷发放和委托当地旅行社进行发放。

4.2 量表的选择

本研究具体变量设计如下：（1）自变量 4 个（见表 1）：其中感知利得中功能性感知价值（3 个），分别是乡村特色文化价值、景观价值、项目与服务价值；感知利失中成本性价值（1 个）；（2）因变量 1 个（见表 2）：满意度。

表 1   **乡村旅游感知价值量表**

价值维度	二级维度	测量题项	参考依据
功能性价值	乡村特色文化价值	Cul1 有吸引力的乡村美食与特产	张欢欢（2017）
		Cul2 有乡村特色且干净整洁的民宿	何禹璇（2021）
		Cul3 有当地特色的民俗文化、文物遗产或古迹	高雅等（2021）
		Cul4 可以购买到具有旅游纪念价值的特色文创产品	蔡伟民（2015）
	景观价值	Sce1 景观生态环境好	高雅等（2021）
		Sce2 景观具有典型的乡村性	张欢欢（2017）
	项目与服务价值	Pro1 有特色鲜明的活动项目	蔡伟民（2015）
		Pro2 有适合各年龄阶层的项目	蔡伟民（2015）
		Pro3 有参与性高和体验性强的项目	蔡伟民（2015）
		SM1 景区管理水平高	蔡伟民（2015）
		SM1 景区服务态度好	张欢欢（2017）
成本价值	金钱	Cot1 旅游花费的金钱值得	何禹璇等（2021）
	时间	Cot2 旅游花费的时间值得	何禹璇等（2021）
	精力	Cot3 旅游花费的精力值得	何禹璇等（2021）

表 2   **满意度量表**

价值维度	二级维度	测量题项	参考依据
满意度	总体满意度	Sa1 您对此次旅游整体很满意	高雅等（2021）
	与预期比	Sa2 达到了或超过您出游前的预期	黎玲（2021）
	与同类型比	Sa3 与其他乡村旅游相比，您对此次出游更满意	徐佳（2017）

4.3 研究对象和案例地的选取

4.3.1 案例地选取概况

黄陂区，隶属湖北省武汉市，被誉为"武汉市的后花园"，拥有丰富的自然资源、良好的生态环境和独特的文化资源，发展乡村旅游具有明显的优势。近年来，黄陂区各级政府在国家乡村振兴战略等政策的支持下，利用黄陂区的自然和文化资源，充分发挥自身优势，形成了以自然风光和田园生活体验为载体、以木兰文化为内涵核心的乡村旅游发展模式。黄陂区的乡村旅游业发展势头足、效果好。其中以木兰天池、木兰草原景区为代表的 14 个景区入选了 2018 年度武汉首批 40 个美丽乡村旅游点名单。截至 2019 年，在武汉市第二批 30 个美丽乡村旅游点中，黄陂区新增了以木兰驭鹿山庄、姚家山汽车露营为代表的 10 个景区，其新增数量占了 1/3。目前，黄陂区的美丽乡村旅游点数量共 24 家，居于武汉市榜首。在武汉市城郊乡村旅游的发展中，黄陂区乡村旅游的发展已经成为第一梯队。2018 年，黄陂区全区旅游接待总人数超过 2400 万人次，年游客接待人次达全区本地常住人口数量的 24 倍以上；旅游总收入超过 140 亿元，同比增长超过 16%；旅游业增加值占 GDP 比重达 15%。2019 年，黄陂全区旅游综合收入接近 160 亿元，比上年增长了近 10%；年接待旅游人数近 2600 万人次，与上年相比，增长速度近 8%。总体发展态势良好。

本研究选择以黄陂区乡村旅游为研究对象，通过问卷星、实地走访和委托当地旅行社共三种方式进行问卷发放。以湖北省武汉市黄陂木兰生态文化旅游区、清凉寨、大余湾、木兰花香、木兰湖等作为主要调查案例地，进行实地调研和走访。对于调研案例地选取主要原因有以下三点：

一是尽可能覆盖黄陂区所有的乡村旅游景点。在实地调研时课题组成员分组分别前往知名度较高的国家 5A 级景区木兰生态文化旅游区、选择了 3 个有代表性的 4A 级景区清凉寨、大余湾、木兰花香和 1 个 3A 级景区木兰湖，做到了在不同级别景区中的分层抽样；二是采用线上渠道和线下渠道相结合的发放方式，通过问卷星平台、当地旅行社和实地调研三种手段，可以进一步实现调查样本的多样性。为调研提供较大的总体样本量，并且能够尽可能全面涵盖不同年龄、性别、收入水平等方面的游客，这在一定程度上为确保随机抽样数据结果的可信度提供基础支撑；三是黄陂区乡村旅游发展过程中游客满意度的问题日益凸显。当前，如何进一步提高游客满意度、稳定客流量，为该地提高知名度和美誉度，树立良好的形象，提升竞争力，成为促进黄陂区乡村旅游可持续发展的关键性问题。

4.3.2 调研对象确定

根据前文中文献综述和相关概念界定，前往武汉市黄陂区进行乡村旅游的旅游者就是本研究的调研对象。

4.4 预调研

4.4.1 预调研问卷的发放

为了确保调研工作的顺利进行，需要进行一项预调研工作。所谓预调研就是通过对小范围的调研对象进行问卷调查进行数据收集，目的是通过对获取的样本数据进行信效度检验，最终确定正式的调研问卷。本研究的预调研采取的是实地调研，笔者利用周末时间前往黄陂区木兰天池、木兰草原，本次调研时间为2021年12月4日至5日，共计2天，一共发放问卷140份，收回137份，经过对无效问卷的筛选、剔除后最终得到有效问卷131份。将回收后的样本数据进行整理，对问卷搜集到的数据运用软件SPSS 24.0进行信效度分析和检验。

4.4.2 数据的分析及检验结果

(1)信度检验

对预调研回收的样本数据需要进行信度检验。一般情况下，采用李克特量表的调查问卷需要使用克朗巴哈系数作为信度检验的指标，检验该问卷设计是否合理，其获取的数据是否具有稳定性、一致性和可靠性。因此，本问卷同样使用此方法对已获取的样本数据进行信度检验。一般认为克朗巴哈系数大于0.6，则其信度水平就是可以被接受的；越接近1则代表信度越高。本研究通过利用SPSS 24.0软件进行信度检验。除了检验克朗巴哈系数之外，也需要查看各个测量指标的CITC，如该测量题项的相关系数小于0.5，则需要对该题项进行删除。根据以上标准，本研究在已获取的数据基础上进行信度检验(见表3)。

表 3   信度检验结果

研究变量	题　　项	校正的项总计相关性（CITC）	克朗巴哈系数 >0.6
乡村特色文化价值	Cul1 有吸引力的乡村美食与特产	0.658	0.968
	Cul2 有乡村特色且干净整洁的民宿	0.664	
	Cul3 有当地特色的民俗文化、文物遗产或古迹	0.665	
	Cul4 可以购买到具有旅游纪念价值的特色文创产品	0.643	
景观价值	Sce1 景观生态环境好	0.620	0.969
	Sce2 景观具有典型的乡村性	0.81	
项目与服务价值	Pro1 有特色鲜明的活动项目	0.729	0.967
	Pro2 有适合各年龄阶层的项目	0.715	
	Pro3 有参与性高和体验性强的项目	0.802	
	SM1 景区管理水平高	0.752	
	SM1 景区服务态度好	0.791	
成本性价值	Cot1 旅游花费的金钱值得	0.74	0.967
	Cot2 旅游花费的时间值得	0.726	
	Cot3 旅游花费的精力值得	0.816	
满意度	Sa1 您对此次旅游整体很满意	0.769	0.968
	Sa2 达到了或超过您出游前的预期	0.757	
	Sa3 与其他乡村旅游相比，您对此次出游更满意	0.658	
问卷整体			0.969

　　根据检验结果可知，乡村旅游感知价值各个维度及满意度共 17 项指标的相关系数 CITC 值均大于 0.6，所以无须删除对应的题项，说明各个变量之间相关性良好；此外，各变量的克朗巴哈系数分别为 0.968、0.969、0.967、0.967、0.968，问卷整体的信度为 0.969，说明问卷具有较好的信度水平，通过了信度

检验。

（2）效度检验

对样本数据进行效度检验时通常有两种方法：一种是以 KMO 值作为判断依据。KMO 值可以反映变量间是否具有偏相关性，KMO 值越大，表示效度水平越高。一般 KMO 值>0.6，则认为其效度水平是可以被接受的；另一种是看 Bartlett 球形检验的显著性。通常是通过判断 p 值大小来证明是否具有显著性。当 $p<0.5$ 时，表明变量间的相关性是显著的，效度水平高，也就说明该样本数据通过了效度检验。根据以上标准，应用采集的样本数据对量表进行效度检验（见表4）。

表4　　　　　　　　　　　　　　效度检验结果

研究变量	乡村旅游游客感知价值	乡村旅游游客满意度
KMO 样本测度（>0.6）	0.904	0.756
近似卡方	3507.909	661.152
自由度 df	91	3
显著性水平 Sig	0	0

根据表格检验结果，乡村旅游游客感知价值和满意度的 KMO 值分别为 0.904 和 0.756，均远远大于 0.6，且显著性系数 p 值均为 0，说明该样本数据通过了效度检验，反映了该问卷的数据具有很好的效度。

4.5　正式调研

4.5.1　正式问卷的确定

由于预调研问卷整体信度水平大于 0.9，通过了信度检验，表明数据的信度水平较高，本研究选取的量表是合理的；在对预调研数据进行的效度检验中，KMO 值大于 0.6，Bartlett 球形检验显著性水平 p 值小于 0.5，说明该两项指标均通过了效度检验，表明预调研的问卷数据也具有较好的效度水平，可进行下一步的因子分析。综上可得，预调研问卷符合研究要求，不用做修改。

4.5.2 问卷的发放与回收

调查问卷的发放共有 3 种方式：第一，调研团队前往木兰天池、木兰草原等研究案例地进行实地调研。笔者在实地调研中现场发放问卷，并与部分游客、当地的居民以及景区管理人员进行现场访谈。共计发放调查问卷 150 份，回收 147 份；第二，通过网络平台问卷星，将网络问卷发放给符合条件的调查对象，共回收问卷 314 份；第三，委托旅行社导游将问卷发放给黄陂区乡村旅游的游客。共计发放调查问卷 100 份，回收 92 份；通过 3 种途径最终回收 553 份问卷，通过筛选并剔除无效问卷共计 42 份，最终本研究实际有效问卷为 511 份，问卷的回收率为 92.4%。

5. 实证分析

5.1 描述性分析

5.1.1 人口特征与游客出游行为信息分析

对游客的基本信息利用 SPSS 24.0 软件进行描述性统计分析，可以通过频数和所占百分比来反映调查对象的人口特征和出游行为。下面是人口特征数据及游客出游行为的统计分析结果(见表 5)。

表 5   **人口特征和游客出游行为信息分析结果**

题项	指标	频数	百分比(%)	累计百分比(%)
性别	男	260	50.9	50.9
	女	251	49.1	100.0

续表

题项	指标	频数	百分比(%)	累计百分比(%)
年龄	18岁以下	16	3.1	3.1
	18~25岁	138	27.0	30.1
	26~30岁	151	29.5	59.7
	31~40岁	87	17.0	76.7
	41~50岁	62	12.1	88.8
	51~60岁	37	7.2	96.1
	60岁以上	20	3.9	100.0
职业	技术人员	51	10.0	10.0
	教育工作者	47	9.2	19.2
	其他	68	13.3	32.5
	企业商务人士	101	19.8	52.3
	行政事业单位人员	84	16.4	68.7
	学生	97	19.0	87.7
	自由职业者	63	12.3	100.0
人均月收入	≤2500元	116	22.7	22.7
	2501~5000元	138	27.0	49.7
	5001~10000元	185	36.2	85.9
	10001~20000元	51	10.0	95.9
	≥20001元	21	4.1	100.0
地域	湖北省	357	69.9	69.9
	其他省份	154	30.1	100.0
到访次数	1次	280	54.8	54.8
	2次	129	25.2	80.0
	3次	31	6.1	86.1
	≥4次	71	13.9	100.0

续表

题项	指标	频数	百分比(%)	累计百分比(%)
停留时间	不过夜	337	65.9	65.9
	1晚	121	23.7	89.6
	2晚	47	9.2	98.8
	≥3晚	6	1.2	100.0
出行方式	独自出行	40	7.8	7.8
	家庭亲子	116	22.7	30.5
	与朋友出行	216	42.3	72.8
	伴侣/夫妻	77	15.1	87.9
	单位/旅行社组团	62	12.1	100.0
交通方式	火车/高铁	59	11.5	11.5
	自驾	262	51.3	62.8
	飞机	20	3.9	66.7
	大巴车	76	14.9	81.6
	公交地铁	80	15.7	97.3
	其他	14	2.7	100.0

从上述表格中，我们可以发现此次调查对象中，男女比例较为均衡，其中男性占比50.9%，女性占比49.1%。由此得出武汉市黄陂区乡村旅游游客在性别上并无明显差异。

在年龄结构方面，18岁以下和60岁以上的游客占比较少，分别为3.1%和3.9%；18~25岁、26~30岁这两个年龄段属于主要的游客年龄群体，分别占比为27.0%和29.5%，合计达到56.5%，占比超过半数；然后是31~40岁、41~50岁的旅游者，这两组分别占比17.0%和12.1%，总占比达到29.1%。总的来说，游客年龄结构分布均匀。

从游客的地域分布来看，大多数游客都是来自湖北省内，占比为69.9%，有30.1%的游客来自省外。这与乡村旅游多以周边游为主的特性相符。

从游客职业结构看，整体职业分布较为均匀，占比最高的是企业商务人士，共19.8%，占比最低的是教育工作者，为9.2%。最高占比与最低占比总体相差较小，由此可见，乡村旅游游客在职业上分布较广，适合的职业人群较为宽泛。

从人均月收入水平来看，游客的收入大多集中在5000元左右，2501~5000元和5001~10000元分别占比为27.0%和36.2%，合计占比超过半数。而月收入2500元及以下的占比为22.7%，大于10000元的占比14.1%，即85.9%的游客的人均月收入均不超过10000元。

从游客到武汉市黄陂区乡村旅游的次数分析，占比最高的是选择到访1次的游客，其占比人数超过半数，达到54.8%。到访次数为2次的游客占了25.2%，到访次数为3次的游客占比为6.1%，到访次数为4次及以上的游客占比为13.9%。因此，从到访的次数可以看出，游客的重游意愿不高，间接反映出游客的满意度有待提高。

从游客到武汉市黄陂区乡村旅游的停留时间分析，不过夜的游客最多，占比为65.9%；其次，停留1晚的游客占23.7%；停留2晚和达到3晚及以上的游客占比分别为9.2%和1.2%。由此可见，游客停留时间少，大多数不过夜，说明武汉市黄陂区乡村旅游目的地存在留不住游客的问题。

从游客到武汉市黄陂区乡村旅游的结伴方式分析，排在第一位的结伴方式是与朋友出行，占比达到42.3%；其次是选择家庭亲子的游客，占比为22.7%；再次是选择伴侣/夫妻出行的游客占比为15.1%，紧随其后的是选择单位或旅行社组团的游客，占比为12.1%；最后是选择独自出行的游客占比最少，仅占7.8%。

从游客选择到访武汉市黄陂区乡村旅游选择的交通方式来看，游客首选的交通方式是自驾游，人数占比最高，达到51.3%；选择其他交通方式的游客分布较为均匀，如选择乘坐火车/高铁的占比为11.5%、大巴车占比为14.9%以及公交地铁占比为15.7%；选择乘坐飞机和其他交通方式的游客占比较少，分别为3.9%和2.7%。

5.1.2 乡村旅游游客感知价值和满意度描述性分析

通过对黄陂区乡村旅游游客感知价值和满意度各测量题项的平均水平和样本数据的标准差进行描述性分析。分析结果见表6。

表6 乡村旅游游客感知价值与满意度的描述性统计分析

变量	测量维度	题　项	平均值		标准差
乡村旅游感知价值	乡村特色文化价值	Cul1 有吸引力的乡村美食与特产	3.55	3.58	1.076
		Cul2 有乡村特色且干净整洁的民宿	3.55		0.979
		Cul3 有当地特色的民俗文化、文物遗产或古迹	3.92		0.867
		Cul4 可以购买到具有旅游纪念价值的特色文创产品	3.30		1.108
	景观价值	Sce1 景观生态环境好	4.34	4.14	0.762
		Sce2 景观具有典型的乡村性	3.93		0.889
	项目与服务价值	Pro1 有特色鲜明的活动项目	3.68	3.68	1.017
		Pro2 有适合各年龄阶层的项目	3.65		0.997
		Pro3 有参与性高和体验性强的项目	3.67		1.054
		SM1 景区管理水平高	3.68		0.927
		SM1 景区服务态度好	3.72		0.886
	成本性价值	Cot1 旅游花费的金钱值得	3.77	3.89	0.916
		Cot2 旅游花费的时间值得	3.91		0.879
		Cot3 旅游花费的精力值得	4.00		0.820
满意度		Sa1 您对此次旅游整体很满意	4.06	3.83	0.781
		Sa2 达到了或超过您出游前的预期	3.66		0.863
		Sa3 与其他乡村旅游相比，您对此次出游更满意	3.76		0.910

注：评分制为5分，分数越高表示游客对此项表述越认可。

从武汉市黄陂区乡村旅游感知价值各个测量维度来看，景观价值维度总体平均分最高4.14分，其中"景观生态环境好"这一表述的平均分为4.34分，在所有题项中最高，说明黄陂区乡村旅游目的地景观在生态环境方面表现优异，生态环境好、空气清新干净，整体生态环境得到游客的高度认可，这与乡村旅游本身特性切实相符；乡村特色文化价值总体均值最低，只有 3.58 分。其中"有当地特色的民俗文化、文物遗产或古迹"这一表述同与其同维度的三个问题表述相比，平均分最高，达到 3.92 分，说明在乡村特色文化方面，游客通过参观、游览木兰博物馆、木兰外婆家等，对黄陂区木兰民俗文化确实有一定的感知，这也与当地围绕木兰文化发展乡村旅游切实相符。但从游客对这一方面评价来看，3.92 分与最高分 5 分还存在一定的差距，这说明黄陂区乡村旅游在对民俗文化、文物古迹等方面的开发与保护还是有待进一步挖掘和发展的。而其他三个表述平均分则较低，"有吸引力的乡村美食与特产和有乡村特色且干净整洁的民宿"这两项评分都为 3.55 分，说明在乡村美食文化和特色民宿的开发等方面有待提升；而评分最低的是"可以购买到具有旅游纪念价值的特色文创产品"，平均分仅为 3.30 分，这说明当地并没有深度挖掘、开发、设计相关的特色文创产品；在项目与服务价值维度中，各个题项表述平均分较为接近，为 3.65~3.72，其中对"景区服务态度好"这一表述得分最高，平均分为 3.72 分，这说明游客对景区服务态度方面还是比较认可的；在成本性价值维度中，总体上平均分较高，其中"旅游花费的精力值得"的这一表述，平均分最高达到 3.89 分。在研究者实地调研时，通过与游客访谈了解到，有的游客经常前往木兰天池、木兰山，通过爬山来锻炼身体、减肥等。我们可以发现，游客在乡村旅游中通过游山玩水，除了满足游客休闲观光的旅游需求，通过消耗体力，还可以锻炼身体。

从满意度的这一测量维度来看，满意度的均值为 3.83 分，这一满意度水平属于中等偏上，说明游客对黄陂区乡村旅游较为满意。其中对"总体满意度"这一表述的均值分较高，达到 4.06 分，但在"与预期相比和同类型旅游目的地相比"，平均分略低，分别为 3.66 分和 3.76 分。这说明游客对武汉市黄陂区乡村旅游整体上比较满意，但与游客期望和同类型相比，不够理想，有待提升。从上述表格中可以发现，各测量题项的标准差范围为 0.762~1.108，表明数据的离散程度是合理的。

5.2 信度检验

信度检验反映了问卷数据的可靠性。也就是说，当我们将同一份调查问卷给同一调查对象或将同一份调查问卷给不同的调查对象反复填写测量时，需要检验得到的问卷数据是否具有一致性。当这种一致性的程度越高时，则表明该调查问卷的信度水平越高，测量的数据就越可信、越稳定，或者说越一致和越可靠。因此，为了进一步反映本研究中各个测度问题的稳定性和可靠性，需要进行信度检验。测量信度通常可采用克朗巴哈系数(简记作 α)来测量信度结果。当 α 系数值越接近 1，就认为其信度水平就越高。研究学者们一般将 0.6 作为 α 系数值的临界值，当一组测度问题的 α 系数值>0.6 时，则认为其信度水平是可以接受的，也就是通过了信度检验。运用软件 SPSS 24.0 对问卷数据进行可靠性分析，完成对每个问题测度以及问卷整体的信度检验(见表 7)。

表 7　　　　　　　　　　　　　　　信度检验结果

研究变量	题　项	克朗巴哈系数
乡村特色文化价值	Cul1 有吸引力的乡村美食与特产	0.821
	Cul2 有乡村特色且干净整洁的民宿	
	Cul3 有当地特色的民俗文化、文物遗产或古迹	
	Cul4 可以购买到具有旅游纪念价值的特色文创产品	
景观价值	Sce1 景观生态环境好	0.714
	Sce2 景观具有典型的乡村性	
项目与服务价值	Pro1 有特色鲜明的活动项目	0.905
	Pro2 有适合各年龄阶层的项目	
	Pro3 有参与性高和体验性强的项目	
	SM1 景区管理水平高	
	SM1 景区服务态度好	
成本性价值	Cot1 旅游花费的金钱值得	0.907
	Cot2 旅游花费的时间值得	
	Cot3 旅游花费的精力值得	
满意度	Sa1 您对此次旅游整体很满意	0.898
	Sa2 达到了或超过您出游前的预期	
	Sa3 与其他乡村旅游相比，您对此次出游更满意	
问卷整体		0.929

从上述表格可以看出，乡村特色文化价值、景观价值、项目与服务价值、成本性价值及满意度的克朗巴哈系数分别为 0.821、0.714、0.905、0.907、0.898；均远大于 0.6；问卷整体的信度为 0.929，也远远大于 0.6，因此可以认为，上述测量维度和问卷整体上都通过了信度检验，说明问卷信度好，数据可靠。

5.3 效度检验

效度检验可以理解为对问卷是否具备有效性进行检验，主要目的是检测研究所采用的测量方式或方法是否能够准确地反映所需测量的变量。因此，除了信度之外，问卷的效度同样具有重要性，它反映了测量工具的科学性。探索性因子分析（EFA）和验证性因子分析（CFA）是进行效度检验的两种方法。通常情况下，对于自己设计的量表一般采用探索性因子分析，如果是根据前人研究的成熟性的量表，那么此时采用验证性因子分析比较合适。本研究中关于乡村旅游游客感知价值和满意度的量表是借鉴国内外的成熟量表进行设计，同时，乡村特色文化价值这一维度是在借鉴前人成熟量表的基础上，根据本研究的特点设计的新的量表。因此，为了使研究更具有科学性和严谨性，采用两种分析方法相结合的方式进行效度分析检验。

5.3.1 探索性因子分析

由于探索性因子分析需要满足一定的前提条件，本研究采用前人常用的 KMO 值和 Bartlett 球形检验作为检验是否可以进行探索性因子分析的方法。KMO 值的检验标准以 0.6 为界限，认为该值至少大于 0.6，则认为通过检验。KMO 值越大，越趋近于 1，有效性越好；球形检验值的标准是以显著性系数 P 值的大小进行判断，通常以 0.5 为界限，一般认为当 P 值小于 0.5 时，则该样本数据可以作探索性因子分析；反之，当 P 值大于 0.5 时，则表示不适合。因此，通过运用软件 SPSS 24.0 中的因子分析进行操作，对采集的数据进行效度检验（见表8）。

通过分析检验结果，可以发现乡村旅游感知价值的 KMO 值为 0.879，满意度的 KMO 值为 0.754，二者均大于 0.6，表明效度较好；而且二者的显著性水平 P 值均为 0，小于 0.5，说明在 1% 的水平显著。所以，两项检验指标均符合，可以做下一步的探索性因子分析。

表8   **探索性因子分析前的检验结果**

测量变量	乡村旅游游客感知价值	乡村旅游游客满意度
KMO 样本测度(>0.6)	0.879	0.754
近似卡方值	4603.399	944.778
自由度 df	91	3
显著性水平 Sig(P 值)	0	0

  探索性因子分析是将所有的测量变量在不加区分的前提下,将关联度高的测量问题聚合在一起,找到主成分因子,并将其他不同的因子进行区分。也就是探索性因子分析是在未区分任何测度变量的前提下进行的,因此与验证性因子分析的适用范围不同。下面通过 SPSS 24.0 软件对乡村旅游感知价值和满意度进行因子分析。

  (1)乡村旅游游客感知价值因子分析(见表9至表10)

表9   **乡村旅游感知价值总方差解释(>70%)**

因子成分	初始特征值			旋转载荷平方和		
	特征根	解释变异%	累积解释变异%	特征根	解释变异%	累积解释变异%
1	6.758	48.272	48.272	3.522	25.158	25.158
2	1.661	11.865	60.137	2.652	18.939	44.098
3	1.134	8.099	68.235	2.562	18.303	62.401
4	1.013	7.236	75.472	1.830	13.070	75.472
5	0.642	4.584	80.056			
6	0.515	3.677	83.732			
7	0.464	3.314	87.047			
8	0.391	2.790	89.836			
9	0.369	2.636	92.472			
10	0.275	1.965	94.438			

续表

因子成分	初始特征值			旋转载荷平方和		
	特征根	解释变异%	累积解释变异%	特征根	解释变异%	累积解释变异%
11	0.221	1.579	96.017			
12	0.211	1.511	97.527			
13	0.188	1.344	98.872			
14	0.158	1.128	100.000			

注：提取方法为主成分分析法

表 10 　　　　　　　　乡村旅游感知价值旋转后的因子载荷矩阵

变量	成分(>0.5)			
	1	2	3	4
Pro3	0.817	0.173	0.235	0.054
Pro2	0.752	0.192	0.192	0.257
Pro1	0.751	0.214	0.363	0.216
SM2	0.736	0.307	0.167	0.181
SM1	0.731	0.253	0.300	0.217
Cot2	0.192	0.900	0.117	0.138
Cot3	0.203	0.867	0.118	0.154
Cot1	0.368	0.818	0.175	0.004
Cul1	0.174	0.302	0.796	0.036
Cul4	0.392	0.012	0.781	0.064
Cul2	0.371	0.138	0.678	0.207
Cul3	0.130	0.068	0.640	0.452
Sce1	0.181	0.183	0.094	0.852
Sce2	0.254	0.042	0.204	0.783

注：采用主成分分析法作为提取方法；采用凯懒正态化最大方差法作为旋转方法

表 11   乡村旅游感知价值的方差分解表

因子命名	包含要素和对应的题项	成分（>0.5）			
		1	2	3	4
乡村特色文化价值	Cul1 有吸引力的乡村美食与特产	0.796			
	Cul2 有乡村特色且干净整洁的民宿	0.678			
	Cul3 有当地特色的民俗文化、文物遗产或古迹	0.640			
	Cul4 可以购买到具有旅游纪念价值的特色文创产品	0.781			
景观价值	Sce1 景观生态环境好		0.852		
	Sce2 景观具有典型的乡村性		0.783		
项目与服务价值	Pro1 有特色鲜明的活动项目			0.751	
	Pro2 有适合各年龄阶层的项目			0.752	
	Pro3 有参与性高和体验性强的项目			0.817	
	SM1 景区管理水平高			0.731	
	SM1 景区服务态度好			0.736	
成本性价值	Cot1 旅游花费的金钱值得				0.818
	Cot2 旅游花费的时间值得				0.900
	Cot3 旅游花费的精力值得				0.867
	因素个数	4	2	5	3
	累计方差解释	75.47%			

对武汉市黄陂区乡村旅游感知价值4个维度对应的14个题项进行因子分析，分析结果如以上表格所示，在表9和表10中，可提取4个特征根大于1的公因子，旋转后4个因子分别为"乡村特色文化价值""景观价值""项目与服务价值""成本性价值"，分别解释了总体方差的18.303%、13.070%、25.158%、18.939%；经过旋转之后，累积方差解释率为75.47%，大于70%，这说明解释力度好。在表11中，可以看出乡村旅游感知价值中因子的载荷系数全部大于0.6，表明因子间的关联性比较强。

（2）乡村旅游游客满意度因子分析（见表12和表13）

表 12   满意度总方差解释(>70%)

成分	初始特征值			提取载荷平方和		
	总计	方差百分比	累积%	总计	方差百分比	累积%
1	2.501	83.355	83.355	2.501	83.355	83.355
2	0.255	8.516	91.871			
3	0.244	8.129	100.000			

注：提取方法为主成分分析法

表 13   满意度旋转后的因子载荷矩阵

变量	成分
	因子 1
Sa1 满意度	0.911
Sat2 满意度	0.915
Sat3 满意度	0.914

注：提取方法为主成分分析法

与乡村旅游感知价值因子分析类似，通过主成分分析法，在乡村旅游满意度的 3 个测量题项中提取出 1 个公因子。满意度因子的载荷系数分别为 0.911、0.915 和 0.914，均大于 0.9，表明因子间的关联性很强。从解释力度来看，总方差解释率为 83.355%，远远大于 70%，说明具有很好的解释力度。

5.3.2 验证性因子分析

验证性因子分析，其英文名称简写为 CFA，该分析方法是结构方程模型 SEM 的一种特殊应用，可以用来检验测量模型与样本数据间的适配度。与探索性因子分析(EFA) 不同之处体现在对测量变量是否加以区分。在验证性因子分析中观测变量和潜在变量之间的关联性已经根据相关理论进行了确定，因此，此时 CFA 只需要来检验这种关联性与样本数据是否相契合。也就是说 EFA 基于数据来"抽取"潜在变量，CFA 基于理论来验证测量模型的正确性。验证性因子分析与探索性因子适用范围不同，其适合于对已有模型的验证。验证性因子分析的效度检验分为结构效度、组合效度和区分效度。

（1）结构效度

结构效度的检验指标和结构方程拟合度的检验指标相同。相关的检验指标包括绝对指标和相对指标，每一种指标都有自身的界定范围。如常见的 CMIN/DF 卡方自由度比值一般认为不应超过 5，最好介于 1~3，一般认为越小，其拟合度就越好；除此之外还有 GFI、AGFI、CFI、TLINFI、NFI 等相关的适配度指数，上述这些适配指数的取值范围需要大于 0 小于 1，并且认为越大越好。当取值大于 0.9 时，则认为该模型的拟合度好；接近 0.9 时认为可以接受。而 RMSEA 渐进残差均方根，其检验标准为 0.05~0.08。此外，对于残差均方和平方根 RMR 来说，其指数的检验标准通常以 0.05 作为临界值，一般认为小于 0.05 时，则表示该拟合度很好。根据以上各种检验指标的标准，本研究的检验结果见表 14。

表 14   拟合优度的各指标检验标准及检验结果

拟合指标	CMIN/DF	GFI	NFI	TLI	CFI	RMSEA	RMR
最优标准	3	0.9	>0.9	0.9	0.9	<0.08	<0.05
运算结果	2.59	0.888	0.905	0.9	0.921	0.074	0.043

由表 14 的检验结果可以看出，在模型拟合度的检验结果中，CMIN/DF 值为 2.59，介于 1~3，表示拟合度较好；RMSEA 值为 0.074 介于 0.05~0.08，表示拟合度较好；RMR 值为 0.043<0.05，同样表示拟合度较好；NFI=0.905、TLI=0.9、CFI=0.921 这三项指标均大于 0.9，只有 GFI 值为 0.888 接近 0.9 的水平，认为该拟合效果是可以被接受的。总体来说本研究的模型适配情况良好，结构效度良好。乡村旅游感知价值与满意度的结构模型见图 5。

（2）组合效度/收敛效度

组合效度又称收敛效度，是为了检验每个测量变量所对应测量题项内部之间的联系，检验其是否收敛。验证性因子分析中的组合效度主要是通过三个指标进行检验。一是标准化的因子载荷系数，其判断标准是该系数大于 0.5 时，认为可以接受，表示指标对变量的解释能力好；当该系数小于 0.5 时，则认为组合效度不好。当该系数值越大，代表解释能力越好，组合效度水平就越高；二是组合信度水平(记为 CR)，CR 值的判断标准有所不同，一般认为不应小于 0.7。大于0.7 说明其内部具有一致性，组合效度好；三是平均方差萃取量值(记为 AVE)。其判断标准也是不能小于 0.5。当 AVE 值大于 0.5 时，说明潜在变量能够有效地解释所对应的测量变量，也就表明通过了组合效度的检验。本研究通过软件AMOS 22.0 分析乡村旅游游客感知价值和满意度的标准化因子载荷系数，并计算出 CR 和 AVE 的值来检验本研究的组合效度水平。

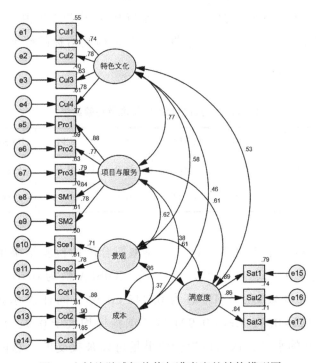

图 5　乡村旅游感知价值与满意度的结构模型图

由表 15 显示的检验结果可以发现，每个潜在变量的标准化因子载荷系数均超过了 0.5，CR 值均超过 0.7，AVE 值均超过 0.5，三项指标均已达标。说明本研究中各个变量的量表数据组合或收敛效度很好。

表15　　　　　　　　　　　　　　　验证性因子分析

潜变量	观测变量	标准化载荷系数	P	CR	AVE
特色文化	Cul4	0.78	0***		
特色文化	Cul3	0.631	0***	0.824	0.540
特色文化	Cul2	0.778	0***		
特色文化	Cul1	0.741	0***		
项目与服务	Pro3	0.795	0***		
项目与服务	Pro2	0.766	0***		
项目与服务	Pro1	0.875	0***	0.906	0.659
项目与服务	SM1	0.837	0***		
项目与服务	SM2	0.78	0***		
景观	Sce2	0.783	0***	0.716	0.558
景观	Sce1	0.709	0***		
成本	Cot3	0.845	0***		
成本	Cot2	0.902	0***	0.908	0.766
成本	Cot1	0.878	0***		
满意度	Sat1	0.889	0***		
满意度	Sat2	0.863	0***	0.899	0.748
满意度	Sat3	0.842	0***		

注：***表示 P 在小于 1% 的水平下显著

（3）区分效度

区分效度是用来检验变量之间的区分度。也就是说，既要求每个题项内部之间收敛，又要求每个变量与其他变量之间相互区分，只有这样才能说明该潜在变量能够有效解释测量题项。区分效度通常用对角线上加粗数值代表 AVE 的平方根作为衡量标准，通过对比变量间的相关系数与 AVE 的平方根的大小关系来检验区分效度。表 16 中对角线上的数值即为 AVE 的平方根，其余数值表示每两个变量间的相关系数。

表16　　　　　　　　潜变量间区分效度检验结果

AVE 的平方根	特色文化	景观	项目与服务	成本	满意度
特色文化	**0.735**				
景观	0.583***	**0.747**			
项目与服务	0.730***	0.618***	**0.812**		
成本	0.456***	0.372***	0.607***	**0.875**	
满意度	0.530***	0.376***	0.614***	0.861***	**0.865**

注：***表示 p 在小于1%的水平下显著

由此可知，特色文化、景观、项目与服务、成本、满意度两两潜变量之间的相关性是显著的，原因是 P 值均小于0.01，表示在1%的水平下显著。此外可以看出两两变量间 AVE 的平方根值均大于所对应的相关性系数值，这表明两两潜在变量之间既满足彼此相互关联，又与其他变量之间相互区别，也就证明了本研究的量表数据具有很好的区分效度。

5.4　相关分析

为了进一步探讨本研究中乡村旅游游客感知价值各个维度与满意度变量之间的相关性，根据样本数据特征和样本量大小，本研究通过运用 SPSS 24.0 软件，在相关分析中选择 Pearson 皮尔逊相关系数作为相关分析的研究方法。该系数值越接近于1，则其相关性越大；当该系数值>0时，表示正相关；反之，则为负相关。

由表17可以看出，首先，从乡村旅游感知价值各个维度与满意度之间的相关关系分析来看，乡村特色文化价值与游客满意度之间相关系数为0.459且 P 值为0，这说明两者之间具有正向相关关系，且在1%的水平下显著；景观价值与满意度之间，P 值为0，相关系数为0.298，说明其存在显著的正向相关关系；项目与服务价值与满意度之间的相关系数为0.549且 P 值为0，这说明两者之间存在正向显著的相关关系；成本性价值与游客满意度之间，相关系数为0.773，P 值为0，说明两者之间存在显著的正向相关关系。因此，在乡村旅游游客感知价值的四个维度中，分别都与游客满意度之间存在着显著的正向相关关系。从乡村旅游感知价值各个维度对满意度的影响程度来看，乡村特色文化价值、景观价值、项目与服务价值及成本性价值这四个维度与满意度的相关系数分别为0.459、

0.298、0.549、0.773，这说明这四个维度对满意度影响的程度从大到小排序依次为成本性价值(0.773)>项目与服务价值(0.549)>乡村特色文化价值(0.459)>景观价值(0.298)。

表17 乡村旅游游客感知价值与满意度的相关性分析

皮尔逊相关性 显著性(双尾)	乡村特色 文化价值	景观 价值	项目与服 务价值	成本 价值	游客 满意度
乡村特色文化价值	1				
景观价值	0.456***	1			
项目与服务价值	0.654***	0.496***	1		
成本性价值	0.403***	0.305***	0.559***	1	
游客满意度	0.459***	0.298***	0.549***	0.773***	1

注：***表示在0.01级别(双尾)，相关性显著

5.5 结构方程模型构建和验证假设检验

5.5.1 结构方程模型构建和拟合度检验

结构方程模型(英文简称为SEM)是一种用来分析各个潜在变量之间的假设关系的计量模型的数据分析方法。通常情况下需要结合验证性因子分析共同使用。这是因为结构方程模型需要根据前人研究的成熟理论，事先建立好测量模型与(假设)结构模型，在此基础上通过潜变量和观测变量进行数据搜集，再利用收集的数据对模型进行验证。

结构方程模型图的绘制需要根据本研究建立的关于乡村旅游游客感知价值与满意度的理论模型和相应的四个研究假设，在此基础上利用软件AMOS进行绘制(见图6)。然后需要进行拟合度检验，检验指标多种多样，包括绝对适配度指数和增值适配指数，每一种指标都有自身的界定范围。如常见的CMIN/DF卡方自由度比值一般认为不应超过5，最好介于1~3，一般认为越小，其认为拟合度就越好；除此之外还有GFI、AGFI、CFI、TLINFI、NFI等相关的适配度指数，上述这些适配指数的取值范围需要大于0小于1，并且认为越大越好。当取值大于

0.9 时，则认为该模型的拟合度好；接近 0.9 时认为可以接受。RMSEA 渐进残差均方根的检验标准在 0.05～0.08。此外，对于残差均方和平方根 RMR 来说，其指数的检验标准通常以 0.05 作为临界值，一般认为小于 0.05 时，则表示该拟合度很好。

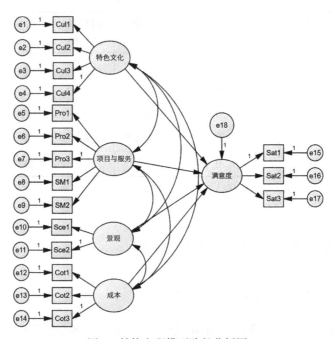

图 6　结构方程模型路径分析图

通过检验结果可知(见表 18)，除了 GFI 的值 0.888 略小于 0.9 的标准，其他各项指标全部符合检验标准，则可以认为本研究的模型适配度较好，该结构方程模型的建立是可以被接受的，可以进行下一步的路径分析。

表 18　　　　　　　　　　　　结构方程模型拟合度检验

拟合指标	CMIN/DF	GFI	NFI	TLI	CFI	RMSEA	RMR
最优标准	3	0.9	>0.9	0.9	0.9	<0.08	<0.05
运算结果	2.59	0.888	0.905	0.9	0.921	0.074	0.043

5.5.2 路径分析与检验假设

本研究通过 AMOS 软件，通过构建结构方程模型进行路径分析，当 P 小于 0.05 时，认为该标准化路径系数显著，表明原假设成立，反之，则假设不成立。

在表 19 中，乡村特色文化价值与满意度之间的标准路径系数为 0.144，P 值为 0.003，小于 0.01，说明在 1% 的水平下显著，即认为乡村特色文化价值对满意度具有显著影响，也即说明原假设 H1 成立；成本性价值与满意度之间的标准路径系数为 0.773，且 P 值为 0<0.01，说明在 1% 的显著性水平下显著，即认为成本性价值对满意度具有显著影响，也即说明原假设 H4 成立。而项目与服务价值与满意度之间的标准路径系数为 0.024，P 值为 0.612，大于 0.05，说明不显著；景观价值与满意度之间标准路径系数为 0.028，P 值为 0.552，大于 0.05，也不显著，即认为项目与服务价值、景观价值对满意度均不具有显著影响，即也说明原假设 H2、H3 不成立。因此，本研究的四个研究假设中有两个成立和两个不成立。具体整理结果见表 20。

表 19　　　　　　　　　　　**模型的路径系数与假设检验**

变量间的路径关系			标准路径系数	标准误差	C. R.	显著性水平 P
满意度	<---	乡村特色文化价值	0.144	0.048	2.973	0.003
满意度	<---	项目与服务价值	0.024	0.048	0.507	0.612
满意度	<---	景观价值	0.028	0.047	0.595	0.552
满意度	<---	成本性价值	0.773	0.046	16.627	0

表 20　　　　　　　　　　　**研究假设检验的结果**

本研究假设	检验结果
H1：乡村特色文化价值对满意度有显著的正向影响	成立
H2：景观价值对满意度有显著的正向影响	不成立

本研究假设	检验结果
H3：项目与服务价值对满意度有显著的正向影响	不成立
H4：成本性价值对满意度有显著的正向影响	成立

6. 研究结论与对策建议

6.1 研究结果与讨论

(1)从游客出游行为特征中可以得出：一是游客停留时间短，存在乡村旅游目的地留不住人的问题。问卷数据显示有65.9%的游客选择不过夜，有51.3%的游客选择自驾游，这意味着不论多晚，自驾游的游客依然可以选择自驾回家，不在景区过夜。游客不过夜，不住宿，不能有效拉动当地的消费，自然会降低乡村旅游目的地的盈利能力。二是从游客到访次数来看，游客重游意愿不高。选择到访1次的游客占到54.8%，这也间接说明景区缺乏足够的吸引力，游客满意度不高。

(2)从乡村旅游游客感知价值的描述性分析中得出：美食文化、民宿文化、文创产品的感知价值得分均值较低，分别为3.55分、3.55分和3.3分；其次是项目与服务感知价值均值较低，仅为3.73分。这说明黄陂区的乡村特色文化内涵挖掘不够，缺乏高质量的文旅融合产品和项目，在乡村旅游目的地的管理和服务方面也需进一步完善。

(3)从满意度的描述性分析中得出：总体满意度均值较高，达到4.06分的满意水平，但与5分的很满意水平还存在一定的差距；此外在与预期和同类型相比分数较低，仅为3.8分。因此，黄陂区乡村旅游游客的满意度还有待提升。

(4)探索性因子分析中得出：乡村旅游游客感知价值的4个维度(乡村特色文化价值维度、景观价值维度、项目与服务价值维度、成本性价值维度)对总方差解释率达到75.47%，即这四个因子具有75.47%的解释力度。说明乡村旅游感知价值的四个维度划分合理。

(5)相关分析中得出：乡村旅游游客感知价值四个维度分别与满意度之间具

有显著的正向相关关系。这说明游客对乡村特色文化感知价值、乡村景观感知价值、乡村旅游项目与服务感知价值和成本性感知价值越高，满意度就越高；对满意度影响的程度从大到小排序依次为成本性价值（0.773）>项目与服务价值（0.549）>乡村特色文化价值（0.459）>景观价值（0.298）。

（6）路径分析与检验假设中得出的结论：乡村特色文化价值和成本性价值对满意度的影响具有显著性。景观价值、项目与服务对满意度的影响不显著。

这说明在黄陂区乡村旅游游客的感知价值中，乡村特色文化价值和成本性价值这两方面的因素对提高游客满意度水平是很重要的。而这一结论与文献中大多数学者的研究结论也是一致的。对于乡村旅游目的地来说，特色的乡村文化是乡村旅游最具吸引力和最具竞争力的要素，没有文化就失去了特色。对于黄陂区乡村旅游地来说，大力挖掘木兰文化、二程理学文化等文化资源，从乡村特色美食文化、乡村民宿、民俗文化活动和旅游文创产品等方面不断激发文化活力、创新发展是十分关键的。正如刘民坤在研究中提到要加强对乡村旅游文化创意产品的研发，通过利用文化特色作为乡村旅游吸引力，开发文化创意产品，让文化活起来，不仅符合文旅融合大势，也有利于拉动乡村旅游地文化消费，带动当地经济、社会、文化发展，促进乡村振兴，因此，黄陂区乡村旅游地的经营者和管理者在今后的实践工作中一方面要格外重视提升游客对乡村特色文化的感知价值，另一方面，在提升游客旅游体验中的"感知利得"之外，还需同时注重游客成本性感知价值的提升。因为游客会对旅游所付出的成本，即"感知利失"与旅游体验进行对比，并根据此结果来评价旅游地，进而影响满意度水平。成本性感知价值对游客的影响贯穿旅游活动的始终，不仅在游客旅游购买决策前起着重要性作用，而且在旅游中和旅游后也会影响游客的整体感受和对整个旅游体验和旅游经历的总体评价。因此，这就意味着游客在旅游过程中对自己所付出的金钱、时间或精力成本感知越高，此时的成本性价值越低，满意度就越低。这就要求黄陂区乡村旅游的管理者与经营者要从降低游客金钱成本、时间成本及体力成本三个方面着手，提升游客的乡村旅游感知价值，进而提高游客满意度。对于景观价值、项目与服务价值这两个维度对满意度的影响是不显著的，这说明对黄陂区乡村旅游游客来说，作为乡村旅游传统的旅游吸引物——乡村景观、项目与服务价值并不具有吸引力。传统的村落、山水田园风光并不能将他们留住，同质化严重的旅游项目并未给他们带来较强的参与性和体验感，不尽如人意的旅游服务态度与水平也并没有完全满足他们的需求。他们更注重的是当地的文化特色，期望以合理的价格吃到乡土特色美食、住有乡土原真性的民宿、感受到当地特有的民俗文化、购买到风味多、品种全的乡村土特产及有吸引力的旅游文创产品；渴望参加充满乡村气息的、丰富新颖的、定价合理的、性价比高的、体验性强的、有创新性的乡村休闲旅游项目，这样的黄陂乡村旅游目的地才更能让游客满意、更具有核心竞争力。

6.2　对策建议

为进一步提高武汉市黄陂区乡村旅游游客满意度，根据研究结论，下面将从如何留住游客、提高游客乡村特色文化感知价值和成本性感知价值三方面提出建议。

6.2.1　发展夜游经济旅游模式，留住游客

"十四五"文化和旅游规划指出要"进一步拓展旅游的时空范围，大力发展夜间旅游和假日经济"。乡村的夜间生活比起繁华的都市显得十分寂静。如何将乡村旅游打造成让游客拥有新体验的乡村夜游，需要政府、旅游企业等多元主体的共同努力，只有这样才能共同促进乡村夜游经济的发展。目前黄陂区乡村旅游在发展夜间旅游方面还有待加强。黄陂区拥有丰富的自然资源、良好的生态环境和独特的文化资源，发展乡村旅游具有明显的优势。在发展乡村夜经济方面，黄陂区乡村夜游的发展应该思考如何将资源优势同科学技术、艺术创作等充分结合起来，研发设计出具有乡村特色的乡村夜游产品，形成自身独特的发展模式，从而留住游客，稳定客源。

具体做法如下：一是充分利用乡村自然资源，结合现代科技，打造乡村自然夜景。依托黄陂区乡村自然资源，如木兰山、木兰花海、木兰湖、天池、河流等，结合现代科学技术，以夜色作为大幕的背景，打造集声、光、电技术为一体的夜间景观，营造出充满梦幻、动静结合的田园夜景，增强乡村自然景观在视觉上的冲击度，给游客不一样的体验。二充分利用乡村文化资源，开展民俗文化演艺项目和旅游活动。对乡村旅游而言，乡村文化是灵魂。目前在黄陂区乡村夜游发展过程中，有关当地民俗文化的演艺项目比较少，质量也是良莠不齐。发展乡村夜游，需要充分挖掘当地的民俗文化，包括戏剧、歌曲、舞蹈、民间传统技

艺、民间传说、历史文化故事等，通过开发设计民俗文化类演艺产品，编排节目、打造乡村舞台，进行文艺展演活动，在发展乡村夜游经济的同时也大力弘扬了当地的乡村文化。三是通过充分利用乡村生活资源，打造休闲型的乡村夜游产品。对于乡村旅游游客来说，吃农家菜、住农家院、感受乡村生活是大多数游客渴望的旅游体验。由于白天忙于观光和游玩娱乐项目，到了晚上就可以利用闲暇时间充分感受夜晚的乡村生活。因此，可以充分利用乡村生活资源，打造休闲类的乡村夜游产品，比如设计相关的夜游线路，让游客"品黄陂特色农家菜、购黄陂土特产、住黄陂特色民宿"，尽可能全面地感受原汁原味的乡村生活，体验到乡村生活的乐趣，增强他们的情感性体验。

6.2.2 提高游客的乡村特色文化感知价值

（1）深度挖掘、开发乡村特色美食文化

"民以食为天""唯有爱与美食不可辜负"无不反映出美食的重要性。乡村旅游最初发展也是源于各种形式的农家乐。久在城市的居民，十分怀念家乡的味道，十分渴望能够吃到健康绿色、地道的农家菜。因此，对于一个乡村旅游目的地来说，拥有特色美食文化是促进其可持续发展的必不可少的一部分。作为楚菜的发源地之一，武汉市的黄陂区有着"美食之乡"之称，其饮食颇具特色，其中以"黄陂三鲜"最为有名。在湖北名吃中，热干面、豆皮等美食都可以追溯到黄陂，这体现了黄陂浓浓的"过早"美食文化。如此丰富的美食文化资源，便是黄陂区发展乡村旅游的优势之一。然而，在黄陂区乡村旅游实际发展中并不能让游客切实感受到当地的特色美食文化。为了进一步深度挖掘、开发黄陂区乡村特色文化美食，需要做到以下几点：一是打造品牌，做好营销宣传。可以举办各种形式的、以木兰文化为核心的黄陂特色文化美食节、木兰文化旅游年货节、美食庙会等节庆活动，通过互联网新媒体营销手段、通过各种社交媒体、短视频直播平台推广营销，集聚流量，吸引人气。通过线上线下同时举办，打造黄陂特色文化美食打卡地，打造品牌，做好推广宣传。二是丰富美食文化产品类型，让游客吃得好，带得走。在原有各式各样的农家乐的基础上，继续加大和完善黄陂特色菜系的开发，除了蔡店的野菜、姚集的蒸菜、木兰山的斋菜、罗汉山菜等近九大"绿色"菜系的开发，在正餐以外，还应提供丰富且具有特色的美食小吃，为满足不同游客的需求提供更加丰富多样的美食；在旅游景区、游客服务中心等建设当地特色的乡村美食特产基地，一是为当地农户提供售卖地点。二是为方便游客购买，做好"后备厢工程"；为游客提供采摘园、农耕体验园等美食文化体验项目。三是规范管理。加强美食安全监督和管理，保障食品的卫生；加强美食市场规范管理，合理定价；规范农户摆摊秩序，加强管理。

（2）还原民宿文化本真性，发展乡村特色民宿

民宿不单单是一个让人们休息的场所，除了提供其最基本的住宿功能外，更重要的是能够与乡情、文化相融合。好的民宿能够尊重用户的情感需求、满足其生活体验的需要，甚至让人有一种回到"家"的感觉。民宿是乡村旅游生活方式的载体，是有温度的，它不是冷冰冰的建筑；同时民宿也是朴素的，富于真实情感的，只有这样民宿才能贴近自然，引起用户的情感共鸣。黄陂区乡村旅游发展中，民宿文化开发力度不够，需要进一步挖掘。黄陂历史文化底蕴深厚，黄陂是木兰将军的故乡，除了木兰文化外，还有殷商时期的盘龙城文化及北宋二程理学文化。黄陂区可以依托以上文化资源，发展黄陂乡村特色民宿。比如，在利用木兰文化资源发展特色民宿时，一是由于木兰在木兰天池长大，因此我们可以打造以"木兰当户织""对镜贴花黄"为主题的木兰闺房民宿；二是由于木兰当年因为代父从军在边关征战数年，当她带着随军将士胜利归来时，就住在现在的木兰草原。由此可以在木兰草原以军旅为主题，开办营地帐篷这一类型的民宿；三是木兰云雾山是木兰将军归隐之地，由此可以设置木兰将军故居等一系列以木兰文化为核心的文化体验型民宿；四是依据《木兰诗》或电视、电影情节中的情景再现，借助民宿还原当时的情景，让游客深刻体验黄陂乡村旅游民宿文化。

总之，黄陂区乡村旅游的发展应该重视还原民宿文化的本真性，注重发展乡村特色民宿，为游客提供多元化的住宿类型和方便卫生的住宿设施来满足其过夜的需求，从而可以吸引游客逗留、促进黄陂区乡村夜游的可持续发展。

（3）开发设计旅游文创产品，拉动消费

围绕黄陂区特色文化开发设计文创产品。以木兰文化为例，一是做好特色文创产品的开发和设计，打造木兰文化等文化品牌。开发设计以木兰文化为核心的系列文创产品。以木兰为IP，打造木兰玩偶、吉祥物、文具和书包等；围绕木兰年少时的服饰、梳子、首饰、花木兰妆等，邀请游客进行装扮、拍照、体验；将木兰做将军时的战马、佩剑、射箭等做成模型道具、玩偶、钥匙链等；出版以木兰诗为主题的书籍等。二是注重包装精美，具备方便、实用性。三是引进相关设

计开发人才,多设计富有文化内涵、创意的产品。四是做好推广宣传,刺激消费。五是打造特色乡村旅游商品购物集聚区。通过景区、夜市等,以本土文化元素作为支撑,建设各种类型的购物消费场所,包括各类商店、超市、购物广场、店铺、地摊等,如黄陂旅游商品购物基地、黄陂旅游纪念品商店等,通过这些购物场所为游客提供黄陂特色美食、风味特产、手工艺品、旅游纪念品等丰富的旅游商品,刺激游客消费,带动黄陂区乡村旅游经济的发展。

(4)继续开发和保护民俗文化和文物古迹

黄陂区在发展乡村旅游时,除了拥有良好的自然资源,还有其丰富且独特的乡村文化资源。当地独特的美食文化、木兰文化、民俗技艺等民俗文化都为提升该区乡村旅游的文化内涵打下了坚实的基础。对于黄陂区的民俗文化和文物古迹,既要做好开发,又要兼顾弘扬和保护的工作。在开发方面,结合黄陂区乡村旅游的特点,进一步开发以观赏文艺展演和民俗活动为主的旅游演艺项目。结合当地实际情况,可以打造一些民间小品、戏剧、相声、歌舞表演节目,通过山水实景剧、露天广场乐舞、乡村小舞台和室内剧场等形式进行展演,研发设计多种演出形式的演艺项目;在旅游产品设计时要强调游客的参与性与互动性,让游客真正体验到有灵魂、有个性、有故事的乡村文化旅游产品。以木兰文化为例,讲好木兰故事,设计开发系列木兰故事演艺节目。如打造木兰文化主题系列实景演艺节目,通过木兰代父从军、辞官返乡等故事情节的演绎,再现木兰浴血奋战、精忠报国的家国情怀,弘扬木兰的忠孝品质和爱国主义精神。同时可以与研学游相结合,充分挖掘木兰文化内涵,发挥和实现文化教育功能和意义。在传承方面,黄陂区政府要重视当地优秀文化的保护工作,鼓励民间成立黄陂文化研究协会,组织聘请相关专家开展黄陂文化的研究保护工作,进一步发掘黄陂区的民间艺术、传统技艺等民俗文化。将黄陂区特色的非物质文化遗产如湖北大鼓、楚剧等,通过打造黄陂非遗文化旅游小镇等方式,为黄陂区乡村旅游与乡村文化融合发展提供平台,从而实现经济和文化的双重效益。

6.2.3 提高游客成本性感知价值

(1)降低游客金钱成本

一方面是合理制定旅游产品价格,并采取科学的收费方式。在实地调研中,我们发现游客普遍认为景区商品价格偏高,定价不合理。从游客访谈中我们发现，景区的部分娱乐项目存在价格过高的情况。为了提高娱乐设施利用率，并给游客带来更加满意的旅游体验，应该通过游客对景区项目的消费情况及游客的反馈意见，及时调整部分娱乐项目的定价策略，只有通过合理的定价才能真正带动景区商品的消费。对于景区内的旅游项目，在定价策略中，可以采用尾数定价法，以9、8的数字结尾进行定价，如原本20元/位的滑草项目，定价为19/18元，虽然售价只减少了1~2元，在心理上却给游客一种便宜了很多的感觉。此外还可以通过各种形式的促销，如："两人同行，第二位半价；三人同行，一人免单"等促销活动，吸引游客消费，同时能够达到薄利多销的效果。对于景区门票来说，可以在淡季通过门票折扣和套餐优惠等方式进一步吸引游客。除此之外，对于餐饮、住宿方面来说，可采用灵活的定价策略，在保证经济实惠的同时，为游客提供特色鲜明的农家乐菜品和干净整洁、富有乡村特色的住宿；在交通方面，通过在武汉市内的车站、机场及游客中心等地方开通前往黄陂区乡村旅游目的地的免费公交专线，从而减少游客的交通花费，吸引客流量。

另一方面是提供高质量的旅游项目与服务。黄陂区乡村旅游的管理者与经营者应该努力设计开发出参与性高、体验性强、具有创新性的旅游产品，提高各环节的效率和服务质量，提高服务及管理人员的素质，提高服务与管理的能力和水平，打造性价比高的旅游项目，让游客觉得物有所值。

（2）降低游客时间、体力成本

游客所付出的时间、体力，属于非货币成本，也是影响满意度的一个重要因素。在出游的整体感受中，要让游客觉得这次旅游花费的时间、体力是值得的。因此，关于时间成本，一是充分运用互联网技术向游客提供便捷的服务，大幅降低游客旅游过程中花费在信息收集上的精力，从而降低游客决策时间成本。二是通过完善黄陂区乡村公路网络布局，加快区内各乡镇、各街道的道路整治工作，加快景区周边服务区、停车场的建设为黄陂区乡村旅游自驾游的游客提供便利，减少游客旅途中花费的时间，降低游客行动时间成本。三是通过简化游客游玩过程中购票等手续和程序，在旺季加强景区管理，降低游客体验时间成本。比如可以通过高效的管理减少游客项目游玩排队等候的时间。对于黄陂区乡村旅游目的地来说，除了通过以上措施降低游客决策时间成本、行动时间成本和体验时间成本之外，也可以通过完善交通网络布局、完善景区基础设施和服务、合理设计旅游线路等来降低游客体力成本。另外实地调研中我们发现，很多游客出于健身的需求重游次数较多，针对这一特点，可以通过在黄陂区乡村旅游各个景点之间设立绿道、自行车道，吸引有健身需求的游客群体进行旅游消费，满足他们通过体力消耗达成健身、减肥的目的，这样一来他们就会认为付出的体力是值得的。

6.3 研究存在的不足及研究展望

6.3.1 研究存在的不足

（1）研究样本的不足

本研究是以武汉市黄陂区为研究对象，考虑到研究的时间和成本，因此选择了黄陂区 5A 级旅游景点木兰天池、木兰草原以及其他 4A 级旅游景点和 3A 级旅游景点中的一两个作为代表，并以这些景点的乡村旅游者作为研究对象，因此还没有完全覆盖黄陂区所有的乡村旅游景点。可以通过扩展研究对象的范围，增加研究的样本量来做进一步的研究。

（2）研究内容的不足

本研究主要是分析了黄陂区乡村旅游游客感知价值的四个维度分别对满意度的影响，除了本研究提到的四个维度之外，可能还存在其他影响满意度的因素未被纳入本研究的研究模型中，后续研究可在本研究的基础上加入其他的变量，进一步探讨影响满意度的因素。同时，在本研究中，景观价值、项目与服务价值这两个维度对满意度的影响并不显著。这可能是由于研究对象和样本选取的不同所造成的。在后续研究中，需要进一步加深研究内容来探讨景观价值、项目与服务价值和满意度之间的联系。

6.3.2 研究展望

本研究主要探讨了黄陂区乡村旅游游客感知价值四个维度对游客满意度的影响。通过文献综述对相关理论和概念进行回顾和总结，基于前人研究成果和专家访谈对问卷进行设计，通过问卷调查进行数据的搜集，最后利用统计分析方法进行实证分析，并得出研究结论。最后根据研究结论提出了有针对性的对策建议。希望通过本研究能够对黄陂区乡村旅游及同类型的乡村旅游目的地提供可借鉴的理论指导。在后续研究的研究中，可以通过进一步拓展研究方法、拓展研究范围及对象和拓展影响满意度的其他因素等方式，来进一步深入研究。

参 考 文 献

[1]马勇，陈慧英．乡村旅游目的地评价综合指标体系研究[J]．湖北大学学报（哲学社会科学版），2014，41(3)：137-142.

[2]李文兵，张宏梅．古村落游客感知价值概念模型与实证研究[J]．旅游科学，2010，24(2)：55-63.

[3]孙凤芝，刘瑞，欧阳辰姗，贾衍菊．旅游者感知价值与行为意向关系研究——基于民宿旅游者的视角[J]．山东社会科学，2020(1)：126-133.

[4]冶建明，李静雅，厉亮．草原旅游地游客感知价值、地方认同与行为意向关系研究[J]．干旱区资源与环境，2020，34(9)：202-208.

[5]朱鹏亮，李昭阳，邵秀英．传统村落游客感知价值代际差异研究——以碛口为例[J]．干旱区资源与环境，2021，35(1)：203-208.

[6] Pizam A, Neumann Y, Reichel A. Dimensions of tourist satisfaction with a destination area[J]. Annals of Tourism Research, 1978, 5(3): 314-322.

[7]董楠，张红，张春晖．陕西省国家森林公园游客满意度——以太白山、太平和王顺山森林公园为例[J]．林业科学，2020，56(3)：156-163.

[8]周杨，何军红，荣浩．我国乡村旅游中的游客满意度评估及影响因素分析[J]．经济管理，2016，38(7)：156-166.

[9]魏鸿雁，陶卓民，潘坤友．基于乡村性感知的乡村旅游地游客忠诚度研究——以南京石塘人家为例[J]．农业技术经济，2014(3)：108-116.

[10]黎玲．乡村文旅融合对游客满意度的影响研究——基于场景理论的实证分析[J]．技术经济与管理研究，2021(4)：100-104.

[11]蔡伟民．乡村旅游地游客感知价值及重游意愿研究——以成都三圣乡为例[J]．西南民族大学学报(人文社科版)，2015，36(5)：134-138.

附　录
武汉市黄陂区乡村旅游游客感知价值和满意度
调查问卷(实地发放)

尊敬的女士/先生：

　　您好！首先请原谅需要占用一点您的时间。该问卷调查的目的是研究黄陂区乡村旅游游客感知价值和满意度的情况，您的个人信息不会被搜集和泄露，并且您的反馈只用于研究本身，请放心并如实填写。该问卷将花费您 5~10 分钟，非常感谢您的帮助！

一、您的个人信息

1. 请选择性别(　　)。

　　A. 女　　　　　　　　B. 男

2. 请选择年龄(　　)。

　　A. 18 岁以下　　　　B. 18~25 岁　　　　C. 26~30 岁　　D. 31~40 岁

　　E. 41~50 岁　　　　F. 51~60 岁　　　　G. 61 岁及以上

3. 请选择职业(　　)。

　　A. 技术人员　　　　B. 行政事业单位人员　　　C. 企业商务人士

　　D. 自由职业者　　　E. 教育工作者　　　　　　F. 离退休人员

　　G. 学生　　　　　　H. 其他

4. 请选择月收入水平(　　)。

　　A. ≤2500 元　　　　B. 2501~5000 元　　　　C. 5001~10000 元

　　D. 10001~20000 元　E. ≥20001 元

5. 您来自哪里(　　)。

　　A. 湖北省　　　　　B. 其他省份

6. 请选择到访次数(　　)。

　　A. 1 次　　　　　　B. 2 次　　　　　　C. 3 次　　　　　　D. ≥4 次

7. 请选择停留时间(　　)。

　　A. 不过夜　　　　　B. 1 晚　　　　　　C. 2 晚　　　　　　D. ≥3 晚

8. 请选择结伴方式(　　)。

　　A. 独自出行　　　　B. 家庭亲子　　　　C. 与朋友出行

　　D. 伴侣/夫妻　　　　E. 单位/旅行社组团

9. 请选择交通方式(　　)。

　　A. 火车/高铁　　　　B. 自驾　　　　　　C. 飞机

　　D. 大巴车　　　　　E. 公交地铁　　　　F. 其他

二、下面是对武汉市黄陂区乡村旅游游客感知价值的相关表述，请根据实际感受
　　作出选择。1~5 分别表示非常不同意、不同意、中立、同意和非常同意。

维度构成		编号	问　　项	1	2	3	4	5
功能性价值	乡村特色文化价值	1	有吸引力的乡村美食与特产					
		2	有乡村特色且干净整洁的民宿					
		3	有当地特色的民俗文化、文物遗产或古迹					
		4	可以购买到具有旅游纪念价值的特色文创产品					
	景观价值	5	景观生态环境好					
		6	景观具有典型的乡村性					
	项目与服务价值	8	有特色鲜明的活动项目					
		9	有适合各年龄阶层的项目					
		10	有参与性高和体验性强的项目					
		11	景区管理水平高					
		12	景区服务态度好					
成本性价值		23	旅游花费的金钱值得					
		24	旅游花费的时间值得					
		25	旅游花费的精力值得					

三、下面是对武汉市黄陂区乡村旅游目的地满意度的相关表述，请根据实际感受作出选择。

编号	问　　项	1	2	3	4	5
1	您对此次旅游整体很满意					
2	达到了或超过您出游前的预期					
3	与其他乡村旅游相比，您对此次出游更满意					

注：网络版调查问卷比实地发放版多增设两个前置问题。

(1)您是否去过黄陂区乡村旅游目的地？(　　　)

A. 是　　　　　B. 否

(2)请选择您出游的景点(　　　)。

黄陂区旅游景点	等级
A. 湖北省武汉市黄陂木兰生态文化旅游区 (木兰草原、木兰天池、木兰山、木兰云雾山)	5A
B. 武汉市黄陂区木兰水镇景区	4A
C. 武汉市黄陂锦里土家风情谷旅游区	4A
D. 武汉市黄陂区木兰清凉寨景区	4A
E. 武汉市黄陂区大余湾旅游区	4A
F. 武汉市黄陂区木兰胜天旅游区	4A
G. 武汉市黄陂区姚家山景区	4A
H. 武汉市黄陂区木兰花乡景区	4A
I. 武汉市黄陂区木兰湖旅游度假区	3A
J. 武汉市黄陂区花海乐园景区	3A
K. 武汉市黄陂区花乡茶谷景区	3A
L. 黄陂区野村谷景区	3A
M. 其他景点：＿＿＿＿＿＿＿	—

赤壁市羊楼洞古镇茶文化旅游促进
乡村振兴研究

1. 研究背景

1.1　乡村振兴战略是解决"三农"问题的重要决策部署

随着物质生活水平的改善，人们对美好生活的需求不断提高，城乡发展不平衡和农村发展不充分问题成为当前社会发展的主要矛盾。农村发展水平的高低关系着农村居民的切身利益，也是我国全面建成小康社会、实现中国特色社会主义现代化的重要基础。所以，解决农村发展问题是改善民生、化解社会矛盾、实现中华民族伟大复兴的关键性问题。在此背景下，党中央提出了乡村振兴战略，并始终坚持将乡村振兴战略作为解决"三农"问题的总抓手。自党的十九大明确提出乡村振兴战略的总体要求后，各地区围绕乡村振兴出台了一系列重要文件和规划指导意见。可见，乡村振兴对于农村发展和地方经济崛起具有十分重要的战略意义。

1.2　发展乡村旅游是实现乡村全面振兴的重要切入点

乡村旅游是促进农村经济发展和乡村振兴的重要力量。自2015—2022年，中央一号文件均提到要通过发展乡村旅游带动农业、农村发展。相关文件的具体精神见表1。

表1   中央一号文件关于乡村旅游促进乡村振兴的具体精神

年份	主 要 内 容
2015	深入挖掘农业在旅游观光、生态休闲和文化教育方面的多种价值
2016	发展乡村旅游，开发休闲农庄、乡村酒店、特色民宿乡村休闲度假产品
2017	发展农村休闲度假产业，促进三产融合发展，调整和优化产业结构
2018	通过实施乡村旅游精品工程，促进乡村地区实现全面振兴
2019	大力推动乡村休闲度假、电子商务等产业的发展，打造特色旅游型村镇
2020	挖掘和利用乡村资源，发展旅游、餐饮、民宿等富民乡村旅游产业
2021	发挥乡村特色资源优势，设计和开发精品旅游线路，改善农村基础设施，促进农村三产融合发展
2022	实施乡村旅游提升计划，将符合要求的乡村旅游项目纳入科普基地和中小学学农劳动实践基地范围

在乡村振兴战略推动下，农村各类物质资源、传统文化与旅游业相互融合，众多闭塞落后、人烟稀少的偏远山区发展演变为城市居民休闲度假、寄托乡愁、探寻传统民俗文化的火热旅游景点，各类主题鲜明、形式多样的乡村文化旅游在广大农村迅速遍地开花。其中，茶文化旅游是乡村主题文化旅游中最为典型的一种，深受游客欢迎。茶文化旅游以农村丰富的茶叶资源和茶文化为依托，以各类茶叶及茶文创产品为卖点，将茶元素融入游客吃、住、行、游、购、娱六大要素，是一种具有鲜明文化特色的乡村旅游形式。茶文化旅游过程中人们可以进行茶园观光、亲身体验茶事活动，还能参观茶博物馆、观看茶主题文化演绎，丰富和提升个人见识。自古以来，茶文化就备受中国文人雅士的喜爱，我国众多诗词、壁画、话剧等描述文人墨客烹茶品茗、吟诗抚琴、插花调香、作画对弈等美好画面的文学作品数不胜数，如唐代颜真卿的《月夜啜茶联句》、杜耒的《寒夜》、明代文学家、画家唐伯虎的《事茗图》《品茶图》等。茶，被誉为敬客的高雅之物，象征着文人雅士之间高洁的友谊。在当今社会主义新时期，随着经济飞速发展，人们在满足自身物质生活享受的同时，还希望能获得高品质的精神享受。在此背景下，茶文化旅游越来越受到旅游爱好者和茶文化爱好者的追捧。茶文化旅游目的地多在乡村，环境安逸恬淡，风景及人文风情也各有特色。城市居民在欣赏乡

村景观、放松身心的同时，很容易被"静、定、清、淡、雅"的茶性所感染，极大地满足了城市居民返璞归真、宁静致远的美好精神追求。对于乡村而言，茶文化旅游吸引了众多外地游客来到乡村，广大农村地区因此获得了更多的人流、信息流。人们在旅游过程中，赏茶园、品茶食、住茶特色民宿、购特色农产品，原本仅仅是农业生产资料的茶园、茶叶、农产品、农耕器具以及沉寂已久的传统文化、民间技艺和手工艺品在茶文化旅游的带动下衍生出更多的价值功能，形成推动乡村经济、文化、社会迅速发展的产业链，成为茶叶资源丰富地区实现乡村振兴的重要驱动力。

1.3　赤壁市羊楼洞古镇茶文化旅游助力乡村振兴潜力巨大

湖北省赤壁市文化资源丰富，其中最具影响力的是赤壁青砖茶文化、三国文化。赤壁青砖茶属于典型的黑茶类，因其外形像方砖而又被人们称为"砖茶"，是国家地理标志农产品。赤壁青砖茶早已驰名中外，其中又以羊楼洞砖茶影响力最大，羊楼洞砖茶在俄罗斯等地被认为是中国好茶的典型代表。羊楼洞古镇的种茶、制茶历史可以追溯到唐太和年间，是欧亚万里茶道的源头，享有"中国砖茶之乡""世界茶叶第一古镇"等美誉。明嘉靖初，羊楼洞茶产业进入鼎盛发展期，虽然小镇的总面积还不到0.7平方公里，但聚集的茶庄却有200多家，人口达4万以上。现如今，羊楼洞古镇依然较为完好地保存着旧时的茶厂、茶庄、明清石板街等遗址，羊楼洞古镇因此成为人们探寻茶文化的热门景点，景区存留的历史遗迹和古建筑也蕴藏着巨大的历史文化价值和旅游开发价值。随着"一带一路"倡议的提出，赤壁市以茶为媒，积极将赤壁茶旅产业融入"一带一路"。为了更好挖掘与保护当地茶文化，赤壁市政府以万里茶道文化、三国赤壁文化和生态旅游文化为重点，斥资10亿元建设了中国·羊楼洞生态文化产业园。每年，因"茶道寻源"而来的专线游客达20万以上，茶文化旅游也因此发展成为羊楼洞地区实现经济和文化繁荣的重要产业。羊楼洞古镇茶文化旅游是羊楼洞地区实现乡村振兴的重要助推器，但由于开发时间较晚，其茶文化旅游业仍然处于初级阶段，茶文化内涵挖掘不够深入，茶旅全产业链对当地乡村振兴的带动作用还有待增强。目前，关于羊楼洞古镇茶文化旅游促进乡村振兴的相关研究并不多。因此，研究如何利用和发展好羊楼洞古镇茶文化旅游助推当地乡村振兴，具有非常重要的价值。

2. 相关概念及理论基础

2.1 相关概念

2.1.1 乡村旅游

乡村旅游最早产生于 19 世纪 80 年代的西欧，众多学者认为乡村旅游具有十分丰富的内涵，并在减缓农村衰败、推动乡村振兴方面具有显著的作用。国内外学者们从不同的研究视角对乡村旅游的概念提出了不同的观点，大致可以总结出三个共同点：一是旅游目的地在乡村，二是旅游发展主要依托当地特色景观和乡村文化，三是乡村旅游能够产生一定的经济效益。本研究认为，乡村旅游是一种以美丽的乡村景观、富有特色的民俗文化和风土人情为主要吸引物、由当地村民和旅游相关企业共同参与，为游客提供吃、住、行、游、购、娱等一系列旅游配套服务，满足游客休闲度假、体验文化、放松身心等多种需求的旅游活动。

2.1.2 茶文化

中国茶文化的发展经历了数千年的发展和积淀，从神农氏尝百草到汉朝、两晋，勤劳而智慧的中国人民就开始用茶来招待客人，于是茶文化在中国应运而生。总的说来，茶文化指的是人们在日常生活中与茶有关的物质财富和精神财富的总和。中国人民在劳动中不但创造性地制作出不同类型、不同口感的茶叶，还制造出了极其精美的茶具。而后，又逐渐形成了茶建筑、茶诗、茶礼、茶歌、茶舞、茶谜、茶德等品位高雅的茶文化资源及非物质文化。茶文化内涵在历史的进程中不断丰富，现已发展成为极具中华民族特色的文化艺术。杨军昌和颜全己(2020)认为，茶文化主要源自人们日常喝茶、品茶的活动之中，如：茶道茶德、茶书茶画、茶具茶艺等。彭桂芳(2021)认为茶文化涵盖了物质、精神、行为和制度 4 个层面。物质层面主要包含茶室(或茶馆、茶楼等)、茶器具、茶特色美食等；在精神层面包括茶诗茶画、茶德茶史等；在行为层面包括茶礼仪、茶技艺(含采茶、炒茶、制茶、泡茶)等；在制度层面包括茶叶生产、加工、贮存、销售过程中所形成的制度。李欢和杨亦扬(2021)提出茶文化指的是与茶相关的所有物质文化和精神文化的总和，物质文化主要指在茶叶种植和生产加工过程中以与茶相关的物质文化，例如茶叶、茶具、茶建筑等；精神文化主要指在茶产业发展过程中逐渐形成的传统文化和民俗风情，如茶艺、茶技、茶文学等。

综合上述文献可以认为茶文化是与茶有关的物质文化与精神文化的综合体，主要包含茶景观、茶址、茶艺、茶道、茶礼仪、茶书籍、茶制作工艺等众多与茶相关联的一种特色文化综合体。

2.1.3 茶文化旅游

目前，对于茶文化旅游的定义还未完全达成一致，因学者们研究的视角各不相同，所持观点也有所差异。陈晓琴（2017）认为茶文化旅游是以茶资源和茶文化为依托，以茶生态环境、制作工艺、茶叶鉴赏、茶艺术演绎等内容开展的主题旅游活动。白美丽（2017）认为茶文化旅游是以茶资源和茶文化为主要吸引物，通过欣赏茶景观、品味茶文化、参与茶事活动等形式满足自身愉悦身心、品味文化的旅游需求的一种集休闲旅游和文化体验于一体的旅游活动。吕左学（2021）认为茶文化旅游是指游客参观茶园景观、体验采茶、品茶等活动，是一种茶文化主题乡村旅游活动。陈润卿（2020）认为茶文化旅游是茶产业和旅游业在相互交融过程中形成的一种新的文化生活方式，将茶叶种植、生产、加工的全过程融会贯穿于茶文化之中，打造出丰富的旅游产品和浓厚的茶文化氛围。

综合上述文献和部分其他文献资料，可以将茶文化旅游归纳总结为：以特色茶文化为核心主题，以游客亲身参与茶事活动为主要内容，以观光度假、休闲养生、学习知识和品味茶文化为主要目的一种集观光、休闲、养生、体验、学习文化为一体的文化旅游活动。

2.1.4 游客满意度

关于游客满意度的概念，国内很多专家和学者也提出了不同的观点。游客满意度最早被认为是旅游者在旅游前的内心期望和实际旅游过程中所表现出来的一种满意或失望的情绪。黎玲（2021）提出，旅游者在旅游体验中所产生的一种发自内心的情感状态即可称为游客满意度，且这种情感状态可以从市场需求的角度真实反映旅游的发展水平。王辉等（2021）认为游客满意度是指旅游者对旅游产品或旅游服务的真实感知与前期期望进行对比后所产生的一种情感上的状态。本研究认为游客满意度可以总结为：旅游者在旅游消费前期与后期所表现出的一种真实的情感上的变化，并且这种情感状态能够真实反映出当地旅游业发展中的优势和劣势。

2.1.5 乡村振兴

2018 年中央一号文件明确阐释了乡村振兴战略的五大核心要求，即通过乡村振兴战略最大限度地激发农村经济活力，不断提升乡村发展的内生动力，进一步推动我国农村地区经济、社会、文化、政治、生态等方面的健康和谐发展。

(1)产业兴旺是乡村振兴的重中之重。产业的发展壮大能为乡村带来资金、人才、技术等资源要素的回流和聚集，是实现乡村振兴的经济基础。广大农村地区必须因地制宜地立足地区优势，在不断优化一产的同时，全力推动农村三产融合发展；支持和鼓励我国农村地区根据乡村丰富的资源优势，充分发挥农村生产、生活和生态三方面的功能，以乡村旅游的发展带动农村全产业链的延伸。

(2)生态宜居是乡村振兴的内在要求。区域经济的发展绝不能以牺牲环境和破坏资源为代价，良好的生态环境和丰富的自然资源是农村最为宝贵的财富，也是农村实现产业振兴的最大优势。各地区在挖掘、利用环境和资源以谋求经济和社会发展的同时，还应加大对环境和资源的保护力度，打造人与自然和谐共生的绿色发展格局。

(3)乡风文明是乡村振兴的重要保障。农村居民是创建文明乡风的核心力量，也是中华优秀传统文化的重要传承人。创建乡风文明，一是要以社会主义核心价值观为导向，引导村民树立积极、健康、向上的价值观；二是加强村民文化素质的培养，用科学知识武装百姓们的头脑，提高村民文化修养；三是正确认识乡村传统民俗文化和风土人情，敢于除旧革新，促进农村物质文明和精神文明的协同发展。

(4)治理有效是乡村振兴的重要基石。乡村"三治"是实现乡村全面振兴的核心。一是进一步健全乡村自治，基层党组织和行政管理部门应将服务和管理深入基层；二是加强法制管理，健全和完善法律法规，并以更亲民的方式向农村居民宣传和普及法律知识，增强村民法律意识，培育新时代知法守法的高素质乡村居民；三是积极弘扬正能量，提高村民道德修养，建设美丽和谐、文明平安的新农村。

(5)生活富裕是乡村振兴的根本出发点和最终落脚点。实施乡村振兴战略是为了改善民生、提升人民群众幸福感。因此，需要加大农村配套设施的投入力度，持续改善农村居民就业、医疗、居住、教育、养老等方面的条件，为村民生产、生活创造良好条件，打造宜居、宜业、美丽、富裕的幸福乡村。

2.2 相关理论基础

2.2.1 文化旅游相关理论

文君彩(2001)认为文化旅游是游客通过一定的媒介获得欣赏和体验旅游目的地的特色文化从而获得身心享受的一种旅游活动。韦家瑜(2005)提出，文化旅游是依托人文资源进行文化体验，通过游客自身的知识和审美观，在旅游过程中获得精神和文化方面的满足与享受，即可称为文化旅游。蒙吉军(2001)认为文化旅游是旅游经营者为了满足游客们了解和学习地域特色文化而开发出来的一种旅游产品。鲁洋静(2016)认为文化旅游是指游客为了满足自身学习文化、获得精神满足的需求而参与的一些旅游活动。

通过对文献的梳理和总结，本研究将文化旅游定义为：以人文资源为核心消费内容，使游客在参与特色文化内涵的旅游活动中学习和感知地域文化，以此获得精神满足的各种旅游活动的集合。文化是旅游目的地生命力的重要体现，不断塑造和挖掘旅游目的地的文化深度，才能保持和提升旅游目的地的热度。文化旅游不仅形式多样，而且还能让旅游者在旅游过程中不断学习新的知识，开阔眼界。因此，文化旅游可以满足人们不断提升的精神文化需求，有利于提高景区吸引力和市场竞争力。各地区利用当地特色文化、人文景观，将地区特色文化与旅游资源深度融合，为经济发展注入强劲动力的同时，也使得文化旅游业成为传承和发扬中华优秀传统文化的主要形式之一。

2.2.2 产业融合理论

产业融合最早是由英国科学家 William Derham 在进行光纤的发散与汇聚的研究过程中提出的，该理论的提出受到了众多专家和学者的认可与推崇，被广泛地运用于气象学、经济学、生物学等众多领域的研究。产业融合是指各类时间以及结构上位于不同层次的行业在同一产业网、产业链中，在资源、技术、市场等方面相互渗透、相互融合形成一种新兴的产业。当前，全球经济迅速发展，各国经济竞争日益激烈。在此背景下，各类产业与行业的联系十分密切，产业融合已然是经济和社会发展的新常态。

羊楼洞古镇茶产业、茶文化与旅游业在产业链和价值链方面存在诸多融合点，茶产业链包括茶园景观以及茶叶的采摘、生产、加工、销售等环节，为旅游业提供旅游资源；旅游业包括游客在旅游行程中的吃、住、行、游、购、娱6个要素，为茶产业的发展带来更多的机遇；茶文化赋予羊楼洞茶产业和旅游业丰富的文化内涵，茶产业和旅游业是茶文化的重要载体。三者相互交叉、融合，形成了极具文化特色和内涵的茶旅全产业链，对于当地产业结构的优化升级和经济发展大有益处，有助于乡村产业振兴。

2.2.3 利益相关者理论

利益相关者理论是美国学者 Freeman 于 1984 年率先提出的，他认为利益相关者是能够对一个团体目标的实现产生影响的或者能够被团体组织目标影响到的所有群体和个体。随着利益相关者理论研究和应用的日渐成熟，该理论被引入很多科学领域的研究。目前，该理论也被广泛地应用于旅游学科的研究。

旅游景区的规划与开发是利益相关者通过交易、协商、利益划分及责任划分等进行社会建构的过程，所涉及的利益相关者包括政府、企业、社区、游客等。因此，根据利益相关者理论的内涵，羊楼洞茶文化旅游产业所涉及的利益相关者主要包括当地政府部门、茶旅企业、游客、社区居民等。

2.2.4 可持续发展理论

（1）可持续发展的内涵

1987 年，世界环境与发展委员会提出了可持续发展的观点，其核心含义就是指既能够满足当代人需求而又不损害后代人需求的一种发展模式，该理念在国际社会备受关注并受到世界各国的广泛认同，成为众多国家发展战略的重要行动指南，这也是中国在实现现代化建设进程中一直遵循的重要指导思想。可持续发展理论要求我们正确看待眼前利益和长远利益、局部利益同整体利益之间关系的同时，也要处理好人与自然及人与人之间发展的关系。

（2）乡村旅游可持续发展的内涵

1993 年，世界旅游组织在《旅游业可持续发展——地方旅游规划指南》中提出可持续的旅游发展指的是既能同时兼顾文化和环境的保护，又能同时兼顾当代人和后代人利益的一种乡村旅游发展模式。本研究认为乡村旅游可持续发展是指将乡村资源和乡村生态环境的承载能力作为发展乡村旅游的基础和前提条件，同时兼顾好游客的旅游需求和乡村环境及资源的保护工作，最大限度地实现乡村经济、生态及社会三方面效益的统一。

乡村振兴战略要求乡村旅游经济的发展必须遵守可持续发展的原则，本研究立足乡村振兴的核心要求，以可持续发展理论作为指导，建立起以居民认同为核心的羊楼洞古镇茶文化旅游促进乡村振兴评价体系和以游客认同为核心的游客满意度评价体系，并针对当地茶文化旅游发展助力乡村振兴中存在的问题提出行之有效的对策。

3. 羊楼洞古镇发展茶文化旅游促进乡村振兴必要性分析

实施乡村振兴战略是为了更好地促进农村发展。乡村振兴战略五大要求中，无论是乡村经济的发展、乡村产业的培育，还是传统文化的传承，都需要借助乡村旅游的力量。充分挖掘和利用好农村自然资源及人文资源优势发展乡村旅游，对于激发农村经济活力大有裨益。而众多实践也证明，乡村旅游通过资源的整合和产业的融合，有效激发了乡村资源的多种价值功能并产生多种效益，有力促进了乡村振兴。

赤壁市羊楼洞古镇茶文化旅游通过为游客提供旅游服务，满足游客观光度假、休闲养生、感受乡村生活、学习茶文化、购买茶产品等多种需求，同时为当地茶农和村民增收创收带来更多的机会。茶文化旅游的发展促进了羊楼洞地区经济、文化、社会及生态环境的健康、稳定发展。具体作用见图1。

3.1　有助于优化产业结构，实现产业兴旺

乡村传统产业的发展容易受到当地经济基础、交通条件、自然环境等因素的影响，尤其是传统农业对自然环境的依赖性非常大，农业的经济效益难以稳定。因此，要想帮助乡村居民稳定收入，实现共同富裕，必须改变乡村单一的产业结构。

茶文化旅游是羊楼洞古镇经济发展的重要支撑。羊楼洞古镇依托深厚的茶产

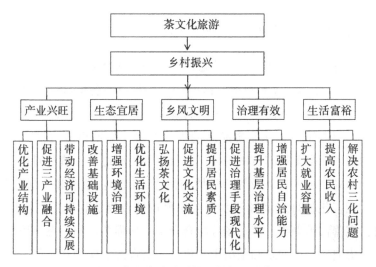

图1 茶文化旅游助推乡村振兴的作用

业基础和丰富的茶文化资源，将茶文化旅游与现代观光农业、休闲农业相结合，打造"全茶产品+旅游"的新型业态。一是"吃、住、行、游、购、娱"是旅游行程中必不可少的环节，大量游客的到来，为羊楼洞周边村镇餐饮、住宿、当地农产品、特色手工艺品等行业带来了大量的消费群体，为旅游相关产业创造了广阔的发展空间；二是茶文化旅游将羊楼洞古镇的龙头企业紧密联系在一起，增强了凝聚力，比如赤壁茶发集团等茶叶龙头企业和卓尔集团、赤壁文化旅游投资开发有限公司等旅游企业精诚合作，可以创造出 1+1>2 的经济效益。首先，茶叶龙头企业在茶园管理、茶产品研发、茶叶制作和加工等领域的技术不断突破、创新，使得羊楼洞古镇茶文化旅游商品更加丰富，而游客通过参观和体验茶叶种植、采摘、加工等过程，旅游体验性也得以不断增强。其次，茶文化旅游为羊楼洞砖茶及其衍生出来的各类新型茶产品、茶具以及茶饮料等茶叶精深加工产品带来更为广阔的消费市场。最后茶产业与旅游业的深度融合，吸引了更多茶叶及其他农产品加工、包装、物流等企业前来投资，为羊楼洞地区经济发展注入了更多新鲜血液。由此可见，茶文化旅游与茶产业的融合发展使得羊楼洞地区各大行业、企业之间的联系更加紧密、团结，不仅有利于三产融合，还能延长产业链，提升价值链，使得羊楼洞地区原本粗放的产业结构逐渐优化。因此，茶文化旅游是羊楼洞地区实现产业兴旺的重要力量。

3.2 有助于美化生态环境，实现生态宜居

旅游业具有成本低、污染少、收益高、见效快等优点，素有"无烟工业""朝阳产业"的美誉。随着国家乡村振兴战略的全面推进，各地区越来越重视乡村经济的可持续发展，乡村旅游业成为为乡村谋发展、为百姓谋福祉的"幸福产业"。为了加快羊楼洞古镇茶文化旅游品质的提档升级，赤壁市政府投入了大量的资金、人力和物力加强羊楼洞古镇的建设。政府部门通过对古镇及周边村镇的资源整合与规划布局，加大古镇及周边环境的治理，例如：整改和修缮公路、公厕、老旧房屋，无害化处理垃圾和污水等，使得古镇及周边村镇的环境质量大幅改善。同时，完善古镇网络、停车场等配套设施、加强羊楼洞生态环境保护，以及古村落、历史遗迹、古建筑和茶历史文化等人文资源的保护和修复工作，将羊楼洞古镇打造成了一个集自然美和人文美于一体的特色茶旅小镇。羊楼洞古镇茶文化旅游的发展在改善人居环境方面效果显著，成为深入推进可持续发展、实现乡村振兴的"动力产业"。

3.3 有助于提高居民素质，实现乡风文明

茶文化旅游的发展有利于羊楼洞古镇优秀传统文化的挖掘和乡村居民综合素质的提升，加快了当地精神文明建设，有助于实现乡风文明。茶文化旅游除了是一种特色旅游业，还属于一种典型的文化产业。第一，羊楼洞古镇在大力发展茶文化旅游的过程中，以当地茶文化为核心，以旅游为载体，对当地的茶历史文化、茶产业、地区特色民俗文化、民间传统手工艺等进行了深入挖掘，沉寂已久的传统文化也因旅游的蓬勃发展得到了更好地继承和发扬。第二，作为欧亚万里茶道的重要源头，羊楼洞用"一块砖"架起了中国与世界各国贸易的桥梁，也传递着国家之间的友好情谊。每年，羊楼洞古镇都会举办各种大型商务会议和文旅活动，如："一带一路"国际茶产业发展大会、农民丰收节、年货节等大型活动。来自俄罗斯、蒙古、乌克兰等不同国家的茶旅专家学者、外国驻华使节等都会来到羊楼洞古镇进行会晤与交流，羊楼洞茶及羊楼洞茶文化以一种全新的姿态走向了世界的舞台，极大地促进了中外文化交流。第三，乡村居民是乡村旅游发展的主体，当地很多居民是茶文化旅游相关行业的经营管理者或服务工作者。为了更

好满足茶文化旅游爱好者的需求、适应市场发展、政策调整等压力，茶文化旅游相关行业的从业者必须不断学习，与时俱进。当地居民在从事茶旅产业经营管理和服务工作过程中，通过政府和管理企业组织的各类培训，不断吸收先进的思想观念，学习和了解茶叶专业知识、茶文化、茶发展历史、服务文明礼仪、服务技能等，居民的个人素质和能力都得到了不同程度的提升。第四，茶文化旅游的发展促进了当地经济和社会的发展，农民的物质生活条件相对比较富足，居民们的追求逐渐从物质层面转向了精神层面。越来越多的乡村居民开始利用现代化手段，使用各种方式学习文化知识，提升个人文化内涵。总之，茶文化旅游的发展加快了乡村精神文明建设，有利于实现乡风文明。

3.4　有助于增强基层管理，实现治理有效

乡村治理水平为乡村旅游的发展创造良好的政治保障。为了全力开拓乡村振兴新局面，赤壁市政府将当地最具优势的茶产业与最具影响力的茶文化深度融合，两大产业迅速发展，乡村振兴事业取得良好成效。在此过程中，赤壁市政府精准施策，与茶发集团、卓尔集团、赤壁文化旅游投资开发有限公司等企业联手打造了以 5A 级景区为标准的特色茶旅小镇。一是羊楼洞古镇茶文化旅游的发展需要引进更多的投资企业和各类人才，因此茶文化旅游的发展加快了城乡人口、资金、技术、资源等要素的流动，为增强基层治理创造了良好的人才资源优势。二是前来游玩或进行商务会谈的游客也会将先进的技术、观念、管理手段、发展模式引入农村，景区管理人员、政府工作人员、茶旅经营者及周边居民在耳濡目染中会不断鞭策自己学习先进的技术、观念，综合素质不断提升，以此来提升个人能力使他们更好地适应岗位需求，景区管理水平及居民自治能力不断增强。所以，羊楼洞古镇茶文化旅游的快速发展，在提升当地治理水平中发挥了重要作用。

3.5　有助于提高农民收入，实现生活富裕

赤壁市政府整合以羊楼洞古镇茶文化为核心的乡村旅游，通过茶文化旅游的发展帮助周边群众就业创业。2021 年的黄金周，来古镇进行茶文化旅游的游客人数高达 5 万人次。古镇上茶叶、餐饮、住宿、休闲、娱乐、特色农产品等多种业态蓬勃发展，吸引了周边居民以及外来创业者近 300 户，吸纳就业千余人。羊

楼洞古镇茶文化旅游的发展拓宽了当地村民增收致富的渠道，在茶产业与旅游产业的融合过程中还衍生出了一大批与之相关的产业，吸引了许多年轻人返乡就业、创业。茶文化旅游全产业链的发展既提高了农民收入，还有效缓解了当前农村存在的农业"副业化"、农村"空心化"、农民"老龄化"的问题，为农民创造了更多致富机会，也为当地实现乡村全面振兴提供了经济支持。

4. 羊楼洞古镇茶文化旅游居民及游客评价体系的构建

为了深入推进乡村振兴战略，充分发挥羊楼洞古镇茶文化旅游促进乡村振兴的成效，并根据相关理论及研究成果，构建羊楼洞古镇茶文化旅游促进乡村振兴评价体系和游客满意度评价体系。笔者将从构建评价体系的目的、构建原则、评价因素选取及理论模型四个层面进行相关探讨与研究，为评价指标选择及评价体系构建的科学性、精准性提供理论支撑。

4.1 构建评价体系的目的

国家推出乡村振兴战略后，各省份也相继出台了地区乡村振兴战略指导规划，但在实际操作过程中，仍然存在着盲目效仿或不切实际等问题，降低了乡村振兴的实际成效。由于每个地区的区位环境、经济发展水平、资源优势等各方面存在着较大差别，因此各地的发展模式也应当因地而异。乡村振兴的重点在于真正地促进乡村发展，并为乡村居民谋取更多福祉。实施乡村振兴战略应充分立足于地区的实际发展状况，根据各地的优势、劣势以及居民的真实意愿，切实有效地促进农村发展，提升乡村振兴的实际成效。

本研究构建赤壁市羊楼洞古镇茶文化旅游促进乡村振兴评价体系和游客满意度评价体系，旨在通过评价体系的构建，对羊楼洞古镇茶文化旅游发展水平及其促进乡村振兴的效果进行综合评判，找到其发展中存在的问题并提出行之有效的对策和建议，为下一阶段赤壁市羊楼洞地区乡村振兴战略的实施和推进提供科学指导。

4.2 评价体系构建的理论依据

高雅等(2021)指出居民和游客是乡村旅游中的两大主要参与者，且主、客对乡村旅游的感知也存在着一定的差距，了解游客对旅游地及旅游活动的真实感受，运用游客满意度对旅游市场展开有效调研，对乡村旅游的发展具有显著推动作用。为了深入了解羊楼洞古镇茶文化旅游发展水平及其促进乡村振兴的实际成效，笔者以居民和游客两大主体为核心，建立羊楼洞古镇茶文化旅游促进乡村振兴评价体系和茶文化旅游游客满意度评价体系。

本研究构建茶文化旅游促进乡村振兴评价体系是以乡村振兴战略"20字总要求"为指导，对赤壁市羊楼洞古镇茶文化旅游促进乡村振兴的实际情况进行评判，本质上是为了当地茶文化旅游及乡村振兴事业更好更快地推进。因此，本研究的逻辑基础主要分为两个层面，一是评判羊楼洞古镇茶文化旅游能否真正提升居民福利；二是评判羊楼洞古镇茶文化旅游是否能够成为促进乡村全面振兴的重要助力。羊楼洞古镇茶文化旅游能否真正为乡村居民谋福利，能否有效解决农村居民的生活诉求，提升农民的安全感、获得感和幸福感，其最终受益人和最佳评判人都应该是当地居民。因此，笔者从居民认同维度构建起羊楼洞古镇茶文化旅游促进乡村振兴评价体系。羊楼洞古镇附近的居民及茶旅产业从业者的评价能够真实反映茶文化旅游的发展是否得到广大民众的认可与支持，也能够体现茶文化旅游产业对羊楼洞地区乡村振兴的实际成效。因此，通过测量羊楼洞古镇附近居民对茶文化旅游促进乡村振兴认同程度来对当地茶文化旅游促进乡村振兴实际情况进行评价，能够帮助相关部门提高乡村振兴措施的精准性。

游客满意度能客观反映游客对旅游地的真实感知，有助于发现当地旅游业发展中的短板和不足，通过调查游客满意度能帮助当地提升旅游业发展水平。吴江洲（2008）认为游客满意度是评价旅游景区经济及社会效益的综合性指标，能为精准解决景区发展问题提供重要指导。张婧（2020）提出，游客满意能促使旅游目的地在旅游消费市场形成良好的口碑，提高游客的忠诚度，最终实现促进地区经济发展的目的。很多学者认为游客满意度是评价旅游目的地旅游业发展水平的重要标准，良好的游客满意度有助于旅游业良性发展，有利于带动地区旅游经济高质量发展。因此，本研究构建以游客为核心的羊楼洞古镇茶文化旅游游客满意度评价体系，希望通过对游客满意度的深入调查，发现羊楼洞古镇茶文化旅游发展中存在的瓶颈和不足，深入分析原因并提出有效的解决对策，以此来提升茶文化旅游发展水平和乡村振兴的成效。

4.3 评价体系的构建原则

4.3.1 科学性原则

评价体系的各项指标选取不是来源于主观论断或个人经验，本研究立足于羊楼洞古镇茶文化旅游的实际情况，与乡村振兴的总体目标紧密结合，对羊楼洞古镇的居民和游客进行实地访谈，与当地景区管理人员、政府工作人员及相关专家、学者进行了交流与探讨，以保证评价指标的权威性。在评价维度上，选用学术界常用的构建评价体系的指标，将乡村振兴五大核心目标的内涵与当地茶文化旅游的发展情况深入结合，使评价体系能够更为客观地反映出羊楼洞古镇茶文化旅游的发展水平及其在乡村振兴战略中的实际成效，确保该评价体系的适用性与科学性。

4.3.2 系统性原则

茶文化旅游与乡村振兴涉及的范围和内容比较广泛，构建评价体系需要综合考虑各要素之间的关系。构建评价体系必须结合影响羊楼洞古镇茶文化旅游促进乡村振兴的资源情况、经济发展水平、区域特色文化等各层面的实际情况，构建出一个系统的评价体系。此外，对于评价体系各项指标的选取应当抓住主要矛盾，选取重点和具有主导性的指标。

4.3.3 全面性原则

实施乡村振兴战略主要是为了实现我国乡村地区"产业兴旺、生态宜居、乡风文明、治理有效、生活富裕"，本研究评价体系的指标选取也应当紧紧围绕茶文化旅游在这五个方面发挥的实际作用，才能够全面反映赤壁市羊楼洞古镇茶文化旅游业促进乡村振兴的真实水平。同时，游客对于旅游地满意度的影响因素也是多方面的，因此本研究从多方面、多角度构建羊楼洞古镇茶文化旅游游客满意度评价体系，才能更加全面、客观地反映羊楼洞古镇茶文化旅游发展中存在的问题。

4.3.4 可行性原则

指标的选取应考虑相关数据获取方式、指标评价的方法、数据计算和分析的难易，指标量化以及评价结果的适用性与可行性等，最终使评价体系具备较高的实用价值。

4.4 茶文化旅游促进乡村振兴居民评价维度及影响因素的选取

乡村旅游是乡村振兴的重要驱动力，着重体现在乡村旅游发展对当地乡村"产业兴旺、生态宜居、乡风文明、治理有效、生活富裕"5个核心目标的促进作用方面。实施乡村振兴战略最根本的目的是解决"三农"问题，为农村居民谋福利，所以乡村振兴事业最佳评分人也是当地村民。本研究结合乡村振兴战略"20字总要求"，从尊重羊楼洞地区村民主体意愿的角度出发，以居民认同度为核心，构建起羊楼洞古镇茶文化旅游促进乡村振兴评价体系。居民认同评判的是羊楼洞古镇茶文化旅游产业发展对于乡村振兴是否具有积极作用，是否得到了当地群众的大力支持。本研究通过测量当地居民对茶文化旅游助力羊楼洞地区乡村振兴的认同程度来衡量茶文化旅游对当地乡村振兴的实际成效，能有效引导和鼓励当地村民自觉提高主人翁精神和责任担当意识。

产业兴旺为乡村振兴提供经济支撑和物质保障，是影响乡村经济发展的关键。学术界众多学者认为发展乡村旅游业对于农产品销售、招商引资、经济增长等方面具有显著的推动作用，而旅游业与其他产业之间有较强的关联性，助力一二三产业的融合发展。羊楼洞是一座历史悠久的茶旅小镇，其乡村旅游的主要形式以茶文化旅游为主。所以，本研究选取产业影响认同度作为评价羊楼洞古镇茶文化旅游促进乡村振兴的维度之一。

生态宜居是乡村振兴战略的内在要求，生态环境影响认同度是乡村居民对当地发展茶文化旅游产业后对当地环境影响的感知及评价。发展茶文化旅游对羊楼洞地区自然资源的开发利用、生态环境保护、茶文化挖掘以及改善村民居住条件等方面成效十分显著，主要体现有：提升乡村环境质量，美化乡村面貌，提高居民环保意识等。因此，本研究选取生态影响认同度作为评价羊楼洞古镇茶文化旅游促进乡村振兴的维度之一。

乡风文明主要通过开展移风易俗、弘扬华夏农耕文明及农村优良的传统文化等形式来提高农民素质，实现农村地区物质文明与精神文明双提升。茶文化是羊楼洞古镇乡村旅游发展的核心文化，深入挖掘羊楼洞古镇茶文化和其他优秀民俗文化并培育淳朴民风是提高羊楼洞古镇茶文化旅游市场竞争力的重要举措。首先，为丰富茶文化旅游的内容，增强游客体验性，羊楼洞古镇每年举办了茶文化主题活动和各种民俗文化活动，让游客亲身体验并融入优秀传统文化中，有力促进了羊楼洞古镇茶文化的传播。其次，为了保持持久的市场吸引力和竞争力，赤壁市政府及相关管理部门不断加大对羊楼洞古镇茶文化的保护力度，强化本地居民及茶文化旅游行业的从业者对茶文化的学习和理解，提升他们的文化修养，增强村民的文化自信。因此，本研究选取乡风影响认同度作为评价羊楼洞古镇茶文化旅游促进乡村振兴的维度之一。

近几年，乡村旅游日益受到广大城市居民的喜爱，而乡村旅游业的蓬勃发展也对乡村基层治理水平提出了新的要求和挑战。旅游安全是旅游活动有序开展的重要保障，也是社会治理水平的重要体现。乡村旅游的发展能促使政府及其他管理部门提高自身管理能力，为了帮助乡村居民更好地融入和参与乡村旅游产业中，相关部门也会加大基层群众法律知识的普及教育力度，提升群众自治能力。因此，本研究选取社会治理影响认同度作为评价羊楼洞古镇茶文化旅游促进乡村振兴的维度之一。

提高居民收入，实现生活富裕是乡村振兴战略的重要落脚点，发展乡村旅游是实现村民生活富裕的有效路径之一。本研究主要从羊楼洞古镇茶文化旅游创造就业机会、提升居民收入来衡量居民对生活富裕的认同程度。第一，茶产业和茶文化旅游业属于典型的劳动密集型行业，就业容量大，能够吸引很多青年返乡就业、创业。第二，羊楼洞地区居民"三化"现象非常严重，村里有众多留守老人和妇女。而茶文化旅游业对于工作者的入职要求相对较低，能够帮助较多留守妇女及老人参与到茶文化旅游的经营管理或服务工作中，大幅提升了当地居民的就业能力。第三，众多游客和茶文化爱好者的到来为乡村特色农产品创造了更为广阔的消费市场，实现了农产品向茶文化旅游商品的转变，既满足了游客们购买绿色健康农产品的需求，还能为当地农户创造可持续性收入。因此，本研究选取居民收入影响认同度作为评价羊楼洞古镇茶文化旅游促进乡村振兴的维度之一。

目前关于乡村旅游促进乡村振兴方面的研究成果非常丰富，已有许多学者将乡村振兴战略"20字总要求"作为乡村旅游促进乡村振兴的评价维度。施佳伟(2020)以广西桂林龙胜县的 9 个乡镇作为研究区域，创建了以旅游产业发展潜力评价体系和居民认同评价体系的组合而成的乡村振兴旅游路径准入评价体系，居民认同评价体系选取乡村振兴战略"20字总要求"作为维度，根据居民的认同情况将9个乡镇乡村振兴旅游路径分别评为优先准入地区、次级准入地区、后备准入地区、谨慎准入地区四大类型，最后根据不同类型地区的发展情况因地制宜地提出对策和建议。孙永龙(2021)对甘肃民族地区乡村旅游发展总体成效进行了深入研究，主要以居民对乡村旅游带动乡村"产业兴旺、生态宜居、乡风文明、治理有效、生活富裕"五方面的感知，构建了乡村旅游系统评价指标体系。马瑛等(2021)基于乡村旅游对乡村振兴的促进作用，以乡村振兴"20字总要求"作为维度，构建了乡村旅游引导的乡村振兴绩效评价体系，并以太原市王吴村为例进行实证研究，运用加权平均法和因子分析法对王吴村的乡村振兴绩效进行评价分析。茶文化旅游是乡村旅游的主要类型之一，笔者借鉴前人的研究成果，将乡村振兴战略"20字总要求"作为羊楼洞古镇茶文化旅游促进乡村振兴五大维度，关于每个维度选取的指标，笔者主要参考了以下专家及学者的观点(见表2)。

表2 　　　　各学者对乡村旅游促进乡村振兴五个维度的指标选取

维度	作者	发表时间	指 标 选 取
产业兴旺	吴皓扬	2019年	茶文化旅游使茶产品比以前更好卖了
	瞿天元	2020年	乡村旅游使农产品比以前好卖了
	施佳伟	2020年	乡村旅游吸引投资
	方诗豪	2021年	从事黄酒文化乡村旅游生产与经营的农户大幅增多
	马瑛等	2021年	乡村旅游增强产业融合
	马文亮	2021年	乡村旅游优化农村产业结构
生态宜居	夏伟	2018年	乡村旅游有助于实现资源统筹规划，将资源利用率最大化
	吴皓扬	2019年	茶文化旅游使村民对周边卫生环境的维护意识增强
	范娉婷	2020年	乡村旅游使旅游景点得到保护与发展
	施佳伟	2020年	乡村旅游提高土地利用率
	孙永龙	2021年	本地生态环境持续改善 乡村景观越来越美

续表

维度	作者	发表时间	指 标 选 取
乡风文明	吴皓扬	2019 年	茶文化旅游使村民文明礼貌程度提高
	施佳伟	2020 年	乡村旅游使外地人了解本地民俗文化
	瞿天元	2020 年	乡村旅游提高了居民综合素质
	曹洋	2021 年	乡村旅游能增强居民自信及竞争力
	李琳	2021 年	乡村旅游促进与外界的文化交流
	孙永龙	2021 年	本人与其他民族居民相处融洽
治理有效	瞿天元	2020 年	乡村旅游提高了村民对村内问题的表决权并使治安得以完善
	范娉婷	2020 年	硬件设施得到改善
	施佳伟	2020 年	提高社会公共服务水平 乡村旅游提高居民法律意识
	曹洋	2021 年	乡村旅游使乡村治安环境变得更好
	马瑛等	2021 年	乡村旅游有助于提高治理能力
生活富裕	邓小海	2020 年	乡村旅游具有助力脱贫攻坚促进乡村振兴等多种价值功能
	李琳	2021 年	乡村旅游增加了居民就业机会 乡村旅游提高了居民收入
	曹洋	2021 年	提高居民消费水平
	马瑛等	2021 年	提高物质生活质量
	褚家佳	2021 年	乡村旅游能帮助农民就近就业

乡村旅游对于乡村发展的作用既有积极层面的也有消极层面，比如乡村旅游会带来大量的外来游客，加重了农村地区的环境承载压力。本研究主要研究羊楼洞古镇茶文化旅游对于当地乡村振兴的实际成效以及如何通过发展茶文化旅游帮助当地更好更快实现乡村全面振兴，所以研究的重点是茶文化旅游对乡村振兴的积极作用。

本研究在已有研究的基础上，构建起以居民认同度为核心的茶文化旅游促进乡村振兴评价体系。居民认同评价主要从村民的角度出发，通过居民对羊楼洞古镇茶文化旅游在产业、生态、乡风、社会治理、居民收入 5 个方面的认同情况对羊楼洞古镇茶文化旅游助力乡村振兴的实际成效进行判断，构建以居民认同为核心的茶文化旅游促进乡村振兴评价体系，将居民对乡村产业、生态、乡风、社会治理、居民收入 5 方面的认同度作为评价维度，共包含 30 个影响因素(见表 3)。

表 3 　　　　　　羊楼洞古镇茶文化旅游促进乡村振兴评价体系

维度	影 响 因 素
产业影响认同	C1 能够促进茶叶销售，带动区域经济增长
	C2 从事茶叶生产与经营的农户大幅增多
	C3 能促进一二三产业融合发展
	C4 大幅提高了本地特色旅游商品的销售量
	C5 能吸引更多投资项目
	C6 提升农产品附加值，优化产业结构
生态影响认同	F1 扩大绿化面积，改善了水体、空气质量
	F2 使资源的规划和利用更加科学、合理
	F3 促进古村落和文化遗迹的修复与保护
	F4 大幅提高羊楼洞土地利用效率
	F5 有效提升羊楼洞居民环保意识
	F6 美化羊楼洞村容村貌，优化人居环境
乡风影响认同	Z1 能加深游客对茶产品和茶文化的了解
	Z2 能增强居民文化自信
	Z3 使本地居民更加注重文明礼仪
	Z4 保护地方传统文化，促进文化交流
	Z5 有助于改善人际关系，增强居民凝聚力
	Z6 有效提高居民文化素质
社会治理认同	X1 有效加强当地社会治安管理
	X2 大幅提升当地居民法律意识和安保意识
	X3 有助于当地基础设施建设
	X4 有助于提升基层治理水平
	X5 增强了当地社会公共服务能力
	X6 提高居民的社会自治能力

维　度	影　响　因　素
居民收入影响认同	S1 能为居民创造更多就业、创业机会
	S2 拓宽当地居民就业渠道，提高就业能力
	S3 为居民提供持续性收入
	S4 防止贫困户返贫，巩固脱贫成果
	S5 提高当地居民消费水平
	S6 提高农民生活质量和幸福感

4.5 茶文化旅游游客满意度评价维度及影响因素的选取

茶文化旅游的目标市场主要是来古镇进行茶文化旅游的游客及茶叶和茶文化爱好者，通过对羊楼洞古镇茶文化旅游游客满意度的调查，了解游客对当地茶文化旅游的真实感知，找到其发展中存在的问题与不足，以此作为羊楼洞古镇茶文化旅游发展规划和急需完善领域的判断依据。

当前，学者们关于游客满意度方面的研究成果也十分丰富。张婧(2020)以弥勒市为研究对象，构建了弥勒市全域旅游游客满意度评价体系，共包含餐饮、住宿、交通等6个目标层涉及31个游客满意度影响因素，最后根据得分情况总结出6个目标层的改进策略。徐超(2020)对安徽三瓜公社景区游客满意度进行了问卷调查，根据调查获取的样本数据建立了游客满意度指标体系，经实证分析得出当地乡村旅游在资源条件、环境条件和景区条件三个维度的得分分别是3.807分、3.755分、3.714分，最后得出提升游客满意度的相关策略。朱燕云(2019)对湖南省长沙县金井镇的湘丰茶园的游客满意度进行了问卷调查，构建了游客满意度测评指标体系，通过实证分析得出游客在茶园面貌、茶叶质量、绿化设计、步道系统、空气质量等方面满意度较好，而对游客服务中心、景区公厕、购物环境、环卫设施等满意度则较低，最后根据存在问题提出了相对应的策略。王志(2021)以日照市茶文化旅游为例，以游客满意度为核心构建了茶文化旅游的期望与实际表现的评价指标体系，最后根据评价结果有针对性地提出了日照市茶文化旅游发展方案。布买儿燕·开里木(2020)对乌鲁木齐县乡村旅游游客进行了实地调研，运用SPSS 21.0统计软件和

AMOS 24.0 软件对数据进行了统计分析、信效度检验、相关性分析和模型拟合度检验。通过分析得出 4 个结论:(1)乡村旅游感知价值主要包含景观价值、社会价值、情感价值、成本价值、产品和服务价值 5 方面的价值;(2)乡村旅游价值对游客满意度和忠诚度具有正向影响;(3)感知价值中的景观价值、情感价值、社会价值和成本价值对游客满意度具有显著正向影响,景观价值、情感价值、社会价值以及产品和服务价值与游客忠诚度正相关;最后根据实证分析提出了进一步提高乌鲁木齐县乡村旅游游客满意度与忠诚度的对策和建议。本研究中游客满意度的影响因素,笔者主要参考了以下学者们的观点(见表 4)。

表 4 **各学者对旅游目的地游客满意度影响因素的选取**

维度	第一作者	发表时间	影响因素
景区吸引力	朱燕云	2019 年	茶园内文娱活动丰富,有较强的参与体验性
			可体验采茶、制茶、品茶等活动
			文化氛围浓厚,有茶道、茶具、茶画、茶故事、茶艺表演等
	徐超	2020 年	自然资源的观赏性、丰富程度,人文景观的原真性
	王志	2021 年	茶文化知识学习
景区服务质量	张婧	2020 年	景区交通(便捷、方式多样)
			餐饮服务便捷,有特色,卫生及管理
			住宿条件、住宿价格
			旅游厕所、停车场等
	徐超	2020 年	居民好客程度、服务态度
景区茶文化旅游价值	刘颖	2016 年	茶文化旅游能让游客学到茶文化知识和民族艺术知识
	开里木	2020 年	拓宽交往范围,提高交际能力
	陈慧珍	2021 年	茶文化体验过程中可以了解茶文化知识
			茶文化旅游能增长见识
	贺晓敏	2022 年	茶文化旅游使游客能感受到茶文化魅力,放松身心
整体满意度	郑春霞	2014 年	茶文化内涵和文化氛围
	开里木	2020 年	是否愿意再来此地旅游
	王志	2021 年	地域文化特色明显

通过阅读大量相关文献,将本研究的游客满意度评价体系评价维度分为景区吸引力认同、景区服务质量认同、景区茶文化旅游价值认同及景区整体满意度4个维度,共18项指标(见表5)。

表5　　　　　　羊楼洞古镇茶文化旅游游客满意度评价体系

维度	题　项
景区吸引力认同	YC1 能欣赏到当地优美的自然风光
	YC2 体验采茶、制茶、泡茶的全过程
	YC3 体验当地茶历史文化讲座和文创活动
	YC4 观看茶道表演,学习到泡茶技巧
	YC5 有丰富的旅游项目,游客参与性强
景区服务质量认同	YF1 交通十分便利,景区之间的关联性很强
	YF2 餐饮特色美食种类多、环境整洁、服务态度好、价格实惠
	YF3 住宿环境干净整洁,且性价比高
	YF4 有完善的停车场、公厕等配套设施
	YF5 当地居民热情好客、民风淳朴
景区茶文化旅游价值认同	YZ1 远离城市的喧闹,享受美好的田园生活
	YZ2 能加深对中国茶历史文化的理解
	YZ3 能丰富自身阅历,增长见识,开阔眼界
	YZ4 能增进与亲友之间的感情,增添生活乐趣
	YZ5 能陶冶情操,提高人们的艺术修养
羊楼洞茶文化旅游整体满意度	YX1 很有地方特色,对游客而言是一段非常美好的旅游经历
	YX2 羊楼洞茶文化旅游高出了我的期望值
	YX3 还会重游羊楼洞,此处茶文化旅游值得向亲友推荐

4.6　羊楼洞古镇茶文化旅游促进乡村振兴的理论模型

在前文中,笔者对国内相关研究结论进行了梳理,并从乡村振兴战略的五大总体要求，构建了产业影响认同、生态影响认同、乡风影响认同、社会治理认同、居民收入影响认同 5 个维度。同时，基于羊楼洞古镇居民的调研结果以及国内关于乡村旅游促进乡村振兴相关文献的梳理，本研究选取了影响羊楼洞古镇茶文化旅游促进乡村振兴的 30 个影响因素，构建成以居民认同为核心的理论模型（见图 2）。

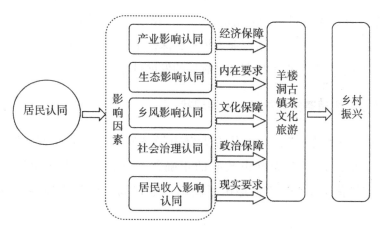

图 2   羊楼洞古镇茶文化旅游促进乡村振兴研究理论模型

5. 研究设计与数据收集

5.1   区域发展概况

5.1.1   羊楼洞古镇自然环境概况

羊楼洞古镇地处赤壁市赵李桥镇的松峰山脚下，处于北纬 29° 与 30° 之间，属亚热带季风气候，四季分明，日照充足，雨水充沛（年降水量 1456mm），土壤多为黄色沙质土，非常适宜茶叶和楠竹生长，当地也因盛产茶叶和楠竹而被誉为"青砖茶之乡""楠竹之乡"。古镇附近漫山遍野种满了茶树，茶园面积大约 10033 亩，是全国三大茶叶产地之一。古镇生态环境十分优美，万亩茶园，竹海荡漾，重峦叠嶂，山环水绕，赢得了海内外游客们的高度赞赏。

5.1.2 羊楼洞古镇历史文化概况

羊楼洞古镇是"万里茶道"的源头集镇，因为茶产业而从一个山区的边陲小镇发展成为当时的茶商品国际贸易重镇。抗日战争期间茶叶市场迅速衰退，羊楼洞的茶坊、茶厂遭到了严重破坏，曾经辉煌无比的羊楼洞因为受到国家时局的影响而慢慢走向衰落。1949 年后，羊楼洞古镇茶产业再次迎来新的生机。随着"一带一路"倡议和国家乡村振兴战略的提出，没落已久的小镇成为连接中国与欧亚的世纪动脉。赤壁市政府以茶产业为依托，深挖羊楼洞古镇的历史文化，通过茶文化旅游的发展实现重振羊楼洞昔日辉煌的发展目标。

5.1.3 羊楼洞古镇茶文化旅游的发展现状

小小的"一块砖茶"，却承载着赤壁市经济发展与乡村振兴的重要使命。近年来，羊楼洞古镇在赤壁市政府的正确领导下，坚持以科学发展观为引领，用"一壶茶""一块砖"创造出了新的产业格局，成为当地经济发展的支柱产业。

（1）茶文化旅游业发展优势显著

羊楼洞古镇拥有十分丰富的旅游及文化资源。明清古街、砖茶小镇、松峰山、圆通寺、雷家大院、丁字小巷、吊脚楼等都是颇有当地特色的旅游资源，古镇还毗邻当地有名的风景区陆水湖和赤壁古战场，具有发展乡村旅游的良好基础和显著优势。

在羊楼洞古镇旅游业的规划及开发过程中，当地政府对羊楼洞古镇茶旅产业的发展给予了大力支持。2017 年，赤壁市政府与卓尔集团携手合作，投资 60 亿元打造了"羊楼洞·世界茶叶第一古镇"，规划面积大约 12120 亩。2019 年 10 月，通过改造和修缮古镇基础设施及历史文物后，1250 米长的羊楼洞明清石板街再现昔日"万里茶道"盛景，曾经的厘金局、羊楼书院、广济堂药铺、邮局、新泰茶厂、阜昌茶庄等 100 多家店铺重新聚集，成为茶文化爱好者们"茶道寻源"的最佳旅游地。

（2）新的旅游格局正加速形成

羊楼洞古镇旅游产业链不断延伸，新的旅游格局快速形成。当地政府与旅游投资公司以乡村旅游为契机，将茶文化与乡村旅游融为一体，全力推进"茶业+旅游业+文化体验"的发展模式。古镇由万国茶市商业街区、百姓茶市民俗街区和明清古街文化街区共同组成，充分展示出了古香古色的明清时期的民居建筑风格。羊楼洞古镇的文旅项目非常丰富，游客们在羊楼洞就可以逛古街、住民宿、品茗茶、尝美食、游名寺、悼先烈、赏竹海，还能参观茶博馆，了解古镇历史文化，为游客创造了十分美好的体验。

近几年，羊楼洞古镇茶文化旅游人次不断攀升。2020 年赤壁市全年接待国内外旅游人数 901.9 万人次，旅游总收入 49.32 亿元，乡村旅游经济收入 12.38 亿元，占旅游总收入的 25.1%。羊楼洞古镇作为赤壁市最为重要的乡村旅游目的地，也逐渐形成了集茶文化溯源、茶知识科普、观光度假、休闲养生于一体的多功能人气文旅小镇。2010—2019 年羊楼洞古镇所获荣誉见表 6。

表 6　　　　　　　　　　**2010—2019 年羊楼洞古镇所获荣誉**

年份	荣誉称号
2010 年	中国历史文化名村
2013 年	国家地理标志农产品
2014 年	中国重要农业文化遗产
2015 年	世界茶业第一古镇
2019 年	中国人气文旅小镇

(3)居民收入显著提高

茶旅产业助力村民增收致富。茶产业方面，羊楼洞有 6 万亩以上的优质茶叶种植基地，青砖茶年产量高达 3 万吨以上，特色茶产品种类达 500 个，农产品加工率达 60% 以上，全产业链产值超过 25 亿元；茶文化旅游方面，每年羊楼洞古镇茶道寻源的游客高达 20 万以上，吸引众多居民返乡就业或创业。据测算，羊楼洞古镇茶文化旅游业的发展有效带动周边服务业创收 1.5 亿元以上，村民年人均可支配收入 2 万元以上。茶旅产业的发展有力带动了居民收入的提高，居民获得感和幸福感迅速提升。

（4）人居环境持续改善

为进一步加强羊楼洞古镇建设，促进乡村旅游业提档升级，当地政府及企业联手合作，加大了基础设施建设和改造的力度。一是旅游交通的完善，除了107国道，羊楼洞古镇旁边还修建了羊羊公路和随羊公路，使得当地旅游交通进一步完善，原本较为闭塞的山区小镇实现了与外界的无缝对接，为羊楼洞旅游产业的发展创造了良好条件；二是人居环境改善与乡村旅游发展工作深入推进，当地政府结合羊楼洞古镇现实情况，对当地电线电缆、饮水设备、停车场、标识牌、文物建筑、景区公厕、垃圾及污水处理设施、古镇绿化工作等方面投入了极大的资金、人力和物力进行整改与提升，各项设施设备的优化和改进使得羊楼洞古镇居住的环境质量大幅改善。

5.2　问卷设计与数据来源

为了探究羊楼洞古镇茶文化旅游的发展现状及其促进乡村振兴的实际成效，确保研究结果真实可信的前提是要保证问卷设计的科学性、系统性和可操作性。一是结合前人的研究基础和案例地实际情况对问卷进行设计；二是请教旅游领域内的知名专家及学者对问卷进行反复的修改和完善，同时对各个题项的表述统一进行通俗化处理。

预调研是为了保证问卷在设计方面的合理性以及后期正式调研的顺利展开。本研究预调研方式是亲自去羊楼洞古镇对居民和游客小范围发放问卷，并对数据进行处理，根据处理结果确定最终问卷。为了进一步探究羊楼洞古镇茶文化旅游促进乡村振兴的真实水平，本研究针对居民和游客分别设计了调研问卷。

本研究的居民调研问卷主要分为两部分。第一部分是受访者个人信息的调查，主要包括性别、年龄、受教育水平、户口类型、月收入等基本信息。第二部分，结合乡村振兴五大总体要求，选取羊楼洞古镇茶文化旅游促进乡村振兴的五个维度，调查了当地居民对古镇产业发展、生态环境、乡风建设、社会治理水平及居民收入等5个方面的感知情况。其中，第二部分的问题设计主要运用 Likert 五级量表的形式，对"非常同意""同意""一般""不同意""非常不同意"五个感知态度分别赋予5分、4分、3分、2分、1分的分值。

本研究的游客调研问卷主要分为三部分。第一部分是受访者的性别、年龄、受教育程度、职业、月收入等个人信息；第二部分是游客行为特征的调查，主要包含游客在羊楼洞古镇参与茶文化旅游的停留时间、消费金额、旅游目的、信息获取渠道、茶旅商品偏好等；第三部分是受访者对羊楼洞古镇茶文化旅游的满意度调查，主要包括景区吸引力、服务质量、景区茶旅游价值、景区整体满意情况四个方面。其中，第三部分的问题设计也运用 Likert 五级量表的形式，对"非常同意""同意""一般""不同意""非常不同意"五个感知态度分别赋予 5 分、4 分、3 分、2 分、1 分的分值。

5.3 预调研

5.3.1 调研实施

在正式调研问卷确定前，本研究针对部分调研对象进行了问卷调查，开展预调研工作。本研究的预调研采取的是实地调研，笔者于 2021 年 10 月 15 日至 19 日前往羊楼洞古镇开展调研，共计 5 天，针对居民和游客各自发放了 120 份问卷。其中，居民版有效问卷为 108 份，游客版有效问卷为 103 份。问卷回收后对获取的样本数据进行整理，运用 SPSS 24.0 对已获取数据进行分析和检验。

5.3.2 数据分析

（1）信度检验

信度检验也被称为可靠性检验，对预调研数据进行信度分析是验证原始量表普遍适用性必不可少的环节，是问卷测量中的一项重要指标，可以反映出问卷的真实程度，检验指标是否可控。克朗巴哈系数为李克特量表中信度检验最常用的系数，因此，本问卷也使用此方法和系数对样本数据进行信度检验。克朗巴哈系数的取值范围是 0~1 之间，一般认为该系数大于 0.6，则认为其信度是可接受的，该系数越大，越接近 1，则信度就越高，当系数大于 0.9 则认为信度很高。在 SPSS 24.0 软件进行可靠性分析时，也需要查看各个测量指标的 CITC，如该测量题项的相关系数小于 0.5，则需要对其进行删除。根据以上标准，本研究在已获取数据的基础上，对居民和游客的调研问卷分别进行信度检验（见表 7 和表 8）。

表 7　　　　　　　　　　　居民样本数据的信度检验

维度	题目	校正的项总体相关性（CITC）	克朗巴哈系数>0.6
产业影响认同	C1 能够促进茶叶销售，带动区域经济增长	0.736	0.893
	C2 从事茶叶生产与经营的农户大幅增多	0.617	
	C3 能促进一二三产业融合发展	0.701	
	C4 大幅提高了本地特色旅游商品的销售量	0.821	
	C5 能吸引更多投资项目	0.667	
	C6 提升农产品附加值，优化产业结构	0.752	
生态影响认同	F1 扩大绿化面积，改善了水体、空气质量	0.813	0.932
	F2 使资源的规划和利用更加科学、合理	0.875	
	F3 促进古村落和文化遗迹的修复与保护	0.847	
	F4 大幅提高羊楼洞土地利用效率	0.843	
	F5 有效提升羊楼洞居民环保意识	0.648	
	F6 美化羊楼洞村容村貌，优化人居环境	0.794	
乡风影响认同	Z1 能加深游客对茶产品和茶文化的了解	0.820	0.945
	Z2 能增强居民文化自信	0.871	
	Z3 使本地居民更加注重文明礼仪	0.834	
	Z4 保护地方传统文化，促进文化交流	0.843	
	Z5 有助于改善人际关系，增强居民凝聚力	0.786	
	Z6 有效提高居民文化素质	0.843	
社会治理认同	X1 有效加强当地社会治安管理	0.741	0.928
	X2 大幅提升当地居民法律意识和安保意识	0.788	
	X3 有助于当地基础设施建设	0.707	
	X4 有助于提升基层治理水平	0.860	
	X5 增强了当地社会公共服务能力	0.814	
	X6 提高居民的社会自治能力	0.841	

续表

维度	题　　目	校正的项总体相关性（CITC）	克朗巴哈系数>0.6
居民收入影响认同	S1 能为居民创造更多就业、创业机会	0.793	
	S2 拓宽当地居民就业渠道，提高就业能力	0.830	
	S3 为居民提供持续性收入	0.830	
	S4 防止贫困户返贫，巩固脱贫成果	0.844	0.939
	S5 提高当地居民消费水平	0.843	
	S6 提高农民生活质量和幸福感	0.786	
问卷整体			0.974

表 8　　　　　　　　　游客样本数据的信度检验

维度	题　　目	校正的项总计相关性（CITC）	克朗巴哈系数>0.6
景区吸引力认同	YC1 能欣赏到当地优美的自然风光	0.345	
	YC2 亲自参与和体验采茶、制茶、泡茶全过程	0.765	
	YC3 体验当地茶历史文化讲座和文创活动	0.712	0.854
	YC4 观看茶道表演，学习到泡茶技巧	0.799	
	YC5 有丰富多彩的旅游项目，游客参与性高	0.718	
景区服务质量认同	YF1 交通十分便利，景区之间的关联性很强	0.664	
	YF2 餐饮特色美食种类多、环境整洁、价格实惠	0.740	
	YF3 住宿环境干净整洁，且性价比高	0.674	0.874
	YF4 有完善的停车场、公厕等配套设施	0.699	
	YF5 当地居民热情好客、民风淳朴	0.741	
景区茶文化旅游价值认同	YZ1 远离城市的喧闹，享受美好的田园生活	0.631	
	YZ2 能加深对中国茶历史文化的理解	0.754	
	YZ3 能丰富自身阅历，增长见识，开阔眼界	0.764	0.895
	YZ4 能增进与亲友之间的感情，增添生活乐趣	0.781	
	YZ5 能陶冶情操，提高人们的艺术修养	0.790	

续表

维度	题　　目	校正的项总计相关性（CITC）	克朗巴哈系数>0.6
羊楼洞茶文化旅游整体满意度	YX1 对游客而言是一段非常美好的旅游经历	0.690	0.832
	YX2 羊楼洞茶文化旅游高出了我的期望值	0.747	
	YX3 还会重游羊楼洞，值得向亲友推荐	0.651	
问卷整体			0.946

　　根据检验结果可知，茶文化旅游促进乡村振兴5个维度共30项指标相关系数的 CITC 值均大于 0.6，所以无须删除对应的题项，说明各个变量之间相关性良好；此外，各变量的克朗巴哈系数分别为 0.893、0.932、0.945、0.928、0.939，且问卷的整体信度为 0.974，说明该问卷具有良好的信度。

　　根据对游客样本数据的检验结果可知，茶文化旅游游客满意度4个维度共18项指标，其中，"能欣赏到当地优美的自然风光"这一题项相关系数的 CITC 值为0.345，因其数值小于 0.6，所以删除该题项，其他17项的相关系数 CITC 值均大于 0.6，各个变量之间相关性良好。此外，各变量的克朗巴哈系数分别为 0.854、0.874、0.895、0.832，且问卷的整体信度为 0.946，说明本问卷具有良好的信度。

　　(2)效度检验

　　KMO 值和 Bartlett 球形检验常用作数据的效度检验，本研究亦采用这两种方法；用 KMO 值检验变量间的偏相关性，用 Bartlett 球形检验验证变量间的相关性；当 KMO 值大于 0.7，则表明结果有效，值越趋近于 1，有效性越强；球形检验值以显著性系数 0.05 为界限，当 P 小于 0.05 时，则表示样本数据适合作因子分析。根据以上标准，应用采集的样本数据量表中居民和游客的样本数据进行效度检验(见表9和表10)。

表9　　　　　　　**居民样本数据的 KMO 和巴特利特检验**

指　　标	检　验　值
KMO 样本测度(>0.6)	0.934

指　标	检　验　值
近似卡方	3478. 195
自由度 df	435
显著性水平 Sig.	0. 000

表 10　　　　　　　　　**游客样本数据的 KMO 和巴特利特检验**

指　标	检　验　值
KMO 样本测度(>0. 6)	0. 894
近似卡方	1332. 559
自由度 df	153
显著性水平 Sig.	0. 000

根据表 9 中的检验结果,样本数据的 KMO 值为 0. 934,远大于 0. 6,且显著性系数 P 值均为 0,说明该样本数据具有很好的效度。

根据表 10 中的检验结果,样本数据的 KMO 值为 0. 894,远大于 0. 6,且显著性系数 P 值均为 0,说明该样本数据具有很好的效度。

5.4　正式调研

5.4.1　问卷确定

根据对预调研所得问卷的数据进行分析,居民和游客样本数据的信度系数值分别为 0. 974、0. 946,表明数据的信度质量较高,本研究所选取的评价量表是可信的,可用于进一步分析。在预调研数据分析过程中,KMO 值大于 0. 7,Bartlett 球形检验 Sig. 小于 0. 05,预调研数据通过效度检验且样本效度良好,可进行因子分析。

5.4.2　问卷发放与回收

笔者与课题组成员在 2021 年 10—11 月多次前往羊楼洞古镇调研,以期通过深入了解当地居民对茶文化旅游促进乡村振兴的整体感知和游客对羊楼洞古镇茶文化旅游的满意度，了解羊楼洞古镇茶文化旅游及其促进乡村振兴的真实情况，并根据其存在的问题提出相应的对策。笔者向当地居民和游客分别发放了 400 份、260 份问卷，同时委托当地旅行社导游向游客发放 120 份问卷，游客问卷共计 380 份。居民问卷回收 388 份，剔除 25 无效问卷，有效问卷为 363 份，问卷有效率为 90.75%；游客问卷回收 362 份，剔除 16 份无效问卷，有效问卷为 346 份，问卷有效率为 91.05%。

6. 实证分析

6.1 居民个人特征的描述性统计分析

本研究所获取的关于居民的有效样本量为 363 个。主要针对调查对象的性别、年龄、文化程度、户口类型、月收入、家庭主要收入来源等常用人口统计分类方法进行描述性分析，从而反映问卷样本的综合特征（见表 11）。

表 11　　　　　　　　　　　**居民人口特征统计表**

个人特征	分　类	样本频数	频数占比
性别	男	174	47.93%
	女	189	52.07%
年龄段	18 岁及以下	15	4.13%
	19~27 岁	36	9.92%
	28~35 岁	66	18.18%
	36~60 岁	198	54.55%
	61 岁及以上	48	14.05%
文化程度	初中及以下	156	42.98%
	高中	105	28.93%
	大专	57	15.70%
	大学本科	45	11.57%
	研究生及以上	0	0.00%

续表

个人特征	分 类	样本频数	频数占比
户口类型	农业户口	183	50.41%
	非农户口	177	48.76%
月收入	2000 元及以下	87	23.97%
	2001~3000 元	129	35.54%
	3001~5000 元	105	28.93%
	5001 元及以上	42	11.57%
主要收入来源	从事茶产业	60	16.53%
	相关旅游经营活动	105	28.93%
	其他	198	54.55%

调查结果显示，男性占比为 47.93%，女性占比为 52.07%，由此可看出当地居民性别比例差距不大。

关于受访者年龄，样本中 36~60 岁的人群占比 54.55%，超过比例一半。其次 28~35 岁的人群，占比 18.18%，再次是 61 岁及以上人群，占比 14.05%，18 岁及以下人群占比最少，仅有 9.92%。由此可见，留守羊楼洞古镇的居民多以中老年群体为主，青年群体较少。

关于受访者文化程度，调查结果显示，初中及以下的人群占比最大，高达 42.98%。其次高中学历人群，占比 28.93%，大专及大学本科学历人群比较少，分别占比 15.7%、11.57%，研究生及以上文化程度的人群占比为 0。由此可见，羊楼洞古镇居民文化水平整体偏低。

关于受访者户口类型，调查结果显示，农业户口占比 50.41%，非农业户口占比为 48.76%，农业户口略高于非农户口。

关于受访者月收入水平，调研结果显示，在总样本量中月收入水平为 2001~3000 元的人群占比最大，达到 35.54%。其次是月收入 3001~5000 元的人群，占比 28.93%，再次是 2000 元及以下的人群占比 23.97%，月收入 5001 元及以上人群最少，占比仅有 11.57%。从调研数据来看调研地的居民整体收入大多为中低等水平，高收入群体最少，这反映出当地仍然需要强化提高居民收入举措，以确保尽快实现生活富裕的目标。

关于受访者主要收入来源，调研结果显示，在总样本量中从事其他工作的人群达到 54.55%，占比最大。其次才是从事相关旅游经营活动，其占比为 28.93%，最少的是从事茶产业人群，占比 16.53%。可以看出，调研地居民收入大多是从事其他行业，茶旅产业在为居民创收增收方面的作用还有待增强。

6.2 游客人口特征及行为特征统计分析

6.2.1 游客人口特征描述性统计分析

本研究所获取的关于游客的有效样本量为 346 个，采用常用人口统计分类方法对调查对象的性别、年龄、职业、文化程度、月收入等进行描述性分析，从而反映问卷样本的综合特征(见表 12)。

表 12 游客人口特征统计表

个人特征	分类	样本频数	频数占比
性别	男	156	45.09%
	女	190	54.91%
年龄段	18 岁及以下	10	2.89%
	19~27 岁	73	21.10%
	28~35 岁	65	18.79%
	36~60 岁	125	36.13%
	61 岁及以上	73	21.10%
文化程度	初中及以下	52	15.03%
	高中	73	21.10%
	大专	66	19.08%
	大学本科	138	39.88%
	研究生及以上	17	4.91%

续表

个人特征	分类	样本频数	频数占比
职业	政府工作人员	45	13.01%
	学校或科研工作者	28	8.09%
	个体工商户	45	13.01%
	自由职业	48	13.87%
	学生	55	15.90%
	其他	125	36.13%
月收入	3000 元及以下	104	30.06%
	3001~5000 元	104	30.06%
	5001~8000 元	87	25.14%
	8001~10000 元	24	6.94%
	10001 元及以上	27	7.80%

调查结果显示，受访游客的男性占比为 45.09%，女性占比为 54.91%，由此可见游客性别比例较为均衡。

关于受访游客的年龄，样本中 36~60 岁的人群占比 36.13%，是所有游客中占比最高的，然后是 19~27 岁和 61 岁及以上的人群，占比均为 21.10%，最后是 28~35 岁人群和 18 岁及以下人群，占比分别是 18.79% 和 2.89%。由此可见，参与羊楼洞古镇茶文化旅游的游客主要为中、老年群体，青年群体较少。

关于受访游客的文化程度，调查结果显示，游客文化水平在大学本科层次的高达 39.88%，高中学历和大专学历层次的人群占比分别是 21.10% 和 19.08%，初中及以下和研究生及以上文化层次的游客群体较少，占比分别为 15.03%、4.91%。由此可以看出羊楼洞古镇茶文化旅游游客文化素质整体水平较高。

关于受访游客的职业情况，调查结果显示，其他职业的人群最多，占比 36.13%，其次是学生和自由职业人群占比 15.90%、13.87%，再次是政府工作人员和个体工商户占比均为 13.01%，占比最低的是学校或科研工作者，占比仅为 8.09%。由此可见，参与羊楼洞古镇茶文化旅游的游客职业分布比较广泛，适合的职业也比较丰富。

关于受访游客的月收入情况，月收入 3000 元及以下和 3001~5000 元的游客数量最多，占比均达到了 30.06%，其次是 5001~8000 元的人群，占比 25.14%，占比最少的是月收入 8001~10000 元、10001 元及以上的人群,占比分别为 6.94%、7.80%。由此可见,游客收入主要以中低收入为主,高消费水平的游客较少,整体消费能力偏低。

6.2.2 游客行为特征分析

关于游客行为特征,主要针对调查对象预计停留时间、消费金额、获取羊楼洞古镇茶文化旅游的信息渠道、旅游目的、茶文化旅游商品和旅游项目偏好等方面(见表 13)。

表 13　　　　　　　　　　　　游客行为特征统计表

个人特征	分类	样本频数	频数占比
停留时间	1 天	269	77.75%
	2~3 天	76	21.97%
	4~5 天	1	0.29%
消费金额	1000 元及以下	280	80.92%
	1001~2000 元	38	10.98%
	2001~3000 元	18	5.20%
	3001 元及以上	10	2.89%
信息了解渠道	亲友推荐	183	52.89%
	OTA 平台	17	4.91%
	互联网平台	31	8.96%
	传统媒介	21	6.07%
	旅行社介绍	38	10.98%
	其他	56	16.19%
旅游目的	观光度假	228	65.90%
	休闲养生	80	23.12%
	体验茶文化	76	21.97%
	商务会谈	14	4.05%
	购买茶叶	21	6.07%
	其他	45	13.01%

续表

个人特征	分类	样本频数	频数占比
旅游商品偏好	羊楼洞茶叶	242	69.94%
	茶具	55	15.90%
	茶美食	48	13.87%
	特色农产品	55	15.90%
	茶文化书籍	28	8.09%
	其他	52	15.03%
文旅项目偏好	互联网认养茶树	62	17.92%
	体验茶艺茶食制作	114	32.95%
	入住羊楼洞古风茶文化元素民宿	162	46.82%
	体验特色茶娱乐项目	162	46.82%
羊楼洞文旅项目实际参与情况	茶园观光	176	50.87%
	参观茶博物馆	232	67.05%
	采茶、制茶、品茶等茶事活动	62	17.92%
	茶知识、茶历史科普	80	23.12%
	茶俗茶礼等特色民俗体验	45	13.01%
	茶道、茶艺、茶歌等茶艺表演	31	8.96%
	其他	31	8.96%
羊楼洞茶文化旅游整体满意情况	景观风貌	263	76.01%
	生态环境	232	67.05%
	人文历史	211	60.98%
	文娱项目	35	10.12%
	民俗风情	114	32.95%
	餐饮服务	38	10.98%
	住宿服务	28	8.09%
	景区管理水平	42	12.14%
	文创产品	7	2.02%

个人特征	分类	样本频数	频数占比
游客对于羊楼洞茶文化旅游改进方向的意见	完善旅游交通，加强与其他景点的关联性	156	45.09%
	改善羊楼洞旅游配套设施	125	36.13%
	丰富羊楼洞茶旅项目和大型旅游活动	125	36.13%
	加大宣传力度，拓宽宣传渠道	173	50%
	提高品牌意识，加强品牌建设	104	30.06%
	进一步挖掘茶文化，提高茶旅游文化内涵	118	34.10%
	保持和维护羊楼洞建筑及文化的原真性	121	34.97%

(1)停留时间

问卷结果显示，游客在羊楼洞古镇停留时间普遍较短，停留 1 天的游客占 77.75%，21.97%的游客选择停留时间为 2~3 天，而旅游时间 4 天以上的游客为 1 人。笔者在实地调研中与游客进行了深入交流，发现羊楼洞古镇的游客大部分来自赤壁周边地区，游客普遍认为羊楼洞古镇面积太小，茶旅游活动主要是欣赏古建筑、参观茶博物馆，看看茶叶等，旅游活动单一，不需要在古镇过夜，因此当地民宿入住率极低。从游客停留时间可以看出当前羊楼洞古镇茶文化旅游存在旅游产品单一、旅游项目少、景区吸引力低的问题，因此在后期的规划中还需要结合旅游市场消费需求，做好茶文化旅游项目的开发工作，增强景区吸引力。

(2)消费金额

问卷结果显示，游客在羊楼洞古镇消费金额在 1000 元及以下的高达 80.92%，1001~2000 元、2001~3000 元和 3001 元及以上的游客占比分别为 10.98%、5.20%和2.89%。通过游客消费金额的数据来看，羊楼洞古镇茶文化旅游游客消费水平普遍较低，旅游消费能力不足。游客消费水平过低，使得羊楼洞古镇茶文化旅游经济效益差，对于当地经营户和农户增收创收作用、羊楼洞地区经济发展和产业振兴的推动作用比较薄弱。因此，在后期的茶文化旅游发展中，应加强羊楼洞古镇茶文化旅游整体规划，在旅游产品、旅游项目、旅游商品上不断创新，加强对高收入游客的吸引力。此外，还需要利用羊楼洞古镇美丽的夜景做好羊楼洞夜游经济开发和规划，积极改变游客"不过夜"的现状。

（3）信息了解渠道

问卷结果显示，游客们获取羊楼洞古镇茶文化旅游信息的主要渠道是亲友推荐，其占比高达 52.89%，OTA 平台、互联网平台、传统媒介、旅行社介绍、其他方式分别占比 4.91%、8.96%、6.07%、10.98%、16.19%。由此可见，游客对宣传羊楼洞古镇茶文化旅游的意愿较强，认可度较高，美誉度良好，未来发展潜力较大。同时，在互联网快速发展的新时代，互联网营销已经成为众多企业宣传和营销的主流方式之一。而羊楼洞古镇茶文化旅游游客获取信息的方式仍然以亲友推荐为主，可以反映出羊楼洞古镇茶文化旅游可能存在宣传渠道狭窄、宣传方式单一、宣传力度过低的问题，从而导致羊楼洞古镇茶文化旅游市场萧条，旅游经济难以做强做优。笔者建议，羊楼洞古镇在宣传方式上除了注重电视、书籍等传统营销媒介，还需要注重与旅行社合作，并充分利用好互联网平台，加强羊楼洞古镇智慧文旅建设，实行线上线下相结合的多元宣传模式。

（4）旅游目的

问卷结果显示，羊楼洞古镇游客的旅游目的具有多样化特点，观光度假的游客占比高达 65.90%，其次是以休闲养生为主要目的的游客占比为 23.12%，其他目的和购买茶叶的游客占比分别为 13.01% 和 6.07%，占比最低的是以商务会谈为目的的游客，占比仅为 4.05%。通过数据对比可以发现，羊楼洞古镇茶文化旅游的游客仍然以观光度假为主，其他类型的游客均较少。由此可见，羊楼洞古镇可能存在茶文化资源康养价值利用不充分、羊楼洞茶叶市场吸引力不足等问题。

（5）旅游商品偏好

问卷结果显示，69.94% 的游客喜欢羊楼洞茶叶，其次是茶具和当地特色农产品，占比 15.90%，茶美食、茶文化书籍和其他占比分别为 13.87%、8.09%、15.03%。由此可见，游客对羊楼洞古镇旅游商品认可度最高的是羊楼洞茶叶和当地特色农产品，对于其他旅游商品的喜好程度不高。因此，在后期的发展中，还应注意结合游客需求，加强羊楼洞古镇旅游商品的开发和创新，不断丰富和提高旅游商品的种类和品质。

（6）文旅项目偏好

问卷结果显示，游客最想要体验的是入住羊楼洞古风茶文化元素民宿和特色茶娱乐项目，比例高达 46.82%，想要体验茶食制作和互联网认养茶树的游客占比分别为 32.95%、17.92%。因此，在未来的规划和开发中，应注重根据消费者的市场需求，既要注重茶文化特色民宿、特色茶娱乐项目的开发和建设，还需要将茶文化与当地特色美食文化结合，丰富旅游产品。与此同时，经营管理手段和发展模式也需要不断更新和优化，加大力度推动茶文化旅游的智能化建设。

(7) 文旅项目实际参与情况

问卷结果显示，所有文旅项目中，参观茶博物馆的游客最多，占比高达67.05%，其次是进行茶园观光的游客占比为50.87%。其他文旅项目的实际参与比例较低，采茶制茶等茶事活动、茶知识及茶历史科普、茶俗茶礼等特色民俗体验、茶道茶歌等茶艺表演、其他活动，占比分别是17.92%、23.12%、13.01%、8.96%、8.96%。通过对游客在羊楼洞古镇茶文旅项目的实际参与情况的调查，可从侧面反映出羊楼洞古镇茶文化旅游的旅游项目较少，在后期的建设中应注重建设和开发游客体验性和可参与性强的文旅项目。

(8) 游客对景区的整体满意情况

问卷结果显示，羊楼洞古镇满意度较高的是景观风貌、生态环境和人文历史，比例高达76.01%、67.05%和60.98%，其次是民俗风情，32.95%的游客对羊楼洞古镇民俗风情表示认可满意，认可度较低的依次是景区管理水平、餐饮服务、文娱项目和文创产品，占比分别是12.14%、10.98%、10.12%和2.02%。由此可见，羊楼洞古镇景观风貌、生态环境和人文历史的游客认可度较高，民俗风情方面有待增强，而景区管理水平、餐饮服务、文娱项目、住宿服务和文创产品方面可能是当前急需完善和提升的领域。

(9) 游客对景区发展的改进意见

问卷结果显示，50%的游客认为羊楼洞古镇茶文化旅游需要加大宣传力度，拓宽宣传渠道，45.09%的游客认为羊楼洞古镇需要完善旅游交通，加强与其他景点的关联性，36.13%的游客认为羊楼洞古镇应改善羊楼洞旅游配套设施，丰富羊楼洞茶旅项目和大型旅游活动，34.97%的游客认为应加强保持和维护羊楼洞建筑及文化的原真性，认为需要提高品牌意识，加强品牌建设和进一步挖掘茶文化，提高茶旅游文化内涵的游客分别占比30.06%和34.10%。通过对游客意见的调查，发现游客对羊楼洞古镇茶文化旅游改进意见呈多样化，可以从侧面反映出羊楼洞古镇茶文化旅游发展中存在的问题也是多样化的。因此，羊楼洞古镇在后期的建设中还需在宣传力度、旅游交通、茶旅项目、古建筑维护、文化内涵、品牌经营等方面加大投入，推动羊楼洞古镇茶文化旅游提档升级。

6.3 信度分析与效度检验

6.3.1 信度分析

信度检验即为可靠性检验，是反映问卷真实程度及检验指标是否可控的调研数据的信度分析是检验原始量表普遍适用性不可缺少的重要环节，克朗巴哈系数是李克特量表中信度检验的常用方法之一，笔者亦采用这种方法对本问卷的信度进行检验。克朗巴哈系数的取值范围在 0~1，一般来说系数大于 0.6，问卷信度就是可接受的，该系数越大，越接近 1，可信度则越高。运用 SPSS 24.0 软件进行可靠性分析时，既需要检验克朗巴哈系数，还需要查看对各个测量指标的 CITC，如该测量题项的相关系数小于 0.5，该题项就需要删除。根据以上标准，本研究在已获取的数据基础上进行信度检验。

（1）居民样本数据信度检验（见表 14）。

表 14　　　　　　　　　　　　居民样本数据的信度检验

维度	题　　目	校正的项总计相关性（CITC）	克朗巴哈系数>0.6
产业影响认同	C1 能够促进茶叶销售，带动区域经济增长	0.747	0.897
	C2 从事茶叶生产与经营的农户大幅增多	0.640	
	C3 能促进一二三产业融合发展	0.702	
	C4 大幅提高了本地特色旅游商品的销售量	0.825	
	C5 能吸引更多投资项目	0.670	
	C6 提升农产品附加值，优化产业结构	0.759	
生态影响认同	F1 扩大绿化面积，改善了水体、空气质量	0.771	0.915
	F2 使资源的规划和利用更加科学、合理	0.847	
	F3 促进古村落和文化遗迹的修复与保护	0.823	
	F4 大幅提高羊楼洞土地利用效率	0.568	
	F5 有效提升羊楼洞居民环保意识	0.735	
	F6 美化羊楼洞村容村貌，优化人居环境	0.771	

续表

维度	题　　目	校正的项总计相关性（CITC）	克朗巴哈系数>0.6
乡风影响认同	Z1 能加深游客对茶产品和茶文化的了解	0.805	0.939
	Z2 能增强居民文化自信	0.846	
	Z3 使本地居民更加注重文明礼仪	0.818	
	Z4 保护地方传统文化，促进文化交流	0.825	
	Z5 有助于改善人际关系，增强居民凝聚力	0.775	
	Z6 有效提高居民文化素质	0.842	
社会治理认同	X1 有效增强当地社会治安管理	0.664	0.904
	X2 大幅提升当地居民法律意识和安保意识	0.786	
	X3 有助于当地基础设施建设	0.672	
	X4 有助于提升基层治理水平	0.816	
	X5 增强了当地社会公共服务能力	0.698	
	X6 提高居民的社会自治能力	0.779	
居民收入影响认同	S1 为居民创造更多就业、创业机会	0.791	0.914
	S2 拓宽当地居民就业渠道，提高就业能力	0.759	
	S3 为居民提供持续性收入	0.663	
	S4 有效防止贫困户返贫，巩固脱贫成果	0.776	
	S5 有助于提高当地居民消费水平	0.790	
	S6 提升了居民生活质量和幸福感	0.771	
问卷整体			0.914

　　检验结果显示，茶文化旅游促进乡村振兴 5 个维度共 30 项指标的相关系数 CITC 值均大于 0.5，说明各个变量之间相关性良好，因此保留所有题项；此外，每一个变量的克朗巴哈系数分别为 0.897、0.915、0.939、0.904、0.914，问卷整体的信度为 0.914，说明本问卷信度良好。

　　（2）游客样本数据的信度检验（见表 15）。

表 15   游客样本数据的信度检验

维度	题　目	校正的项总体相关性（CITC）	克朗巴哈系数>0.6
景区吸引力认同	YC2 亲自参与采茶、制茶、泡茶全过程	0.797	0.891
	YC3 体验当地茶历史文化讲座和文创活动	0.711	
	YC4 观看茶道表演，学习到泡茶技巧	0.800	
	YC5 有丰富多彩的旅游项目，游客参与性高	0.736	
景区服务质量认同	YF1 交通十分便利，景区之间的关联性很强	0.603	0.875
	YF2 餐饮美食种类多、环境整洁、价格实惠	0.699	
	YF3 住宿环境干净整洁，且性价比高	0.808	
	YF4 有完善的停车场、公厕等配套设施	0.725	
	YF5 当地居民热情好客、民风淳朴	0.695	
景区茶文化旅游价值认同	YZ1 远离城市的喧闹，享受美好的田园生活	0.710	0.926
	YZ2 能加深对中国茶历史文化的理解	0.888	
	YZ3 能丰富自身阅历，增长见识，开阔眼界	0.883	
	YZ4 增进与亲友之间的感情，增添生活乐趣	0.780	
	YZ5 能陶冶情操，提高人们的艺术修养	0.799	
羊楼洞茶文化旅游满意度	YX1 对游客而言是一段非常美好的旅游经历	0.726	0.802
	YX2 羊楼洞茶文化旅游高出了我的期望值	0.715	
	YX3 还会重游羊楼洞，值得向亲友推荐	0.626	
问卷整体			0.946

　　检验结果显示，羊楼洞古镇茶文化旅游游客满意度 4 个维度共 17 项指标的相关系数 CITC 值均大于 0.5，说明各个变量之间相关性良好，因此保留所有题项；此外，各个变量的克朗巴哈系数分别为 0.891、0.875、0.926、0.802，问卷整体信度为 0.946，说明本问卷信度良好。

6.3.2　效度检验

　　效度即有效性，是指测量工具或手段能够准确测出所需测量事物的程度。效度是指所测量到的结果反映所想考察内容的程度，测量结果与要考察的内容越吻合，则效度越高；反之，则效度越低。效度是测量的有效性程度，即测量工具确能测出其所要测量特质的程度，或者简单地说是指一个测验的准确性、有用性。效度是科学的测量工具所必须具备的最重要的条件。

常用作数据效度检验的方法有 KMO 值和 Bartlett 球形检验，本研究也使用这两种方法；用 KMO 值检验变量间的偏相关性，用 Bartlett 球形检验验证变量间的相关性；当 KMO 值大 0.6，则表明结果有效，值越趋近于 1，有效性越强；球形检验值以显著性系数 0.05 为界限，当 P 小于 0.05 时，则表示样本数据适合作因子分析。根据以上标准，应用采集的样本数据对量表进行效度检验。

(1)居民样本数据的小幅检验(见表 16)。

表 16　　　　　　　　居民样本数据的 KMO 和巴特利特检验

指　标	检验值
KMO 样本测度(>0.6)	0.941
近似卡方	3592.261
自由度 df	435
显著性水平 Sig.	0.000

根据表 16 中的检验结果，居民样本数据 KMO 值 0.941，大于 0.6，显著性系数 P 值为 0，小于 0.05，说明在 1%的水平显著。所以，两项检验指标均符合，因此可以做下一步的探索性因子分析(见表 17)。

表 17　　　　　　　各因子标准负荷、CR 和 AVE 值(居民)

评价维度	测量题项	标准载荷	CR	AVE.
产业影响认同	C1 能够促进茶叶销售，带动区域经济增长	0.722	0.8817	0.5544
	C2 从事茶叶生产与经营的农户大幅增多	0.763		
	C3 能促进一二三产业融合发展	0.706		
	C4 大幅提高了本地特色旅游商品的销售量	0.775		
	C5 能吸引更多投资项目	0.791		
	C6 提升农产品附加值，优化产业结构	0.706		

续表

评价维度	测量题项	标准载荷	CR	AVE.
生态影响认同	F1 扩大绿化面积, 改善了水体、空气质量	0.712	0.8829	0.5571
	F2 使资源的规划和利用更加科学、合理	0.767		
	F3 促进古村落和文化遗迹的修复与保护	0.751		
	F4 大幅提高羊楼洞土地利用效率	0.762		
	F5 有效提升羊楼洞居民环保意识	0.772		
	F6 美化羊楼洞村容村貌, 优化人居环境	0.733		
乡风影响认同	Z1 能加深游客对茶产品和茶文化的了解	0.752	0.8896	0.5734
	Z2 能增强居民文化自信	0.779		
	Z3 使本地居民更加注重文明礼仪	0.795		
	Z4 保护地方传统文化, 促进文化交流	0.760		
	Z5 有助于改善人际关系, 增强居民凝聚力	0.722		
	Z6 有效提高居民文化素质	0.739		
社会治理认同	X1 有效增强当地社会治安管理	0.742	0.8949	0.5869
	X2 大幅提升当地居民法律意识和安保意识	0.776		
	X3 有助于当地基础设施建设	0.808		
	X4 有助于提升基层治理水平	0.731		
	X5 增强了当地社会公共服务能力	0.797		
	X6 提高居民的社会自治能力	0.708		
居民收入影响认同	S1 为居民创造更多就业、创业机会	0.745	0.9021	0.6066
	S2 拓宽当地居民就业渠道, 提高就业能力	0.866		
	S3 为居民提供持续性收入	0.794		
	S4 有效防止贫困户返贫, 巩固脱贫成果	0.771		
	S5 有助于提高当地居民消费水平	0.780		
	S6 提升了居民生活质量和幸福感	0.780		

根据表17中的检验结果, 本研究的样本数据组合信度(CR)均大于0.7, 平均方差(AVE)均大于0.5, 说明本数据量表内部一致性和收敛效度良好。

（2）游客样本数据的效度检验（见表18）。

表18　　　　　　　　　游客样本数据的 KMO 和巴特利特检验

指标	检验值
KMO 样本测度（>0.6）	0.890
近似卡方	4066.352
自由度 df	136
显著性水平 Sig.	0.000

根据表18中的检验结果，游客样本数据的 KMO 值为 0.890，大于 0.6，显著性系数 P 值为 0，小于 0.05，说明在 1% 的水平显著。所以，两项检验指标均符合，因此可以做下一步的探索性因子分析。探索性因子分析是为了进一步分析测度问题之间的关联程度，将高度相关的测度问题聚合在一起，从而区分出不同因子，找到主成分因子（见表19）。

表19　　　　　　　　　游客满意度总方差解释（>70%）

成分	初始特征值			提取载荷平方和			旋转载荷平方和		
	总计	方差百分比	累积%	总计	方差百分比	累积%	总计	方差百分比	累积%
1	9.304	54.732	54.732	9.304	54.732	54.732	5.484	32.258	32.258
2	1.82	10.706	65.438	1.82	10.706	65.438	3.565	20.973	53.23
3	1.179	6.934	72.372	1.179	6.934	72.372	3.254	19.142	72.372
4	0.735	4.321	76.693						
5	0.616	3.624	80.317						
6	0.539	3.17	83.487						
7	0.53	3.116	86.602						
8	0.395	2.323	88.925						
9	0.37	2.178	91.103						
10	0.314	1.85	92.953						
11	0.267	1.568	94.521						

续表

成分	初始特征值			提取载荷平方和			旋转载荷平方和		
	总计	方差百分比	累积%	总计	方差百分比	累积%	总计	方差百分比	累积%
12	0.23	1.354	95.875						
13	0.196	1.15	97.025						
14	0.173	1.018	98.043						
15	0.144	0.849	98.892						
16	0.102	0.599	99.491						
17	0.086	0.509	100.000						

注：提取方法为主成分分析法

对羊楼洞古镇茶文化旅游满意度4个维度对应的17个题项进行因子分析（见表20），可提取3个特征根大于1的公因子，旋转后3个因子分别为"景区吸引力认同""景区服务质量认同""景区茶旅游价值认同"，分别解释了总体方差的32.258%、20.973%、19.142%；旋转后，累积方差解释率为72.372%>70%，具有很好的解释力度；此外鉴于表20中因子载荷系数均大于0.6，说明因子间具有较强的关联性。

表20　　　　　　　　　　　游客满意度方差分解表

因子命名	包含要素和对应题项	成分(>0.5)		
		1	2	3
景区吸引力认同	YC2 亲自参与采茶、制茶、泡茶全过程			0.85
	YC3 体验当地茶历史文化讲座和文创活动			0.74
	YC4 观看茶道表演，学习到泡茶技巧			0.786
	YC5 有丰富多彩的旅游项目，游客参与性高			0.674
景区服务质量认同	YF1 交通十分便利，景区之间的关联性很强		0.686	
	YF2 美食种类多、环境整洁、价格实惠		0.777	
	YF3 住宿环境干净整洁，且性价比高		0.829	
	YF4 有完善的停车场、公厕等配套设施		0.719	
	YF5 当地居民热情好客、民风淳朴		0.672	

因子命名	包含要素和对应题项	成分（>0.5）		
		1	2	3
景区茶旅游价值认同	YZ1 能远离城市的喧闹，享受美好的田园生活	0.732		
	YZ2 能加深对中国茶历史文化的理解	0.856		
	YZ3 能丰富自身阅历，增长见识，开阔眼界	0.865		
	YZ4 增进与亲友之间的感情，增添生活乐趣	0.784		
	YZ5 能陶冶情操，提高人们的艺术修养	0.834		
	YX1 对游客而言是一段非常美好的旅游经历	0.718		
	YX2 羊楼洞茶文化旅游高出了我的期望值	0.691		
	YX3 还会重游羊楼洞，值得向亲友推荐	0.601		

6.4 羊楼洞古镇茶文化旅游促进乡村振兴居民评价体系分析

本研究通过对羊楼洞古镇茶文化旅游促进乡村振兴居民认同各测量题项的平均水平和样本数据的离散程度进行描述性统计分析（见表21）。

表21　　茶文化乡村旅游促进乡村振兴居民认同的描述性统计分析

维度	题项	平均值		标准差
产业影响认同	C1 能够促进茶叶销售，带动区域经济增长	3.97		0.816
	C2 从事茶叶生产与经营的农户大幅增多	3.69		0.965
	C3 能促进一二三产业融合发展	3.74	3.78	0.902
	C4 大幅提高了本地特色旅游商品的销售量	3.76		0.992
	C5 能吸引更多投资项目	3.75		0.933
	C6 提升农产品附加值，优化产业结构	3.76		0.904
生态影响认同	F1 扩大绿化面积，改善了水体、空气质量	4.07		0.863
	F2 使资源的规划和利用更加科学、合理	3.83		0.978
	F3 促进古村落和文化遗迹的修复与保护	4.03	4.02	0.826
	F4 大幅提高羊楼洞土地利用效率	3.86		0.943
	F5 有效提升羊楼洞居民环保意识	4.15		0.76
	F6 美化羊楼洞村容村貌，优化人居环境	4.2		0.813

维度	题 项	平均值	标准差
乡风影响认同	Z1 能加深游客对茶产品和茶文化的了解	4.02	0.774
	Z2 能增强居民文化自信	3.98	0.736
	Z3 使本地居民更加注重文明礼仪	3.93	0.828
	Z4 保护地方传统文化，促进文化交流	3.93 (3.93)	0.814
	Z5 有助于改善人际关系，增强居民凝聚力	3.93	0.821
	Z6 有效提高居民文化素质	3.77	0.928
社会治理认同	X1 有效增强当地社会治安管理	3.85	0.853
	X2 大幅提升当地居民法律意识和安保意识	3.81	0.928
	X3 有助于当地基础设施建设	3.83	0.889
	X4 有助于提升基层治理水平	3.77 (3.84)	0.88
	X5 增强了当地社会公共服务能力	3.96	0.864
	X6 提高居民的社会自治能力	3.8	0.923
居民收入影响认同	S1 为居民创造更多就业、创业机会	4.01	0.807
	S2 拓宽当地居民就业渠道，提高就业能力	3.87	0.891
	S3 为居民提供持续性收入	3.98	0.855
	S4 有效防止贫困户返贫，巩固脱贫成果	4.03 (3.96)	0.865
	S5 有助于提高当地居民消费水平	3.94	0.815
	S6 提升了居民生活质量和幸福感	3.92	0.802

注：评分制为5分，分数越高越认可

从赤壁市羊楼洞古镇茶文化旅游促进乡村振兴居民认同度所有的测量题项中，标准差的范围为0.736~0.992，数据的离散程度较为合理。

生态影响认同维度的总体平均分最高，分值高达4.02分。其中"美化了羊楼洞村容村貌，优化了人居环境"这一指标的平均分为4.2分，是6个题项中得分最高的，说明羊楼洞古镇生态环境良好，村容村貌优美，茶文化旅游在促进当地整体生态环境改善方面得到了当地居民的高度认可。"使资源的规划和利用更加科学、合理"这一指标的总体均值分最低，只有 3.83 分。其中"有效提升羊楼洞居民环保意识"这一表述同与其同维度的三个问题表述相比，平均分最高，达到 4.15，说明在羊楼洞古镇茶文化旅游的发展对居民环保意识的提高方面作用显著，居民认可度较高。其他 2 个表述平均分略低，"扩大绿化面积，改善了水体、空气质量"和"大幅提高羊楼洞土地利用效率"这两项的评分分别是 4.07 分和 3.86 分，说明居民对于羊楼洞古镇茶文化旅游对当地自然环境及对土地利用效率方面的认可度一般，其促进作用还需要进一步加强。

产业影响认同维度在本量表的 5 个维度中得分最低，平均分值仅有 3.78 分。其中"从事茶文化旅游生产与经营的农户大幅增多"这一表述平均分仅为 3.69 分，认可度最低。这说明当地从事茶旅生产与经营的农户数量并不是很多。而笔者在实地调研过程中通过与当地居民和农户的交流中发现，由于当地茶文化旅游业游客数量不多，旅游市场规模小，提供的就业岗位也是非常有限的，因此当地大部分居民的就业仍然是以外出务工为主。由此可见，羊楼洞古镇茶旅产业在促进居民就业创业方面的作用还比较薄弱。本维度中的最后三个题项表述的平均分非常接近，分别是 3.76 分、3.75 分、3.76 分。量表数据表明居民对茶文化旅游促进特色旅游商品销售、吸引投资项目、提高农产品附加值、优化产业结构方面的作用较为认可。当地居民反映，赤壁市政府和赵李桥镇政府非常重视羊楼洞古镇茶文化旅游的发展，并给予了很大的支持力度，茶旅产业对当地经济发展的作用还是十分显著的。

居民收入影响认同维度在量表中 5 个维度中得分位列第二，平均分高达 3.96 分，表明当地居民对于茶文化旅游带动居民增收致富的整体效果认可度高。其中"有效防止贫困户返贫，巩固脱贫成果"平均分值最高，达到了 4.03 分，居民对茶文化旅游防止贫困户返贫、助力全面小康方面的作用认可度高，表明其巩固脱贫成果的效用较为显著。"拓宽当地居民就业渠道，提高就业能力"这一题项论述为 6 个题项中得分最低的，仅有 3.87 分，这说明当地居民对于茶文化旅游提高就业能力方面认可度不高，茶文化旅游对当地就业方面的贡献还有待增强。

乡风影响认同维度的平均分值为 3.93 分，整体认可度较好。其中题项"能加深游客对茶产品和茶文化的了解"得分 4.02 分，居于 6 个题项分值榜首，表明茶文化旅游在加深游客了解羊楼洞古镇茶产品和茶文化，促进羊楼洞茶文化传播与发扬方面的作用非常显著，民众认可度高。"有效提高居民文化素质"这一题项平均分值为 3.77 分，是本维度 6 个题项排名的最末位，表明茶文化旅游在提升居民文化素质、培育良好社会风气方面的作用较差，所以认可度最低。本维度中关于发展茶文化旅游能增强居民在文化自信、文明礼仪、人际关系改善和促进中外文化交流三个题项的平均分都在 3.93～3.98 分，分值较为均衡，认可度较好，表明羊楼洞古镇茶文化旅游的发展在增强文化自信、提升社会文明、增强人民凝聚力及促进文化交流方面的作用较强。

社会治理认同维度总体平均分为 3.84 分，略高于产业影响认同维度分值，但比生态影响认同、乡风影响认同、居民收入影响认同 3 个维度的总体平均分值分别低 0.18、0.09、0.12 分，这说明当地居民对茶文化旅游增强社会治理方面的整体认可度较低。而在本维度 6 个测量题项中，"增强了当地社会公共服务能力"这一表述评分高达 3.96 分，居于 6 个题项的最高分。这说明当地居民对于茶文化旅游对当地社会公共服务能力提升方面作用显著，当地民众认可度高。其次是"有效增强当地社会治安管理"这一测量题项的平均分值为 3.85 分，位列第二，群众认可度较高。这说明当地居民对茶文化旅游在增强社会治安管理方面的效果也是比较满意的。另外三个测量题项的得分分别是 3.81、3.83 和 3.8 分，分值较为接近，整体上比较认可，但还需要进一步提升。值得注意的是本维度 6 个测量题项中得分最低的是"有助于提升基层治理水平"，平均得分为 3.77 分，说明茶文化旅游对基层治理水平方面的带动作用不够理想，还需要进一步强化。

6.5 羊楼洞古镇茶文化旅游游客满意度评价体系分析

通过对羊楼洞古镇茶文化旅游游客满意度各测量题项的平均水平和样本数据的离散程度进行描述性统计分析(见表 22)。

表 22　　　　　　　　　**茶文化旅游游客满意度描述性统计分析**

维度	题　项	平均值		标准差
景区吸引力认同	YC2 亲自参与采茶、制茶、泡茶全过程	3.58	3.63	0.933
	YC3 体验当地茶历史文化讲座和文创活动	3.70		0.950
	YC4 观看茶道表演，学习到泡茶技巧	3.57		0.898
	YC5 有丰富多彩的旅游项目，游客参与性高	3.65		0.937
景区服务质量认同	YF1 交通十分便利，景区之间的关联性很强	3.63	3.74	0.854
	YF2 美食种类多、环境整洁、价格实惠	3.68		0.859
	YF3 住宿环境干净整洁，且性价比高	3.73		0.807
	YF4 有完善的停车场、公厕等配套设施	3.70		0.879
	YF5 当地居民热情好客、民风淳朴	3.98		0.777
景区茶旅游价值认同	YZ1 远离城市的喧闹，享受美好的田园生活	4.13	4.03	0.767
	YZ2 能加深对中国茶历史文化的理解	3.96		0.830
	YZ3 能丰富自身阅历，增长见识，开阔眼界	3.95		0.836
	YZ4 增进与亲友之间的感情，增添生活乐趣	3.98		0.777
	YZ5 能陶冶情操，提高人们的艺术修养	4.01		0.824
	YX1 对游客而言是一段非常美好的旅游经历	4.08		0.767
	YX2 羊楼洞茶文化旅游高出了我的期望值	3.86		0.799
	YX3 还会重游羊楼洞，值得向亲友推荐	4.26		0.438

注：评分制为 5 分，分数越高越认可

　　羊楼洞古镇茶文化旅游游客满意度所有的测量题项中，标准差的范围是 0.438～0.950，数据的离散程度较为合理。

　　景区茶旅游价值认同维度的总体平均分最高，分值高达 4.03 分。其中"还会重游羊楼洞，值得向亲友推荐"这一题项的平均分为 4.26 分，是 8 个题项中得分最高的，"羊楼洞茶文化旅游高出了我的期望值"这一指标的总体均值分最低，只有 3.86 分，说明游客对羊楼洞古镇整体满意度较高、重游意愿较强，游客对羊楼洞茶文化旅游的整体满意度较高，但离 5 分的"非常满意"还具有一定差距。其次，"远离城市喧闹，享受美好的田园生活"这一表述与其同维度的另外 5 个表述相比,平均分最高,达到 4.13 分,说明羊楼洞古镇自然生态环境良好,乡村氛围安逸,游客满意度较高。接下来是"能陶冶情操,提高人们的艺术修养"得分为 4.01 分,说明羊楼洞茶文化旅游茶文化氛围浓厚,游客满意度较好。"能加深对中国茶历史文化的理解"和"能丰富自身阅历,增长见识,开阔眼界"2 个表述平均分略低,得分分别是 3.96 分和 3.95 分,说明游客对于羊楼洞古镇茶文化旅游茶历史、茶知识的了解还不够深入,满意度不高。

景区吸引力认同维度在本量表的 3 个维度中得分最低,平均分值仅有 3.63 分。其中"体验当地茶历史文化讲座和文创活动"这一表述平均分仅为 3.70 分,认可度最高。游客在羊楼洞古镇茶文化旅游过程中通过游览明清石板街、茶博物馆等景点,能加深对中国茶历史及羊楼洞茶文化的了解,因此游客满意度较高。本维度中的另外三个题项得分略低,"亲自参与采茶、制茶、泡茶全过程""观看茶道表演,学习泡茶技巧""有丰富多彩的旅游项目,游客参与性高"得分分别为 3.58、3.57、3.65 分,这说明游客在羊楼洞古镇茶文化旅游过程中对于茶事活动和旅游项目方面的体验感较差,满意度最低。

景区服务质量认同维度在量表中 3 个维度中得分位列第二,平均分 3.74 分,表明游客对羊楼洞古镇茶文化旅游的整体服务质量比较认可,但仍然存在不足之处。其中"当地居民热情好客、民风淳朴"平均分值最高,达到了 3.98 分,说明羊楼洞古镇乡风、服务态度良好,得到了游客的高度认可。其次是"住宿环境干净整洁,且性价比高""有完善的停车场、公厕等配套设施"得分分别为 3.73、3.70 分,说明游客对古镇民宿的环境及价格、旅游配套设施方面较为认可,但整体水平仍有较大的提升空间。再次是"美食种类多、环境整洁、价格实惠"这一题项得分为 3.68 分,说明游客对羊楼洞古镇的餐饮服务质量认可度较低。本维度中排在最后的是"交通十分便利,景区之间的关联性很强",这一题项得分仅有 3.63 分,这说明游客对于羊楼洞古镇旅游交通的认可度不高,景区可达性及与其他景区的关联性均需要进一步加强。

6.6 茶文化旅游居民及游客感知调查反映出的问题

6.6.1 茶旅产业链过短,价值链较低

通过居民的调研结果来看,居民对于产业影响认同度较低,居民参与羊楼洞

古镇茶旅产业的积极性不高，羊楼洞古镇茶旅产业在促进居民就业创业方面的作用还比较薄弱。游客调研数据来看，整体消费能力严重不足，使得羊楼洞古镇旅游经济发展缓慢，对当地乡村振兴的作用不够显著。羊楼洞古镇茶产业主要以青砖茶和米砖茶的加工和销售为主，虽然当地茶企勇于创新，研发出了便于携带的小颗粒且易冲泡的精美小粒砖茶，在包装上也针对不同的年龄群体和消费需求设计出了款式新颖的茶叶包装，转变了砖茶在消费者心目中"个头大、冲泡难、不易携带、包装沉闷"的固有印象，产品研发再创新高，但是对于砖茶以外的产品研发能力仍然非常薄弱，茶叶价值利用不够充分，比如茶美食加工、茶日化用品加工、以茶为原料的饲料加工等，茶全产业链价值依然不高。正是由于缺乏对茶叶价值的深度挖掘，羊楼洞古镇茶产业与第二产业融合水平较差，产业链太短，价值链难以提升。而在茶与旅游业的融合过程中，也仅仅是利用当地茶园、茶叶、茶文化等进行旅游观光和购物，但是羊楼洞古镇茶旅游商品种类较为单一，茶旅融合层次不高。因此，利用好羊楼洞丰富的茶叶资源，做好茶产品精深加工，加速产业融合是推进羊楼洞茶旅产业发展，增强茶旅产业对居民收入提高带动作用，进而促进乡村振兴战略目标实现的必由之路。

6.6.2　宣传力度太小，经济带动作用薄弱

从游客停留时间、消费金额、信息获取渠道及游客对茶文化旅游的意见等方面的调研数据来看，77.75%的游客停留时间为1天，80.92%的游客消费金额在1000元及以下，52.89%的游客是通过亲友推荐了解到羊楼洞古镇茶文化旅游的，认为羊楼洞古镇茶文化旅游需要加强品牌建设及加大宣传力度的游客分别占比30.06%和50%。以上数据表明，羊楼洞古镇茶文化旅游存在着旅游停留时间短、消费金额低、信息获取渠道单一、知名度不高的特点。当前，羊楼洞古镇茶文化旅游更多依靠的是游客推荐、旅行社宣传、网页推广等传统的宣传方式，没有充分利用互联网优势做好新媒体营销，使得游客无法通过更多平台和渠道获取羊楼洞古镇茶文化旅游的信息，对于羊楼洞古镇茶文化旅游的认识和了解不够深入，从而使得客源市场一直难以发展壮大，旅游经济发展效果不佳。

6.6.3　文化内涵挖掘不深，游客体验性不强

广义的茶文化包含物质文化和精神文化两个层面，物质层面的茶文化是指在

茶产业和茶文化发展进程中生产和创造的各种能够直接被人们感知到的实体物质（如茶叶、茶具、茶建筑、茶画、茶饰物等）文化；精神层面的茶文化是指人们在茶文化发展历程中不断凝练出来的各种人文精神资源，比如与茶相关的哲学、美学、制作和冲泡工艺等。然而，当前羊楼洞茶文化旅游文化内涵挖掘不深，游客体验性不强。一是茶作为羊楼洞古镇茶文化的重要物质呈现者，其包装和品质都良莠不齐，使得游客对羊楼洞古镇茶文化旅游的认同度不高。二是当前羊楼洞古镇茶文化展示主要通过茶器具展示、茶历史展示、茶叶推广、明清石板街游玩等基础层面，对茶道表演、茶技艺展示、茶俗茶礼、茶歌茶舞等深层次的茶艺术展示和与茶文化相关的旅游项目也非常少，游客很难真正融入茶文化中，茶文化的体验性和参与性较差，使得当地茶文化旅游很难给游客留下深刻印象。三是羊楼洞古镇文化内容十分丰富，却仍然有部分文化未被充分利用，如马家洞樱花文化、羊楼洞七大姓氏文化、红色革命文化等。

6.6.4 配套设施不完善，游客满意度较差

游客调研数据表明，羊楼洞古镇游客对于当地旅游交通、餐饮住宿、停车场、旅游公厕等配套设施的认可度有待提升。羊楼洞古镇地处山区村镇，景点可达性相对较差，游客以旅行社团体旅游或周边城市自驾游游客为主，乘车前来的游客相对较少，主要原因是因为乘车不便，需要经过多次转车才能到达景点。而当前羊楼洞古镇游客普遍反映古镇上就餐地点和民宿缺乏特色且容量太小。整个古镇只有 3 家民宿，星级酒店数量为 0，客房总容量只有 100 间，能为游客提供用餐服务的餐厅也屈指可数，旅游高峰期经常出现游客用餐难、住宿难的问题。在实际经营过程中，因为缺乏专业的职业技能和管理手段，餐饮民宿的环境设施和服务质量也相对较差；古镇上停车场规模较小，在节假日游客较多的时候，车位数量供不应求，经常出现道路拥堵现象，停车场管理混乱，游客怨声载道；关于景区公共厕所，一是公厕的标识牌数量太少，经常出现游客找不到厕所的尴尬现象，二是没有专人负责景区公厕的卫生打扫，环境质量较差，游客满意度较低。景区旅游配套设施不完善，严重影响了游客在羊楼洞古镇茶文化旅游的体验感，不利于羊楼洞古镇茶文化旅游市场竞争力的提高，使得茶文化旅游难以在乡村振兴中发挥应有的作用。

6.6.5 政府主导作用不强，监管主体权责不明确

一是羊楼洞古镇茶旅产业的运营和管理涉及多个部门及企业，当前，羊楼洞古镇茶旅游业主要由政府与龙头企业共同参与。政府对景区资源开发及景点发展规划起统筹主导作用，旅游龙头企业则负责具体旅游项目的开发和运营。然而，在具体的经营管理中，由于多个部门及企业共同参与，各监管单位的权责不够明确，导致景区处于"没事的时候谁都可以管，有事的时候谁都可以不管"的尴尬境地。正是景区多个部门共同经营管理且权责不明晰才导致了景区管理混乱，问题难以及时得到妥善解决，使得景区整体治理水平难以提升。二是羊楼洞古镇茶文化旅游规划与开发中，政府对于茶文化旅游发展的认识不深入，景区丰富的资源没有被充分利用起来，如：松峰山、马家洞、羊楼洞水库长裕川茶厂遗址、抗美援朝医院旧址、行善堂等。由于相关部门对羊楼洞古镇茶文化旅游的发展缺乏科学引导，羊楼洞古镇许多旅游资源被浪费，整体规模小，旅游项目单一，景区吸引力极度不足，使得羊楼洞古镇茶旅产业一直不温不火，无法成为当地乡村全面振兴的主要助力。

6.6.6 居民整体素质不高，人才基础薄弱

通过居民统计数据来看，羊楼洞古镇附近居民的文化程度以初中和高中人群为主，初中及以下、高中文化水平的人群占比分别为42.98%、28.93%。当地民众由于自身文化素质较低难以胜任茶文化旅游的经营管理及服务工作，从而使得羊楼洞古镇茶文化旅游对于当地就业方面的作用受到了一定程度的限制；从居民收入水平来看，当地居民收入主要聚集在2001~5000元，月收入5001元及以上的居民占比仅有11.57%，收入水平整体偏低；关于受访者的主要收入来源，调研结果显示，从事相关旅游经营活动的人群占比仅为28.93%，说明当地真正融入羊楼洞古镇的茶文化旅游业的居民较少。居民文化素质整体水平偏低，自身就业能力较差，使得当地茶旅游服务人员接受专业培训的效率较低，服务技能难以达到专业化水平，最终无法为游客提供优质的服务，使得羊楼洞古镇茶文化旅游整体接待水平难以提高。具体体现在：一是居民自身综合素质不高，使得他们在羊楼洞古镇茶文化旅游发展中的话语权较低；二是较低的文化水平降低了他们的就业能力，使得羊楼洞古镇茶文化旅游难以充分发挥扩大就业容量和增收创收的

作用。因此，居民自身素质也是影响他们实现生活富裕的重要因素，不利于乡村全面振兴又好又快地推进。

7. 羊楼洞古镇茶文化旅游促进乡村振兴的对策和建议

羊楼洞古镇集雄厚的茶产业、悠久的茶历史和厚重的茶文化底蕴于一体，历经数千年历史，发展成为如今闻名中外的茶旅古镇。厚重的茶文化历史是羊楼洞古镇乡村旅游的灵魂所在，但是当前茶文化旅游发展仍然存在诸多问题，对当地乡村振兴的作用和效果仍然不够显著。为进一步提高羊楼洞古镇茶文化旅游促进乡村振兴的实际成效，笔者根据研究结果提出以下建议。

7.1 大力发展茶叶深加工，加速三产融合发展

一是大力发展茶产品精深加工。茶叶精加工与深加工是有效推动茶产业提档升级、为当地居民提供更多就业岗位的重要举措。对茶叶进行创造性的精加工和深加工能大幅提高茶产业价值链，延长茶产业链，其涵盖的内容也非常广泛，比如：根据羊楼洞地区茶叶的特点和优势开发出不同价值的含有茶元素的美食饮料、护肤品、养生品、保健品等产品，以功能多样化的产品来满足消费者差异化的需求，从而带动羊楼洞地区茶产业的优化升级。羊楼洞相关部门应加大对企业的引导和支持力度，大力支持茶企进行茶叶精深加工技术的研发和创新，提升青砖茶、松峰茶、袋泡茶等茶产品的档次，积极开发速溶茶、茶多酚深加工等新型产品，通过丰富茶产品的加工形式来不断提升茶产品的产业链和价值链，助力茶产业转型升级。同时，要更加注重对茶叶生产和精深加工方面的专业人才与科技人员的培育和引进，吸引大学生，尤其是吸引懂茶产品研发的专业科技人员返乡或下乡。

二是加速产业融合，打造羊楼洞茶旅古镇新业态。除了加强羊楼洞茶叶深加工，推进第二产业的发展外，也要加强与第三产业的融合发展。要以羊楼洞青砖茶为亮点，深挖羊楼洞茶产品价值，积极探索"茶+大健康"发展模式及"茶+养生游"发展模式，将羊楼洞青砖茶与旅游业和康养产业有机结合，打造生态茶园观光基地、茶文化研学基地，塑造羊楼洞天然氧吧形象，形成丰富多彩的田园风光，促进羊楼洞古镇茶文化旅游发展，为羊楼洞空气

净化、环境保护、教育科研发挥积极作用；将当地特色文化与茶文化融合，依托古镇茶文化特色的建筑、景观、博物馆等设施，进一步规划完善餐饮、民宿、民俗演绎等旅游产品和旅游商品，并大力发展古镇文创产业，延长产业链，提升价值链；茶旅融合既有利于茶文化的传承，还有助于提升羊楼洞茶旅古镇旅游业的文化内涵，打造羊楼洞茶旅古镇名片，实现羊楼洞经济发展新局面，强化茶旅产业带动居民增收的作用，增强当地居民对茶文化旅游促进产业振兴的认同度。

7.2　加大宣传力度，扩大古镇茶文化旅游影响力

互联网宣传营销是集宣传、推广、销售、售后服务于一体的智慧营销方式，是当前社会经济发展的重要力量。羊楼洞古镇茶旅产业的宣传营销应注重传统媒介和互联网媒介相结合的方式。一是通过互联网建设羊楼洞古镇茶文化旅游官方网站或智慧文旅平台，通过平台向游客宣传和推广古镇的茶产品、茶文化、茶历史、自然环境、美食文化、住宿等旅游信息，还能在平台上通过互联网订票、订房、订餐、购买茶叶及土特产等；二是可以在抖音、淘宝、天猫、京东等自媒体平台和网络购物平台通过网店销售和直播方式进行茶叶及农产品的推销，通过多元化的销售渠道提高茶旅产品和特色农产品的销量；三是注重传统媒介营销。除了做好互联网智慧营销，还需要注重传统媒介的影响力。可以在电视、杂志上宣传，也可以在各大城市人流量多的地方进行广告投放，通过广告扩大影响力；四是与各大旅行社紧密合作，进一步加强精品旅游线路的设计和规划，如羊楼洞"2日游""3日游"等旅游套餐，通过延长游客停留时间，改变羊楼洞短期游和夜游经济差的问题，增强茶文化旅游对羊楼洞古镇住宿、餐饮等行业的辐射带动作用；同时，可以充分利用其欧亚万里茶道源头集镇的优势条件，设计和开发国际茶文化旅游线路，进一步开拓和延伸旅游市场，扩大羊楼洞古镇茶文化旅游的国际影响力。

7.3　加强文化挖掘，创建乡风文明小镇

一是在现有茶旅产品基础上增加茶园综合体旅游项目，设立羊楼洞茶叶采摘体验、茶叶制作工艺展示、茶叶制作体验、茶道演绎等，通过游客亲身参与制茶泡茶的过程，加深对羊楼洞古镇茶文化的理解和认同。

二是丰富茶事体验项目，增强游客体验性。茶文化旅游的价值功能包括休闲娱乐功能、保健养生功能、学习科普功能等，羊楼洞古镇可以充分利用当地茶叶资源，根据不同特点和旅游需求的消费者设计和开发多样化的旅游产品。比如根据老年人喜欢喝茶且注重健康的喜好，将羊楼洞古镇茶文化旅游与健康养生相结合，开发设计出羊楼洞古镇茶文化康养旅游项目，建设特色茶文化主题民宿、养老保健中心、老年公寓等，满足老年人健康养生的旅游需求。针对中年和青年旅游人群，可以打造趣味性和体验性强的文旅项目，增强羊楼洞茶文化旅游的趣味性和体验性；对于青少年，可以开发亲子旅游、茶文化研学、茶知识科普、茶叶制作工艺学习、儿童乐园等旅游项目，满足青少年增长见识、锻炼体能和愉悦身心的旅游需求。

三是多种特色文化与茶文化深度融合。羊楼洞古镇拥有丰富的文化资源，可将马家洞樱花文化、羊楼洞七大姓氏文化、红色文化、佛教文化、竹编文化、当地民间历史故事等融入茶文化之中，游客在羊楼洞古镇游览明清石板街、茶博物馆、品茶购茶的同时，还可以在圆通寺礼佛感受禅文化，到抗美援朝烈士陵园祭奠革命烈士感受红色文化，参观长裕川茶厂旧址感受茶历史，去马家洞踏春赏樱花体验樱花文化，参观和参与竹编及油纸伞制作等感受优秀传统民间技艺，通过多种文化因素的注入来丰富羊楼洞古镇乡村旅游的文化内容。

四是加强民间优秀技艺的传承与发扬。羊楼洞古镇纯手工竹编及油纸伞艺术早已久负盛名，十分珍贵，被列入非物质文化遗产名录。当前，羊楼洞古镇居民愿意从事优秀民间艺术传承的人过少，导致竹编及油纸伞技艺面临着失传的风险。为了促进民间文化艺术更好的传承发扬，笔者建议注重羊楼洞非物质文化遗产的保护与发展，加强竹编、油纸伞等民间技艺人才的培育和引进，可通过提高工资待遇、福利待遇等措施鼓励当地居民积极参与优秀民间艺术，培养更多新的非遗传承人，促进羊楼洞古镇的文化复兴。

7.4 加强基础设施建设，提升景区服务能力

配套基础设施是乡村旅游发展的重要条件，直接影响游客的舒适度和满意度，是提高乡村旅游目的地市场竞争力的重要方式之一。近年羊楼洞古镇旅游交通、停车场、公共厕所等配套设施日趋完善，但在旅游高峰期依然无法满足游客需求。针对以上问题，笔者提出以下建议：

一是加强旅游交通建设。羊楼洞古镇地理位置较为偏远，中途需要换乘车辆，且班次数量有限，游客可进入性不足。可通过适当增加旅游专线的班次和站点来解决游客乘车难的问题，并及时更新和发布车次时间和地点，方便游客及时了解乘车信息，同时在站点设立标识牌，以便更好地服务于需要乘车、转车的游客；节假日因为游客的大量涌入和景区停车场车位不足从而引发交通拥堵，为解决旅游高峰期停车难、停车乱的问题，可对景区部分道路拓宽、维修，扩建停车场，增加专业停车服务人员、交通协管员和停车场电子显示屏，积极做好景区交通疏散和游客停车服务，做到景区配套设施完备、管理服务水平高。二是加强公共设施维护与管理。笔者在实地调研中，游客反映古镇上许多公共设施标识牌不明晰，降低了游客对古镇旅游满意度。建议景区管理部门应加强旅游厕所及其他公共服务设施的建设和维护，增设更加醒目的标识牌，并聘请专业工作人员进行维护与清洁，提升游客舒适度和满意度。三是增强景区餐饮住宿服务能力。可以鼓励当地居民、大学生、退伍军人、各类能人返乡创业，打造羊楼洞古镇特色美食街、农家乐饭庄和具有羊楼洞古镇特色茶文化的主题民宿，提高餐厅及住宿的数量和质量，提升景区接待能力。四是适当增设各类旅游设施，通过加大旅游和文娱设施的建设，设计和开发丰富的旅游活动和文体项目，既可以满足游客的不同需求，还能延长游客旅游时间，增强对餐饮民宿等行业的带动作用，延长产业链。

7.5 强化政府作用，提高治理成效

一是政府部门应充分发挥主导作用。由于参与羊楼洞古镇经营管理的单位比较多，管理过程中如果权责不明晰，容易造成景区管理混乱的现象。因此政府应完善相关法律法规和管理机制，对各个经营管理单位和人员进行有效引导与约束，做到分工明确，责任清晰，考核到位，避免出现管理松散或缺位问题。二是充分挖掘羊楼洞古镇旅游资源，科学规划，长远布局。将松峰山、羊楼洞水库、长裕川茶厂遗址、抗美援朝医院旧址、行善堂等资源充分利用起来，根据各处资源的特色和优势设计特色旅游项目，不仅可以减少资源浪费、扩充羊楼洞古镇茶文化旅游的规模，还可以丰富旅游活动，提高游客体验性。三是加大对茶旅行业经营者的扶持力度。由于地理位置、经济基础、物质条件等方面的限制，羊楼洞古镇茶文化旅游在发展过程中面临着"资金难、市场难、盈利难"的"三难"困境。

政府部门应不断完善利益共享机制，让商户和村民在付出劳动成果的同时能获得相对应的回报。四是通过资金补贴、降租免租、技术指导等帮扶措施帮助村民减轻资金、技术方面的压力，通过"扶志"与"扶智"的双向结合，提高商户的经营管理水平。

7.6　健全人才培育机制，助力茶旅经济高质量发展

　　首先，可以组建茶文化旅游促进乡村振兴的领导机构，打造茶文化旅游与乡村振兴专业研究团队，以高标准专业水平深入分析羊楼洞古镇茶文化旅游资源现状，制定科学的发展路径。同时依托武汉市和咸宁市地区高校多、人才充沛的优势，与各大高校联合合作，培养羊楼洞古镇茶旅发展所需要的复合型人才。其次，建立健全羊楼洞地区乡村旅游人才奖励机制，通过各项优惠政策，吸引和鼓励研究生、大学生、退伍军人、城市精英、外出务工者加入古镇茶旅产业的发展。最后，加强对羊楼洞地区现有的乡村文化旅游人才专业知识和技能的培训，加快茶旅人才队伍建设，如羊楼洞非遗传承人、羊楼洞文化演出艺术团、茶叶种植技术团队、茶旅产品研发团队、茶旅营销及茶旅游从业人员等各类人才队伍的培训，为羊楼洞地区茶文化旅游的发展给予充足的人才保障。

7.7　坚持绿色发展理念，打造茶文化健康生态旅游名镇

　　茶文化旅游的发展使得羊楼洞古镇生态环境和村貌更加优美，改善了人们的居住环境。羊楼洞古镇应保持这一优势，努力打造羊楼洞健康茶饮品和茶文化健康生态旅游名镇。

　　一方面，实施标准化基地建设工程，保持羊楼洞古镇生态环境优势。按照"生态化、良种化、规范化、标准化"的要求和"集中连片、合理规划、规模发展"的原则，对茶旅产业的发展进行科学规划和布局；二是加大对低质低效茶园的改造和建设力度，创建一批基础设施完善、品种结构合理、标准化机械管理的绿色、生态、高效茶叶生产基地。另一方面，以羊楼洞古镇生态环境优势为亮点，进一步促进羊楼洞茶产业和茶文化旅游发展。在旅游商品方面，进行羊楼洞茶叶宣传营销时配合党的十九大作出的"实施健康中国战略的重大决策部署"，推动羊楼洞茶叶成为大健康消费浪潮中消费者首选的标志性的健康养生产品。在茶文化旅游产品方面，将羊楼洞古镇的营销宣传与茶产业健康的价值属性和"和

静致远"的文化内涵与大健康产业相结合。在推动当地发展茶文化旅游的过程中进一步扩大古镇绿化面积，改善当地水体质量和空气质量，打造羊楼洞茶文化健康生态旅游名镇，形成茶旅产业和生态环境的良性循环发展。

8. 结论与展望

8.1 研究结论

本研究在乡村振兴视域下，以赤壁市羊楼洞古镇为案例地，在乡村振兴、茶文化旅游、可持续发展等理论基础的指导下，为进一步强化羊楼洞古镇茶文化旅游促进乡村振兴的成效，运用文献分析法、调查研究法、统计分析法等多种研究方法，深入分析了赤壁市羊楼洞古镇茶文化旅游促进乡村振兴中存在的问题及原因，并提出了解决对策。

首先，本研究对乡村旅游、茶文化、茶文化旅游、游客满意度、乡村振兴、产业融合、利益相关者、可持续发展等相关理念和理论基础进行了阐述，对羊楼洞古镇茶文化旅游发展的背景、意义、必要性及发展现状进行了系统分析。

其次，为了深入了解羊楼洞古镇茶文化旅游的发展水平及其促进乡村振兴的效果，笔者分别对羊楼洞古镇的居民和游客展开了问卷调查，使用 SPSS 24.0 对调研结果进行了信度分析和效度检验，并构建了羊楼洞古镇茶文化旅游促进乡村振兴评价体系和游客满意度评价体系，通过居民对茶文化旅游促进乡村振兴的认同度和游客对羊楼洞茶文化旅游的满意度来综合评判羊楼洞古镇茶文化旅游发展水平及其促进乡村振兴的实际效果。

最后，根据实证分析的结果，对羊楼洞古镇茶文化旅游促进乡村振兴中存在的问题及原因进行了深入分析和总结，有针对性地提出了七点建议：(1)大力发展茶叶深加工，加速三产融合发展；(2)加大宣传力度，扩大古镇茶文化旅游影响力；(3)加强文化挖掘，创建乡风文明小镇；(4)加强基础设施建设，提升景区服务能力；(5)强化政府作用，提高治理成效；(6)健全人才培育机制，助力茶旅经济高质量发展；(7)坚持绿色发展理念，打造茶文化健康生态旅游名镇。

希望以上对策和建议能有效提高羊楼洞古镇茶文化旅游发展水平，进一步强化茶文化旅游促进乡村振兴的实际成效，助力羊楼洞地区尽快实现乡村全面振兴。

8.2 研究不足与展望

（1）本研究以赤壁市羊楼洞古镇为研究对象，但因受到研究成本和时间的限制，只选择了部分居民、商户和部分游客作为调查对象，并没有完全覆盖所有的居民、商户和游客，因此在后续的研究中，可以进一步扩大研究对象的范围和研究的样本量。

（2）由于笔者学术能力、理论知识等方面存在诸多不足，对羊楼洞古镇茶文化旅游和乡村振兴战略缺乏深层次的理解，建立评价体系选取的指标还不够全面。在后期研究中，还需多查阅和总结关于茶文化旅游与乡村振兴的文献资料，总结和学习前人先进经验，进一步拓展研究方法、研究范围、研究对象及影响因素等，对案例地的人文历史、特色产业、乡村振兴等方面的发展情况进行更加深入而全面的调查研究。

参 考 文 献

[1]杨军昌，颜全己．非遗茶文化特征与茶文化产业研究[J]．贵州民族研究，2020，41(12)：131-138.

[2]彭桂芳．茶文化产业的特征及发展模式探析[J]．农业考古，2021(5)：25-30.

[3]李欢，杨亦扬．乡村振兴背景下江苏茶文化旅游的休闲农业发展策略[J]．江苏农业科学，2021，49(16)：8-12.

[4]陈晓琴．基于 SWOT 分析的溧阳茶文化旅游开发路径研究[J]．福建茶叶，2017，39(11)：123-125.

[5]白美丽．对茶文化旅游概念及相关问题的认识[J]．福建茶叶，2017，39(8)：99-100.

[6]吕左学．略论乡村茶文化旅游的重要意义和项目实施[J]．文化产业，2021(23)：164-165.

[7]陈润卿．乡村振兴背景下我国茶文化旅游发展研究[J]．北方经贸，2020(7)：155-157.

[8]王珊珊,徐淑梅.基于游客满意度的漠河北极村旅游发展问题及对策研究[J].边疆经济与文化,2021(7):51-55.

[9]黎玲.乡村文旅融合对游客满意度的影响研究——基于场景理论的实证分析[J].技术经济与管理研究,2021(4):100-104.

[10]王辉,宋欣哲.基于顾客价值理论的海岛游客满意度影响因素评价:以大连市王家岛、石城岛为例[J].首都师范大学学报,2021,42(4):56-61.

[11]文君彩.基于文化旅游与旅游文化概念的研究综述[J].知识经济,2016(3):80.

[12]韦家瑜.桂北少数民族饮食文化资源旅游开发研究[D].桂林:广西师范大学,2005.

[13]蒙吉军,崔凤军.北京市文化旅游开发研究[J].北京联合大学学报,2001(1):139-143.

[14]鲁洋静.旅游文化与文化旅游:理论与实践的若干问题[J].中国集体经济,2021(27):135-136.

[15]高雅,杨立敏,杨海滨.基于感知价值的鄯善县乡村旅游游客满意度研究[J].湖北农业科学,2021,60(6):193-200.

[16]吴江洲.麓山景区游客满意度测评分析[J].文史博览,2008(11):70-72.

[17]张婧.基于全域旅游视角的弥勒市游客满意度研究[D].昆明:云南财经大学,2020.

[18]施佳伟.乡村振兴旅游路径的准入评价研究——以桂林龙胜县为例[D].南宁:广西大学,2020.

[19]孙永龙,王春慧,陈娓.乡村振兴背景下甘肃民族地区乡村旅游发展效应研究[J].西北民族大学学报(哲学社会科学版),2021(5):82-91.

[20]马瑛,吴冰,贾榕榕.乡村旅游引导乡村振兴绩效评价研究——以太原市王吴村为例[J].中国农业资源与区划,2021,42(12):124-131.

[21]徐超.基于Fuzzy-IPA的乡村旅游游客满意度测评研究——以安徽三瓜公社景区为例[J].台湾农业探索,2020(5):27-34.

[22]朱燕云.湘丰茶园游客满意度调查研究[D].长沙:中南林业科技大学,2019.

[23]王志.旅游体验视角下日照市茶文化旅游发展研究[D].曲阜:曲阜师范大

学，2021.

[24] 布买儿燕·开里木. 乡村旅游感知价值对满意度与忠诚度的影响研究[D].
乌鲁木齐：新疆大学，2020.

[25] 郑琼娥，雷国铨. 三产融合与茶产业转型升级：问题、驱动力与路径[J].
学术交流，2019(5)：114-123.

[26] 朱虹. 抢抓"一带一路"新机遇，推动江西茶产业转型升级[J]. 江西社会科
学，2015，35(10)：5-8.

[27] 陈彤敏，郑静，程丛喜. 基于"互联网+"视角的乡村旅游产品营销[J]. 武
汉轻工大学学报，2017，36(4)：72-76.

[28] 高水练，余文权，林伟明，等. 茶叶产业链运行绩效影响因素的作用路径研
究——基于福建省 1036 个样本数据[J]. 东南学术，2014(2)：121-129.

附录 A
赤壁市羊楼洞古镇茶文化旅游促进乡村振兴调查问卷

尊敬的先生/女士：

您好！首先请原谅我需要占用一点您的时间，本次问卷调查是为了了解您对羊楼洞茶文化旅游业的态度和意愿情况，以便为羊楼洞地区乡村振兴及乡村旅游的发展提供帮助和支持。本次调查为不记名调查，调查结果仅作为学术研究的数据支持，不会另作他用，请您放心填写。感谢您的支持和配合！

一、受访者信息

1. 您的性别是？（　　　）

　　A. 男　　　　　　　　B. 女

2. 您的年龄是？（　　　）

　　A. 18 岁以下　　　　B. 19~27 岁　　　　C. 28~35 岁

　　D. 36~60 岁　　　　E. 60 岁以上

3. 您的受教育程度是？（　　　）

　　A. 初中及以下　　　B. 高中　　　　　　C. 大专

　　D. 大学本科　　　　E. 研究生及以上

4. 您的户口类型是？（　　　）

　　A. 农业户口　　　　B. 非农业户口

5. 您的月收入是？（　　　）

　　A. 2000 元及以下　　B. 2001~3000 元　　C. 3001~5000 元

　　D. 5001 元及以上

6. 您的主要收入来源是？（　　　）

　　A. 从事茶产业　　　B. 相关旅游经营活动　　C. 其他

二、羊楼洞古镇茶文化旅游居民认同度调查

下面我们将基于您的评价对羊楼洞古镇茶文化旅游促进乡村振兴的真实情况进行评判，请从以下 5 个选项中选出最符合您的意见或您最认同的答案，敬请如实填写，您的意见对于科研及地区发展具有非常重要的意义。(请根据您真实想法，在相应的答案上打"✓")

产业影响认同维度					
观　点	非常认同	认同	一般	不认同	非常不认同
C1　发展茶文化旅游能够促进茶叶销售，带动区域经济增长					
C2　发展茶文化旅游过程中，从事茶叶生产与经营的农户大幅增多					
C3　发展茶文化旅游能够促进一二三产业融合发展					
C4　发展茶文化旅游大幅提高了本地特色旅游商品的销售量					
C5　发展茶文化旅游能够快速提升羊楼洞知名度，吸引更多投资项目					
C6　发展茶文化旅游能够提升当地农产品附加值，优化产业结构					
生态影响认同维度					
观　点	非常认同	认同	一般	不认同	非常不认同
F1　发展茶文化旅游扩大了绿化面积，改善了水体质量和空气质量					
F2　发展茶文化旅游使当地自然资源的规划和利用更加科学、合理					
F3　发展茶文化旅游能促进当地古村落和文化遗迹的修复与保护					
F4　发展茶文化旅游能大幅提高羊楼洞土地利用效率					
F5　发展茶文化旅游能有效提升羊楼洞居民环保意识					
F6　发展茶文化旅游美化了羊楼洞村容村貌，优化了人居环境					

续表

乡风影响认同维度

观　　点	非常认同	认同	一般	不认同	非常不认同
Z1　发展茶文化旅游能加深游客对茶产品和茶文化的了解，促进茶文化的传承与发扬					
Z2　发展茶文化旅游能帮助当地居民深入了解羊楼洞茶文化，增强文化自信					
Z3　发展茶文化旅游能使本地居民更加注重文明礼仪，改善当地社会精神风貌					
Z4　发展茶文化旅游既保护了地方传统文化，还促进了与外界的文化交流					
Z5　发展茶文化旅游有助于改善人际关系，增强居民凝聚力					
Z6　居民参与茶文化旅游能有效提高居民文化素质，有助于形成良好的社会风气					

社会治理认同维度

观　　点	非常认同	认同	一般	不认同	非常不认同
X1　发展茶文化旅游能有效增强当地社会治安管理					
X2　发展茶文化乡村旅游能大幅提升当地居民法律意识和安保意识					
X3　发展茶文化旅游有助于当地基础设施建设					
X4　发展茶文化旅游有助于提升基层治理水平					
X5　发展茶文化旅游增强了当地社会公共服务能力					
X6　发展茶文化旅游提高居民的社会自治能力					

居民收入影响认同维度

观　　点	非常认同	认同	一般	不认同	非常不认同
S1　发展茶文化旅游能为居民创造更多就业、创业机会					

续表

居民收入影响认同维度					
观　点	非常认同	认同	一般	不认同	非常不认同
S2　发展茶文化旅游能拓宽居民就业渠道，提高就业能力					
S3　发展茶文化旅游能为居民提供持续性收入					
S4　发展茶文化旅游能有效防止当地贫困户返贫，巩固脱贫成果					
S5　发展茶文化旅游有助于提高当地居民消费水平					
S6　发展茶文化旅游提升了居民生活质量和幸福感					

附录 B
赤壁市羊楼洞古镇茶文化乡村旅游游客满意度调查问卷

尊敬的先生/女士：

    您好！首先请原谅我需要占用一点您的时间，该问卷调查仅用于羊楼洞古镇茶文化旅游方面的学术研究，不会另作他用，请您放心填写。感谢您的支持和配合！

一、受访者信息

1. 您的性别是(   )。

    A. 男　　　　　　　　B. 女

2. 您的年龄是(   )。

    A. 18 岁及以下　　　　B. 19~27 岁　　　　C. 28~35 岁

    D. 36~60 岁　　　　　E. 61 岁及以上

3. 您的受教育程度是(   )。

    A. 初中及以下　　　　B. 高中　　　　　　C. 大专

    D. 大学本科　　　　　E. 研究生及以上

4. 您的职业是(   )。

    A. 政府工作　　　　　B. 学校或科研工作　　C. 个体工商户

    D. 自由职业　　　　　E. 学生　　　　　　　F. 其他

5. 您的月收入是(   )。

    A. 3000 元及以下　　　B. 3001~5000 元　　　C. 5001~8000

    D. 8001~10000 元　　　E. 10001 元及以上

二、游客行为特征调查

1. 您计划在羊楼洞停留几天时间？(   )

    A. 1 天　　　B. 2 至 3 天　　　C. 4 至 5 天　　　D. 5 天以上

2. 您预计本次在羊楼洞的茶旅消费金额是多少？(   )

    A. 1000 元及以下　　　B. 1001~2000 元　　　C. 2001~3000 元

D. 3001 元及以上

3. 您是通过什么方式了解到羊楼洞砖茶文化旅游的？（多选）（　　）

　　A. 亲友推荐　　　　　　　　B. OTA 平台（携程、去哪儿等）

　　C. 互联网平台（微博、微信公众号、抖音等）

　　D. 传统媒介（电视广播、报纸或杂志、旅游宣传手册、传单）

　　E. 旅行社介绍　　　　　F. 其他

4. 您本次到羊楼洞古镇砖茶文化旅游的目的是？（多选）（　　）

　　A. 观光度假　　　　　B. 休闲养生　　　　　C. 体验茶文化

　　D. 商务会谈　　　　　E. 购买茶叶　　　　　F. 其他

5. 您喜欢以下哪些茶旅游商品？（多选）（　　）

　　A. 羊楼洞茶叶　　　　B. 茶具　　　　　　C. 茶美食

　　D. 特色农产品　　　　E. 茶文化书籍　　　F. 其他

6. 您对以下哪些茶文旅项目较感兴趣？（多选）（　　）

　　A. 利用互联网在线认领茶叶通过线上浇水、施肥等方式培育，成熟后本人线
　　　　下采摘

　　B. 体验式茶旅，通过学习茶艺茶食制作，品尝自己的劳动果实

　　C. 入住羊楼洞古风茶文化元素民宿，体验明清时期的羊楼洞生活

　　D. 体验特色茶娱乐项目（茶馆、茶剧院、茶浴、茶疗）

7. 您本次在羊楼洞古镇参与了哪些茶文旅项目？（多选）（　　）

　　A. 茶园观光　　　　　　　　B. 参观茶博物馆

　　C. 采茶、制茶、品茶、赏茶、鉴茶等茶事活动

　　D. 茶知识、茶历史科普　　　E. 茶俗茶礼等特色民俗体验

　　F. 茶道、茶艺、茶歌等茶艺表演　　G. 其他

8. 您对羊楼洞砖茶文化旅游哪些方面感到满意？（多选）（　　）

　　A. 景观风貌　　　　　B. 生态环境　　　　　C. 人文历史

　　D. 文娱项目　　　　　E. 民俗风情　　　　　F. 餐饮服务

　　G. 住宿服务　　　　　H. 景区管理水平　　　I. 文创产品

9. 您认为羊楼洞砖茶文化旅游的发展应该从哪些方面改进？（多选）（　　）

　　A. 完善旅游交通，加强与其他景点的关联性

　　B. 改善羊楼洞茶文化旅游的配套设施

C. 丰富羊楼洞茶旅项目和大型旅游活动

D. 加大宣传力度，拓宽宣传渠道

E. 提高品牌意识，加强品牌建设

F. 进一步挖掘茶文化，提高茶旅游文化内涵

G. 保持和维护羊楼洞茶旅小镇建筑及文化内涵的原真性

三、游客对羊楼洞古镇茶文化旅游的满意度调查

下面我们将基于您的评价对羊楼洞古镇茶文化旅游发展水平进行综合评价，请您从以下 5 个选项中选出最符合您的感受或您最认同的答案，您的意见对于科研及地区发展具有非常重要的意义。（请根据您的真实想法，在相应的答案上打"√"）

景区吸引力认同维度					
观　　点	非常认同	认同	一般	不认同	非常不认同
YC1　在羊楼洞茶文化旅游中能欣赏到当地优美的自然风光					
YC2　在茶旅游中能亲自参与和体验采茶、制茶、泡茶全过程					
YC3　在茶旅游中能体验到羊楼洞茶历史、茶文化讲座和特色文创活动					
YC4　在茶旅游中能观看和体验茶道表演，学习羊楼洞砖茶的泡茶技巧和其他相关知识					
YC5　羊楼洞有丰富多彩的旅游项目，游客参与性高，给游客创造了十分美好的旅游体验					
景区服务质量认同维度					
观　　点	非常认同	认同	一般	不认同	非常不认同
YF1　羊楼洞古镇交通十分便利，而且与其他景区之间的关联性很强					
YF2　羊楼洞古镇餐饮特色美食种类多、环境整洁、服务态度好而且价格实惠					

续表

景区服务质量认同维度					
YF3	羊楼洞古镇住宿环境整洁、卫生状况良好，很有当地特色，性价比高				
YF4	羊楼洞古镇停车场、网络、公厕等配套基础设施非常完善，是一个绝佳的旅游胜地				
YF5	羊楼洞古镇居民热情好客、民风淳朴				

景区茶旅游价值认同维度					
观　　点	非常认同	认同	一般	不认同	非常不认同
YZ1　羊楼洞茶文化旅游能远离城市的喧闹，享受宁静而美好的田园生活					
YZ2　羊楼洞茶文化旅游能加深对中国的茶文化和茶历史的理解					
YZ3　羊楼洞茶文化旅游能丰富自身阅历，增长见识，开阔眼界					
YZ4　羊楼洞茶文化旅游能增进与亲友之间的感情，增添生活乐趣					
YZ5　羊楼洞茶文化旅游能陶冶情操，培养高雅的志趣，提高人们的艺术修养					

羊楼洞砖茶旅游整体满意度					
观　　点	非常认同	认同	一般	不认同	非常不认同
YX1　羊楼洞的茶文化旅游很有地方特色，对游客而言是一段非常美好的旅游经历					
YX2　羊楼洞的茶文化旅游高出了我的期望值，本次旅游非常满意					
YX3　还会重游羊楼洞，此处茶文化旅游值得向亲友推荐					

您对羊楼洞茶文化乡村旅游的发展有什么好的意见和建议？

洪湖市红色文化与乡村旅游深度
融合发展研究

1. 研究背景

　　我国现代乡村旅游是在 20 世纪 80 年代出现在农村区域的一种新型的旅游模式，尤其是在 20 世纪 90 年代以后发展迅速，旅游者的旅游动机明显区别于回老家的传统旅游者。现代乡村旅游业发展起来之后，对于农村经济具有重要的推动作用，一方面提高了地方的财政收入，另一方面也为当地居民提供了更多的就业机会，为当地的传统经济注入了新的活力，也带动其他产业的发展。近年来，现代特色旅游蓬勃发展，旅游者迅速增加，乡村旅游已成为促进乡村振兴的有效手段。乡村旅游自 1998 年原国家旅游局推出"华夏城乡游"从而形成第一次乡村旅游热以来，受我国经济高速发展以及各级政府大力开发和推广的影响，乡村旅游呈现出了非常强劲的发展态势，并逐步辐射到了全国。时至今日，形成了相当大的发展规模。

　　为更好传承红色文化，红色旅游也随之兴起，红色旅游作为革命文化传承的有效载体，在现实生活中有着潜移默化的作用。2018 年 7 月时任文化和旅游部政策法规司司长饶权在中华人民共和国国务院新闻办公室发布会中指出，在当下中国旅游业的发展过程中，红色旅游的重要性不容忽视，要利用红色旅游有效地引导人们去感受不同的革命历史文化，接受革命文化的洗礼，潜移默化地提升人们的意识与觉悟。2018 年发布的《关于实施革命文物保护利用工程（2018—2022年）的意见》，明确指出要重点打造高品质的研学旅游、体验旅游等相关项目，为更好地发展革命老区提供辅助与支持。相关领导特别强调，在推行红色旅游的过程中，要保证旅游发展的整体质量，充分利用革命文物资源的价值，推出多样化的红色文化主题项目，当红色旅游产品的文化内涵上升到较高的档次时，确保旅游的服务质量。近年，经济的腾飞无疑带动了旅游业的迅猛发展，红色旅游产业推出之后，在旅游市场上迎来了全面发展，并且成为我国旅游业发展的核心组成部分之一。《国内旅游市场前瞻与投资战略分析报告》中的有关数据显示，2015—2017 年，我国实现了 9295 亿元的红色旅游收入；2019 年这一数据达到 5845 亿元，在 2019—2023 年，可实现 14.04% 的年均复合增长率，2023 年前后，国内红色旅游将创造 9886 亿元的综合收入。

洪湖市地处湖北省中南部，江汉平原东南端，属于具有代表性的区域，拥有大量的红色文化沉淀。在第二次国内革命战争时期，洪湖是当时的湘鄂西革命根据地的核心，在这里形成了大量的革命遗迹并传承下来珍贵的红色精神，共同构成了洪湖红色文化资源。目前革命旧址遗迹超过 500 处。其中包括著名的瞿家湾湘鄂西革命根据地旧址群、戴家场秋收暴动纪念地及纪念碑、湘鄂西革命烈士陵园等红色文化资源。据《洪湖简史》等相关资料可知，1927 年 9 月 10 日，戴家场便树起起义的旗帜，从此打开了湘鄂西地区土地革命的大门。在当时，革命的组织和开展都以洪湖作为主要根据地。1927—1949 年，经过土地革命和解放战争，共有 54800 多名烈士牺牲，有 6677 人已查清身份并且登记在册。

洪湖革命根据地有其自身的特征，是以河湖港为基础而构建的一个革命基地。当地地形复杂，拥有各种规模湖泊 300 多个，而洪湖是面积最大的一个湖泊。在其南北各为长江与汉水，更有大量的河流在区域内穿梭而行；湖畔有大量的芦苇，生长茂密；湖中不计其数的大小墩子也成为一景。当时的红军、赤卫队正是充分借助了这里的地理优势对敌人展开袭击。这里存在着大量的珍贵红色记忆，为当代发展红色文化旅游提供了重要的文化资源基础。洪湖市的红色文化是在战争年代不畏牺牲所形成的珍贵文化精神，这种精神值得我们代代永传。

洪湖目前有数百个保护良好的革命旧址，同时也形成了各种文艺作品。在其革命期间，各类制度文化也对湘鄂西苏区红色政权的巩固与发展提供了重要的支撑，这对于当代社会的发展也具有积极的借鉴意义。洪湖革命根据地的英勇之士，不畏战火，不惧生死，以血肉书写青春，以生命铸就民族独立，他们所留下的精神文化、革命精神，值得我们当代人学习，也需要我们一代代相传。利用这些旧址遗迹、文艺作品等，不仅可以有效地提升整体价值，同时还可以有效地发扬革命文化精神。但是根据笔者的实地调研发现，从整体上来看，洪湖市的红色旅游业未成为当地重要的支柱产业。旅游基础设施建设落后；旅游内容与方式简单；红色文化、乡土文化及旅游融合价值发掘不够；红旅融合层次不高等，即红色文化与乡村旅游融合深度不够。因此，研究如何有效推动洪湖市红色文化与乡村旅游融合发展，在理论与实践层面都具有重要意义。

2. 相关概念及理论基础

2.1 相关概念界定

2.1.1 乡村旅游

乡村旅游在早期有很多种定义，但大多肯定了它是基于农业演变而产生的一种产业。而随着该产业的进一步发展，"乡村旅游"的概念才被正式地确定下来，可对它的特征以及实际含义，每个学者的理解都不一样。乡村旅游最初起源于英国，然后在整个欧美发达国家得到了较快发展，国外学者在很早之前就研究"乡村旅游"这一概念，他们主要通过对其实际的含义以及类似概念的不同来划分和界定。故不能以城市和乡村的区域划分对其进行简单的界定；乡村旅游形式各异，不但有着农村旅游形式，同时其他形式也包含在内。尽管国内外学者对于乡村旅游的定义各有差别，但是现在专家达成统一意见的概念是：乡村旅游最主要的核心内容便是乡村性，它是将乡村作为主要的活动场所，利用乡村的传统村落（也可以称为古村落）、自然以及文化资源等，在保持其鲜明的地域性基础上，科学地进行改造，把购物、观摩、旅游等结合到一起，和城市景区体验是完全不同的，乡村旅游呈现的是另一种旅游形式。根据这个来对乡村旅游进行定义，简单来说就是以乡村为主，通过鲜明的乡村性、地域性的旅游方式，吸引和招揽游客的一种旅游活动。

2.1.2 红色文化

红色文化是在如火如荼的革命战争年代，由中国共产党人、先进分子和人民群众共同创造并极具中国特色的先进文化。它不仅仅是凝聚着先辈们不断开拓的奋斗精神，更是具备着我国优秀传统文化的精华。红色文化具备极强的延续性和传承性，能够帮助广大群众实现素质的提升，为和谐社会的创建也创造了良好的条件。

改革开放 40 多年以来，我国居民物质生活有了大大的提高，但在具备了丰富充裕的物质生活时，部分人的心灵与精神却日渐"贫瘠"。而"红色文化热潮"的出现，满足了人们的精神需求。在该时期，一些红色题材电影的不断播出、红歌的传唱、红色之旅的宣传推广以及红色经典小说的多次出版，均取得了超乎预期的效果，使人们对红色文化的回忆再次被唤醒，从而让红色文化得到了重视。

近些年，文化产业的飞快发展，使得红色文化在我国已经逐渐成为具备着超大潜力、不可或缺的力量，它不但对我国传播优秀传统文化非常有利，而且还能够把红色文化资源有效地转为经济资源。红色文化产业在我国却有着非常好的发展前景，因为它同我国的发展是相符的。目前，红色文化产业已经成为我国的一个重要产业，唯有把红色文化转成具体实际的文化产业，该产业才能够保持旺盛的生命力与活力。把红色文化有效地融入现代文化产业，最大化地达成社会经济效益，传承以及弘扬红色精神，使其成为促进改革发展的重要核心力量，将会是我国各学者专家以及党政领导干部一直研讨的话题。

2.1.3 红旅融合

红旅融合即红色教育（文化）综合体，即以红旅资源为根基，在红色文化指引下，综合开发并合理利用旅游资源，在互动式发展过程中，引导人们深度体验红色文化、感悟红色精神、开发红色文创产品，这涉及农业、文教、旅游等一系列的产业类型及功能。各红色旅游地区积极挖掘本地区的红色文化内涵以及资源，充分发展红色旅游产业，大大提升了当地的经济效益。中国革命老根据地有着悠久的历史，红色文化积淀深厚。红色旅游隶属于文旅产业，属于文化和旅游这两大产业的有机结合。

2.2 研究理论基础

2.2.1 产业融合理论

产业融合过程中，占据主导地位是知识产业，依托于(农业)第一产业，在(工业)第二产业传导下，依靠(服务业)第三产业和(信息产业)第四产业进行(知识)第五产业的培育。立足于产业视角来优化配置各类资源，优化资源并实现资源的再生，为产业的升级与转型奠定坚实根基。以第三产业为核心的产业融合不仅体现了以人为本的发展理念，而且可以提高产业和产品的附加值，不断形成新的经济增长点。就现代经济体系来看，产业整合为产业升级创造了良好的条件。从根本上来讲，产业一体化以城乡和区域的一体化为核心。它是城乡一体化和区域一体化的核心、纽带和催化剂。产业网络是能够有效实现产业整合的企业组织形式、运营模式以及产业组织形态。

产业融合不仅对于推动传统产业创新很有帮助，还能够推动产业发展以及产业结构的不断优化。因为高科技产业最容易同其他产业结合，结合中出现的新产品、技术以及服务在满足了人们需求的同时，还代替了部分传统的产品、技术或者是服务，使得传统产业市场需求不断地收缩、衰退。除此之外，产业结合出现的新技术，改变了传统产业的服务以及生产模式，推动了传统产业产品的逐渐升级，在不断竞争或者是合作的变化中促进市场结构的合理化。

2.2.2 红色旅游相关理论

红色旅游主要是以中国共产党领导人民在革命和战争时期建树丰功伟绩所形成的纪念地、标志物为载体，以其所承载的革命历史、革命事迹和革命精神为内涵，组织接待旅游者开展缅怀学习、参观游览的主题性旅游活动。在第十三个五年规划时期，中央政府为了更好地发挥爱国主义教育基地的教育作用，扩展了一些红色旅游内容，由第一次鸦片战争至近现代社会，中华民族在反外侵战争中所积累的丰富的历史文化资源，以及在中国曾经发生的能够将伟大革命精神得以充分展现的事件、人物事迹以及活动，选入红色旅游范围，就此将传统文化更好地继承下去，将奋斗精神宣扬出去。红色旅游不同于其他旅游形式，它是一个全新的旅游主题，将绿色乡村景观很好地融入红色文化旅游景点中，在进行红色革命教育的同时，又推动了当地旅游业的发展。它打造出来的红色经典风景旅游区，既能够观赏景色，又能够增进对革命历史知识的了解，使其成为具备重要教育意义的红色文化产业。

2.2.3　可持续性发展理论

可持续发展要求在现代人需求得以满足的基础上，不能对后代需求的满足造成任何的不良影响。它以公平性、可持续性和共同性为三项基本原则。布伦特兰对可持续发展概念所做出的解读为，"在现代人需求得以满足的同时，要保证后代需求同样能够得到满足，这是一种新型的发展理念"。该概念的判定是，现在的发展模式不仅仅要符合现在人的需求，还不能够损害或者影响后代人的需求。公平原则即人们能够平等地享有各种机会。在可持续发展理论中，公平原则由两方面共同构成：（1）横向公平——当代人之间的公平；（2）纵向公平——不同代际的公平。可持续发展的内涵为，在当代人需求得以满足的基础上，让其美好生活需求也有机会得到满足。可持续性原则指的是，生态环境受损情况下，可对生态系统进行持续修复和不间断的发展。共同性原则是以地球整体为基点的。可持续发展要求整个地球的发展过程能够一直持续下去。它需要争取全球范围内的行动与配合，这是全球共同的道德和责任。

2.2.4　高质量发展理论

党的十九大首次将"高质量发展"的概念明确提了出来，由此可见，国内经济发展已经由高速增长模式向高质量发展模式转变。党的十九大报告提到了"构建绿色可持续发展的经济体系"，这不仅为当前社会指明了发展方向，还成为现在最重要的时代课题之一。高质量发展其实是较为创新的一种发展理念，它立足于根本，掌控着全局，着眼于未来。它的出现是为了解决现在的发展难题，主要目标是提高发展动力、改进当前的经济结构以及发展模式。高质量发展，是满足人们生活需要，使创新成为主要发展动力、绿色可持续成为最基本的形态的一种发展。具体在本研究中，洪湖市红色文化与乡村旅游深度融合发展是推动当地乡村旅游业发展必须经过的路线，它不仅对保护洪湖市历史文化遗产以及自然环境很有帮助，还推动了旅游资源的有效利用，促进该市经济朝着高质量的方向不断发展。

3. 洪湖市红色文化与乡村旅游深度融合发展的价值分析

红色文化结合乡村旅游业产生的新产业体系以及业态，是能够提高洪湖人民生活水平的一种"幸福产业"。将红色文化科学融入乡村旅游业中，对提高洪湖地区旅游核心竞争能力、塑造独特的旅游品牌形象、增强生态文明建设、打造具备乡村特色的旅游产品以及增强新基础设施设备的建设将起到至关紧要的作用。

3.1 推动红色旅游产业提质增效，加快旅游产业转型升级发展

乡村旅游业转型发展，从本质看，便是对其现在的产业结构进行优化，将乡村旅游产业结构里可能存在的有关问题合理调整，加快乡村旅游经济增长方式的转变，使乡村旅游产业链能够不断延长，这是乡村旅游经济从一开始的粗放型转变成当前的集约型最常用的方法。为满足乡村旅游需求变化，不断丰富乡村旅游市场，给人们带来各种乡村旅游产品，就需要去加快乡村旅游业的转型以及升级，促进其朝着高质、优质的方向不断发展。将红色文化有效地融入乡村旅游业中，不但能够出现新产业、技术和产品，刺激人们去消费，还能增进对红色旅游产业的投资，大大提升洪湖市的红旅投资活力。其中红色文化结合乡村旅游发展出现的旅游业态，包括革命体验、红色研学旅游以及企业团建等均能够促进洪湖市的第一产业、第二产业和第三产业的进一步融合，提高该地红色文化旅游产品的价值，整体推动洪湖市的乡村旅游产业振兴。

3.2 加强对红色文化挖掘，塑造洪湖市鲜明旅游形象

中国人自古以来就有着红色情结，它流动在民族的血脉里，以文化基因为形式得到了传承。在近代，红色文化是党和人民在革命时期一同建造的具备中国传统特色的优秀文化。促进红色文化和乡村旅游深度融合发展，红色文化是魂。洪湖市要加强对洪湖市红色文化的保护与传承，深挖红色文化内涵、打造洪湖红色旅游品牌产品。从这里就可以看出，红色文化不仅是洪湖市最具备代表性的旅游

文化，还是最具备独占性的旅游文化。红色文化和旅游融合发展，可以产生"1+
1 大于 2"的效果和收益，促进乡村旅游朝着优质方向不断发展。将该市红色文化
有效地融入乡村旅游中，一是能够更好地传承和保护洪湖市的红色文化，打造出
该地的主要品牌产品，提升洪湖市在湖北省甚至全国范围内的旅游品位以及核心
竞争力；二是红色文化与乡村旅游的结合，最主要的目的是利用乡村旅游创新，
满足现代人个性化的旅游需求。洪湖市拥有大量的红色文化资源和众多的红旅景
点，乡村景点同样丰富，加深对洪湖市红色文化的充分挖掘以及有效利用，可为
洪湖市乡村旅游发展注入新鲜的要素，积累人气。通过积极宣传推广该地区的红
色文化，塑造出其独特的旅游品牌形象。

3.3 缩小地区经济发展差距，实现区域协调平衡发展

红色旅游资源属于我国重要发展资源之一。红色文化和乡村旅游产业彻底交
融的发展，不但可以激发人们在丰富的体验中感悟思想与文化等强有力的精神力
量，而且有助于从实际出发发扬红色传统、传承红色基因，还能保护生态环境，
最大程度挖掘并运用红色旅游资源，提高红色旅游整体性效益，实现社会、经济
和生态这三种效益的高度融合。开发红色旅游资源有助于生态宜居、乡村产业繁
荣、治理有效、生活富足、乡风文明，能推进当地经济发展。随着洪湖市旅游产
业飞速发展，旅游业获得了较好的收益。洪湖市为了大力发展红旅产业，在 2018
年将"以政府为主导、市场化运作"的发展战略确定下来，在旅游产业发展过程
中，以产业的升级与转型为核心。根据相关数据可知，在 2018 年的国庆长假，
旅游业获得的收益为 7389.75 万元。洪湖市作为直接旅游从业者多达 37 万人，
为洪湖市提供了新型行业的就业岗位 39 万余个，从事旅游产业的人口占据洪湖
市所有居住人口的约 36%，另外乡村红色旅游就业人数的平均工资比常规工作的
人均工资高约 32%，其中瞿家湾旅游风景区附近的村镇由最初的贫困村发展为洪
湖市最具有代表性的美丽、富裕乡村。

洪湖市红色文化和乡村旅游的深度融合以及相关发展不但能开拓洪湖所在地
区的村民收入提高、共同富裕的道路，在融合过程中有助于激发新型的乡村产业
发展，以此推进洪湖当地农村的剩余劳动力再就业，促使旅游业以及第三产业进
一步发展。不但能够提高农村就业人员的收益，而且能带动城市和乡村相互间的

生产要素的交换互动，缩小地方城乡经济的差距，以此提升整个城市的劳动生产效能，带动城乡经济一体化的发展进程，实现区域协调平衡发展。

3.4 推动红旅产业高质量绿色发展，改善区域人居环境

党在革命、建设和改革工作中，逐步创建了宝贵的红色文化资源，这是属于我们华夏儿女的一项精神财富。当前，洪湖在发展红旅融合时期趋近于大发展以及大建设的关键历史节点，发展在有所作为的重要战略机遇时期。但是洪湖市的乡村旅游发展依靠的只有当地的生态环境优势，而红色文化与乡村旅游融合发展不仅需要保护红色文化资源，还需要重视生态环境的保护。乡村旅游与红色文化互相融合发展有助于带动凭借村镇示范、产业创建的劳动农民提升自身的环境保护素养，自觉遵循文明生活方式，自发维护自然环境的意识，获取更有助于环保的工作方式，为村镇生态宜居的建设添砖加瓦，改变乡村人口的居住环境，构建更美家园。红色文化和乡村旅游高质量深度融合有助于洪湖市绿色经济带建设的发展，优化区域居住人口的居住环境。

3.5 完善配套的政策，促进洪湖市旅游产业可持续发展

就红色旅游产业来看，其基础设施建设指的是那些将各个景区和景点连接起来的道路、指引标识、卫生间、商店等一系列的配套服务设施；红旅产品吸引力指的是，对游客旅游意愿进行激发的程度；整合营销指的是，对生态、探险和休闲度假等红色旅游资源进行高度整合，就此所编制出来的综合化的旅游营销策略。在红旅产业融合发展过程中，基础设施建设是基础，吸引力是关键，整合营销是手段。乡村旅游业若想长久发展，就必须重视游客目的地与游客需求两个关键影响因素，不仅现阶段需要符合游客需求，未来的相关需求和目的地确定都需要提前规划。洪湖市依靠自身具有的农村生态自然环境的优势，加速推进乡村旅游与红色文化的深度交融及发展，能够最大限度地缩减和生态环境保护产生的冲突，最大限度地朝着乡村旅游可持续发展的最终目标靠拢，有助于洪湖市农村自然环境与红色文化资源双向保护、延续和持续发展，能够维护洪湖市红色乡村文化的整体性，有助于洪湖市推行社会经济和自然生态之间和谐统一的举措。除此之外，旅游产业维持长久的发展能帮助农村剩余劳动力解决就业问题，激励村民

结合自身的地区资源，对旅游产业和旅游服务业进行创新，以此提升生活幸福感和经济独立。乡村旅游产业发展还能达成城乡文化的互相包容与理解，加快农村居民思想观念与生活模式朝着新风尚改变，从而促进洪湖市整体旅游业的可持续发展。

3.6 创新红色乡村旅游产品，满足人们日益增长的旅游消费需求

红色文化和乡村旅游的融合发展最实际的目标便是将乡村旅游的产品进行创新，以此迎合广大旅游者随时改变的旅游消费需要。坚持以本地红色文化为核心，通过红旅深度融合发展可以塑造丰富多样的特色红色乡村旅游产品，能大力促进洪湖市乡村旅游的知名度提升，拓宽旅游市场的占有率；还可推动高品质的乡村旅游产品在客户心中树立极好的印象，以此维持洪湖市乡村旅游的可持续良性发展动态。此外，通过红旅深度融合发展可以推动红色乡村旅游产品创新，促进洪湖市红色文化旅游品牌影响力的进一步提升，比如：洪湖的"洪湖赤卫队""洪湖精神"等红色旅游品牌的创建依赖于具有特别优势的红色旅游产品的新颖创造，美誉度节节攀升，游客体验好感持续增长。因此，通过红旅深度融合发展能激发洪湖市红色乡村旅游产品创新，与广大旅游消费者的旅游实际需求趋同。

4. 洪湖市红色文化与乡村旅游发展概况及融合现状

4.1 洪湖市概况

洪湖归荆州管辖，位于湖北中南部，坐落在江汉平原上，以当地最大的湖泊——洪湖而得名，东南部与长江相接，和嘉鱼县、赤壁市和临湘市仅有一江之隔；西部临近监利市；北部临近汉南区和仙桃市，拥有2519平方千米的土地面积，共管辖了6个乡镇（办事处），具体为螺山、沙口和瞿家湾等。1996年到现在，洪湖市的所管辖的街道、镇和乡的数量分别为4个、16个和1个。当地总体的地势为，由西北至东南，略有倾斜，长湖、三湖、白露湖和洪湖共同汇集于此，亚热带季风气候特征非常明显，属于湖北新建的工业城区。洪湖市被称为"鱼米之乡"和"水乡泽国"。在第二次革命战争时期，中共在洪湖创建了中共中

央湘鄂西分局，所遗留下来的红色旅游资源是非常丰富的。作为国内知名的革命老区，流传的《洪湖水浪打浪》这一经典的革命老歌，在全国范围内都享有盛名。洪湖还被誉为世界级重要湿地，洪湖市一共包含102个湖泊，境内洪湖被我国视为需重点保护的自然湿地，明文规定为湿地自然保护区，洪湖同时也是武汉城市圈观察员、鄂西生态文旅圈成员和城乡一体化试点区。在2019年入选革命文物保护利用片区分县名单（第一批）。

4.2 洪湖市红色文化和乡村旅游发展现状

4.2.1 洪湖市红色文化发展现状

（1）红色文化资源

从软件资源方面来看，反响强烈的电影《洪湖赤卫队》颇受游客的关注和喜爱，还有全国巡演的《洪湖赤卫队》歌舞剧，一曲《洪湖水浪打浪》娓娓道来，红遍全国的大街小巷。革命战火纷飞时，洪湖的人民群众不惧压迫、奋起反抗，洪湖英雄儿女不惧生死和反动统治阶级斗争的勇猛气势，诠释了红色文化资源的深刻内涵，被称为"洪湖精神"。中华人民共和国成立之后，开展社会主义精神文明建设过程中，洪湖群众构建和谐美好家园的艰苦奋斗精神以及抗震救灾的团结精神推进和丰盈了洪湖精神内核。

从硬件资源方面来看。1927年至1932年这段时间内，洪湖当地的一些有志青年在贺龙、周逸群等革命家的发动和带领下，创建了湘鄂西革命根据地。红色革命旧址依然被完好保存，如洪湖地区的革命旧址有湘鄂西省苏维埃政府、中共湘鄂西省委旧址以及中共中央湘鄂西分局旧址等。

（2）红色旅游发展现状

红色旅游在洪湖市呈现出了强劲的发展态势，这推动了当地产业结构的丰富与优化，为经济发展助力。就2019年的统计数据来看，与2018年相比，洪湖第三产业占比呈现出了5%的增幅。第三产业在高速发展过程中，对当地红旅经济发展形成了极大的刺激，同时也带动了当地经济的转型并优化了其产业结构。

洪湖市红色景点有60个，有17处优秀乡村旅游景点，洪湖市大力发展以乡村旅游为主导的第三产业，国家级景区数量持续增多，各类新型的红色旅游业态先后创建出来，对各地游客产生了巨大的吸引力。就洪湖市来看，其红色旅游发展过程中，慢慢形成了红色园区、红色文化、红色民俗等一系列新型的业态。当前阶段，洪湖纪念馆，洪湖老街等一系列游客认可度极高、特色鲜明的红色旅游景点先后被建造起来(见表1)，此类景点备受游客关注，并深受其喜爱。

表1　　　　　　　　　　　洪湖市红色旅游景点基本情况

类型	景点	项目
红色革命旅游点	湘鄂西苏区革命烈士陵园	纪念贺龙、周逸群、段德昌等革命实物和图片资料等
瞿家湾湘鄂西革命根据地旧址群	全国爱国主义教育示范基地——瞿家湾湘鄂西革命根据地旧址位于湖北省洪湖市西部的瞿家湾镇	洪湖瞿家湾湘鄂西革命根据地旧址共有现代重要史迹及代表性建筑39处
新华日报总馆及八路军武汉办事处二十五位烈士殉难处与烈士公墓	烈士公墓位于洪湖市燕窝镇	新升隆轮殉难烈士公墓纪念碑通高6.5米，碑身正面阴刻邓颖超手书"新升隆轮遇难烈士永垂不朽"
戴家场秋收暴动纪念地及纪念碑	戴家场秋收暴动纪念地及纪念碑位于洪湖市戴家场镇烈士陵园	中共鄂中特委和沔阳县委的负责人肖仁鹄、邓赤中、刘镜珊、娄敏修、刘绍南等组织发动戴家场秋收暴动，打响了鄂中地区武装起义的第一枪
红色江滩	湘鄂西苏区革命历史纪念园、江滩公园，路易·艾黎旧居、荷花广场等	游步道均采用石质步道，将堰塘一周游步道打造成为抗日数字文化路

4.2.2　洪湖市乡村旅游发展现状

（1）旅游客体——资源

洪湖市拥有大量的乡村旅游资源，并且具有明显的地域性特色，这些资源对于当地的旅游业发展而言具有独特性价值，具体资源见表2：

表2   洪湖市乡村旅游资源类型

乡村旅游资源类型	洪湖市乡村旅游资源
主体旅游区	万全镇南昌村农庄、洪湖蓝田生态旅游滨湖办事处新旗村水产核心区
水乡风光	洪湖渔鼓、皮影戏、玩龙灯、赛龙舟
农业物产	棉花、水稻、油菜、草鱼、黄鳝、蟹、虾、鳖
特色饮食	桂花糯米藕、鲤鱼跳龙门、藜蒿炒腊肉、生爆鸭片
名优特产	野鸭、莲蓬、干鱼、咸鸭蛋、珍珠、菱角、小龙虾
农业现代产业旅游地	洪湖生态农业观光园

(2)旅游主体——游客

旅游客源市场地域分布主要集中在武汉和荆州。当地游客构成中，武汉、荆州、洪湖本地、湖北其他城市和省外游客的占比分别为48%、21.09%、11.56%、10.51%和8.84%。[①]

(3)可进入性

洪湖市内主要采取的是公路与水路的交通模式，核心景区都能实现良好的可达性。省道蒲洪公路与仙洪公路也能够直接进入城区。该市与武汉、荆州、岳阳距离都不远，同时还拥有两个长江港的码头，但是这些码头目前对于游客的接待条件还有待进一步提升。从铁路和航空两个层面来看，目前主要以武汉市的交通枢纽为核心，确保了洪湖市的可达性。整体而言，当地的交通条件处于相对较好状态，景点可达，但是整体路况条件不够好。

4.3 洪湖市红色文化和乡村旅游融合发展现状

4.3.1 融合发展的优势

洪湖市坐落于江汉平原上，与武汉相接，三面环水，地形主要以平坦地势为主，境内还有很多的河渠与湖泊，在国内淡水湖中，洪湖位列第七，在湖北所有的淡水湖中，面积最大。此地拥有着良好的气候条件和丰富的产品资源。被称为

---

① 统计数据来源于2021年洪湖市人民政府。

"鱼米之乡""江汉明珠""水乡泽国"等，为乡村旅游奠定了基础。

在革命战争时期，洪湖人民在此开展了勇猛的战斗，留下了光彩熠熠的"洪湖精神"，这些都是洪湖人民值得代代相传的财富。在革命战争时期，湘鄂西苏区的首府便建在瞿家湾。贺龙、周逸群等著名的革命英雄，在这里作出了不可磨灭的革命贡献，家喻户晓的电影《洪湖赤卫队》和歌曲《洪湖水浪打浪》更是闻名于世，自此不断积累了大量的红色历史文化资源。

洪湖市对当地红色历史精神进行汇总与整理，开展丰富多彩的红色旅游活动，初步形成了可观的乡村红色旅游消费市场，让大批游客在旅游的过程中感受红色文化。因此，当地的红色文化与乡村旅游的深度融合发展具备了独特的优势。

4.3.2 融合发展初步取得的效果

洪湖市拥有丰富的乡村文化资源、独特的乡村自然景观、良好的乡村生态环境和综合发展红色旅游的优越条件。近年来，洪湖市利用红色文化资源与乡村自然资源丰厚的地理资源优势，加大了对乡村红色旅游资源的挖掘力度，并开发研学旅游项目，打造了"红色乡村小镇"的名号。游客可以在此感受农家之乐、农田之娱，而当地的农村居民也可以从中获取经济收益。在 2021 年，瞿家湾附近的村庄实现了 13 万人次的游客接待量，相比 2020 年整体收入提升 32%。"红色文化+乡村旅游"的形式不断创新发展，对于当地的旅游业发展具有重要的推动意义。

尽管洪湖市红色旅游和乡村旅游融合发展取得了一定的成绩，但由于洪湖市的红色乡村旅游起步较晚，战线太长，投资和招商引资较少，对民间资本的引导不足，洪湖市红色乡村旅游业开发了各种采摘活动、垂钓活动等，同时还涉及参观革命遗址、观看红色电影等，这些活动虽然形式看上去多种多样，但整体而言都属于浅层次的类型，文化定位不够明晰，文化内涵不够丰富。目前针对各种传统文化以及红色资源的挖掘还不够深入，对于当地的民风民俗资源的利用还不够充分。洪湖的大多数县道和乡村道路等级较低，而且大多数缺乏公共交通，要想前往洪湖市旅游只能选择自驾游或者大巴，几乎没有别的选择，通达性比较差。而且大多数饮食服务是以酒店为基础，缺乏对当地的特色餐饮的开发与包装，短期内这些问题将会成为洪湖市红色乡村旅游发展的瓶颈。

5. 洪湖市红色文化与乡村旅游融合发展的实证分析

5.1 洪湖市乡村旅游游客基本信息

洪湖市红色文化与乡村旅游的融合必须符合市场发展的状况，在此基础之上，笔者设计了相关的调查问卷，通过问卷的发放与回收，获取了第一手数据，确保论述的充分性，为问题的提出与解决打下基础。此问卷的发放总量为592份，有570份的有效问卷得以回收，有效率高达96.28%。选择洪湖市红色文化经典旅游景区——湘鄂西旅游区为主要的调查点，问卷的发放选择了在景区进行随机派发，与当地的乡村旅游经营者以及居民进行交流，并对其发放问卷160份，收回152份有效问卷。通过网络平台对432份问卷进行发放，有418份问卷得到回收且证实为有效(见表3)。

表3　　　　　　　　洪湖市红色乡村旅游游客调查问卷统计表

调查形式	问卷发放份数	问卷回收份数	有效问卷份数
实地调查	160	160	152
网络调查	432	432	418

5.1.1 人口特征

从具体的问卷调查结果来看，当地游客的基本特征见表4。

目前男女游客占比均半，整体而言游客的性别比例处于均衡状态。

从游客年龄结构上来看，前往洪湖市旅游的游客年龄主要分布在26~35岁、36~45岁与46~55岁，这三个年龄段游客数量占比超过74%，是本区域主要客源。问卷调查数据显示，年龄超过45岁的游客占比为41.5%，中老年游客出于对红色文化的向往以及憧憬目的占据了一定的比重。

分析游客受教育程度可以发现，在高等教育大范围普及的今天，民众整体素养得到有效提高，各类学历的游客占比比较均衡，超过50%的游客学历为大专或者更高水平，他们成为本地红色文化与乡村旅游最主要的受众群体。只有少量游客的学历达到了研究生。

表4　　　　　　　　　**洪湖市红色乡村旅游游客基本特征表**

变量	类别	样本数	比重（%）	变量	类别	样本数	比重（%）
性别	男	288	49.5	职业	政府公职人员	11	1.1
	女	282	50.5		企事业单位管理人员	21	3.9
年龄	25岁及以下	63	11.1		企事业单位一般员工	43	7.5
	26~35岁	105	18.4		私营业主/个体户		
	36~45岁	165	28.9		专业人员/技术人员/教师/医生	134	23.5
	46~55岁	153	26.8		在校学生	76	13.3
	56岁及以上	84	14.7		自由职业者	96	16.8
受教育程度	初中及以下	133	23.3		离退休人员	153	26.8
	高中/中专	166	29.1		其他	36	6.3
	大专/本科	235	41.2	月收入	2000元及以下	66	11.5
	研究生	56	9.8		2001~4000元	234	41.1
					4001~6000元	162	28.4
					6001~8000元	97	17
					8001元及以上	11	1.9

　　分析游客职业情况可以发现，当地旅游的游客职业各式各样。离退休人员在全部游客中占比为26.8%，是比例最高的游客类型。之后依次为专业人员/技术人员/教师/医生、自由职业者、在校学生，各类型所占比例分别为23.5%、16.8%、13.3%。除此之外，政府职员、企事业单位员工、退休人员同样也会前往洪湖市旅游，需要注意的是，这部分人员普遍时间充裕，有稳定收入，所以洪湖市红色文化以及乡村旅游未来融合发展进程中要重点关注这三类人群，尽量激发他们旅游热情。

　　分析游客收入情况可以发现，绝大部分人群处于中等收入水平，而低收入与高收入两类人群占比非常低。月收入超过8000元、4001~6000元和2001~4000元游客所占的比例分别为1.9%、28.4%与41.1%。

5.1.2　客源市场结构

　　本研究实际调查了客源市场，结果发现洪湖市红色乡村旅游吸引的游客大多数是省内的，这部分人群在所有游客中占比高达 93.64%（见图 1）。剩余来自全国各个省份，过于分散，由此可见，当地交通不发达，直接影响了游客旅游积极性。通过对省内游客市场进一步分析，了解发现本地人群构成，其中大多数游客来自鄂西生态文化旅游圈中的城市（武汉、荆州等）。特别是武汉，由于经济发展速度相对较快，当地人群成为洪湖市红旅融合发展非常重要的客源市场。

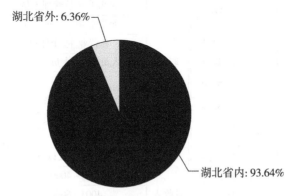

图 1   洪湖市旅游客源市场构成图

总体而言，洪湖市主要游客大多来自与之相近的其他城市，比如武汉、宜昌等。对洪湖市来说，省内这些相邻的城市属于其红旅融合的核心客源市场，在整个游客市场中占绝对比例，发挥着非常重要的作用。而三级市场则是同湖北有一定距离的其他省份，比如湖南、四川等。最后，所有经济发展水平比较高的城市都可以作为潜在市场，这些城市的人们有能力前往洪湖市旅游消费。所以，未来洪湖市红旅融合进程中要重点关注这部分潜在客源。具体将市场划分为三级：一级市场，包括武汉、宜昌、荆州；二级市场，湖北省其他城市；三级市场，省外其他经济水平发展比较高的城市。

5.2   洪湖市乡村旅游游客行为特征分析

5.2.1   信息来源渠道

实际调查结果表明，49.70% 的游客是通过网络的方式了解到洪湖市红色乡村旅游项目，40% 的游客是由亲朋好友介绍的，35.15% 的游客是通过电视广告了解得到，22.42%的游客利用其他渠道了解信息，11.82%的游客是通过报刊的方式了解(见图2)。在全面分析此数据的过程中得知，在信息技术发展水平持续提升过程中，互联网在人们的现实生活中发挥出了巨大的作用，大多数游客会利用官方网站、热门APP以及公众号等网络手段了解洪湖市红色旅游项目，而且这部分游客普遍来自省外。此种情况下，洪湖市在推动红色文化和乡村旅游融合发展期间，应该对互联网的宣传推广作用进行重点关注。

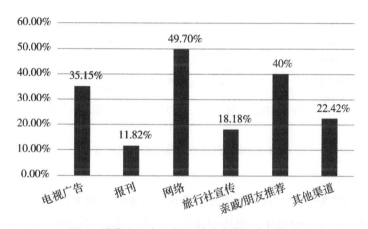

图2　洪湖市红色乡村旅游游客信息来源渠道

同时，前往洪湖市绝大部分游客来自本地或者省内其他城市，他们主要是通过亲朋好友介绍了解得到，可见洪湖市红色旅游基本已经树立了良好口碑，可以实现口口相传。另外，本地旅行社积极为游客规划合理路线图，这种行为很大程度上为洪湖市红旅融合吸引了大批外地客户，使得客源结构得以丰富。

5.2.2　红色乡村旅游方式

对游客出行方式调查了解可以发现，70.3%的游客选择由家人和朋友陪伴出行，这完全是考虑到红旅带给游客的革命体验与文化感受不仅可以放松游客个人身心，而且可以加强彼此之间的感情；6.97%的游客选择参加旅行社团的方式出行；而8.48%的游客选择单独出行(见图3)。而洪湖市红色旅游景点大多数集中在县级乡村地区，由于交通等限制，很多游客不得不选择旅行社团；相比较，年轻人更喜欢独自旅行。除此之外,企业组织员工共同出行这种通过团建的方式不仅可以让员工体验农家乐,身心得到放松,而且能够培养他们爱国主义精神,强化团体合作意识。

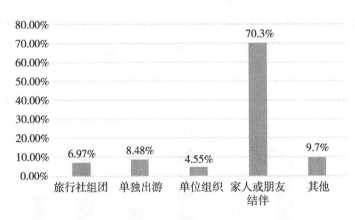

图3 洪湖市红色乡村旅游游客出游方式

实际调查结果表明,对于外地游客来说,普遍将旅游大巴与公共交通作为出行主要方式,这完全是出于对当地交通不了解考虑的。相比较,本地以及周边其他城市游客,他们较为熟知交通,大多时候会选择自驾出行(见图4)。

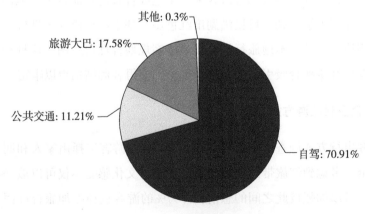

图4 洪湖市红色乡村旅游游客交通方式

5.2.3 红色乡村旅游目的

分析旅游目的可以发现，游客出游原因各式各样(见图5)。在所有原因中，缅怀先烈和教育后人是最主要的出游目的，占比分别为69.09%、66.97%。再加上红色文化本身有其独特内涵，特别是在教育方面，所以吸引了不少游客前往感受并进行研学。哪怕是占比比较低的欣赏风景与激励自己的游客，总体数量也非常多。

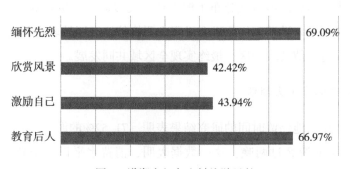

图5　洪湖市红色乡村旅游目的

5.2.4 红色乡村旅游目的地选择

问卷中罗列了洪湖市比较著名的红旅景点，目的是获取游客喜好，了解他们对红旅融合的看法。分析问卷结果可以发现，最受人们青睐的景区主要有湘鄂西苏区革命烈士陵园、湘鄂西革命根据地旧址群等(见图6)，由此表明，大多数游客对红旅景区表现出极高的喜爱，在他们看来，这些景区不仅可以让他们感受自然生态环境，而且很好地诠释了民族文化，可以让他们切身感受革命文化的内涵。很多游客表示浏览结束后，他们会选择在瞿家湾度假区享受美食，体验当地风俗人情。在整个洪湖市，瞿家湾都是非常有名的景点，承担着爱国主义精神教育重要责任。当地纪念馆一直对外免费开放，每年都能吸引大量游客，客流量保持逐年递增趋势。

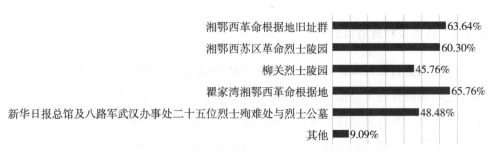

图 6　洪湖市红色文化旅游目的地选择

对游客中意的旅游地地域分布了解发现，大多数游客更喜欢市级旅游景点。考虑到这一点，未来洪湖市红旅融合过程中要格外注意区域联合问题，通过重点景区来带动周边其他县级景区，最终实现全区域共同发展。

5.2.5　停留时间及个人消费

针对游客在当地停留时间的研究结果表明，71.52%的游客不过夜和过一晚，而只有21.52%的游客过两晚，这一数据表明，消费水平以及消费金额并不高。主要分布在501～1000元和1001～2000元，对应所占比例为44.55%、29.39%（见图7）。未来洪湖市红旅融合过程中要重点把握中高端旅游产品，根据各层次游客喜好推出不同的产品，切实满足游客多元化需求，达到挽留游客的目的。只有这样，才能刺激其他相关产业发展，实现经济快速增长。

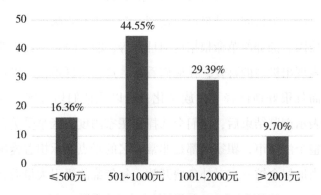

图 7　洪湖市红色乡村旅游游客消费金额情况

5.3　红色文化与乡村旅游融合发展游客认知情况分析

5.3.1　融合发展优势

　　针对洪湖市推进红旅融合的优势分析可以发现，洪湖市红色旅游资源丰富、生态环境优美、红色文化底蕴深厚这些优势得到了游客认可，占比依次为72.51%、62.24%和62.54%，其次则是交通便利，占比为49.55%。值得注意的是，认为"洪湖红色旅游"品牌在湖北省知名度较大以及相关基础设施完善是洪湖市红色文化与乡村旅游融合优势的比较少，对应分别为44.71%、45.62%（见图8）。这些数据直接表明，整个融合进程中，各项基础设施开发与建设以及利用文娱活动的深度体验来打开知名度等仍存在很多问题，直接影响了广大游客对当地红色文化的认知，降低了游客的重游意愿。

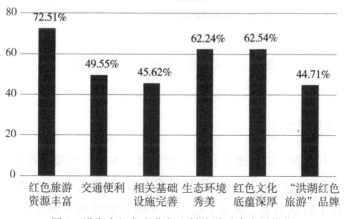

图8　洪湖市红色文化与乡村旅游融合发展优势

5.3.2　红色乡村旅游产品偏好

　　问卷调查结果表明，在洪湖市红色旅游休闲活动中最受游客喜爱的是革命情景剧演绎以及专人讲解历史，占比达62.84%、66.47%，具有较大的开发潜力和价值，其次是战后遗迹建筑参观和特色美食体验，例如小米粥、炒面等，占比分别为58.01%、48.64%，而认为农事体验具有较大开发价值的游客比较少（见图

9)。文化遗产类产品得到大多数游客青睐,是最喜欢的产品类别。所以,未来可以着重关注红色文化软产品,并大力宣传。同时,要加快红色历史文化、地域文化等与乡村旅游的融合速度,向广大游客推出高质量、类别多样化的文旅产品,特别是演艺类产品。可以尝试开展红色革命文化节等各种活动,积极鼓励游客参与,让他们对红色文化有所了解,真正满足他们的精神需求。这些手段可以极大地促进洪湖市红色文化与乡村旅游的融合,营造了丰富多彩的氛围。有利于塑造享誉湖北省甚至全中国的红色乡村品牌。

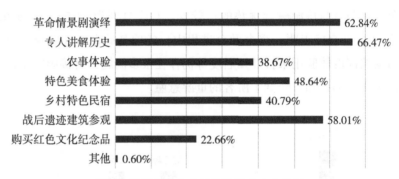

图 9 洪湖市红色乡村旅游游客文化偏好

5.3.3 游客满意度分析

针对游客对洪湖市红旅融合发展满意程度,本小节围绕旅游六要素游、购、娱、吃、住、行以及价格、服务、环境等多个方面(总共有 16 个指标)展开调查。对满意度进行了特别满意、满意、适中、不满意和特别不满意这 5 个层级的划分,在 1 至 5 的范围内打分,其中 1 和 5 分别代表的是最低分和最高分。调查结果具体见表 5:

表 5　　　　　　　　洪湖市红旅融合游客满意度描述性分析

评价因子	最小值	最大值	均值	标准差	排序
土特产	1	5	4.08	0.796	11
特色革命美食	1	5	4.01	0.654	14

续表

评价因子	最小值	最大值	均值	标准差	排序
交通状况	1	5	3.95	0.816	16
住宿环境	1	5	4.05	0.743	12
革命遗址	1	5	4.26	0.733	1
自然生态	1	5	4.23	0.978	2
红色文创产品	1	5	4.12	0.763	9
革命历史体验项目	1	5	4.15	0.616	5
卫生状况	1	5	4.11	0.965	10
公共服务与配套设施	1	5	4.04	0.983	13
景区治安	1	5	4.17	0.836	3
当地居民态度	1	5	4.15	0.743	6
景区服务人员的服务态度	1	5	4.14	0.693	4
景区服务人员的服务品质	1	5	4.16	0.689	7
景区管理	1	5	4.15	0.973	8
旅游消费品价格	1	5	3.98	0.648	15

（1）游客满意度感知。本研究主要采用 SPSS 软件详细分析上述提到的 16 个因子的平均值、标准差，在此基础上将平均值进行排序，从而明确游客满意度感知情况。

洪湖红色乡村旅游游客满意度感知的 16 个因素均值在 3.95 至 4.26 之间，对应"不满意"至"满意"。上述提到的 16 个因子全部标准差低于 1.5，可见游客基本保持相同的意见和态度，差别并不明显；其中有 14 个因子均值得分超过 4，前三名依次为"革命遗址""自然生态""景区治安"。均值得分在 4 以下的因素有 2 个，分别为"旅游消费品价格""交通状况"。

（2）研究分析旅游六要素可以发现，洪湖市红旅融合过程中，游客满意度最高的是革命遗址，均值达到 4.26；其次是自然生态，满意度均值为 4.23。分析表 5 可以发现，游客前往洪湖市非常渴望可以一览乡村风光，体验红色文化遗产，但相比土特产，在革命美食方面获得的体验远远不足。实际与当地居民沟通交流发现，游客品尝关于体验革命战争时期的特色食品后，例如小米南瓜粥、炒面等，满意程度比较低，这与游客对体验、休闲、娱乐项目的满意度处于较低水平是一致的。由此表明，洪湖市红色文化与乡村旅游在融合发展的过程中乡村层次方面娱乐以及休闲等多方面价值挖掘仍存在很多问题，有必要做进一步创新。除此之外，交通状况、旅游消费品价格满意度均值只有 3.95、3.98，满意度均值相对比较低。就其原因与当地居民和游客探讨发现，洪湖市大多数景区坐落在乡镇地区，这些区域没有发达的交通，游客前往非常不方便，在很大程度上限制了他们出行，不利于客源市场拓宽。而对于土特产，基本上大多数景点以及景点周围都有销售，这些产品同质化现象非常严重，且价格制定比较随意，有些甚至非常高，很多外来游客根本没有能力准确辨别，这就导致他们对土特产的体验不佳，从而导致满意程度不高。

对旅游环境分析可以发现，洪湖市红色旅游游客对景区治安的满意度较高，这是由于洪湖市在开发红色旅游时，格外注意游客在旅游中的安全体验，而且红色旅游景点本身比较特殊，所以安全问题要高度重视。洪湖市居民有着良好的待客习惯，他们会用热情点燃游客，使游客在旅游过程中备感亲切，给游客留下了宾至如归的印象，这与洪湖市游客满意度尤其高的实际情况是一致的。

对旅游服务以及价格分析可以发现，对于景区人员服务态度以及服务质量，大多数游客是比较满意的，二者对应的满意度均值依次为 4.14、4.16；相比较，对于价格的满意程度，均值只有 3.98，同本地居民沟通交流发现，洪湖市提供的旅游产品种类有限，不够新颖，质量不佳，而且存在随意定价问题，这些都直接影响了游客对当地旅游产品价格满意程度，属于不良体验。

5.4 洪湖市红色文化和乡村旅游融合发展存在的主要问题

依据问卷调查、实地访谈的整体结果显示，目前很大一部分游客指出，当地的红色文化与乡村旅游之间的融合，存在着红旅融合价值发掘不够突出的问题，其次是认为旅游内容与方式简单以及缺乏专业的管理人才。笔者结合这些结果和实证分析，总结了目前洪湖市红色文化与乡村旅游融合中存在的问题（见图10）。

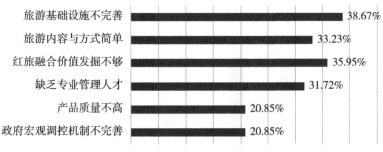

图 10 洪湖市红色文化与乡村旅游融合发展存在的问题

5.4.1 旅游基础设施不完善，重游率较低

洪湖市的红色文化资源大多集中在周边的偏远县镇，这些地方基本上是经济欠发达地区，这些地区的各项基础设施建设、旅游配套设施等建设都十分有限。举例而言，对于旅游业发展至关重要的道路建设便存在很大不足，洪湖市没有自己的高铁站，只能使用公共交通工具进入。然而，洪湖市是红色旅游资源十分丰富的一个地区，由于没有良好的可达性，这就导致游客需要消耗较多的时间成本在交通上，这对于游客的参观十分不利。从目前道路的整体规划现状来看，很大一部分旅游线路属于乡镇公路，目前的建设还存在着规划不合理等多种问题，不利于提升游客的旅游体验，而且还有很大的安全隐患问题。而省道、农村道路等也都长时间未经修缮，整体路况不佳。另外，红色景区的各种项目并未实现与当地的乡村发展有效结合，如洪湖红色教育根据地旁边就是村落以及洪湖蓝田生态保护区，但是红与绿的结合发展目前处于脱节现状，游客的选择非常少，往往只能选择参观纪念园、浏览革命遗址等。娱乐活动缺乏，购物、住宿、餐饮等各种与旅游相关的配套设施也不健全，这就导致了大量的旅游资源无法真正体现出其价值，不能形成对游客的吸引力。结果导致外地游客重游率低，这与调查结果显示的有 16.01% 的游客重游意愿不高相一致(见图 11)。

5.4.2 红旅融合价值发掘不够，红旅体验性不佳

在旅游业的发展中，文化是其根本与灵魂，有文化才有底蕴，有文化才有魅力。中华优秀传统文化的重要组成部分就包含红色文化与农耕文化，它的概念不应该被片面理解，红色性与乡土性两者之间的融合应做到充分性与合理性。深挖

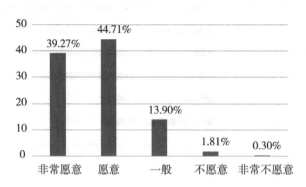

图 11　洪湖市红色文化乡村旅游游客重游意愿

洪湖市地方乡土文化与红色文化所呈现出来的价值,一方面可以保护和传承"红绿"的重要举措,也是发展"红绿"旅游的前提条件。洪湖市对于红色文化遗址遗迹的整理、修复与盘点在一定程度上还处于初期阶段。关于对地方红色文化的解释、对于相关领域的价值挖掘、对于各种衍生旅游产品的融合,都要做到高效协同,全面提升资源价值,但是目前,洪湖当地对红色文化的认识不足,挖掘不够,使得红色资源的价值没有得到充分体现。与此同时,就洪湖市来看,尽管其开发并设计了大量的红旅融合产品,然而这些产品都缺乏代表性,缺少一些精品型、文创型和科技型产品,红色文化和乡村旅游尚未实现广泛且深入的融合,游客就此产生了一些不太好的体验,不利于洪湖市的红色乡村旅游产业链的延伸及价值链的提升。

5.4.3　旅游内容与方式简单,乡土性缺失

洪湖市拥有大量的红色文化资源,但是能让游客进行沉浸式体验的景点却不多,旅游的内容也非常单一,可进入性不强。目前仅仅将革命文物、纪念性建筑等作为旅游景点进行建设,缺乏对红色资源内涵的深入挖掘,也未实现与当地自然风光以及文化历史特色之间的有效融合。目前已经建成的红色旅游景点整体动态性不足,体验式项目缺乏,文创产品不丰富,缺乏对游客的吸引力,不符合市场需求。在乡村文化和旅游方面,洪湖在开发一些乡村旅游项目时具有高度的同质性,再加上强烈的现代商业氛围,这导致了游客在洪湖市进行红色乡村旅游时,感受不到"乡土性"。

5.4.4 经营者素质较低，缺乏专业管理人才

洪湖市开发应用红色旅游资源实现红色文化与乡村旅游融合发展，关键就是要靠吸引人才来推动，而红色旅游资源和乡村旅游资源的高质量开发应用更需要这方面的专业化人才。洪湖市的大多数乡村红色旅游经营者是洪湖的当地村民，这类群体大多数没有接受过较高的文化教育，缺乏较高的文化素质，不足以实现对当地旅游业的长期商业发展规划。目前往往只是以经济利益为主导，忽视了当地文化的保护和传承，这种情况不利于洪湖红色文化、乡村习俗和风俗习惯的保护和传承，导致了特色地方习俗的大量流失。此种情况下，在开发红旅资源的过程中，未能运用多样化的形式，竞争同质化的问题相当严重，游客无法获取到良好的旅游体验和强烈的参与感，其所享受到的各项服务也不够优质。

归根结底，红色文化与乡村旅游一体化发展的过程中，人才是核心支撑。如果人才培养不足，人才引进不达标，对于当地红色文化与乡村旅游的融合发展十分不利，导致其整体管理效率无法得到有效改善，发展的原动力不足，市场的秩序无法稳定，游客也没有足够的消费信心，而经营者无法实现经营目标，导致红色旅游的综合发展效益不足，不利于洪湖市乡村旅游业的健康发展。

5.4.5 红旅融合产品质量不高，产品结构有待优化

洪湖市的红色文化产业与乡村旅游产业都发展得较晚，红旅融合发展尚处初级阶段，根据问卷调查的统计结果以及笔者对当地居民和游客的访谈得知，洪湖市红色乡村旅游产品存在以下问题：一是存在严重的同质化问题。游客购买红色乡村旅游商品的偏好较低，尤其是购买红色文化创意产品，对旅游消费品价格的满意度很低。产品多数是重复的，而且也缺乏创意，不能达到游客的预期，不同的经营者之间还存在着恶性竞争的现象，对于当地的市场良性发展十分不利。二是产品结构不合理。在数量众多的旅游产品中，文化遗产类产品更容易获得游客的青睐，然而游客对红色文创产品和特色革命美食的满意度却低于自然生态。这说明洪湖市红色乡村旅游产品还未形成科学的供需结构，游客的各种需求并不能在当地得到满足。三是当地旅游企业整体数量较少，能够实现对其资源实现高效整合的企业不多，而且不同的企业之间也没有形成通力合作的关系。目前的旅游龙头企业存在缺位现象，红色文化与乡村旅游产业没有实现深度融合，无法进一

步带动规模化发展，形成不了较强的市场影响力。

5.4.6 政府宏观调控机制不完善，文旅部门协调乏力

根据笔者与当地旅游经营者的交谈，得知目前洪湖市红色文化和乡村旅游融合发展主要是由当地文化和旅游局负责的，尚未创建完善的宏观调控机制，文旅部门缺乏工作协调。文旅融合既要依靠当地的文旅部门，也依赖于资金，政策、和交通等多种因素。乡村红色旅游涉及的不仅仅是旅游业的发展，它包含乡村社区发展、城市化、农业产业结构优化、红色文化遗产保护等各个层面的不同内容，要真正实现它的全面发展，就必须加强各个部门之间的综合性协调与高效化管理，但是从目前的实际管理现状来看，各个部门之间并没有形成良好的合作关系，日常沟通不够。当地的政府职能部门与旅游企业之间没有形成协调性发展，红色文化产业与乡村旅游产业的融合表面化，政府也没有构建科学合理的宏观调控机制。总体而言，政府及其各部门之间的主导作用并未在此过程中得到充分发挥，这也非常不利于当地红色文化与乡村旅游业之间的深度融合发展。

6. 案例分析：以河北保定雄安新区白洋淀红色文化与乡村旅游深度融合发展为例

6.1 发展现状

白洋淀是国家重点旅游区和开放区，位于保定境内的雄安新区。拥有 366 平方公里的水域面积，在整个华北平原所有淡水湖泊中，白洋淀拥有着最大的面积。南部、北部和东部分别与石家庄、北京和天津相距 189 千米、162 千米和 155 千米，在整个京津冀地区占据了非常重要的地位。白洋淀总面积 366 平方公里，湖区由 39 个村、3700 条沟渠、12 万亩芦苇床，划分为大小不一、形状各异的湖泊 143 个。白洋淀拥有非常优美的风景和丰富的物产资源，四季分明。

白洋淀是我国重要的革命老区，抗战时期在这里发生过大量热血沸腾的英雄故事，在反映革命斗争的创作过程中，形成了各种形式的文艺作品，比如《雁翎队》《荷花淀》《小兵张嘎》等，这些作品以老百姓喜闻乐见的形式，将这些英雄的故事传播出去，得到了非常广泛的流传，真正实现了深入人心，有大量的游客通

过各种形式的项目来感受这些革命故事，吸收先辈的革命精神。

6.2 红旅特色分析

（1）自然资源

白洋淀湿地的知名度相当高，在国内北方地区，这一沼泽湿地也呈现出了极强的代表性。这里有丰富的动物资源，历史上有记载的鱼类高达 11 目 17 科 50 属 54 种，现存 17 目 47 科 195 种鸟类，这里被称作鱼的故乡、鸟的家园。我国东部鸟类在进行迁徙的过程中，白洋淀是必经之路。每年春秋，大量鸟类通过这里完成迁徙，也有很多鸟类会选择这片水域进行繁殖，这些资源也令白洋淀成为当地一个非常有优势的观鸟场所，并被列为鸟类保护基地。水光与芦苇相映，荷花与水鸟互迎，从生态层面来看也是极具观赏力的生态美图。

安新县委和县政府利用白洋淀独特的环境，投资 3660 万元打造的"荷花大观园"占地 1460 亩。该园汇集了来自中国北方和南方的 200 多个荷花品种，成为中国最大、最完整的荷花展览园。

（2）红色文化资源

白洋淀拥有大量的红色文化资源，比较知名的有雁翎队纪念馆、安州烈士塔和大田庄庙等，此类革命遗迹或文物都成为白洋淀军民齐心抗战的历史记录，爱国色彩非常浓重。为了将白洋淀地区的红色文化全面弘扬出去，当地政府从自身的工作职责出发，以红色文化为核心，对各类革命文化资源进行了充分、合理的运用，以表示对先烈的缅怀，对革命历史的尊重。以革命精神的宣传和弘扬为目的，相关部门对雁翎队纪念馆、王家寨博物馆等一系列的旅游景点进行了开发和建造。在抗战时期，白洋淀地区生活了一大批的革命人士，朱德、聂荣臻和杨成武等人都曾在此地领导抗日战争。就此来看，在白洋淀地区进行红色旅游项目的开发，资源优势非常明显，各方面的条件也比较完备，这为当地旅游业奠定了坚实的发展根基，2005 年和 2007 年，白洋淀景区分别被评为红色旅游景区和国家级 5A 级景区。

就白洋淀景区来看，其红色文化和自然环境这两类资源实现了完美的融合，彼此映衬，树立了良好的旅游品牌，塑造了完美的品牌形象，自然和人文历史这两类资源巧妙地结合在一起，"红绿"相配，让游客在旅游活动中感受到极大的乐趣。

6.3　经验启示

进入文旅融合时代之后，文化资源的开发应建立在对文态、业态、形态、生态的全面整合基础之上，在"创态"活力的支撑下，依托于创态和业态，以创态和文态为灵魂，对综合化、立体化的文旅系统进行搭建。

6.3.1　以文化旅——文态依托创意盘活

白洋淀目前共计有4个不同的特色板块，涉及文化、演出、时装、娱乐等不同的内容，这些板块之间既能独立完成运作，同时也能够实现彼此之间的自由组合，实现了非常完美的整合效果。要切实做到具体事情具体对待，具体问题具体解决，确保不同的板块之间可以实现彼此的带动，并进一步辐射到周边地区，构建多元组合的有机整体，助力当地文化的创新发展。具体划分为以下四大板块：

（1）文化展览

雄安新区是具有国际知名度的商业展览旅游地，在当地的旅游业发展中，它会承载商务会议、展览等多种活动，充分发挥其作用，展现出其魅力。利用会展旅游的形式，有效地带动周边地区，并辐射其他的旅游项目，在推动白洋淀文化旅游产业发展的过程中具有积极意义。以雄安商务展以及泉水风光为核心，围绕白洋淀构建一个国际化的雄安展览中心，专门提供以展览为主的各种具有创新意义的高端现代服务。同时，结合白洋淀红色文化资源现状，与当地的民俗风情相结合，打造文化艺术节以及民俗节，利用这些活动将地区的文化充分体现出来，扩大当地旅游品牌的影响力。

（2）实景演出

实景演出是近几年来文化旅游业的一个重要组成部分，曾经在白洋淀水域活动的雁翎队在这里留存了大量的抗战印记。当地针对这些抗战实际展开了精准提炼，并结合各种现代科技手段的运用，合理地添加艺术点缀，加强实景体验，打造出了各种红色剧场，为游客呈现出极佳的艺术体验效果。与此同时，在红色文化的现代化传承方面，白洋淀创新思路，实现了与当代实力派流行元素之间的良好融合，勇于开拓创新，敢于冒险尝试。与实力创作人之间的通力合作，提升了演出的效果，同时也扩大了宣传力度。最后，白洋淀制订了红星计划，引导家长带孩子更多地关注红色文化，以儿童剧本、儿童剧场为核心，培养儿童的红色文化素养。

（3）芦苇时装

雁翎队曾在红色革命的过程中借助于芦苇与敌人展开各种周旋，八路军与雁翎队穿的草鞋，便是妇救会借助于芦苇进行编织，芦苇也曾是雁翎队的重要物资。白洋淀的很多老年村民依然喜欢编织芦苇，当地引进了很多创意手工工匠，为这些村民提供编制课培训，对于当地的农村经济发展具有重要的带动作用。与此同时，在现有产品的基础之上加强了创意元素的融入，从而打造出极具创意性的芦苇草鞋、草帽等产品。举例而言，在推广草鞋时，主要是以时尚、舒适为核心，材料一般选择皮加芦苇、帆布加芦苇的形式。在此基础之上，在当地举办国际服装文化节，对于其帽子等配饰产品进行充分的展示，这对白洋淀的红旅具有重要的宣传意义。

（4）冰上趣味

利用当地的气候优势，在冬季时推行冰上娱乐项目。雁翎队在冬季作战时，曾借用"冰上轻骑""土坦克"等工具，在与敌人的反"围剿"抗争中取得了胜利。当地结合这些历史文化，融入了现代的时代元素，推出了冰雕展览活动，从而让当年的抗战英雄气概以现代技术的形式呈现给游客，一方面提升了当地的社会效益，另一方面确保了冬日游客的整体流量。从白洋淀民俗出发，对冰下挖藕的旅游项目进行开发。一年当中，白洋淀会有三个月左右的结冰期，冬日里，游客将橡胶服装穿在身上，在挖藕人的带领下，亲身体验挖藕的艰辛劳动过程。

6.3.2 以旅载文——业态点亮华北明珠

从白洋淀的红色文旅产业发展特征分析可知，它实现了特色化、风格化，与吃住行游购娱等形成一体，从而打造出了多种元素相结合的综合业态，让华北的明珠更加璀璨。

（1）淀上美食结合水乡民宿

首先，当地拥有大量的特色美食。在设计红色主题餐厅时，对于空间设计的美感十分重视，保证了顾客就餐的体验，在就餐的过程中还设计了多种体验式的环节，比如旅游垂钓等，从而让游客可以亲身体验当初雁翎队在抗战之中的日常生活。其次，构建了完善的水乡民宿体系，对陆地住宿条件进行了优化，保证了游客的高品质住宿条件。此外，从白洋淀所拥有的红色文化资源出发，凭借当地的水域环境优势，对地方特色鲜明的水上民宿进行了建造，让游客对雁翎队的历史抗战情境进行感知和品味。

(2)智慧出行协助胜地游览

首先，对智慧出行体系进行了构建。白洋淀有多个红色文化景点，在这些不同的景点之间，设立了大量的无人车站点，并有大量的智慧导览，从而让游客能够更加便利地在此处游玩，在其前往某一处景点时，会有各种语音介绍景点的相关知识，并结合线路导航、玩法推荐等，确保游客能够拥有良好的旅游体验。其次，将抗战纪念馆以及雁翎队纪念馆作为重点景区，对其进行了一系列的修复与完善，添加了现代化的展示、陈列设计，构建了具有现代化特征的红色文化氛围。最后，对景区内的景点做好串联工作，实现了文景一体的效果。与此同时，白洋淀构建了自己的文化主题旅游路线，实现了对文化资源的全面开发，并开发了大量的衍生文化产品。

(3)文创商区携手文娱体验

首先，打造了完善的文创商区。以雁翎队作战时的用品、武器、服饰等为基础，结合现代时尚的形式，设计了具有地域特色的红色雁翎文创产品，这些产品的流传，一方面可以有效地实现对雁翎精神的传承，另一方面还可以提升旅游产业的附加价值。充分运用当代人喜欢的创意手段，采用了创意手机壳、芦苇草帽等，吸引游客的注意。其次，在当地构建抗战体验项目。以各种具有典型代表意义的红色文化为基础，如真人场景、3D全息投影等全新技术，通过VR体验的形式让游客体验革命先烈的经历。

6.3.3　以形促旅——形态撬动红色文旅

文旅融合背景下，在雄安新区建设过程中全面融入白洋淀的红色文化，二者彼此促进，协调发展，依托于红色文化，充分利用白洋淀的资源优势，打造了一座国际性水上红色旅游之都，开创了红色研学游、生态康养游等旅游形态，融入了多种现代化元素与技术，提升了整体文化艺术的魅力，在国际领域形成了一定的影响力。

(1)红色研学游

从白洋淀的发展来看，红色文化对其具有重要的教育意义，利用红色文化来充分挖掘旅游业的价值是发展白洋淀旅游业的重要手段。从游学层面上来看，受众群体涉及大中小学各个领域的学生群体，同时还涉及政府官员、专家学者等多种多样的观光游客。从整体文化的表现形式上来看，白洋淀方面为了突出旅游产品的个性化、创意化，打造了多种不同形式的旅游产品，为我国其他地区红色文化研学旅游发展提供了示范，树立了典型。

（2）特色小镇游

要真正实现白洋淀红色文化资源的价值体现，首先要构建一个高效的超级综合服务中心。将世界眼光聚焦于此，吸引大量的国际友人前来观赏，再将他们分散到不同的特色小镇中。第一，充分调动当地人的服务热情，当地居民要形成良好的服务意识，对世界各地的游客热情招待，体现出当地人的综合素质与服务水平。第二，有效提升当地人的文化认同。通过宣传、文艺作品创作等多种不同的形式，强化当地居民对红色文化的认同，确保其形成良好的文化自信，以此为前提共同加入当地文化旅游产业不断发展的各个环节。第三，利用多种周边效应，有效带动居民的整体经济收益水平。以白洋淀的水域特有资源为基础开发多种新功能与新产品，助推当地经济发展。

（3）生态康养游

从目前雄安新区建设的实际情况来看，当地把改善自然生态环境是作为一项重要任务，要清理该水域内的散户水产养殖及水域垃圾，提升白洋淀水域质量，打造出一个良好的北国江南环境氛围。另外，大力推行康养旅游项目，以白洋淀红色文化与名医扁鹊、白洋淀温泉康养区等为核心，构建了一套完善的康养旅游结构体系，成为华北地区中医养生绝佳之处。

6.3.4 以水育文——生态涵养北国江南

（1）将水域毒素排除。白洋淀地区以自然生态作为自己的底色，这为借助创新手段来开发红色文化奠定了坚实的根基。雄安以蓝绿为底色，其中蓝和绿分别指的是白洋淀和千年秀林。在未来发展过程中，在整个雄安新区，蓝绿空间占比将长期维持在70%左右。首先，要全面修复白洋淀生态，将当地独有的风采充分展现出来。其次，和安新县水产畜牧局相互合作，以安全为前提，在春季进行鱼苗放养活动的组织和开展，在白洋淀播撒鲢鳙等一些适宜生长的鱼种，让游客对渔民生活进行亲身体会。最后，春季护飞。就白洋淀地区来看，其水鸟数量有上万只，在春季，向白洋淀迁徙并在这里繁衍水鸟非常多。所以，可号召游客对

"春季护飞"行动进行积极主动的参与，让水鸟能够向白洋淀顺利迁徙并在此安全栖息。(2)良好文化氛围的烘托。雁翎队依靠水域芦苇的遮挡，穿梭自由，对国和家进行坚决保卫。就白洋淀地区而言，其在培育和发展红色文化过程中，对水资源进行了充分合理的运用，将自然和红色文化这两类资源完美地融合在一起，在"文景相融"原则指引下，呈现出鲜明的艺术化特征，在新时代背景下大力弘扬雁翎队精神。在制定和实施水域规划的过程中，对个性化的芦苇景观进行了建造，将水域风貌充分展现出来。

7. 促进洪湖市红色文化与乡村旅游深度融合发展的对策

7.1 完善旅游基础设施，提升红色文化与乡村旅游融合发展保障能力

洪湖市发展红色乡村旅游面临诸多问题，而旅游基础设施不完善是导致目前洪湖市红色文化与乡村旅游之间实现高效融合的最大阻碍因素。从旅游业的发展特征来看，它结合衣食住行游购娱等多个层面的服务，需要满足游客的多方面需求，因此，推动地方旅游业发展必须以完善的配套旅游设施为前提。具体到洪湖市红色文化与乡村旅游融合发展方面而言，目前最为重要的是交通问题，开通交通路线，让游客能够便于进出，这是发展旅游业的基础与前提。从大的方面来看，目前洪湖市还未完成相对完善的铁路交通网的建设，从根本上影响了游客的红色乡村旅游。因此，洪湖市目前发展红色乡村旅游，首先，要加快铁路建设，并同步建设其他道路配套设施，针对国道与省道进行改造升级，构建一个旅游干道公路体系，加强对景区公路以及村镇公路的优化，确保游客的现实需求能够得到充分有效的满足。针对县城至景区的通信水平要进一步优化与提升，在现有的通勤车基础上，扩大覆盖面积、增大通行频率。另外，针对目前交通服务现状，要构建更多的相关配套设施，对目前的高速服务区、公交站、停车场等扩大其规模，要完善整体服务体系。其次，当地的旅游经营者应提升自身的管理水平，设立规划管理部门，针对当地旅游产品的开发与设计加强全面的规划管理，并实施规划管理责任制度，做到定期对市场展开检查，加大对景区的管理监督力度，从不同地区的特征出发，加速建设并逐步完善相关配套设施。最后，针对区域内的各种红色文化旅游，应构建联合开发机制，切实做到以市带县、以文化旅游助力

农业文化旅游产业发展，实现对整个产业链的不断拓展，全面惠及村民，推动产业升级、加快管理优化、完善配套设施。

7.2 创建地方品牌，推动红色文化+乡村旅游高质量发展

洪湖市拥有丰富的红色文化，同时在千年文化传承过程中又形成了极具特色的农耕文化，是当地发展乡村旅游的资源基础。"红与绿"两者之间的协同发展，打造出地域品牌个性化特征，是当地旅游高质量发展的重要机遇。在传统的乡村旅游模式之下，目前的各种硬件设施不够完善，缺乏当地的文化特色，而且有旅游公司对一部分的旅游资源进行了盲目开发，这些都对洪湖市乡村旅游的整体制造发展起了反面作用。乡村旅游的核心是乡土性，而乡土性的营造，是居民长期生产生活之中所形成的，具备其自身的属性。假如乡村旅游脱离了村民这一主体，以商业包装为核心，这种乡村旅游本身便徒有其表，无法真正实现长期可持续发展。保证乡村旅游的高品质发展，应切实以乡村文化为核心，以农业产业为基础，助力农业、旅游、文化的全面融合发展。洪湖市应加大对当地文化的挖掘力度，突出乡村特色，结合实际情况来展示独特的文化。

因此，洪湖市乡村红色旅游的发展要从当地的特色与差异性出发，找到当地旅游的独特优势，针对当地的旅游业发展制定中长期的规划，推出优秀的红色文化旅游产品。一方面加强红色文化的保护，另一方面在合理范围内促进红色文化与乡村旅游之间的整合与资源升级，支持和塑造洪湖市乡村旅游产业的合理发展，开发和推广以红色文化为代表的红色研学旅游、康养旅游项目等高品质的旅游产品。重视文化资源在公民素质提升、社会经济发展中的积极推动作用。支持洪湖市红色文化遗产和乡村民俗文化传承发展，创新表现形式，创建具有洪湖市独特地域红色文化特色的旅游品牌，逐步实现当地旅游业的高品质发展。

7.3 挖掘红色文化旅游资源价值内涵，开发红色文化+乡村旅游体验性产品

洪湖市拥有大量的红色文化资源，这些资源是我国革命精神的传承，是革命情怀的寄托，同时也是我国优秀传统文化的承载。针对洪湖市的红色文化内涵，我们应基于物质、精神、制度三个层面深入挖掘。洪湖的乡村在长期历史发展中形成了自己丰富的乡土文化与民俗风俗。对于洪湖市而言，这为其红色文化和乡

村旅游的融合发展奠定了坚实的根基。在挖掘红色文化旅游资源的价值内涵方面，革命斗争的历史事件、人物、场所和革命精神传统是红色文化旅游资源的客观内涵。当它们作为一种旅游产品使用，并要求它对游客具有吸引力时，旅游产品应成为"活"产品，其内涵应得到充分挖掘和正确使用。举例来讲，可参照革命故事对戏剧作品进行创作和演出，让人们就此产生深刻的印象，引导游客对历史人物进行模拟，对历史事件进行体味，将旅游活动的参与性充分展现出来。

洪湖市红色景区所在地的乡村所呈现的农业生产方式也不相同。湘鄂西革命根据地的中心，周边体验项目可以发掘整合"红+绿"资源形成当地特色产业。例如洪湖盛产藕，可尝试打造"沉浸式"项目，让游客参观洪湖藕的挖掘现场，现场制作藕粉等。

7.4 加强培养红色文化与乡村旅游融合发展管理人才

根据笔者与当地旅游经营者的交谈，了解到当地乡村旅游企业人才引流层面还存在着诸多问题，制约了洪湖市红色文化与乡村旅游融合水平的全面提升。因此，培养一批高素质的专业人才是保证洪湖市乡村旅游业整体质量提升的重要基础。在多年的发展过程中，高素质人才的制约一直是洪湖乡村红色旅游资源无法真正实现高效利用的根本原因之一。在此情形之下，首先，应构建一套完善合理的人才培训机制与管理体系。红色资源有其自身的特殊性，往往都体现出非常强的历史性与政治性特征。所以，这一领域的从业者要接受红色历史文化教育、思想政治教育，以确保自己有足够的知识储备，能够胜任讲解员的各项工作。其次，引进高质量的管理人才，将先进经验带进洪湖，以发展的眼光为洪湖的旅游业未来发展与规划提出战略性建议。最后，结合湖北省内大量的高等教育资源，保证本地输出的人才能够为当地的旅游业发展提供人才支撑，为洪湖市红色文化与乡村旅游的融合发展注入新鲜血液，提供智力支持。

7.5 优化红旅融合产品质量和结构，提升供给效率

以红旅融合的整体思路为基础，洪湖市乡村旅游业的发展要结合当地特征，打造多样化的旅游特色，挖掘红色旅游的独特优势，从当地的资源现状出发，制定旅游业的长期发展规划，以精品旅游为主要发展方向。在确保红色文化被有效保护的前提之下，对当地的红色文化与乡村旅游业实现全面的整合，合理展开深

度开发，确保实现资源的优化配置，推动当地保护区的服务业以及休闲农业充分体现出其价值，针对当地旅游特色，规划红色研学游、休闲旅游等特色精品旅游路线。深入挖掘红色文化资源不仅对旅游业发展具有重要的意义，同时对于当地公民素质的整体提升、经济的全面发展、社会文明的全面构建等多个领域都具有重要意义。一是要做好充分的社会调研，对目前的景区运营现状、面临的问题做好全面的调查，了解相关游客的实际需求以及消费偏好，构建自己的竞争优势；二是着力打造和提升自然生态景观、革命历史体验和红色文化表演产品，创新红色文化旅游商品形式，充分展示旅游产品的内涵，有效地实现消费刺激；三是创新产品形式，充分借助新技术、新元素等，打造出更好的现代感，打破目前的乡村红旅产品同质化困境，提升洪湖市红色文化与乡村旅游融合发展的整体影响力；四是实时调研旅游市场的整体发展方向，了解不同游客的实际需求，为游客提供更多的选择，让游客感受创新性的产品组合模式，满足游客的多重需求，有效提升游客的满意度。

7.6 发挥相关政府部门的主导作用，加强红色文化与乡村旅游融合发展的引导和管理

洪湖市乡村旅游与红色旅游融合发展，在充分发挥政府的主导作用的同时，还需要加强对融合发展的引导和管理。洪湖市政府要做好以下工作：首先，政府需要加强红色景区与各类学校、企事业单位的合作，对实习、培训等基地进行建设，依据季节对各种各样的文化主题活动进行组织和开展，对游客进行招揽，从现实情况出发，针对不同景区提供一些折扣门票，或者门票根据实际情况采取季节性差价等调节方式，从而促进旅游消费。其次，在红色乡村旅游产业内，对于那些贡献度较高的企业或个人，政府可对其进行表彰并提供相应的奖励。通过红色旅游收入获取相应资金。旅游景区和受表彰的旅游企业可以建立长期有效、共赢的合作模式，从而调动更多旅行社招揽游客的积极性。再次，成立融合发展的专门机构，指导融合发展的相关工作。对科学完善的旅游开发机制进行创建，将行政分割、区域自闭、单打独斗的传统格局彻底打破，以红色文化和乡村旅游的融合为核心，对新型发展机制进行创建和推行。最后，配备完善的基础设施、大力培训并严格考核从业人员、定期检查并评估旅游服务、全面搜集并及时传递旅游信息，塑造旅游整体形象和旅游环境建设，为洪湖市红色文化与乡村旅游融合

发展奠定基础和创造条件。

7.7 "红+绿"有机融合，促进乡村旅游高质量发展

就乡村旅游产业来看，优美的自然环境，新鲜的空气和完整的生态，对广大游客产生了极强的吸引力。打造良好的乡村生态环境与人居环境，全面实现乡村旅游高品质发展的主要目标。发展乡村旅游要做到生态保护与经济发展的和谐统一。红色文化资源与绿色生态资源的有机结合能够推动乡村旅游的高品质发展。首先，红色文化令乡村旅游被赋予更为深厚的内涵。洪湖市应在传统乡村旅游的前提下，大力挖掘和融合地方特色，发展红色旅游，让游客在洪湖享受当地自然风光和乡村生活，通过缅怀烈士、参观遗址、回顾历史、学习红色文化，获得新的旅游体验。其次，良好的乡村生态环境为乡村旅游和红色旅游的发展提供了广阔的空间。开展乡村红色旅游可以充分利用现有的乡村环境和设施，吸引游客参与红色旅游体验活动，同时感受乡村的魅力。再就是整合"红色+绿色"，整合红色+绿色可以更有效地保护红色文化资源，促进绿色生态资源的保护。洪湖在加快发展乡村旅游业的同时，还应特别注意生态环境的保护与改善。结合花样村庄建设、AAA 级景区创建、革命老区的新农村建设等，营造红色元素浓郁的红色氛围，用红色旅游来带动绿色旅游，强化"红绿融合"的红色生态旅游。并以洪湖红色旅游品牌建设为切入点，进一步开拓以红带绿、以绿托红的融合发展之路，让"洪湖精神"闪耀在华夏大地上，从而从整体上促进洪湖市的乡村旅游高质量发展。

7.8 创新发展理念，打造智慧乡村红旅平台

数字化与智能化发展不断加速、电子产品快速普及的影响下，传统的旅游已经不能满足人们的多样化需求，人们将不再局限于传统的旅游和被动选择，而是选择一些自由、个性化的出行方式。借助大数据、云计算等网络信息技术，洪湖市现代乡村红色旅游的发展应努力打造"洪湖智慧乡村旅游"平台，从而为洪湖市的乡村红色旅游游客带来更个性、更舒适的服务。利用该平台，可以令游客选择使用不同的形式来了解洪湖的红色旅游资源、乡村风情等旅游信息。乡村智慧旅游平台可依据游客的实际需求，为其推荐最佳的旅游计划，同时为其提供相应的服务等。与此同时，该平台还构建了游客人身与财产安全预警体系，游客可通过平台进行投诉，确保游客的权益得到有效保护。依据游客的具体购买行为特

征、意见等信息，对其自身的营销策略做好优化与提升，确保其产品的创新性，加大对旅游从业人员的培训力度，保障游客能够享受到高水平的服务。

8. 结论与展望

8.1 结论

本研究在文旅融合大背景下，以洪湖市红色文化与乡村旅游深度融合发展为研究对象，以红色文化、乡村旅游、可持续性发展、产业融合、红色旅游等相关概念与理论为研究基础，并且查阅了大量的国内外文献，阐述了洪湖市红色文化与乡村旅游深度融合发展的必要性，充分了解洪湖市的红色文化产业以及乡村旅游产业实际发展情况，并在此基础之上，运用调查研究法、案例分析法等方法从中找出目前洪湖市红色文化与乡村旅游融合发展过程中的不足之处，针对其问题，提出了洪湖市红色文化与乡村旅游深度融合发展的相应对策。

笔者以洪湖市游客的旅游体验为重要衡量标准设计了调查问卷，并对洪湖市游客进行深入调查与访谈。选取了570份有效调查问卷，就问卷调查结果及相关访谈信息进行了深入分析，发现洪湖市红色文化与乡村旅游融合发展存在旅游基础设施建设不完善、旅游内容与方式简单、红旅融合价值发掘不够、缺乏专业管理人才、旅游产品质量不高等问题。最后，针对洪湖市在促进红色文化与乡村旅游融合发展过程中出现的问题，借鉴了河北省雄安新区白洋淀旅游区红旅融合发展的成功经验。就如何促进洪湖市红色文化与乡村旅游深度融合发展，提出了相关的对策，如完善旅游基础设施；挖掘红色文化旅游资源价值内涵；创建地方品牌，推动红色文化+乡村旅游高质量发展，优化红旅融合产品质量和结构；发挥相关政府部门的主导作用；"红+绿"有机结合；打造智能乡村红旅平台等，旨在全面推动当地红色文化与乡村旅游之间的高效融合发展，推动洪湖市乡村旅游产业的全面振兴。

8.2 展望与不足

（1）本研究在实证部分，只选取了游客作为指标，虽然调查样本数量多，但是结果可能受主观因素影响较大。因此在后期的研究中，可以邀请更多旅游行业的专家学者对洪湖市红色文化旅游资源进行综合评价，使得评价结果更加公正、客观。

（2）同时，受笔者个人能力限制，本研究对理论方面的分析还有不足之处，对洪湖市的红色文化旅游景区调研也有所不足。在未来的研究过程中，还要加强对目前学术界最前沿理论与资料的深入研究，并加大调研力度，确保最终的研究结论更具实际意义。

参 考 文 献

[1]文小莉．红色文化与乡村旅游融合发展研究——以宜昌市为例[J]．湖北职业技术学院学报，2021，24（4）：5-9，87．

[2]杜涛，白凯，黄清燕，王馨．红色旅游资源的社会建构与核心价值[J]．旅游学刊，2022，37（7）：16-26．

[3]邓辉，曹春梅，舒妙妙．湖北省洪湖市红色旅游发展对策[J]．现代营销（下旬刊），2022（6）：113-115．

[4]李丽．洪湖市农村文化建设的问题与对策研究[D]．武汉：华中师范大学，2014．

[5]杜占红．洪湖市红色旅游发展对策研究[D]．武汉：武汉轻工大学，2021．

[6]殷启翠，刘玉龙．黑龙江省革命老区红色旅游资源整合与文化传播[J]．学术交流，2021（12）：82-93．

[7]邓辉，曹春梅，舒妙妙．湖北省洪湖市红色旅游发展对策[J]．现代营销（下旬刊），2022（6）：113-115．

[8]王丹玉．农村一、二、三产业融合的路径研究——以湖北省潜江市为例[J]．企业科技与发展，2018（7）：31-32．

[9]陈民恳．加快长三角产业一体化发展的探索与建议[J]．宁波经济（三江论坛），2021（10）：18-21，48．

[10]李军，冯晶晶．共生视域下宁夏红色旅游与乡村旅游协同发展研究[J]．环渤海经济瞭望，2021（8）：65-68．

[11]金辉．郑功成：社会保障制度是走向共同富裕的制度保障[N]．经济参考报，2021-08-03（7）．

[12]史恬铭．国外城市更新对实现城市可持续发展的经验与启示[J]．中国建设

信息化，2022(13)：64-66.

[13]郭伟，闫绪娴，范玲.中国省域经济高质量发展评估与驱动因素研究[J].
东岳论丛，2022(7)：155-164.

[14]李乐.全域旅游视角下乡村旅游发展策略探析[J].山西农经，2022(13)：
48-50.

[15]冀雁龙，李金叶，赵华.数字化基础设施建设与旅游经济增长——基于中介
效应与调节效应的机制检验[J].经济问题，2022(7)：112-121.

[16]曾黎君，刘平洋.洪湖旅游经济发展问题研究及对策建议——从旅游线路设
计的视角[J].农村经济与科技，2015，26(12)：180-182.

[17]党雪华.乡村旅游促进农村经济发展的路径探究——以洪湖市为例[J].现
代农村科技，2020(7)：7-8.

[18]刘刚.洪湖市湿地景观演替及碳储量研究[D].长沙：中南林业科技大
学，2011.

[19]周少雄.文旅融合赋能"红色传承"[J].杭州，2019(38)：24-27.

[20]吴黛芮.产城融合视角下旅游与工业结合发展研究[D].桂林：广西师范大
学，2021.

[21]宁召勇.文旅融合背景下的革命文化传播——以白洋淀红色旅游为例[J].
文物天地，2022(6)：86-89.

[22]周洁，胡晓红，陈耀庭.目的论视角下白洋淀红色旅游文化翻译策略[J].
当代旅游，2022，20(5)：37-39.

[23]盘劲呈，胡洪基.国外乡村体育旅游发展的经验对我国乡村振兴的启示[J].
湖北体育科技，2021，40(8)：679-683，688.

[24]卢文杰.面向三明红色文化的知识服务云平台与数字创意设计实践[J].广
西科技师范学院学报，2018，33(6)：134-136.

[25]郝丹璞，徐姣.乡村振兴战略下旅游创新人才培养路径探析[J].农业与技
术，2022，42(12)：148-151.

[26]尹俊哲."旅游特区"建设背景下海南省旅游业供给侧改革的对策分析[J].
旅游纵览，2022(9)：166-168.

[27]陈雪萍，李超楠.乡村振兴背景下"互联网+"乡村旅游平台建设[J].当代
旅游，2022，20(2)：40-42.

附录 A
洪湖市红色文化与乡村旅游融合发展调查问卷

尊敬的先生/女士：

您好！首先请原谅我需要占用一点您的时间，我们最近正在进行一项关于红色文化与乡村旅游融合发展的课题研究，请您在百忙之中帮助我填写这份调查问卷。本问卷采取不记名的方式，请您放心并如实填写，非常感谢！

一、个人基本信息

1. 您来自省内还是省外？（　　　）

   A. 省内　　　　　　　B. 省外（　　　）

2. 您的性别是？（　　）

   A. 男　　　　　　　　B. 女

3. 您的年龄是？（　　）

   A. 25 岁及以下　　　B. 26~35 岁　　　　C. 36~45 岁

   D. 46~55 岁　　　　E. 56 岁及以上

4. 您的学历是？（　　）

   A. 初中及以下　　　B. 高中/中专　　　C. 大专/本科

   D. 硕士及以上

5. 您的职业是？（　　）

   A. 政府公职人员　　B. 企事业单位管理人员　　C. 企事业单位职工

   D. 私营业主/个体户　　E. 专业人员/技术人员/教师/医生

   F. 在校学生　　　　G. 自由职业者　　　H. 离退休人员

   I. 其他

6. 您的月收入是？（　　）

   A. 2000 元及以下　　B. 2001~4000 元　　C. 4001~6000 元

   D. 6001~8000 元　　E. 8001 元及以上

二、洪湖市乡村旅游游客行为特征

1. 您获得洪湖市红色旅游目的地相关信息的渠道是？（　　　）

   A. 电视广告　　　　　B. 报刊　　　　　　　C. 网络

   D. 旅行社宣传　　　E. 亲戚/朋友推荐　　　F. 其他渠道

2. 您此次的出游方式是（　　　）。

   A. 旅行社组团　　　B. 单独出游　　　　　C. 单位组织

   D. 家人或朋友结伴　　E. 其他

3. 您参加红色旅游的目的是什么？（可多选）（　　　）

   A. 缅怀先烈　　　　B. 欣赏风景　　　　　C. 激励自己

   D. 教育后人

4. 您本次参与红色文化旅游所采用的主要交通方式是（　　　）。

   A. 自驾　　　　　　B. 公共交通　　　　　C. 旅游大巴

   D. 其他（请注明）＿＿＿＿＿＿＿

5. 您期望到洪湖市的哪些知名红色旅游景点去旅游？（可多选）（　　　）

   A. 湘鄂西革命根据地旧址群

   B. 湘鄂西苏区革命烈士陵园

   C. 柳关烈士陵园

   D. 瞿家湾湘鄂西革命根据地

   E. 新华日报总馆及八路军武汉办事处二十五位烈士殉难处与烈士公墓

   F. 其他（请注明）

6. 在参观了洪湖市红色旅游景点后，您认为当地爱国主义教育和革命传统教育
   的效果怎么样？（　　　）

   A. 非常好　　　　　B. 较好　　　　　　　C. 一般

   D. 较差　　　　　　E. 非常差

7. 您选择到洪湖红色景点旅游是因为？（　　　）

   A. 革命历史的吸引　　B. 低门票价格　　　C. 对革命历史人物的崇拜

   D. 风景优美　　　　E. 人文气息浓郁　　　F. 其他＿＿＿＿＿＿＿

8. 参加了本次红色旅游后，您觉得有什么收获？（　　　）

   A. 对革命历史更加了解　　　　B. 加深对革命精神的理解

   C. 树立爱国主义精神　　　　　D. 认识当代年轻人的历史使命

E. 增长见识   F. 其他

9. 您此次在洪湖市红色旅游目的地停留了几天？（　　）

    A. 不过夜   B. 一晚   C. 两晚

    D. 三晚及以上

10. 您此次来洪湖市旅游的总消费是多少？（　　）

    A. ≤500 元   B. 501~1000 元   C. 1001~2000 元

    D. ≥2001 元

三、游客对洪湖市红色文化与乡村旅游融合发展的认知情况

1. 您认为洪湖市红色文化与乡村旅游融合发展的优势有哪些？（可多选）（　　）

    A. 红色旅游资源丰富   B. 交通便利

    C. 相关基础设施完善   D. 生态环境秀美

    E. 红色文化底蕴深厚

    F. "洪湖红色旅游"品牌在湖北省内知名度较大

2. 您参观过的洪湖市红色旅游景点给您留下的最深的印象是？（可多选）（　　）

    A. 充斥着商业化，淳朴不再

    B. 与一般的旅游景区没区别，没有凸显"红色"

    C. 保持着淳朴的民风，有浓厚的革命情怀

    D. 革命遗址保存完好，对革命者的精神感触颇深

    E. 景点多在乡村，生态环境优美

    F. 其他

3. 您期望在洪湖市红色文化与乡村旅游融合发展过程能够为游客提供哪些休闲活动？（可多选）（　　）

    A. 抗战情景剧演绎   B. 专人讲解历史

    C. 农事体验   D. 特色美食体验

    E. 乡村特色民宿   F. 战后遗迹建筑参观

    G. 购买红色文化纪念品   H. 其他(请注明)＿＿＿＿＿

4. 您认为洪湖市红色文化与乡村旅游融合发展过程中存在哪些具体问题？（可多选）（　　）

    A. 红旅融合层次不高   B. 产品质量和结构有待优化

    C. 品牌开发深度不足   D. 复合型人才缺乏

E. 相关基础设施落后　　　E. 红旅产业结构有待升级

F. 文化内涵不够深刻　　　G. 革命精神感触不深

5. 您觉得在洪湖市红色文化资源开发过程中与乡村旅游融合的最大问题是什么？
（可多选）（　　　）

A. 旅游基础设施不完善

B. 旅游内容与方式简单

C. 红旅融合发展价值发掘不够

D. 缺乏专业管理人才

E. 政府宏观调控机制不完善

6. 您认为洪湖市红色文化与乡村旅游融合发展情况如何？（　　　）

A. 非常好　　　　　B. 较好　　　　　C. 一般

D. 较差　　　　　　E 非常差

7. 您是否愿意选择再次来洪湖市体验红色文化旅游？（　　　）

A. 非常愿意　　　　B. 愿意　　　　　C. 一般

D. 不愿意　　　　　E. 非常不愿意

四、游客对洪湖市红色文化旅游的满意度（1~5 分别代表非常不满意，不满意，一般，满意，非常满意。请在相对应的数字下打"√"）

	项　　目	非常满意	满意	一般	不满意	很不满意
六要素	土特产	5	4	3	2	1
	特色革命美食	5	4	3	2	1
	交通状况	5	4	3	2	1
	住宿环境	5	4	3	2	1
	革命遗址	5	4	3	2	1
	自然生态	5	4	3	2	1
	红色文创产品	5	4	3	2	1
	革命历史体验项目	5	4	3	2	1

项　目		非常满意	满意	一般	不满意	很不满意
环境	卫生状况	5	4	3	2	1
	公共服务与配套设施	5	4	3	2	1
	景区治安	5	4	3	2	1
	当地居民态度	5	4	3	2	1
管理与服务	景区服务人员的服务态度	5	4	3	2	1
	景区服务人员的服务品质	5	4	3	2	1
	景区管理	5	4	3	2	1
价格	旅游消费品价格	5	4	3	2	1

临沂市沂南县竹泉村旅游度假区
乡村游游客安全感知研究

1. 研究背景

民族要复兴，乡村必振兴。稳住农业基本盘，守好"三农"基础，是应对突发事件、实现新发展的"压舱石"。2021 年中央一号文件提出，加快农业现代化建设，构建现代农村产业体系，完善休闲农业和乡村旅游精品线路，以及优化配套设施，推进农村一二三产业融合发展示范园和技术示范园区建设；要把乡村建设放在社会主义现代化建设的重要位置，全面深入推进农村产业、人才、文化、生态、组织的振兴，充分发挥农产品供给、生态屏障、农业生产的作用，在具有中国特色社会主义乡村振兴的道路上，加快农业和农村现代化建设，加快形成工农互促、城乡互补、协调发展、共同繁荣的新型工农城乡关系，促进农业高质高效、乡村宜居宜业、农民富裕富足。2016 年 10 月，中国社科院舆情调查实验室首席专家、传媒调查中心主任刘志明在乡村旅游高峰论坛上发布了《中国乡村旅游发展指数报告》，报告指出，2016 年是中国"大乡村旅游时代"的元年，乡村旅游得到大规模的开发、投资，并具有一定的影响力，成为人们新的生活方式。

竹泉村自元明时期以来，村民围绕泉水生活，以石头为原材料搭建住房，以农耕为主要生产方式。竹泉村中竹子和泉水是它的灵魂，这里依山傍水，竹林环绕，泉水纵横，村前屋后的角落里遍布竹子的身影，村民绕泉环竹而居，田园风光无限，是中国北方为数不多的桃花源式的生活环境。其设计开发面积达 800 亩。竹泉村旅游度假区主要景点有驸马府、水街、竹林菊社、泉上兰亭等，竹泉村旅游度假区不是简单的个体，而是将古村的自然生态风光与民俗体验、修身养性的各种相关产品有机结合起来，将竹泉村旅游度假区与自然有机的生态环境结合起来，从而开创一种全新的休闲旅游模式。近些年来竹泉村旅游度假区取得了一定成就，其中包括：2009 年被山东省旅游局命名为逍遥游示范点、自驾游示范点；2010 年被评为国家 AAAA 级旅游景区，这既是对竹泉村旅游度假区的肯定，也是对其深切的期望。

安全是游客出行的基础，只有"游前、游中、游后"安全，才能推进旅游业的可持续发展，旅游业才能够成为人们生活中长久的调味剂。乡村旅游事故经常发生的原因可以总结为以下几点：第一是乡村旅游目的地发展相较于城市比较落后，其基础设施不完善、救援队伍不专业、安全意识较弱。第二是政府监督不彻底，没有相应的规章制度来管理乡村旅游景区；第三是景区自身存在安全隐患，缺乏专业人士指导培训，安全意识薄弱，没有形成较强的安全体系。可以看出，乡村旅游已成为人们追捧的旅游模式，但是就目前来看乡村旅游是否具有保障游客安全的能力还需具体进行考量。在探究游客选择乡村旅游目的地的原因时，安全因素也是一个值得关注的问题。

从旅游的六要素"吃、住、行、游、购、娱"可以发现，在旅游过程中，对周边的环境、交通等都有一定的依赖性，从而使游客在旅行过程中更加容易发生安全问题，由于途中一些不可控、不可预知的负面因素的影响与冲击，直接降低了游客想要旅游的想法。安全问题是我们一直以来比较关注的问题，这也是与我们生命息息相关的一个重要因素，旅游目的地一旦发生安全问题，其影响深远。一是影响时间长，短时间内无法吸引游客前来游玩，这也降低了旅游目的地的营业额，二是影响范围广，此类影响对影响力比较大的旅游景区影响较深。首先一些知名度较强的旅游目的地带来的社会影响力广泛，其次游客来自五湖四海，地域分布范围广泛，在某种程度上，它的影响范围得到了扩展。近几年，我国的旅游安全问题频繁出现，对旅游行业造成了巨大的冲击。2015 年 4 月，户外攀爬项目中出现意外事故，钢架意外发生断裂，结果造成十余名游客受到伤害，该事故发生地位于浙江苍南县，当时正在举办杜鹃花文化旅游节，本来是一片欣喜景象，但是这个意外事故的发生使该景区蒙上了一层阴影，也对乡村旅游的安全敲响了警钟。乡村旅游目的地远离城市，具有空气清新、景色优美等特点，城市居民想要短暂逃离压力、紧张的环境，进而选择了乡村旅游这一旅游新模式。但是由于乡村旅游目的地安全意识淡薄、基础设施不完善、没有专业的搜救队伍、地理环境复杂等原因安全事故不时发生。2015 年，西安秦岭山洪暴发，由于农舍占用道路，8 名游客未能逃离；同年，宜昌王家坝景区基础设施老旧，导致房屋坍塌，造成 1 死多伤的悲剧；还有液化气泄漏爆炸、食物中毒、山体滑坡等一系列发生的安全事故引起了社会的广泛关注。乡村旅游景区也应进行深刻的反思，为什么会那么密集地发生安全事故？原因到底出在哪里？通过调查我们可以发现，乡村旅游景区存在面积宽、管理难度大等问题，也是这种根本性的原因才使得安全问题的发生，影响了游客的旅游意向，使旅游业发展也受到了一定的限制。想要解决这类问题，需要从游客、政府、景区等多方面入手，多层次、多角度分析、解决问题，从而使乡村旅游景区得到可持续发展。

在现阶段快节奏的生活中，旅游是以带给人们快乐和幸福而存在的；旅游也是增长见识、陶冶情操、通过社会教育方式进行人生成长、促进人的"德智体美劳"全面发展的重要途径。从此也可以看出，社会越是向前发展，旅游就越是成为衡量人民群众生活质量和获得感、幸福感、安全感的一个重要标志。获得感、幸福感和安全感这三感并不是孤立的存在，它们之间也并不是简单的一加一等于二的关系，简单来说，获得感是基础，从我国现在存在的基本矛盾可以看出，只有在发展中不断提升获得感，人民才能在此基础上去找寻幸福感和安全感。如果人民的物质文化生活水平得不到提高，改革成果不能惠及全体人民、增进人民福祉，那么必然会降低人民的幸福感和安全感，还会影响社会的和谐与稳定。幸福感是人们对生活的主观感知，它是以获得感和安全感为前提的，只有获得了一部分东西，满足了对安全的需要，个人才会感到幸福，换句话说，一无所有的人何来幸福感呢？安全感一词近年来被提及的频次越来越高，这也足以说明人们对安全感的渴望，安全感简单来说它是基于获得感、幸福感的同时，对美好生活的特殊体现。因此可以说，首先满足内部与外部环境的安全，这样人们能够获得相应的安全感，有了安全感做基础，获得感和幸福感这两个感觉才能从内心自然产生。我们提到安全感，主要想到的就是生命安全、财产安全，生命是永远的第一位，只有把威胁生命的因素去除，才能去顾及财产的安全，有了钱财作保障，才有了美好的生活。只有确保游客的内外安全，才能拥有现实的幸福体验。由此可见，获得感、幸福感、安全感既相互区别，又相辅相成，"三感"为本研究提供了大方向，笔者从游客层面出发，研究影响游客安全感知的影响因素，从而提出相应的解决措施，使竹泉村旅游度假区得到长久可持续的发展。

由上可见，安全问题重于泰山，乡村旅游安全问题成为国内学术研究的重心，尤其是近几年乡村旅游过程中不断出现的各种安全问题，使得更多学者关注乡村旅游的安全问题。党的十九大报告提出，要"使人民获得感、幸福感、安全感更加充实、更有保障、更可持续"，从而提高游客乡村旅游获得感、幸福感、安全感显得尤为重要。要想留住游客，必须以游客为中心满足其对旅游景区的安全需求，从而更快更精准地促进竹泉村旅游度假区的旅游发展，带动当地产业发展，最终实现竹泉村的全面振兴。因此，该课题具有较重要的研究价值。

2. 相关概念及理论基础

2.1 相关概念

2.1.1 乡村旅游

关于"乡村旅游"这一概念众说纷纭。从国际视角方面来看，部分学者认为乡村旅游等同于农村旅游，但也有学者持有不同的看法。Inskeep 在其发表的著作中就曾明确指出，所谓的乡村旅游，其范围十分广泛，不仅仅包括农村旅游，休闲旅游、生态旅游等其他模式也同属于此类范畴。Bramwell 和 Lane（1994）认为，乡村旅游不仅是基于农业的旅游活动，而是一个多层面的旅游活动，它除了包括基于农业的假日旅游外，还包括特殊兴趣的自然旅游，生态旅游，在假日步行、登山和骑马等活动，探险、运动和健康旅游，打猎和钓鱼，教育性的旅游，文化与传统旅游，以及一些区域的民俗旅游活动。1993 年世界旅游组织提出，乡村旅游是指旅游者在城市郊区、偏远地方的乡村学习、驻留、体验式生活所进行的一系列活动。值得一提的是，此类定义被大多数国家学者所接受。不同于国际视角方面，国内的大多数学者所认为的乡村旅游的定义更偏向于"乡村性"。许多学者认为，乡村旅游的基础便是乡村，乡村旅游就是在乡村的基础上所发展的旅游业，所以提到乡村旅游，便不得不提乡村的自然风景环境和乡土人情。但是，目前我国正处于高速度发展阶段，随着整个时代的进步变化，乡村旅游也在随之发展、改变，其内涵与范围也在不断地延伸与扩大。结合中外学者的观点，乡村旅游应当是在农村的地理环境中进行的某种特定的旅游活动。

2.1.2 旅游安全

安全问题是当今社会不可回避的一个话题，人们越来越关注安全，安全意识也在不断提高。相应的旅游安全，贯穿于整个旅游过程，对游客的生命财产会产生极大的影响，所以其重要性不言而喻。当然，对于旅游安全的研究也有很多，郑向敏曾在其著作《旅游安全学》一书中详细讲解了旅游安全的定义及其重要意义。从广义的角度来说，旅游安全是指游客在整个旅游过程中，其面对的所有表现安全现象的总和，它不仅囊括在旅游中需要引起关注的各种安全事项，还包括在社会上所涌现出的一些与旅游业相关的安全问题。从狭义的角度来说，关于旅游安全的范畴就小了很多，主要是指在旅游中的各种安全事项。这是旅游安全在我国最早的定义。从笔者自身的角度来说，旅游安全就是指在旅游过程中游客的安全，包括人身、心理、财产安全等方面，这也是本课题的研究对象。

2.1.3 游客安全感知

游客安全感知，是研究旅游主体安全的一项重要组成部分，在国内外，已经有很多学者对其概念发表了许多观点，也引起了诸多讨论。在心理学中，人们面对各种事物，寻找信息、分析信息，到最后处理加工信息的心理过程叫作感知。所以，安全感知的概念也是心理学中的一项研究，安全感知被视为个人在受到外界环境事物影响后，根据身体感受其内心主观产生的一系列心理反应，它是个人在面对外界环境时，内心对可能存在的危险做出的判断，并产生的一系列感受。

在研究旅游的过程中，常常把游客安全感知与旅游安全联系在一起。郑向敏（2003）曾在关于旅游安全概念的研究中提出这样的观点，从广义的角度来说，旅游安全既包括与游客自身直接有关的安全环境，也包括与游客自身有关的其他安全环境。此外，对游客的安全认知进行了定义，认为游客的安全意识是指游客对其安全的关注、认识和反应，以及对其安全性的认识和反应。由于个体的差异、旅游期望和体验的不同，对信息的处理也会产生不同的认知和回应。张一（2011）

认为游客在旅游过程中会接收到与游行相关的各种信息，涉及面广，从而使游客对这些信息进行一定的消化形成自己的安全感知，安全感知是由旅游目的地主体对旅游者客体产生的一种主观感受，也是评价旅游目的地安全感知的一个工具。陈彬彬（2016）认为，旅游安全意识是指人们对各种环境、自然、社会、各种周边环境的安全状态和各种突发事件所形成的认识和感觉。在对游客的网络消费行为进行分析的基础上，他认为，旅游信息的获取与自身旅游经验的结合，更加注重游客的主观意识和直觉对旅游安全的影响。

目前，国内外学者对游客安全感知概念的界定尚无统一的界定，但大多数认为游客的安全意识是一种心理反应，游客的个体因素会影响游客的主观感受，不同游客的安全意识也会有不同程度的差异。本研究认为，游客的安全感知是指游客在旅游过程中，对其所处区域的安全状况的一种主观情感和心理评估。

2.2 研究理论基础

2.2.1 风险感知理论

当旅游者在旅行过程中对不安全因素作出的一种主观反映，就是我们常说的风险感知，同时，风险感知也是衡量社会安全与公众心理安全的重要数据。一个基本的认知过程可以抽象为感知、认知加工、思维与应用三大部分，即个体根据直观判断和主观感受所获得的经验。自20世纪80年代开始，一系列安全感知问题的发生引起了社会的广泛关注，越来越多的学者从多方面、多角度研究调查影响安全感知的影响因素。通过梳理相关文献可以得出，目前，国内外有关风险感知的研究多集中在心理层面，主要侧重于风险感知的基础理论与方法设计，而对具体的风险认知则相对缺乏。同时现有的研究目光总是聚焦在公众意识到的危险状况，随着现实安全事故的发生，风险感知的研究也在不断地与自然灾害这些不可控的因素相结合，旨在更具体地研究灾害风险感知。旅游景区的风险感知理论对旅游景区的风险预警具有重要意义。在后续对景区安全风险承载体进行脆弱性评价时，旅游者对安全感知的评价也就是安全感知状况是一个非常重要的指标。

2.2.2 马斯洛需求层次理论

马斯洛需求层次理论将人的需求分为生理需要、安全需要、归属与爱的需要、自尊需要以及自我实现的需要。其中，居于首位的也是最基础的是生理需要，它主要是满足对基本生活的需要，例如，吃饭、穿衣等。如不满足，则有生命危险，它是最强烈的不可缺少的最底层需要，当一个人为生理需要所控制时，其他一切需求均退居次要地位。安全需要是建立在生理需要的基础上产生的一个相较于生理需要较为高级的需求，依据事物发展的实质是新事物的产生和旧事物的灭亡，当生理需要得到满足之后，人们就会追求新的上一等级需要，在这里就是安全需要，主要包括生命安全、财产安全等。人的需要不是一成不变的，以往来说对旅游者的安全需要主要是安全需要，但是来到一个新的环境，旅游者的安全需要可能就变成了劳动安全、职业安全或其他的新的安全需要等，这是由当地的环境所导致的。马斯洛认为，人就是一个特定的有机体，整个有机体也是主动追求安全的一个过程，人的感受器官、效应器官及其他能量都是寻求安全的工具。当主体感觉自身周围都是不安全因素，变得小心谨慎、紧张无措，感觉社会充满不公平的时候就是缺乏安全感的主要表现。缺乏安全感会影响个人的健康发展、导致企业停滞不前等问题的发生，针对此，应全方面提高安全感知，以激励的方式建立自信，同时完善社会的外部环境等。

2.2.3 旅游可持续发展理论

可持续发展的概念就是如果想要在社会得到长久发展，就不能只索取，不回报，只有坚定可持续发展的思想才符合当下国际形势。当可持续发展理念出现之后，得到了众多国家的认可，与此同时，越来越多的国家将可持续发展理念转变为国家发展战略的重要行动指南可持续发展理念。我国更是高举可持续发展的大旗，从各个方面推进社会的可持续发展，可持续发展理论是我国现代化建设必须认真贯彻和实施的战略。可持续发展理论要求我们正确看待当前利益与长远利益、局部利益与整体利益间的关系，还要处理好人与自然以及人与人之间发展的关系。1993 年，旅游可持续发展理论体系形成，学术刊物《可持续旅游》在英国创刊发行，1995 年 4 月，"世界旅游可持续发展会议"通过了旅游可持续发展的计划及行为准则，为旅游可持续发展指明了方向。

3. 理论模型与研究假设

3.1 研究模型

3.1.1 已有研究模型

王晨光通过对山西省 11 地市知名旅游景点进行了问卷调查，在问卷信度效度基本分析符合后，再通过 AMOS 软件对问卷的环境安全、安全保障、设施安全、安全管理、交通安全五个变量层进行结构性检验，从而验证问卷设计的合理性，为山西省旅游目的地游客安全感知的研究提供理论支撑，建立评价指标体系（见图 1）。

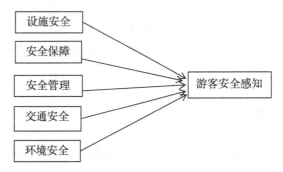

图 1　山西省旅游目的地游客安全感知研究评价指标体系

贾爱顺以平顶山市尧山景区为研究对象，通过发放问卷搜集数据，运用 SPSS 软件对数据进行统计分析，从而得出尧山景区旅游安全的总体水平值，最后提出优化景区旅游安全的对策建议，具体的评价指标层及评价指标见表 1。

表 1   平顶山市尧山景区评价指标体系

评价指标层	评价指标
旅游餐饮安全指标	饮食卫生的安全程度
	饮食场所设施配置的安全程度
	饮食环境的安全程度
	饮食场所安全管理水平
旅游住宿安全指标	住宿卫生状况的安全程度
	住宿环境的安全程度
	住宿客房的安全程度
	住宿设施的安全管理水平
旅游交通安全指标	司机的驾驶技能水平
	交通安全管理水平
	景区停车场的安全程度
	交通的畅通水平
旅游游览安全指标	景区人流的宽松程度
	景区安全标志的合理性
	景区设施的配备水平
	景区的环境安全程度
旅游购物安全指标	旅游者在购物中的自主性
	购物环境的安全程度
	商品质量水平
旅游娱乐安全指标	娱乐场所安全标志的合理性
	娱乐设施的安全程度
	娱乐场所的安全管理水平

3.1.2 本研究模型

通过对上述已有研究模型的论述可知，影响游客安全感知的因素复杂多样。安全感知是游客在旅行过程中对内外部环境产生的主观反应，是一个复杂的心理感受，除上述论述的因素之外，还会有其他因素影响游客的安全感知。基于此，本研究以竹泉村旅游度假区的游客为目标，根据景区的具体环境来进行维度的划分，主要包括餐饮、住宿、交通、游览购物这四个方面，从而构建游客安全感知影响因素的模型(见图2)。

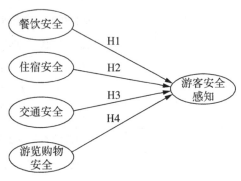

图2 本研究的理论模型图

3.2 研究假设

根据梳理游客安全感知影响因素的相关文献中发现：国内外学者提出了多种关于影响游客安全感知影响因素的维度划分，在游客安全感知影响因素的文献综述部分可以看出已经形成一定的理论基础，这为笔者分析竹泉村旅游度假区乡村游游客安全感知影响因素提供了参考和借鉴。本研究根据竹泉村旅游度假区乡村旅游的特点，将竹泉村旅游度假区乡村游游客安全感知的影响因素进行维度划分，其主要目的是研究各个维度分别对游客安全感知的影响，发现影响游客安全感知的问题，从而为竹泉村旅游度假区的可持续发展提出建设性的意见。

吴必虎(2001)以高校大学生为研究对象，对全国一些高校大学生的旅游安全感知进行调查研究，调查内容涵盖了习俗、设施、住宿等20个指标。林炜铃(2012)从饮食、住宿、设施等5个传统旅游要素对福建省平潭岛进行了游客的安全感知研究。刘雅静，胡海燕(2014)以西藏为调查目标，建立西藏旅游游客安全感知指标体系，以饮食安全、住宿安全、交通安全、游览安全、购物安全、娱乐安全六类为构建理论体系的基础，综合考虑游客安全感知的影响因素，同时结合西藏的社会政治环境，将进藏游客的安全感知分为：饮食安全、住宿安全、交通安全、游览安全、购物安全、娱乐安全、社会治安的项目、环境安全项目及管理安全等 9 个维度。罗景峰（2016）认为设施因素包括基础设施和安全设施等，所具有的配套基础设施与快速发展的乡村旅游显得极不对称，这些基础设施包括污水排放设施、垃圾处理设施、餐饮基础设施、住宿基础设施、交通安全设施等，基础设施的不健全不仅使旅游者、当地居民深受其害，同时也使得当地旅游资源和环境受到极大破坏。除了上述基础设施之外，为了保证乡村旅游地资源安全，还需完善必要的安全设施，如乡村旅游资源保护的相关宣教设施、乡村旅游资源承载力监测预警设施、乡村水体监测预警设施、乡村土壤监测预警设施、乡村旅游碳足迹监测预警设施等。

通过以上相关文献的梳理可知，学者对于游客安全感知影响因素维度的划分主要从"吃、住、行、游、购、娱"六个方面为主，但是也有些将其细化，单独将旅游景区内其中一个部分来进行研究分析，例如旅游景区基础设施对游客安全感知的影响，由此可得，研究内容、维度划分多样，笔者根据竹泉村旅游度假区的自身特点，基于前人的研究成果，根据游客安全感知影响因素维度的划分提出如下 4 个研究假设：

H1：餐饮安全对游客安全感知有显著的正向影响

H2：住宿安全对游客安全感知有显著的正向影响

H3：交通安全对游客安全感知有显著的正向影响

H4：游览购物安全对游客安全感知有显著的正向影响

4. 研究设计与数据搜集

4.1 案例地选取与调研对象确定

4.1.1 案例地选取概况

竹泉村旅游度假区以竹泉古村为背景，旅游度假区由青岛龙腾集团投资建设，总投资 1.56 亿元，其整体布局由山东省旅游设计研究院勘测设计，设计开发面积达 800 亩。竹泉村旅游度假区不仅有生态旅游，还包含休闲娱乐、商务会议等活动，满足游客的各种需求，是集"吃、住、行、游、购、娱"为一体的综合旅游度假区。同时将竹泉景观、沂蒙民俗与自然生态有机地融合起来，开创了旅游休闲的一种全新模式。景区内的东篱别墅区属于山间特色度假区，其中主要景点有：外婆家、映水居、星光客栈、竹篱菊舍、芙蓉岛、兰亭会议楼、餐饮楼等。在沂南境内，曾发生过闻名中外的孟良崮战役及九子峰战斗、大青山战斗、留田突围等战斗，留下了老一辈革命家和无数先烈战斗的足迹，涌现出众多可歌可泣的英雄人物。竹泉村旅游度假区获得中国人居环境范例奖、全国休闲农业与乡村旅游示范点、山东省首批自驾游示范点、山东省第一个古村落景区等多种奖项。

4.1.2 调研对象确定

本研究选定的研究对象主要是竹泉村旅游度假区乡村旅游的旅游者。乡村旅游目的地是指发生在乡村地区，以乡村的性质为主要卖点，吸引游客前来观光游览、休闲度假等。因此前往竹泉村旅游度假区进行乡村旅游的旅游者就是本研究的调研对象。

4.2 问卷设计

4.2.1 问卷设计的过程

首先，对国内外相关文献进行梳理，在前人的研究成果上对竹泉村旅游度假区这一具体旅游目的地进行问卷的设计，在此基础上，对旅游领域相关的专家进行访谈，请专家为问卷的设计提出建议，并将专家的建议与旅游目的地的实际情况相结合进行问卷的修改和完善；其次，本问卷的设计是依据前人已经验证过的成熟性的量表，并结合本研究的实际情况对题项进行系统性的分类和筛选，具有一定的系统性；最后，结合本研究的案例对象，根据实际情况对问卷中的题项进行通俗化表述。这体现了问卷设计的可操作性。

预调研是为了检查问卷设计是否合理，问卷中的具体选项是否表达恰当、是否存在歧义，是否可以进行后续的实证论证。预调研是正式调研顺利开展的前提和基础。本研究进行预调研的具体方法如下：首先请同学及相关专家试填问卷，初步检查问卷中的问题并进行相应的修改；然后前往竹泉村旅游度假区，针对当地的游客进行发放预调研问卷，回收后对样本数据进行整理，并进行问卷的信效度检验。如果没有通过检验，则需要咨询专家意见，对问卷进行调整和修改，再次进行发放，最终以通过信效度检验为标准来确定最终问卷。

4.2.2 问卷的结构设计

第一个部分是受访者的基本信息，主要包括受访者的性别、年龄、职业、教育水平、婚姻状况、平均月收入、结伴方式这七个题项；第二个部分是游客安全感知影响因素调查，此部分的调查采用李克特量表进行测量，用阿拉伯数字"1、2、3、4、5"代表游客对该题项的安全认可度，数字越大，即认可度越高，此部分主要包含餐饮安全、住宿安全、交通安全、游览购物安全这四个维度，餐饮安全包含三个小题项，分别为食材新鲜、用餐环境干净整洁、工作人员卫生安全意识较强，住宿安全包含三个小题项，分别为旺季住宿价格平稳、住宿场所基础设备完好、住宿场所环境安全；交通安全包含三个小题项，分别为道路交通状况良好、交通指示标志完善、司乘人员技能与安全意识强；游览购物安全包含五个小题项，分别为危险地带设有明显安全标志、高峰期间游览秩序井然、游览设施操作人员安全意识强、商品质价相符、商家及导游未出现强制购物现象。第三部分为游客安全感知评价，此部分采用的同样是五分制李克特量表，用来表示游客对竹泉村旅游度假区安全感知的总体评价。

4.3 预调研

4.3.1 调研实施

所谓预调研就是通过对小范围的调研对象进行问卷调查和数据收集，目的是通过对获取的样本数据进行信效度检验，最终确定正式的调研问卷。同时也是为了检查问卷设计是否合理，问卷中的具体选项是否表达恰当、是否存在歧义，是否可以进行后续的实证论证。本研究的预调研采取的是实地调研，笔者利用寒假时间前往临沂市沂南县竹泉村旅游度假区进行实地调研。

4.3.2 数据分析

(1)信度检验

对预调研的结果进行信度检验，是数据分析中必不可少的一个环节，一般情况下，五分制的李克特量表一般以克朗巴哈系数为指标来检测数据的真实性、可靠性。本研究调查问卷同样使用此类方法来进行信度检验，对于信度检验得出的数值我们有一个较为统一的规定，当数值大于 0.6 时，属于可接受范围，越接近 1 则代表信度越高。针对竹泉村旅游度假区预调研的信度检验分为五个部分，四个维度以及问卷整体的克朗巴哈数值见表 2。

表 2　　　　　　　　　　　　**信度检验具体数值**

测量维度	克朗巴哈系数(>0.6)	项数
餐饮安全	0.913	3
住宿安全	0.869	3
交通安全	0.827	3
游览购物安全	0.935	5
安全感知评价	0.879	3
问卷整体	0.973	17

根据检验结果可知，餐饮安全、住宿安全、交通安全、游览购物安全、安全感知评价克朗巴哈系数分别为 0.913、0.869、0.827、0.935、0.879，问卷整体的信度为 0.973，数值均远远大于 0.6，说明该问卷具有很好的信度。

(2)效度检验

对预调研的结果进行效度检验也是必不可少的，当 KMO 的数值大于 0.6 时，说明在可以接受的范围之内，当 Bartlett 球形检验的数值小于 0.5 时，表明变量间的相关性是显著的，效度水平高，也就说明该样本数据通过了效度检验。

由表 3 及前述标准可知，安全感知影响因素及安全感知评价的 KMO 值分别为 0.941、0.745，通过了效度检验，说明变量与变量之间的相关性显著，效度水平比较高，可以进行下一步的分析。

表3 效度检验具体数值

研究变量	安全感知影响因素	安全感知评价
KMO 样本测度（>0.6）	0.941	0.745
近似卡方	1789.423	195.356
自由度 df	91	3
显著性水平 Sig	0.000	0.000

4.4 正式调研

4.4.1 问卷确定

通过对预调研结果的信度检验可知，问卷整体的信度系数值大于0.9，表明该数据信度较高。本研究选取的游客安全感知影响因素和游客安全感知评价量表是可信的，可用于进一步分析。在对预调研结果的效度分析中可知，KMO值大于0.6，Bartlett球形检验Sig的数值小于0.5，说明该两项指标均通过了效度检验，可进行下一步的因子分析。

4.4.2 问卷发放与回收

问卷发放的渠道有三种：一是到临沂市沂南县竹泉村旅游度假区进行实地调研发放；二是利用问卷星，针对符合条件的调查对象进行有针对性的网络问卷推送；三是委托竹泉村旅游度假区管理人员对该景区的游客进行问卷发放。课题组主要成员为山东人，多次去过竹泉村旅游度假区，对案例地有一定的了解。在实地调研期间共发放问卷160份，有效回收了155份，网络调研期间发放问卷共300份，有效回收了293份，委托景区管理人员发放问卷共100份，有效回收了75份，总计发放问卷共560份。剔除无效问卷37份，最终本研究实际有效问卷523份，最终本次调查问卷的有效率为93.4%。

5. 实证分析

5.1 竹泉村旅游度假区乡村旅游游客样本的描述性统计分析

本部分主要针对竹泉村旅游度假区乡村旅游游客调查问卷的人口学特征运用 SPSS24.0 对调查问卷的有效数据进行描述性统计分析，可以通过频数以及百分比来反映调查对象的具体情况(见表4)。

表4 游客描述性分析统计表

题目	统计指标	频数	百分比	累计百分比
性别	男	269	51.4	51.4
	女	254	48.6	100.0
年龄	25 岁及以下	146	27.9	27.9
	26~35 岁	174	33.3	61.2
	36~45 岁	113	21.6	82.8
	46~65 岁	74	14.1	96.9
	66 岁及以上	16	3.1	100.0
职业	技术人员	47	9.0	9.0
	行政事业单位人员	99	18.9	27.9
	企业商务人士	85	16.3	44.2
	自由职业者	74	14.1	58.3
	教育工作者	55	10.5	68.8
	离退休人员	20	3.8	72.7
	学生	82	15.7	88.3
	其他	61	11.7	100.0
受教育水平	高中及以下	37	7.1	7.1
	大中专(包括职高、技校)	160	30.6	37.7
	本科	204	39.0	76.7
	硕士及以上	122	23.3	100.0

题目	统计指标	频数	百分比	累计百分比
婚姻状况	未婚	173	33.1	33.1
	已婚	288	55.1	88.1
	离异	62	11.9	100.0
平均月收入	3000 元及以下	152	29.1	29.1
	3001~6000 元	179	34.2	63.3
	6001~9000 元	146	27.9	91.2
	9001 元及以上	46	8.8	100.0
结伴方式	独自出行	89	17.0	17.0
	家庭亲子	134	25.6	42.6
	与朋友出行	193	36.9	79.5
	伴侣/夫妻	81	15.5	95.0
	单位/旅行社组团	26	5.0	100.0

从上述表格中，我们可以发现此次调查对象中，男女比例较为均衡，其中男性占比 51.4%，女性占比 48.6%。由此得出竹泉村旅游度假区乡村旅游游客在性别上并无明显差异。

从年龄结构方面看，游客年龄分布占比最高的在 26 岁到 35 岁之间，为 33.3%，其次分别是 25 岁及以下、36~45 岁所占比例较高，依次为 27.9% 和 21.6%，说明游客群体以中青年为主，青年人是竹泉村旅游度假区乡村游的主力人群，竹泉村旅游度假区拥有大片竹林、泉水以及石头房，景区内景色宜人，适合年轻人打卡，同样对家庭游，单位团建等人群具有一定的吸引力。

因为各行各业的压力都在不断增大，乡村成为逃离城市，远离喧嚣，释放压力的好去处，乡村旅游消费者的职业呈现多样化趋势。从游客职业结构看，占比最高的是行政事业单位人员，为 18.9%；其次是企业商务人士以及学生，占比分别为 16.3%、15.7%，企业追求效益，无形中就使得员工需要承担更多的工作任务，任务与压力形成正比，这些"打工人"内心更渴望得到身体、心理的放松；学生群体学业压力日渐加重，尤其是近些年来学历内卷化现象愈发严重，学生为了能更好地应对未来多变的环境，在自我提升上也是投入了更多的精力，考研热也是当下的一种现象，目的是有一个更好的工作平台，追求更适合自己的职业发展，这些原因都必然会导致学生的学业压力大的现象，因此学生群体更加大了对旅游的需求。

从受教育水平看，占比最高的为本科学历群体，比例高达 39.0%，其次分别是大中专和硕士及以上学历，占比分别为 30.6%、23.3%。随着科学的进步与学历提升的普遍化，越来越多的人意识到学历的重要性，这从侧面反映了我国教育水平的进步，通过调查结果可知此次调研对象的教育水平较高。

从婚姻状况结构看，已婚群体和未婚群体比例极大，分别为 55.1% 和 33.1%，总占比达到 88.2%，说明竹泉村旅游度假区乡村游的游客以已婚和未婚群体为主。首先已婚群体占比 55.1%，随着生活压力的增大，越来越多的人选择远离城市，回归乡村，带着家人一起感受放松惬意的乡村生活，其次未婚群体占比为 33.1%，通过职业结构来看，学生占了很大一部分，临沂本地及周边高校众多，符合学生就近游玩的规律。

从人均月收入水平结构看，游客的收入大多集中在 3001～6000 元，占比为 34.2%，其次分别是 3000 元及以下和 6001～9000 元，依次占比为 29.1% 和 27.9%。从哲学角度来看，经济基础决定上层建筑，只有个人温饱问题解决，才有可能提升个人的生活质量，此次调研游客收入水平结构处于中等水平，符合这一规律。

在结伴方式结构中可以得知独自出行占比为 17.0%，结伴出行占比为 83.0%。从外出旅行安全这一方面考虑，更多的人选择结伴出行，而不是独自出行，侧面也反映了游客认为结伴出行的安全性要高于独自出行。

5.2 信度检验

信度检验，是数据分析中必不可少的一个环节，一般情况下，五分制的李克特量表一般以克朗巴哈系数为指标，来检测数据的真实性、可靠性。本研究调查问卷同样使用此类方法来进行信度检验，对于信度检验得出的数值我们有一个较为统一的规定，当数值大于 0.6 时，属于可接受范围，越接近 1 则代表信度越高。对"餐饮安全""住宿安全""交通安全""游览购物安全"四个安全感知影响因素、安全感知评价及问卷整体的信度检验结果(见表 5)。

表5 信度检验具体数值

	克朗巴哈系数(>0.6)	项数
餐饮安全	0.668	3
住宿安全	0.778	3
交通安全	0.771	3
游览购物安全	0.857	5
安全感知评价	0.758	3
问卷整体	0.904	17

从上述表格可以看出，餐饮安全、住宿安全、交通安全、游览购物安全及安全感知评价的克朗巴哈系数分别为0.668、0.778、0.771、0.857、0.758；均大于0.6；问卷整体的信度为0.904，也远远大于0.6，因此可以认为，上述测量维度和问卷整体上都通过了信度检验，说明问卷信度好，数据可靠。

5.3 效度检验

效度检验可以理解为对问卷是否具备有效性进行检验，主要目的是检测研究所采用的测量方式或方法是否能够准确地反映所需测量的变量。因此，除了信度之外，问卷的效度同样具有重要性，它反映了测量工具的科学性。探索性因子分析适用于自己设计的量表，验证性因子分析适用于根据前人研究的成熟性的量表。本研究中竹泉村旅游度假区乡村游游客安全感知的量表是借鉴国内外的成熟量表进行设计，同时，在借鉴前人量表的基础上根据本研究中目的地的特点设计新的量表。因此，为了使本研究更具有科学性和严谨性，将探索性因子分析和验证性因子分析相结合的方式进行效度检验。

5.3.1 探索性因子分析

由于探索性因子分析需要满足一定的前提条件，本研究采用前人常用的KMO值和Bartlett球形检验作为检验是否可以进行探索性因子分析的方法。当KMO的数值大于0.6时，说明在可以接受的范围之内，当Bartlett球形检验的数值小于0.5时，表明变量间的相关性是显著的，效度水平高，也就说明该样本数据通过了效度检验。因此，通过运用软件 SPSS24.0 中的因子分析进行操作，对采集的数据进行效度检验(见表6)。

表6 探索性因子分析前的具体数值

研究变量	安全感知影响因素	安全感知评价
KMO 样本测度(>0.6)	0.907	0.693
近似卡方	2800.42	381.983
自由度 df	91	3
显著性水平 Sig	0.000	0.000

根据上表所示的检验结果，可以看到乡村旅游安全感知影响因素和安全感知评价的 KMO 值分别为 0.907 和 0.693，均大于 0.6，说明通过了效度检验；此外 p 值均为零，小于 0.5，说明在 1% 的水平显著。两项检验指标均符合，因此可以做下一步的探索性因子分析。

探索性因子分析是在未区分任何测度变量的前提下进行的，因此与验证性因子分析的适用范围不同。下面通过 SPSS24.0 软件对乡村旅游游客安全感知进行因子分析。

对竹泉村旅游度假区游客安全感知影响因素 4 个维度对应的 14 个题项进行因子分析(见表7和表8)，可提取 4 个特征根大于 1 的公因子，旋转后 4 个因子分别为"餐饮安全""住宿安全""交通安全""游览购物安全"，通过表格中的数据可知，累积方差解释率为 65.89%，大于 60%，这说明解释力度良好。

表7 乡村旅游游客安全感知影响因素总方差解释

因子成分	初始特征值			旋转载荷平方和		
	特征根	解释变异%	累积解释变异%	特征根	解释变异%	累积解释变异%
1	5.714	40.813	40.813	3.156	22.545	22.545
2	1.319	9.423	50.236	2.120	15.144	37.689
3	1.168	8.341	58.577	2.093	14.950	52.639

续表

因子成分	初始特征值			旋转载荷平方和		
	特征根	解释变异%	累积解释变异%	特征根	解释变异%	累积解释变异%
4	1.025	7.320	65.897	1.856	13.258	65.897
5	0.655	4.681	70.578			
6	0.583	4.162	74.740			
7	0.562	4.011	78.751			
8	0.539	3.853	82.604			
9	0.463	3.309	85.913			
10	0.456	3.257	89.170			
11	0.438	3.130	92.300			
12	0.408	2.916	95.216			
13	0.343	2.453	97.669			
14	0.326	2.331	100.000			

提取方法：主成分分析法

表8　　　　乡村旅游游客安全感知影响因素旋转后的因子载荷矩阵

变　　量	成分(>0.5)			
	1	2	3	4
游览购物安全4	0.770			
游览购物安全5	0.761			
游览购物安全3	0.748			
游览购物安全2	0.735			
游览购物安全1	0.685			
交通安全3		0.779		
交通安全2		0.765		
交通安全1		0.741		
住宿安全2			0.830	

变　　量	成分(>0.5)			
	1	2	3	4
住宿安全3			0.764	
住宿安全1			0.722	
餐饮安全1				0.735
餐饮安全3				0.724
餐饮安全2				0.698

与乡村旅游安全感知影响因素因子分析类似，由表9和表10可知，通过主成分分析法，对乡村旅游游客安全感知评价的3个题项中共提取出1个公因子，因子载荷系数具体数值分别为0.838，0.817，0.809，均大于0.8，说明因子之间关联性较强，总方差解释率达到67.465%，大于60%，说明解释力度良好。

表9　　　　　　　　乡村旅游游客安全感知评价总方差解释

成分	初始特征值			提取载荷平方和		
	总计	方差百分比	累积%	总计	方差百分比	累积%
1	2.024	67.465	67.465	2.024	67.465	67.465
2	0.521	17.371	84.836			
3	0.455	15.164	100.000			

提取方法：主成分分析法

表10　　　　　　乡村旅游游客安全感知评价旋转后的因子载荷矩阵

变　　量	成分 因子1
安全感知评价1	0.838
安全感知评价2	0.817
安全感知评价3	0.809

提取方法：主成分分析法

5.3.2 验证性因子分析

为了确保本研究的科学性和严谨性，在前面探索性因子分析的基础上，再进行验证性因子分析。验证性因子分析（confirmatory factor analysis，CFA）用以检验测量模型与样本数据间的适配度，是结构方程模型的一种特殊应用。与探索性因子分析不同的是，观测变量与潜在变量之间的关联性在模型分析前根据相关理论已经确定，而通过 CFA 检验这种关联是否与样本数据相契合。验证性因子分析是用来检验变量之间的关联性以及样本数据是否契合，在拟合分析之前，需要进行验证性因子分析，具体包括结构效度、组合效度和区分效度三种效度检验。

（1）结构效度（模型适配度）

在量表的结构效度方面，其检验指标和结构方程拟合度指标一致。主要包括 CMIN/DF、RMSEA、RMR、GFI、NFI、TLI、CFI 等相关适配度指数的取值范围，每一种指标有自身的界定范围，卡方自由度比 CMIN/DF 的取值范围为 1~3，一般认为数值越小，拟合度就越好；RMSEA 的取值范围在 0.05 到 0.08 之间；RMR 的取值范围为小于 0.05，GFI、NFI、TLI、CFI 的取值范围均在 0~1，数值越大，表明模型的拟合度更好。乡村旅游游客安全感知影响因素与游客安全感知评价的结构模型见图 3。

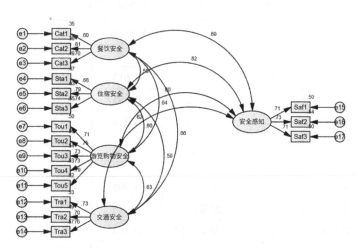

图 3　乡村旅游游客安全感知影响因素与游客安全感知评价的结构模型

由表 11 的检验结果可以看出，在模型拟合度的检验结果中，CMIN/DF 值为 1.856，介于 1~3，表示拟合度较好；RMSEA 值为 0.041，小于 0.08，表示拟合度较好；RMR 值为 0.026<0.05，同样表示拟合度较好；GFI = 0.955、NFI = 0.944、TLI = 0.967、CFI = 0.973 这四项指标均大于 0.9，说明本研究的模型适配情况良好，结构效度良好。

表 11　　　　　　　　　　　　　模型适配度指数具体数值

拟合指标	CMIN/DF	RMSEA	RMR	GFI	NFI	TLI	CFI
最优标准	3	<0.08	<0.05	0.9	>0.9	0.9	0.9
运算结果	1.856	0.041	0.026	0.955	0.944	0.967	0.973

(2)组合效度/收敛效度

组合效度又称收敛效度，是为了检验每个测量变量所对应测量题项内部之间的联系，检验其是否收敛。本研究通过软件 AMOS22.0 分析乡村旅游游客感知价值和满意度的标准化因子载荷系数，并计算出 CR 和 AVE 的值来检验本研究的组合效度水平(见表 12)。

表 12　　　　　　　　　乡村旅游安全感知价值验证性因子分析

路　　径			Estimate	AVE	CR
餐饮安全 3	<---	餐饮	0.7		
餐饮安全 2	<---	餐饮	0.613	0.41	0.67
餐饮安全 1	<---	餐饮	0.595		
交通安全 3	<---	交通	0.756		
交通安全 2	<---	交通	0.701	0.53	0.77
交通安全 1	<---	交通	0.73		
游览购物安全 1	<---	游览购物	0.705		
游览购物安全 2	<---	游览购物	0.745		
游览购物安全 3	<---	游览购物	0.733	0.55	0.83
游览购物安全 4	<---	游览购物	0.726		
游览购物安全 5	<---	游览购物	0.789		

续表

路　　径			Estimate	AVE	CR
住宿安全 1	<---	住宿	0.682		
住宿安全 2	<---	住宿	0.793	0.55	0.78
住宿安全 3	<---	住宿	0.739		
游客安全感知 3	<---	安全感知	0.708		
游客安全感知 2	<---	安全感知	0.733	0.51	0.76
游客安全感知 1	<---	安全感知	0.706		

　　各维度属性的标准化因子载荷都在 0.5 以上，研究学者认为 AVE 大于 0.5，CR 大于 0.7，认为其具有较好的收敛效度，AVE 数值在 0.4~0.5，CR 数值在 0.6~0.7 属于可接受范围，根据表 5.9 可知，餐饮安全维度的 AVE 数值为 0.41，CR 数值为 0.67，交通安全维度的 AVE 数值为 0.53，CR 数值为 0.77，游览购物安全维度的 AVE 数值为 0.55，CR 数值为 0.83，住宿安全维度的 AVE 数值为 0.55，CR 数值为 0.78，游客安全感知维度的 AVE 数值为 0.51，CR 数值为 0.76，说明除了餐饮安全这个维度在可以接受的范围之外，其他四个维度都达到了较好的收敛水平。

　　(3)区分效度

　　区分效度是用来检验变量之间的区分度。也就是说，既要求每个题项内部之间收敛，又要求每个变量与其他变量之间要有区分度，以此才能证明该测量变量和测量题项是有效的。

　　由表 13 可知，餐饮、交通、住宿、游览购物、安全感知之间均具有显著的相关性($p<0.01$)，变量与变量之间 AVE 的平方根值大于相关性系数的绝对值，这表明两两潜在变量之间既满足彼此相互关联，又与其他变量之间相互区分，也就证明了本研究的量表数据具有很好的区分效度。

表 13　　　　　　　　　　　**潜变量间区别效度检验表**

维度	AVE	餐饮	交通	住宿	游览购物	安全感知
餐饮	0.41***	0.647				
交通	0.53***	0.287***	0.729			
住宿	0.55***	0.212***	0.230***	0.742		
游览购物	0.55***	0.262***	0.278***	0.221***	0.742	
安全感知	0.51***	0.274***	0.264***	0.296***	0.242***	0.715

5.4　竹泉村旅游度假区乡村旅游游客安全感知的相关性分析

本研究运用 SPSS24.0 软件,在相关分析中选择 Pearson 皮尔逊相关系数作为相关分析的研究方法。该系数值越接近于 1,则其相关性越大;当该系数值>0 时,表示正相关;反之,则为负相关。

由表 14 可以看出,首先,从乡村游游客安全感知影响因素各个维度与游客安全感知之间的相关关系分析来看,餐饮安全与游客安全感知之间,P 值为 0 且相关系数为 0.497,说明存在显著的正向相关关系;住宿安全与游客安全感知之间,P 值为 0 且相关系数为 0.638,说明其存在显著的正向相关关系;交通安全与游客安全感知之间,P 值为 0,相关系数为 0.471,说明其存在显著的正向相关关系;游览购物安全与游客安全感知之间,P 值为 0,相关系数为 0.483,说明其存在显著的正向相关关系。乡村旅游游客安全感知影响因素的 4 个维度与安全感知之间均存在显著的正向相关关系。其次,从乡村旅游安全感知影响因素各个维度之间的相关关系分析,餐饮安全、住宿安全、交通安全及游览购物安全两变量之间,P 值均为 0,相关系数均大于 1,说明这四个变量之间均有显著的正向相关关系。且对游客安全感知影响的程度从大到小排序依次为住宿安全(0.638)>餐饮安全(0.497)>游览购物安全(0.483)>交通安全(0.471)。

表 14 游客安全感知的相关性分析

		餐饮安全	住宿安全	交通安全	游览购物安全	安全感知
餐饮安全	皮尔逊相关性	1	0.426 **	0.476 **	0.494 **	0.497 **
	显著性(双尾)		0.000	0.000	0.000	0.000
	个案数	523	523	523	523	523
住宿安全	皮尔逊相关性	0.426 **	1	0.461 **	0.504 **	0.638 **
	显著性(双尾)	0.000		0.000	0.000	0.000
	个案数	523	523	523	523	523
交通安全	皮尔逊相关性	0.476 **	0.461 **	1	0.516 **	0.471 **
	显著性(双尾)	0.000	0.000		0.000	0.000
	个案数	523	523	523	523	523
游览购物安全	皮尔逊相关性	0.494 **	0.504 **	0.516 **	1	0.483 **
	显著性(双尾)	0.000	0.000	0.000		0.000
	个案数	523	523	523	523	523
安全感知	皮尔逊相关性	0.497 **	0.638 **	0.471 **	0.483 **	1
	显著性(双尾)	0.000	0.000	0.000	0.000	
	个案数	523	523	523	523	523

**表示在 0.01 级别(双尾),相关性显著

5.5 结构方程模型及假设检验

5.5.1 结构方程模型构建和拟合度检验

结构方程模型图的绘制需要以本研究建立的关于乡村旅游游客安全感知影响因素与游客安全感知评价的理论模型和相应的四个研究假设为根据,在此基础上利用软件 AMOS24.0 进行绘制(见图 4)。每一种指标都有自身的界定范围,如常见的 CMIN/DF 卡方自由度比值一般认为不应超过 5,最好介于 1~3,一般认为越小,其认为拟合度就越好;除此之外还有 GFI、AGFI、CFI、TLINFI、NFI 等相

关的适配度指数，上述这些适配指数的取值范围需要大于 0 小于 1，并且认为越大越好。当取值大于 0.9 时，则认为该模型的拟合度好；接近 0.9 时认为可以接受。RMSEA 的取值范围在 0.05~0.08。此外，对于残差均方和平方根 RMR 来说，其指数的检验标准通常以 0.05 作为临界值，一般认为小于 0.05 时，则表示该拟合度很好。

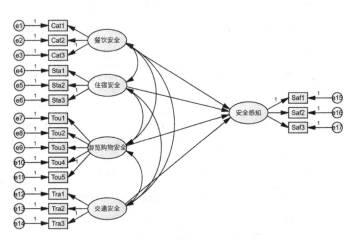

图 4　结构方程模型路径分析图

通过检验结果可知(见表 15)，所有指标全部符合检验标准，可以认为本研究的模型适配度较好，该结构方程模型的建立是可以被接受的，可以进行下一步的路径分析。

表 15　　　　　　　　　　结构方程模型拟合度检验的具体数值

拟合指标	CMIN/DF	RMSEA	RMR	GFI	NFI	TLI	CFI
最优标准	3	<0.08	<0.05	0.9	>0.9	0.9	0.9
运算结果	1.856	0.041	0.026	0.955	0.944	0.967	0.973

5.5.2　路径分析与检验结果

本研究通过 AMOS24.0 软件构建结构方差模型进行路径分析，当 P 小于

0.05 时，认为该标准化路径系数显著，表明原假设成立；反之，则假设不成立（见表 16）。

表 16 模型的路径系数与假设检验

路径关系			标准路径系数	标准误差	C. R.	显著性 P
安全感知	<---	餐饮安全	0.282	0.086	3.275	0.001
安全感知	<---	住宿安全	0.672	0.080	8.378	0
安全感知	<---	交通安全	0.055	0.068	0.816	0.415
安全感知	<---	游览购物安全	0.010	0.066	0.150	0.881

***表示 P 值小于 0.001；**表示 p<0.01，*表示 p<0.05

通过上表可以得出乡村旅游安全感知影响因素与游客安全感知之间的作用关系，其中餐饮安全与安全感知之间的标准路径系数为 0.282，P 值为 0.001，说明在 1% 的水平下显著，即认为餐饮安全对游客安全感知具有显著影响；住宿安全与游客安全感知之间的标准路径系数为 0.672，P 值为 0，说明在 1% 的水平下显著，即住宿安全对游客安全感知具有显著影响；交通安全与游客安全感知之间标准路径系数为 0.055，P 值为 0.415，大于 0.05，说明不显著，即认为交通安全对游客安全感知不具有显著影响；游览购物安全与游客安全感知之间的标准路径系数为 0.010，P 值为 0.881，大于 0.05，说明不显著，即认为游览购物安全对游客安全感知不具有显著影响。因此，对研究假设的总体检验结果见表 17。

表 17 假设检验结果

编号	研 究 假 设	检验结果
H1	餐饮安全对游客安全感知有显著正向影响	成立
H2	住宿安全对游客安全感知有显著正向影响	成立
H3	交通安全对游客安全感知有显著正向影响	不成立
H4	游览购物安全对游客安全感知有显著正向影响	不成立

6. 研究结论与启示

6.1 研究结论

从游客基本信息特征中可以得出：游客男女比例均衡，年龄结构主要以青年为主，占比为 33.3%，在此可以得出两点：一是游客平均月收入主要分布在 3001~6000 元，占比为 34.2%，竹泉村乡村旅游游客符合乡村旅游行前决策时间短，行中消费水平较低这一特定特点；二是结伴方式，独自出行占比为 17.0%，结伴方式出行占比为 83.0%，更多的游客选择结伴出行，侧面也可以得出游客认为结伴出行比独自出行更安全。

从探索性因子分析中得出的结论：乡村旅游游客安全感知的四个维度(餐饮、交通、住宿、游览购物)对总方差解释率达到 65.9%，即这四个因子对游客安全感知具有一定的解释力度。

(1)从验证性因子分中得出的结论：在量表的结构效度方面，各适配度指数良好，模型拟合度良好；在量表的组合效度方面，通过检验每个测量变量所对应测量题项内部之间的联系得出具体数值，可以看出本研究的游客安全感知量表数据具有很好的收敛效度；在量表的区分效度方面，餐饮、交通、住宿、游览购物、安全感知之间均具有显著的相关性，说明两两之间具有一定的区分度。

(2)从相关分析中得出的结论：乡村旅游游客安全感知影响因素的四个维度与安全感知评价都具有显著的正向相关关系。可以得出游客安全感知影响因素即餐饮安全、住宿安全、游览购物安全、交通安全相关系数越高，则游客安全感知影响的程度就越大；对游客安全感知影响的程度从大到小排序依次为住宿安全(0.638)>餐饮安全(0.497)>游览购物安全(0.483)>交通安全(0.471)。

(3)从路径分析与假设检验中得出的结论：餐饮与住宿对游客安全感知评价的影响具有显著性，交通、游览购物对游客安全感知评价的影响不显著。本研究通过实地调查发现竹泉村旅游度假区游客安全感知的影响因素可以分为四个维度：餐饮安全、住宿安全、游览购物安全、交通安全。通过调查问卷的具体内容可知，餐饮安全主要包括食材新鲜度、用餐环境、工作人员安全意识三个方面，住宿安全主要包括住宿价格、住宿场所基础设施、住宿场所环境安全三个方面，游览购物安全主要包括高峰期间游览秩序、游览设施操作人员安全意识、商品质价相符、商品及导游未出现强制购物现象、商家服务态度五个方面，交通安全主要包括道路交通状况、交通指示标志、司乘人员技能与安全意识三个方面。餐饮与住宿对游客安全感知评价的影响具有显著性，餐饮和住宿作为游客最基本的需求，景区内管理人员相对重视，在这两个方面做得较好，游客对餐饮安全和住宿安全这两个方面比较满意，交通、游览购物对游客安全感知评价的影响不显著，究其原因，竹泉村旅游度假区交通安全及游览购物安全状况，对于当地游客来说，可能存在安全感知水平较低等情况，这也说明景区内游览购物、交通在游客看来存在安全隐患，无法满足他们内心的安全期望。近年来安全一词成为热点，越来越多的人关注安全，加强自己的安全意识，在互联网发达的今天，掌握流量就把握住了一定的客源，好的游玩体验则是关键。安全作为众多影响因素的第一位，景区内游客如果认为某些方面存在安全问题，无法满足自身的安全需求，那么景区将无法留住游客，口碑也会随之下降。他们更关注的是当地安全的总体水平，期望景区内及周边道路交通状况良好、交通指示标志完善、司乘人员安全意识较强、购物环境良好，感受乡村朴实醇厚的民风。这样竹泉村旅游度假区才更能让更多的游客满意、更具核心竞争力，从而促进竹泉村旅游度假区的可持续发展。

6.2 对策及建议

对于旅游者来说，乡村旅游安全是最基本的需求，也是旅游业可持续发展的保障，同时也是影响乡村旅游目的地发展的重要因素。为进一步提高竹泉村旅游度假区乡村旅游游客安全感知，根据研究结论，下面将从游客、景区管理层、政府方面提出建议。

6.2.1 从游客层面提升游客安全感知

游客本身是保障个人安全的第一道防线，作为旅游者本身应以预防为主，从而在乡村旅游过程中起到一定的保障作用。针对以上论述主要有以下几点建议：首先，加大宣传购买保险的益处，从而增强游客保险的购买行为，旅游行前的预防保障措施对于提升游客安全感知具有一定积极作用。竹泉村旅游度假区游客在进行乡村旅游之前，游客应购买商业保险，准备好旅行期间常用药品，通过多方收集信息，多层次、多方面了解旅游目的地的具体情况，以此提升游客安全感知水平。针对竹泉村旅游度假区的游客来说，可以先从官网、小红书、微博等软件了解竹泉村旅游度假区的游玩项目，在旅行之前做好旅游攻略，包括安全攻略，游览购物攻略，住宿攻略等，出行之前配备小型医药包，乡村旅游目的地多有蚊虫，游客可以根据自身需要提前准备，如果跟团可以集体购买商业保险，为自身的安全加一层保障，例如竹泉村旅游度假区有山谷漂流、凤凰迎宾、竹梅幽境、田园闹市、山上娱乐区等景点，需要游客提前准备好防护用具，从而做好自身安全防护。

其次，拓宽游客获取旅游目的地安全信息的渠道，既能丰富游客的安全知识，又能有效避免一些安全事故的发生，从而增强游客的安全意识。针对此类问题竹泉村旅游度假区可以采取以下措施建立良好的乡村旅游地安全信息网络：①及时在竹泉村旅游度假区官方网站发布各类安全信息，例如实时天气情况、旅游目的地的自然环境、旅游急救常识等，使游客对竹泉村旅游度假区的安全问题有一个整体的把握。②有一些游客是报名旅行社跟团旅游，针对此类游客，竹泉村旅游度假区相关人员可以将景区内游客安全须知提前告知旅行社，然后由旅行社向游客发放旅游安全手册，在旅游行程正式开始前，由导游对游客进行一定的安全教育。③网络时代的发展使信息传递更为迅速以及方式多样，利用信息传播速度的优势对竹泉村旅游度假区的安全进行多渠道宣传，如官方网站、微信公众号、微博、小红书、报刊等。

6.2.2 从景区管理层面提升游客安全感知

从结论中可以得出，游客对竹泉村旅游度假区的交通安全以及游览购物安全不太满意，针对以上问题，主要有以下几点对策：首先，针对游览购物安全来说，要确保竹泉村旅游度假区内游览设施设备安全，景区内的游玩设施应配有专人检查并定期维修，景区管理人员应定期组织召开安全座谈会，以此来发现问题，解决问题，针对不确定的问题注意做好标记，请专业人士进行讲解。安全重于泰山，作为景区的安全管理人员更不能放过任何一个小问题。竹泉村旅游度假区内有大片竹林，对景区的竹林、建筑也要定期查看，避免出现高空坠物等威胁游客旅游安全的情况；针对景区内商品，管理人员应对商家进行引导，调动卖家的积极性，保证质量与价格成正比，严禁存在隐形消费等现象。针对交通安全来说，景区管理人员应针对司机进行专业培训，加强对司机的安全知识教育、加强专业能力，提升安全意识，在景区周围完善交通指示标志。其次，竹泉村旅游度假区景区管理部门要结合自身的实际情况制定《竹泉村旅游度假区游客游览须知》等规章制度。最后，竹泉村旅游度假区管理人员应依托现代互联网、5G 等技术，建立网络安全监控预警系统，以填补景区内安全监测的空白。一旦发生安全事故，立即启动景区的应急救援工作，保护游客的生命安全，减少景区的财产损失。

6.2.3　从政府引导层面提升游客安全感知

竹泉村旅游度假区的发展离不开当地政府的宏观调控，对此提出以下几点建议：首先，政府整合竹泉村周边旅游景点，开展全域旅游的新态势。通过对竹泉村旅游度假区游客调查结果的分析中可以看出，交通、游览购物方面对游客来说并不能使游客得到比较高的安全感，这也反映了景区在交通、游览购物这两个方面存在的问题，需要政府以问题为导向，以提高游客安全感知为目的，优化周边环境，进行资源整合。

其次，建立健全乡村旅游景区的管理制度。除了景区内自己设立的安全管理条例之外，还需要政府来整体把控，针对竹泉村旅游度假区现存的安全问题，与当地政府进行沟通交流，学习与之同层级的乡村旅游景区的管理措施，旨在为竹泉村旅游度假区的发展提出建设性的意见。政府为竹泉村旅游度假区提供专业人才，向工作人员普及安全知识，针对安全管理人员制订计划开设课程，学习结束后进行结业考试，合格予以颁发结业证书，从而提升景区人员的安全管理水平。

最后，系统化提升竹泉村旅游度假区旅游服务水平。该地游客对竹泉村旅游度假区交通安全、游览购物安全的安全感知较低，食品安全和住宿安全还有提升的空间，通过前文得出的结论可以看出，竹泉村旅游度假区的安全问题涉及多个方面，乡村旅游的发展与周边环境息息相关，并且具有多产业融合的特征，所以想要解决景区内的安全问题，就不能只将目光聚焦在景区内部，而是要把视线分散开来，从多角度、多方面、多层次来解决其存在的安全问题。

6.3 研究局限及展望

本研究主要是游客安全感知影响因素对景区安全感知的评价，而在游客安全感知影响因素中，除了本研究提到的四个维度，可能还存在其他的因素未被纳入本研究的研究模型中，后续研究可在本研究的基础上加入其他变量，进一步探讨竹泉村旅游度假区游客安全感知的影响因素。此外，交通安全和游览购物安全没有表现出正向的影响，可能是样本的原因，也可能是模型的原因。针对后面的研究，需要进一步对竹泉村旅游度假区调查分析，补充影响游客安全感知的因素，完善影响因素与安全评价之间的联系。

本研究通过文献综述法、专家访谈法、问卷调查、统计分析等方法，探讨乡村旅游游客安全感知的影响因素，希望通过本研究能够对竹泉村旅游度假区及同类型的乡村旅游目的地提供可借鉴的理论指导。在后续的研究中，可以通过进一步拓展研究方法、拓展研究范围及对象和拓展影响游客安全感知的其他因素等方式，来进一步深入研究。

参 考 文 献

［1］E. J. Windorski， C. S. Schauer， A. K. Wurst， et al.， Effects of melengestrol acetate and P. G. 600 on fertility in Rambouillet ewes outside the natural breeding season［J］. Theriogenology， 2008， 70(2).

［2］World Tourism Organization. Sustainable tourism development： guide for local planners［M］. Madrid：WTO， 1993.

［3］孙士华. 基于旅游者价值感知的乡村旅游影响因素研究［D］. 沈阳：辽宁大学， 2017.

［4］杨玉兰. 乡村旅游目的地居民幸福度感知及影响因素研究［D］. 杭州：浙江工商大学， 2017.

［5］郑向敏. 旅游安全学［M］. 北京：中国旅游出版社， 2003：5.

［6］张一. 旅游安全认知：内涵、结构及相关变量［J］. 资源开发与市场， 2011， 27(12)：1139-1142.

［7］陈彬彬. 旅游者网络消费安全感知研究［D］. 重庆：重庆师范大学， 2016.

[8]孟博，刘茂，李清水，王丽．风险感知理论模型及影响因子分析[J]．中国安
　　全科学学报，2010，20(10)：59-66.

[9]周忻，徐伟，袁艺，马玉玲，钱新，葛怡．灾害风险感知研究方法与应用综
　　述[J]．灾害学，2012，27(2)：114-118.

[10]李明媚．从马斯洛需求层次理论看旅游服务品质的提高[J]．中国外资，
　　2011(20)：21-23.

[11]王晨光．AMOS对旅游目的地游客安全感问卷的结构检验[J]．电子技术与软
　　件工程，2020(21)：74-77.

[12]贾爱顺．基于游客感知的尧山景区旅游安全研究[J]．对外经贸，2017(11)：
　　75-78.

[13]吴必虎，王晓，李咪咪．中国大学生对旅游安全的感知评价研究[J]．桂林
　　旅游高等专科学校学报，2001(3)：62-68.

[14]林炜铃，陈金华．旅游者对平潭岛旅游安全感知实证研究[J]．乐山师范学
　　院学报，2012，27(4)：71-73.

[15]刘雅静，胡海燕．进藏游客安全感知研究[J]．长春大学学报，2014，24
　　(9)：1192-1196.

[16]罗景峰．乡村旅游安全影响因素辨识研究[J]．安徽农业大学学报(社会科学
　　版)，2016，25(4)：30-34.

附录
临沂市沂南县竹泉村旅游度假区乡村游游客安全感知
调查问卷

尊敬的先生/女士：

您好！我们正在进行以竹泉村旅游度假区的游客为调查对象的问卷。本次问卷调查采取匿名形式，仅用于学术研究，不会另作他用和对外公开，请您放心填写。感谢您的支持和配合！

第一部分：受访者基本信息

1. 您的性别是？（　　　）

    A. 男　　　　　　　　　　B. 女

2. 您的年龄是？（　　　）

    A. 25 岁及以下　　　　　B. 26~35 岁　　　　C. 36~45 岁

    D. 46~65 岁　　　　　　E. 66 岁及以上

3. 您的职业是？（　　　）

    A. 技术人员　　　　　　B. 行政事业单位人员

    C. 企业商务人士　　　　D. 自由职业者

    E. 教育工作者　　　　　F. 离退休人员

    G. 学生　　　　　　　　H. 其他

4. 您的受教育水平是？（　　　）

    A. 高中及以下　　　　　B. 大中专（包括职高、技校）

    C. 本科　　　　　　　　D. 硕士及以上

5. 您的婚姻状况是？（　　　）

    A. 未婚　　　　　　　　B. 已婚　　　　　C. 离异

6. 您的平均月收入是？（　　　）

    A. 3000 元及以下　　　　B. 3001~6000 元

    C. 6001~9000 元　　　　D. 9001 元及以上

7. 您的结伴方式?( )

   A. 独自出行　　　　　B. 家庭亲子

   C. 与朋友出行　　　　D. 伴侣/夫妻

   E. 单位/旅行社组团

第二部分：游客安全感知影响因素调查

此部分问卷旨在调查您对竹泉村旅游度假区有关"吃住行游购娱"及环境安全影响因素的体验，1~5 分别表示非常不同意、不同意、中立、同意和非常同意。

8. 餐饮安全

问　项	1	2	3	4	5
食材新鲜					
用餐环境干净整洁					
工作人员卫生安全意识较强					

9. 住宿安全

问　项	1	2	3	4	5
旺季住宿价格平稳					
住宿场所基础设备完好					
住宿场所环境安全					

10. 游览购物安全

问　项	1	2	3	4	5
高峰期间游览秩序井然					
游览设施操作人员安全意识强					
商品质价相符					

续表

问　项	1	2	3	4	5
商家及导游未出现强制购物现象					
商家服务态度良好					

11. 交通安全

问　项	1	2	3	4	5
道路交通状况良好					
交通指示标志完善					
司乘人员技能与安全意识强					

第三部分：游客安全感知评价

下面是对竹泉村旅游度假区游客安全感知的相关表述，请根据实际感受作出选择。

12. 游客安全感知

编号	问　项	1	2	3	4	5
1	竹泉村旅游度假区乡村旅游安全系数很高					
2	达到了或超过您出游前的安全预期					
3	与其他乡村旅游相比，此次出游更安全					

湖北省恩施州乡村旅游和文化
融合发展研究

1. 研究背景

    乡村旅游是乡村振兴的一个重要驱动源与行动轨道，充分依托和利用"三农"资源发展乡村旅游，对促进乡村实现创新、协调、绿色、开放、共享发展和推动乡村全面振兴具有重要作用。为了更好地发挥乡村旅游对乡村振兴的推动作用，国家也出台了许多政策以期推动乡村旅游的全面可持续发展。国家发展改革委等13个部门于2018年10月联合印发的《促进乡村旅游发展提质升级行动方案（2018—2020年）》明确指出，积极鼓励并引导社会资本参与乡村旅游建设和发展过程，通过加大配套政策支持力度推动乡村旅游发展。国家发改委、文旅部、工信部等17个部门于2018年12月联合发布的《关于促进乡村旅游可持续发展的指导意见》明确提出通过乡村旅游环境的优化和乡村旅游产品的丰富，到2022年，全面提升乡村旅游服务水平，突出乡村旅游发展特色。根据文旅部发布的2019年上半年全国乡村旅游发展监测报告数据，全国乡村旅游总人次约15亿次，同比增长10.2%；总收入约0.9万亿元，同比增长11.7%；此外，乡村旅游帮助全国范围内886万人就业，同比增长7.6%。同时，乡村旅游市场规模迅速发展，2019年上半年全国共建388个休闲农业和乡村旅游示范县（市、区），推介710个美丽休闲乡村。乡村旅游行业政策利好，迎来了良好的发展契机。

    乡村振兴中有产业振兴，更有文化振兴。乡村文化是乡村地区自然环境、历史沉淀的集中表现，乡村文化帮助乡村旅游创新丰富旅游产品和旅游活动，增强不同乡村旅游地区的识别性，从而巩固乡村旅游发展根基并增强乡村旅游持续发展能力。乡村经济振兴必须依靠乡村产业的发展，将文化内容融入其中，通过乡村文旅产业发展，振兴乡村经济。文化是旅游的灵魂，旅游是文化的载体，推动文化与旅游融合发展，是促进旅游业转型升级、实现文化传承创新的有效途径。乡村旅游文化不同于城市旅游文化，对于热衷旅游的游客更具吸引力和影响力。旅游者选择乡村旅游，能够享受乡村旅游中的文化特色，远离城市的繁华和喧闹，寻求回归大自然的亲切感。因此，乡村旅游和文化融合发展具有十分重要的意义。

2015 年中央一号文件首次提到，乡村旅游促进乡村发展作用巨大，要加大投入进行乡村旅游基础设施建设，充分肯定乡村旅游在乡村经济发展中的价值和地位。自此之后，中央一号文件连续多年提及乡村旅游，乡村旅游在优化产业结构、拓宽农业功能、发展农村服务业、促进农民转移就业、增加农民收入等方面的作用被给予高度重视，党和国家也逐渐对乡村旅游发展方面提出了更高的要求。2019 年中央一号文件继续强调，实施乡村振兴战略对促进农村改革发展的重要作用和地位，"坚持农业农村优先发展，全面推进乡村振兴，确保顺利完成到 2020 年承诺的农村改革发展目标任务"；利用好乡村地区在文化、生态、资源等方面的优势，发展适应人民需求的休闲旅游业，发展壮大乡村产业，拓宽农民增收渠道。乡村旅游和文化融合发展，是解决乡村旅游行业本身现存问题的有效途径，也是实现城乡融合发展、振兴乡村产业、繁荣乡村文化、满足人民日益增长的美好生活需要，最终实现乡村全面振兴的有力推手。

旅游业推动恩施州区域经济发展、带动城乡居民就业、促进文化和环境保护作用显著，现已成为其经济持续发展的支柱性产业之一。恩施州是少数民族自治州，拥有非常丰富的民族文化资源，是土家族、苗族、侗族等少数民族聚集地，在文旅融合方面有先天的优势。恩施州认真贯彻落实党中央、国务院，湖北省委、省政府关于推进文旅融合发展的系列决策部署，将文化优势、生态优势转化为发展优势，推动文化旅游业成为绿色发展支柱产业，探索了一条文旅融合发展的新路子。2018 年，恩施州接待游客 6216 万人次，文旅综合产值达到 455 亿元，生态文化旅游业增加值对 GDP 的贡献率达到 15%，带动 40 万群众吃上旅游饭，"旅游+扶贫"入选世界旅游联盟减贫案例。由此可见，恩施州文旅融合发展已经取得了良好的成绩，但恩施州乡村旅游发展时间相对较晚，乡村旅游和文化融合发展尽管潜力巨大，仍处于初级阶段，学术界目前对恩施州乡村旅游和文化融合发展的研究也较少。因此，新时代如何科学促进恩施州乡村旅游和文化融合发展，对创新繁荣乡村产业和文化，推动农业供给侧结构性改革，实现乡村全面振兴具有重要的研究意义。

2. 相关概念及理论基础

2.1 相关概念界定

2.1.1 乡村旅游

乡村旅游是指利用农村地区的自然景观、优美环境、文化资源、特色建筑等，以乡村的自然客体和人文客体为旅游吸引物，开发集观光体验、休闲娱乐、会务度假、猎奇探险等多种项目的新兴旅游方式。

实际上，由于不同的研究学者对乡村旅游定义的侧重点各有不同，目前学术界对乡村旅游并未形成完全统一的定义。笔者认为，要全面把握乡村旅游的概念和内涵，应充分认识乡村旅游的三大特点：一是乡村旅游的地域性。从这个角度讲，乡村旅游是一个空间概念，乡村旅游活动全部发生在乡村聚落，与都市旅游相对应；二是乡村旅游的乡土性。乡土性是乡村旅游的重要特色，能满足游客回归自然、放松身心的需求，亦是驱使游客前来旅游的重要因素；三是乡村旅游资源的多样性。乡村旅游的发展有赖于多样化、富有特色的旅游资源。乡村旅游资源涵盖的范围较广，具体可分为三类：一是以乡村风光等为代表的自然旅游资源；二是以乡村建筑、农业景观、农事活动、乡村文化等为代表的人文旅游资源；三是以乡村生活方式、乡村传统节庆等为代表的社会旅游资源。

2.1.2 乡村文化

乡村文化是以物质生活、民风民俗、行为方式为表现形式，在农民长期的农业生活和生产实践过程中发展形成的行动章法、是非标准、情感道德、理想追求、风俗习惯等。乡村文化往往以潜移默化、言传身教的方式影响着农民的价值观念、处事原则、认知模式和人生理想，既是农民生存的精神寄托，也是其生活的重要组成部分。

在城市化不断发展演进的背景下，更多的农村人口转变为城镇人口、农村地域转变为城市地域，但这并不代表随着农村的大量消失乡村文化也会消亡，乡村反而显得更加珍贵稀缺。相比工业文明和城市文明而言，乡村文化以独立的价值体系仍保持着其独有的社会精神意义。传承、维护、创新乡村文化使之与城乡一体化发展相适应，与乡村振兴战略相匹配，是时下亟待深入研究的课题。乡村文化分类见表1。

表1　　　　　　　　　　　　　　乡村文化分类

主要类型	基 本 内 容	典 型 代 表
生态型文化	许多自然环境优良的村落、地质地貌、山川湖泊、名木古树等伴有当地文化传说	贵州贞丰双乳峰所蕴含的女性文化、济南东张村千年鸳鸯柏的爱情传说
生产型文化	乡村的主要生产方式，农耕如水田、旱田；临湖临海的捕捞、养殖；经济林木的栽培；特色农产品的生产等均可挖掘其地方特色，以及由此衍生出来的饮食文化	洋河小镇的酒文化、查干湖的冬捕文化
历史型文化	每一个乡村都有自身的历史，通过对地方志的记载、当地群众的走访等来挖掘不同的文化信息	山西碛口古镇的商旅文化、福建浮盖山的科举文化
建筑型文化	屋顶的倾斜度、材料的选取、房屋的形态和体量等均承载着当地的文化内容	徽派建筑的青瓦白墙、闽派建筑的聚族土楼
民俗型文化	许多乡村拥有独特的节庆事事和礼仪规范，这类隐形文化对当地文化精神的传承更为重要，不容忽视	山东济南城乡，清明时节还流传着荡秋千的习俗，明湖踩藕也颇有古风
技艺型文化	草编、竹编、制笔、剪纸、刺绣、烧陶铸铁等均为技艺型文化	陕西凤翔擅于制作马勺，通过对这一先民的生活器具进行美学上的改良最终形成了中国现代马勺脸谱文化
艺术型文化	由乡村长久的文化积淀而凝练出的抽象形态，包括方言的艺术、戏曲等	山西秧歌的地方特色明显，各地有十几种风格化的代表秧歌
精神型文化	乡村精神文化是乡村意识形态的总和，各地宗教信仰、伦理观念、价值取向等不同孕育出不同的精神文化	闽北和平镇就根据各氏宗祠与壮阔的祭祖活动挖掘出"家文化"

2.1.3　文旅融合

文旅融合是指文化、旅游产业及其相关要素之间相互渗透、交叉汇合重组，逐步突破原有的产业边界或要素领域，彼此交融而形成新的共生体的现象与过程。文化与旅游的关系一直是人们关注的话题。2009 年原文化部与原国家旅游局联合发布的《关于促进文化与旅游结合发展的指导意见》中就有这样的表述："文化是旅游的灵魂，旅游是文化的重要载体。"文化和旅游有着天然内在的联系，两者能够有机结合和深度融合是文化和旅游互动共荣的客观需要，也是文化和旅游发展的必然规律。

文旅融合有两个层面的问题，一个是现象的相互融合，一个是产业的相互融合。从第一个角度来看，文旅融合产生了两种结果，一种结果是形成了文化旅游，另一种结果是形成了旅游文化。从第二个角度来看，文旅融合问题将聚焦于文旅产业融合问题，在此过程中，我们需要注重两个方面的问题，一是充分利用新兴技术的推动力量；二是努力创造新的商业模式和新的业态来为旅游业发展注入活力。由此看来，文旅融合不仅能促进产业经济大发展，在强调文化建设的新时代，对建立现代旅游文化体系也具有重要作用。文旅融合动态优化过程见图 1。

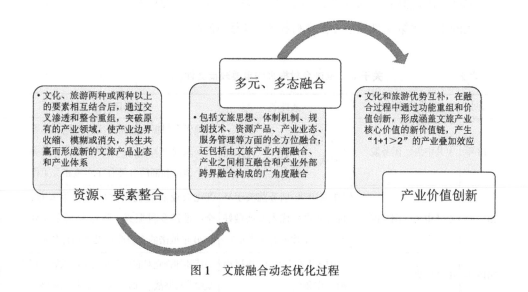

图 1　文旅融合动态优化过程

2.2 理论基础

2.2.1 乡村振兴理论

乡村振兴战略在党的十九大报告中首次被提出。乡村兴则国家兴，乡村衰则国家衰。新时代以来，我国的主要矛盾发生了变化，而发展不平衡不充分的问题在乡村地区表现尤为突出，实施乡村振兴战略是我国激发乡村发展潜力和后劲，推动全面建成小康社会和社会主义现代化强国建设的必然选择。

2018年中央一号文件明确了我国实施乡村振兴战略任务的阶段性安排：第一步，到2020年，基本建设形成有关制度框架和政策体系，战略实施取得重要进展；第二步，到2035年，基本实现农业农村现代化，战略实施取得决定性进展；第三步，到2050年，全面实现农村美、农业强、农民富，全面振兴乡村。现阶段，坚持"三农"优先发展地位，走中国特色社会主义乡村振兴道路，对我国建设现代化经济体系、建设美丽中国、传承中华优秀传统文化等方面，具有重要的现实意义和深远的历史意义。乡村发展大有可为，必须坚定乡村振兴战略不动摇，遵循有关重要文件精神，按照乡村振兴战略总体要求，坚持乡村振兴战略重要原则，因地制宜、循序渐进地推进乡村振兴系统工程建设。关于全面推进乡村振兴的重要政策文件见表2，乡村振兴实现路径见图2。

表2 关于全面推进乡村振兴的重要政策文件(部分)

时间	发文机构	文件名	主要内容
2018年	中共中央、国务院	《乡村振兴战略规划（2018—2022年）》	为确保乡村振兴战略落实、落地，部署了一系列重大计划、工程和行动，指导各个地区和部门分类有序实施相关工作
2019年	中共中央、国务院	《中共中央 国务院关于坚持农业农村优先发展做好"三农"工作的若干意见》	细化农业农村优先发展的政策安排，全面推进乡村振兴，确保顺利完成到2020年承诺的农村改革发展目标任务
2019年	中共中央	《中国共产党农村基层组织工作条例》	坚持和加强党对农村工作的全面领导，打赢脱贫攻坚战、深入实施乡村振兴战略

续表

时间	发文机构	文件名	主要内容
2019 年	中央农办、农业农村部、自然资源部、国家发展改革委、财政部	《关于统筹推进村庄规划工作的意见》	明确把加强村庄规划作为实施乡村振兴战略的基础性工作,持之以恒推动乡村振兴战略落实落地
2019 年	中国人民银行、银保监会、证监会、财政部、农业农村部	《关于金融服务乡村振兴的指导意见》	与乡村振兴战略阶段性安排相对应,明确金融服务乡村振兴战略的相应安排
2019 年	中共中央、国务院	《中共中央 国务院关于建立健全城乡融合发展体制机制和政策体系的意见》	重塑新型城乡关系,走城乡融合发展之路,促进乡村振兴和农业农村现代化
2019 年	国务院	《关于促进乡村产业振兴的指导意见》	力争用 5~10 年时间,农村一二三产业融合发展增加值占县域生产总值的比重实现较大幅度提高,乡村产业振兴取得重要进展

2.2.2 产业融合理论

产业融合是指处于不同结构层次的、产生时间先后不一的工业、服务业、农业、知识信息业等在同一产业网、产业链、产业中相互包含、相互渗透、相互融合的产业经济增长形态和增长方式。产业融合往往能够通过高端产业统御低端产业,先进管理提升落后管理、纵向发展带动横向发展实现产业优化升级,并能够创造出知识运营增长方式和企业经营模式。

产业融合在提高产业竞争力、促进传统产业创新、推动区域经济一体化等方面具有重大的作用。因此,产业融合能有效解决我国当前产业结构不合理、产品竞争力不强、城乡二元经济结构以及区域发展差距大等急需解决的重要问题。文旅融合与产业融合是高度契合的,文旅融合在乡村地区的发展能很好地解决"三农"问题,推动乡村充分发挥后发优势,从而缩小区域经济、文化、社会等发展差距,有力助推乡村振兴战略的实现。产业融合是产业经济发展的必然趋势,产

图 2　乡村振兴实现路径

业融合实践在某种程度上也遵循着一定产业发展理论的指导，以下介绍两类具有代表性的产业发展理论。

（1）产业结构演变理论

产业结构的变动同经济发展相对应，通过两个方面的演进实现合理化的产业结构：一方面，产业结构横向联系由简单化演进为复杂化；另一方面，产业高度由低级向高级发展演进。配第-克拉克定理是产业结构演变理论中较具代表性的理论，该理论认为，伴随国民经济的发展进步和人均收入水平的不断提高，劳动力在产业内部呈现由第一产业向第二产业，然后向第三产业逐渐过渡的趋势（见图 3）。

（2）区域分工理论

从区域分工的角度确定城市产业发展定位对城市的发展至关重要。为避免"就城市论城市"的产业确定方式，需要全面分析城市在区域发展中的劣势、优势和潜力等，弄清城市在区域发展中扮演的角色，进而确定城市产业发展。大

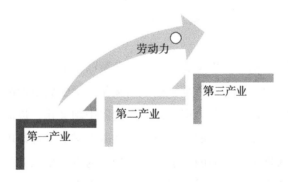

图 3　劳动力产业转移趋势

卫·李嘉图提出的比较优势理论是其中较有代表性的理论，该理论认为，生产技术上的相对差别以及由此带来的相对成本的差别是国际贸易产生的基础，各个国家和地区都应该根据"两利相权取其重，两害相权取其轻"的原则进行对外贸易活动，即进口本国和本地区"比较劣势产品"，重点生产、出口本国和本地区"比较优势"产品。

2.2.3　文化旅游相关理论

　　文化旅游是指旅游经营者通过休闲娱乐方式和观赏对象等消费内容的打造创新来丰富游客文化内涵、深化游客旅游体验的旅游活动集合。文化旅游的出现与游客需求变化密切相关，其行为的产生基于两种力量的互动：一种是外向力；另一种是吸引力（见图4）。外向力是指游客出于满足探奇求知的需要，期望自身及所处的社会群体超越现有环境约束的社会心理因素。人们在自身存在和发展的过程中，或是为了自身和社会发展的需要，或是为了丰富知识、增强能力，或是为了丰富精神世界，就会主动去认识和探索外界事物。吸引力是指文化旅游目的地对游客有着强大的吸引力，其特殊的场景和异地地理环境刺激

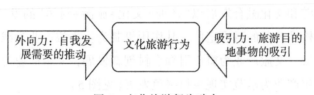

图 4　文化旅游行为动力

旅游者主动了解和体验其他国家、地区和民族的物质生活、文化习俗、传统习惯和风土人情。

源远流长、博大精深的中华文化是我国发展旅游业的重要基础，利用好文化资源发展壮大旅游业不仅可以传承弘扬中国文化，增强旅游产品的吸引力，实现经济效益，同时还可以旅游业为窗口让世界读懂中国文化，进而提升中国人民的精神文化素质。文化旅游需求的产生与马斯洛的需求层次理论内容是一致的。根据马斯洛需求层次理论，人们的需求由低到高分为五个层次：生存需求、安全需求、社交和归属的需求、尊重需求和自我实现的需求。对应这一理论，旅游需求实际上属于较高层次的社交和归属需求、尊重需求和自我实现需求，而相对于其他的旅游形式，文化旅游更能满足此类需求，也更能推动旅游行业的高质量发展。

2.2.4 供给侧结构性改革理论

（1）供给侧结构性改革的内涵

供给侧结构性改革，是指为提升供给结构对需求变化的适应性和灵活性，通过改革的办法增加有效供给，全面提高供给质量，以供给要素优化配置提高全要素生产率，提升经济增长的质量和数量。我国供给侧结构性改革主要针对两大问题展开：一是供需关系问题；二是结构性问题。供需关系问题主要表现在产能过剩，有效供给不足无法很好地满足消费者需求；结构性问题主要包括产业结构、区域结构、要素投入结构等几个方面的问题，这些问题不能一概论之，必须通过供给侧结构性改革有针对性地解决。

（2）文旅融合推进供给侧结构性改革的作用机理

乡村地区实现文旅融合发展在推动产业结构优化升级，缩小城乡发展差距，吸引要素投入乡村建设、创新乡村文化拉动经济增长、创新乡村旅游产品满足游客需求、实现农民增收等方面具有重要作用，这与供给侧结构性改革的内涵高度契合，乡村旅游和文化融合发展以"产业+文化+旅游+村镇"的发展模式为基础，按照供给侧结构性改革的目标定位，其作用机制为：文旅产业为载体促进乡村产业结构优化升级，文旅产业为窗口引领乡村创新发展，文旅产业为平台实现城乡平衡发展，文旅产业为示范实现乡村绿色发展(见图5)。

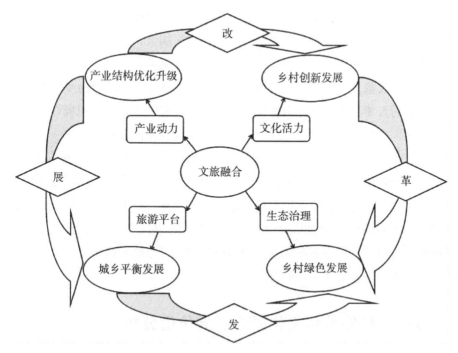

图5　文旅融合促进供给侧结构性改革生态循环

文旅产业为载体促进乡村产业结构优化升级。文旅产业作为乡村经济发展的重要产业，在乡村振兴的背景下能利用好政策优势、乡村生态和文化资源，促进解决乡村发展中存在的结构老化、竞争力不强、发展活力不足等产业发展问题，实现乡村产业结构优化升级，从而最终实现乡村经济振兴。这符合供给侧结构性改革中发展高附加值、绿色低碳产业的要求。因此文旅融合能很好地实现乡村产业结构优化升级，增强产业竞争力，形成新的经济增长点，促进乡村经济效益又好又快增长。

文旅产业为窗口引领乡村创新发展。当下，整体市场正走向个性化、细分化、专业化的买方市场，文旅产业作为文旅融合趋势下产生的新兴产业，将文化传承、文化保护和文化创新融入乡村旅游行业，为乡村经济高质量发展持续注入原动力。创新技术应用、创新商业模式、创新品牌、创新产品和服务等方面将为乡村文旅融合带来无限的发展潜力，放大乡村文旅产业融合效益，最终实现经济效益和文化效益的有机统一。

文旅产业为平台实现城乡平衡发展。在产业经济时代，文旅产业作为文旅融合重要的经济增长极，对延长产业链，增加产品附加值，聚合多种产业实现融合发展都具有强大的正面效应。从这个角度上讲，文旅融合能够为乡村地区带来庞大的产业经济效益，从而吸引更多城市游客开展乡村旅游活动，为乡村发展留下和吸引更多的人才，逐步通过引诱要素投入，带动农民增收致富积极性，缩小城乡发展差距，以公平、高效、全面发展实现经济效益和社会效益的统一。

文旅产业为示范实现乡村绿色发展。文旅融合以文旅产业为示范平台，在产业标准化、专业化的管理引领下，乡村居民更加注重本地的生态保护、文化发掘以及基层治理，这都有利于保护乡村生态环境、尊重乡村生态文化以及打造区域文旅 IP，以高辨识度的文旅品牌扩大乡村旅游影响力，改变乡村居民生活方式，联结居民个人利益、旅游企业利益、当地政府利益，形成乡村文旅融合发展命运共同体，实现经济效益和生态效益的有机统一。

3. 恩施州乡村旅游和文化融合发展价值分析

文旅融合是乡村地区实现产业振兴、文化振兴，进而带动生态振兴、组织振兴、人才振兴的重要方式。近年来，在国家政策的助推下，恩施州旅游业在促进乡村经济建设、人居环境改善、人民生活水平提升等方面取得良好成绩。"文旅融合+乡村振兴"的模式对恩施州乡村经济发展、乡风文明建设、乡村生态保护、乡村人才吸引等方面具有重要作用。因此，因地制宜推进恩施州乡村旅游和文化融合发展，对解决其农村地区现存的经济发展难题，进一步释放农村经济发展活力具有重大意义。

3.1 有利于促进"三产"融合，实现产业振兴

产业振兴应紧紧围绕一二三产业融合发展，加快形成绿色安全、优质高效的乡村产业体系，为农民持续增收提供坚实的产业支撑，为乡村振兴夯实物质基础。农村产业兴旺，互动融合是关键，文旅融合是促进恩施州农村一二三产业融合发展的重要窗口。通过文旅融合发展调整优化农村产业布局，转变产业发展方式，依据市场需求状况整合重组农村生产资源和要素，加快农村一二三产业的相互融合和渗透，以产业兴旺促进乡村振兴。恩施州作为湖北省唯一的少数民族自

治州，民族文化多样，生态环境宜居，旅游资源丰富，乡村旅游发展潜力巨大，是其乡村地区经济发展的重要支柱。因此，文旅融合对产业发展至关重要，恩施州推进乡村文旅融合发展有利于构建乡村一二三产业融合体系，创造乡村经济发展新动能，以产业振兴实现经济振兴。恩施州将生态文化旅游产业集群作为四大产业集群中的第一产业集群来打造，致力于推动旅游业高质量发展，充分发挥旅游业在州域经济中的引擎作用。2017年，恩施州旅游业增加值约占GDP的15%，旅游业对服务业的贡献比率在50%以上，旅游经济高速增长，实现了产业结构由"一二三"向"三二一"的重大转变；2018年，恩施州旅游接待人次累计达到6216万，综合收入达455亿元，旅游业的发展共带动50万人就业。与此同时，为乡村旅游的发展提供物质基础和经验借鉴，有利于恩施州乡村旅游和文化融合发展创造新的产业模式，以产业集聚优化资源要素配置，拓宽文旅融合深度和广度，以"三产"融合发展促进乡村产业发展。恩施州四大产业集群发展见图6。

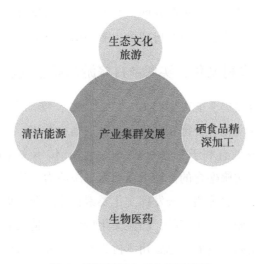

图6　恩施州四大产业集群发展

3.2　有利于缩小城乡经济发展差距，实现区域协调发展

以传统农业生产为代表的农村经济与以现代工业生产为代表的城市经济并存的状况是大多数发展中国家的共同特征。文旅融合是我国破除城乡二元经济结

构，扭转乡村发展不充分不平衡局面的重要突破口。因此，恩施州要想实现城乡一体化发展，追赶区域经济发展差距，乡村文旅融合是最适合、最有效的发展思路。第一，文旅融合有利于拓宽农民增收渠道。文旅融合发展催生的新业态、新产业，开辟出农业就业新途径，促进农村剩余劳动力就地就业，提升农民收入水平。第二，文旅融合有利于实现农业农村现代化。文旅融合加快了城乡之间生产要素的流动，高效整合重组多种资源，从而农业资源得以与企业的资金、人才、技术、管理信息等多种要素整合优化，将信息技术融入农业生产、加工、流通、服务等环节，依靠智能化、机械化方式大力发展高效农业，节约生产成本，提高劳动生产效率。第三，文旅融合有利于促进城乡一体化发展。农村多重价值、农业多重功能、农民多重身份的优势需要依靠文旅融合来得到充分挖掘、发挥，借助二、三产业发展优势，让农民"超越农业""跳出农业"，缩小城乡发展差距，构建城乡一体化发展新格局。近年来，恩施州大力推进要素带动型扶贫，促进农民增收取得良好成效：发展乡村旅游、整合核心景区，辐射带动贫困农民就业、旅游全产业链发展、特色产业集群发展，农民增收势头良好，为农村发展带来新希望，有利于农民积极主动参与乡村建设，缩小城乡发展差距。

3.3　有利于繁荣乡村文化，实现乡村旅游高质量发展

文化和旅游融合发展，能产生"1+1>2"的效益，推动乡村旅游高质量发展，潜力在文化、希望在文化、关键在文化。文化兴则旅游兴，旅游兴则乡村兴。乡村旅游和文化融合发展有利于充分挖掘文化资源、传承文化瑰宝、活化文化产品，让乡村旅游业在文旅融合的推动下强动力、添活力、增魅力。促进乡村旅游和文化全面融合发展，恩施州充分发挥文化要素在旅游业发展中的点睛作用，利用好特色文化资源，创新文旅产品，凸显文化特色，坚持文旅融合纵深发展，不断推进乡村旅游高质高效发展。恩施州乡村旅游发展起步较晚，文旅融合发展有利于吸引投资，改善乡村旅游基础设施建设，增强乡村旅游发展后劲。千公里生态旅游公路基本建成，总投资达到35亿元、连接8个县市，并积极推进与省交投的战略合作，制定专项规划建设新的千公里绿色生态旅游公路和318风景廊道；同时省交投在恩施州实施交旅融合战略，在恩施方家坝建文旅小镇等举措将大大增强恩施州乡村文旅融合发展竞争力，完善乡村基础设施建设。在文旅融合的推动下，恩施州乡村旅游从单一的观光旅游目的地转变为集观光、度假、康

养、运动、避暑、休闲、研学为一体的综合旅游目的地，旅游业态得到不断丰富，实现了从美丽风景到美好生活的跨越。

3.4 有利于促进绿色发展，改善乡村人居环境

乡村旅游发展依托的是独有的生态环境优势，文化要素在融入乡村旅游发展时，既要注重保护文化资源，又要注重保护生态环境。乡村旅游和文化融合发展有利于以产业建设、村镇示范带动农民不断提升环境保护素质，主动接纳更文明的生活方式，更环保的工作模式，推动村镇生态宜居建设，改善乡村人居环境，推进美丽乡村建设。民宿旅游是恩施州乡村文旅融合发展的重要板块，坚持突出特色，突破发展的理念，共发展精品民宿 2000 多家。民宿的建设发展让古朴民居变为休闲新居、传统手工艺品变为旅游商品、特色农业园变为游客体验园，极大地改善了乡村人居环境。同时，民宿村与电商平台确立了长期合作关系，破解农产品出山难的困境，改变了农业消费模式，实现了山村小农业与城市大市场的有效对接，农业市场化水平不断提高，农业经济效益得到有效保障。此外，民宿发展带来的经济效益驱使农民主动改善村容村貌、农村改善交通环境，从而为乡村振兴吸引更多的人流、资金流、信息流、物流，乡村生活更加丰富多彩，农村发展焕发出新生机。乡村旅游和文化融合发展，带动农民思维方式、生活方式、行为方式的改变，让他们主动服务乡村旅游游客、主动创新乡村旅游产品、自主经营乡村旅游行业、自发传播乡村文明，乡村人居环境得到不断改善。

3.5 有利于创新乡村旅游产品，满足人们日益增长的美好旅游消费需求

文旅融合发展的最终目的是通过创新乡村旅游产品，满足游客多样化多变化的旅游消费需求。有特色、品质高的文化旅游产品，有利于为乡村旅游聚集人气，为乡村引入更多的经济要素，助推乡村振兴建设。恩施州坚持以本地特色文化为核心，塑造了丰富多样的特色文旅产品，有利于扩大恩施州乡村旅游影响力，拓宽客源市场；同时，也有利于以高质量的乡村旅游产品获得游客的良好口

碑，为恩施州乡村旅游的持续健康发展提供市场保障。据统计，2017—2019年，恩施州旅游业年接待游客人次、年综合收入连续三年以两位数增长，其中，2019年接待游客7117万人次，旅游综合收入达到520亿元，增长率则分别为14.5%、14.3%。在此基础上，随着交通网络不断延伸，恩施州旅游客源的半径不仅仅是过去的一级市场，已逐步扩展到国内的远程市场和国际游客，这将为乡村旅游客源市场的拓展提供有力支撑。乡村旅游产品的创新，有助于增强恩施州文化旅游品牌影响力，"氧生福地、硒有恩施""中国好山水、天赐恩施"等文旅品牌的建设得益于特色文旅产品的塑造，文化旅游美誉度不断上升，游客满意度连续3年全省第一。

4. 恩施州乡村旅游和文化融合发展的现状

4.1 思想认识方面

坚持把文旅融合放到全州经济社会发展全局的高度去谋划和推进，落实"文化是旅游的灵魂、旅游是文化的载体"的理念，为文旅融合奠定坚实的思想基础。一是突出生态文化旅游业的第一地位，为乡村经济建设奠定产业基础。生态文化旅游产业集群是恩施州四大产业集群中的第一产业集群，州委主要领导亲自担任生态文化旅游产业集群组长，亲自推动生态文化旅游产业集群规划，亲自推动鄂旅投、省交投的重大生态文化旅游项目，生态文化旅游产业是第一产业的共识已经形成。二是突出文旅融合是乡村扶贫第一抓手，以全域旅游辐射乡村旅游。随着大众旅游时代的到来，旅游业越来越呈现出跨界、融合、泛化的特征，"旅游+""+旅游"已成为全域旅游发展的途径。文化和旅游作为一对孪生姐妹，是最容易融合产生"1+1>2"效益的两大产业。在具体实践中，恩施州坚持把文旅融合作为推动全域旅游发展的第一抓手，在"1、5、10、20、102"全域旅游大格局中（见图7），都将文旅融合作为重要理念贯穿其中，通过全域旅游带动乡村旅游，巩固扶贫成果。三是突出文旅融合是乡村高质量发展第一路径。推动乡村高质量发展，潜力在文旅融合发展。文旅融合发展关键在树立乡村文化意识，最终推动乡村实现高质量发展。

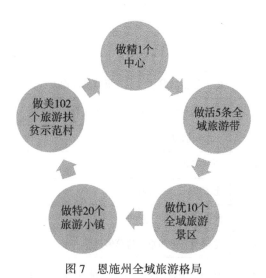

图 7　恩施州全域旅游格局

4.2　文化利用方面

　　坚持文化与旅游全面融合，充分发挥文化要素在旅游业发展中的支撑作用、点睛作用，充分利用历史文化、民族文化、地域文化、红色文化等文化资源(见表3)，增添乡村旅游特色，增强乡村经济文化软实力。恩施州乡村文化资源丰富，乡村自然景观独特，乡村生态环境良好，文旅融合发展条件优越。恩施州乡村文旅融合发展关键在保护、传承、创新乡村文化，为乡村旅游发展注入源源不断的经济与文化活力。由北京大地乡居旅游发展有限公司负责设计、建设并经营的利川市白鹊山村，建成有民宿、山林营地、白鹊山书社、口述博物馆、水井集市、手工作坊等，将土家族文化与乡村旅游完美融合，现已成为全州文旅融合发展的经典之作。此外，白鹊山已成为连续四届山地马拉松赛的起跑地，"在美景中奔跑，在运动中赏景"，文体旅融合发展帮助全村贫困户脱贫，村民致富劲头越来越足。恩施州牢牢把握文旅融合发展机遇，以"打造一批精品、融合两种产业"为目标，为乡村旅游注入文化内涵，以文促旅、以旅彰文，积极促进乡村旅游和文化深度融合发展。

表3 恩施州特色文化分类

文化类别		文 旅 故 事
历史文化	建始直立人遗址	距今约 195 万至 215 万年，改写非洲人类起源一元学说
	巴文化	巴人始祖廪君从巴东三里城溯江而上，建立古巴国，创立巴文化
	土司文化	实行于元代，形成了民族区域自治的雏形
民族文化	民族建筑	土家吊脚楼
	民族服饰	西兰卡普
	民族节庆	土家女儿会、过赶年
	民族饮食	油茶汤、合渣、社饭
	民族歌舞	龙船调、黄四姐、薅草锣鼓
地域文化		打喜(恭贺新生命诞生)、哭嫁(感恩父母)、跳丧(笑对生死)
红色文化		恩施州是湘鄂西、湘鄂川黔两个革命根据地的重要组成部分，是我国的重点革命老区，贺龙、关向应、段德昌等在这里留下战斗的足迹，可将红色旅游打造成爱国主义教育基地、群众路线教育基地、廉政教育基地、革命传统教育基地
农耕文化		将农村传统劳动工具、劳作模式作为一种最朴实、最接地气的文化资源，打造特色民宿文化群、特色民宿文化区、特色民宿文化点
抗战文化		1938 年 10 月武汉失守，恩施成为湖北省临时省会、第六战区司令部所在地，他们在这里指挥了著名的鄂西会战、常德会战

4.3 产品创造方面

坚持深度融合、深刻剖析、深入打造、深化成果，塑造一批具有特色、喜闻乐见、品质一流的文化旅游产品(见表4)。在打造人文景观类产品方面，土家古建筑群宣恩彭家寨在第十六届威尼斯建筑双年展上与 84 个国家的经典建筑作品同台展示；在打造红色旅游类产品方面，当代红色教育基地、湖北旅游名村建始店子坪村，共培训省内学员 8100 余人次，已成为省直机关和各级党校学习教育基地。特色文旅产品的塑造，增添了乡村旅游文化特色，吸引了广大客源，进一步推动乡村旅游产业带动作用的发挥，带动了与旅游配套的餐饮、住宿、交通等行业的经济发展。

表4　　　　　　　　　　　　　**恩施州特色文旅产品分类**

文化遗产类产品	唐崖土司文化旅游区：咸丰及全州南四县旅游的脊梁
文化演艺类产品	利川腾龙洞《腾龙飞天》：全省第一台洞穴激光秀
	州文化中心《爱上硒施》：州城第一部旅游驻场剧目
人文景观类产品	恩施土家女儿城：武陵山区文化旅游新地标
	恩施土司城：中华土家第一城
	来凤仙佛寺：湘鄂两地游客朝宗拜佛著名景点
红色旅游类产品	湘鄂边苏区鹤峰革命烈士陵园：全国30条红色旅游精品线之一
文化节会类产品	大型节会活动：恩施生态文化旅游节、硒博会、土家女儿会、利川龙船调艺术节、巴东纤夫文化节、来凤土家摆手舞节、建始黄四姐文化艺术节
	农耕文化节庆活动：油菜花节、杨梅节、土豆节、桃花节、梨花节、茶叶节
文化旅游类商品	中国金牌旅游小吃：来凤田二姐油茶汤、利川钱汤圆
	灵秀湖北金牌旅游商品：土家西兰卡普、宝石花漆筷

4.4　市场发展方面

推进文旅融合，打造高质量旅游产品，关键要靠市场来检验。一是在理念上服务乡村旅游游客。文旅产品好不好、优不优，游客是最好的评判者。恩施州牢固树立以人民为中心的理念，坚持为了一切游客、为了游客的一切，认真研究受众心理，把握消费趋势和消费潮流，不断对乡村文化旅游演艺产品进行改版升级、推陈出新，满足游客的"口味"；延伸开发、提档升级乡村文化旅游类景区，完善相关配套设施，提高文化旅游景区的教育科普性和参与体验性，让游客通过乡村旅游真切地感受到乡村文化的魅力。二是在宣传上强力推介。坚持州县联动、政企联手、区域联合，统筹州县（市）旅游宣传促销资源，升华提炼旅游形象口号，开展生态文化旅游节、硒博会、女儿会、恩施故事会等目的地营销，邀请各地旅行商来恩施踩线考察、现场体验、参与文化旅游产品，通过口碑效应实现广泛传播，促进持久传承。加强对外宣传推介，在央视投放宣传广告，在重庆、武汉、杭州等骨干客源市场投放旅游形象广告、召开旅游推介会等，推出乡村旅游、硒游养生等精品线路，打造恩施号飞机、恩施号动车和恩施旅游长龙航空空中画廊，借助主流媒体、网络大 V、专业网站等加强话题营销，加强与周边旅游合作，实现线上线下互推，巩固扩大国内市场，逐步拓展海外市场，提升知名度和美誉度，为乡村旅游不断开拓客源市场。三是在主体上依靠市场。在坚持政府主导的前提下，充分发挥市场在资源配置上的决定性作用，让市场主体在乡村文旅融合主战场上挑大梁、当主力、唱主角。鄂旅投公司投资 6 亿元整体提升唐崖土司城世界文化遗产，创建国家 5A 级景区，并重点实施"八大文旅融合项目"。省交投在恩施州实施交旅融合战略，在恩施方家坝建文旅小镇等充分显现出市场在文旅融合中的主力军作用。

4.5 工作实践方面

文旅融合是一项系统工程，恩施州坚持以理念契合推动工作结合，以工作结合推动乡村资源整合，以资源整合推动乡村产业融合。一是领导重视。恩施州高度重视促进乡村旅游和文化融合发展，通过民族文化、抗战文化、红色文化、历史文化、地域文化等与乡村旅游的深度融合，讲好恩施乡村故事，大力开展文化与旅游融合行动，促进全州乡村生态文化旅游的可持续发展。同时，要把文旅融合的功夫做深、做透、做精、做实，彰显文化魅力，丰富旅游内涵。各级各相关部门围绕文旅融合这篇大文章，各尽其职、各负其责，形成文旅融合全员共抓全体共建共享的大格局。二是专班推进。生态文化旅游产业集群工作专班建立健全工作机制，做到年初有计划书、每季度有调度会、每月有进度表，确保环环紧扣、稳步推进。旅游部门重点推进景区提升、文旅融合、业态转型、旅游厕所、旅游城镇建设、促销创新、交通突破、项目招商、服务升级、机制改革等十大行动，文体部门重点推动一批非物质文化传承基地、文化创意产业园、文化旅游节事活动等，民宗部门重点加强民族文化传承、保护和转化，持续推进民族文化进酒店活动，重点推介民族服饰、民族饮食、民族礼仪等民族文化，组织全州导游开展土家语苗语培训，集中打造一批特色村寨生态文化旅游样板，扶持一批少数民族传统手工艺品生产企业等。三是政策保障。融合了文化、生态、城镇、产业等规划为一体的《恩施州全域旅游规划》，以多规合一实现乡村文旅发展的全域规划、严控资源、联动推进；此外，还出台了《恩施州旅游资源统筹管理办法》，由州人民政府负责文化旅游资源的规划、开发与管理，为乡村旅游建设提供科学化的政策指导，从而避免低门槛进入、同质化竞争、低水平重复建设等问题的出现。

5. 恩施州乡村旅游和文化融合发展实证分析

5.1 乡村旅游游客人口特征分析

乡村文旅融合必须符合市场需求状况，基于此，笔者设计了关于恩施州乡村旅游与文化融合发展的调查问卷，分别在现场和网络进行问卷的发放，以便进一步弄清恩施州乡村旅游和文化融合发展状况，找到其发展存在的问题，并针对相关问题提出切实可行的解决对策。此次调查共发放问卷 310 份，回收 310 份，其中有效问卷 300 份，问卷有效率为 96.77%。实地调查发放问卷选取的是代表了自然生态和遗址遗迹文化相结合的乡村旅游地——建始县石门河地心谷景区作为主要的调查点，笔者在景区内当场随机派发问卷，并与当地乡村旅游经营者和居民进行了深入交谈，共发放问卷 200 份，回收 200 份，其中有效问卷 190 份；同时，笔者在网络上共发放问卷 110 份，回收 110 份，有效问卷 110 份。

5.1.1 基本信息

根据问卷调查结果，恩施州乡村旅游游客性别、年龄、职业、收入等基本信息见表 5。

表5   恩施州乡村旅游游客基本特征

变量	类别	样本数	比重(%)
性别	男	147	49
	女	153	51
年龄	25 岁及以下	113	37.67
	26~35 岁	105	35
	36~45 岁	58	19.33
	46~55 岁	21	7
	56 岁及以上	3	1
职业	政府公职人员	12	4
	企事业单位管理人员	62	20.67
	企事业单位一般员工	73	24.33
	私营业主/个体户	19	6.33
	专业人员/技术人员/教师/医生	24	8
	在校学生	81	27
	自由职业者	14	4.67
	离退休人员	2	0.67
	其他	13	4.33
受教育程度	初中及以下	8	2.67
	高中/中专	20	6.67
	大专/本科	199	66.33
	硕士及以上	73	24.33
月收入	2000 元及下	74	24.67
	2001~4000 元	34	11.33
	4001~6000 元	76	25.33
	6001~8000 元	56	18.67
	8001 元及以上	60	20

从游客性别结构来看，问卷调查结果显示女性旅游者占比 51%，男性占比 49%，这说明在恩施州乡村旅游游客市场中，男女比例较为均衡。

从游客年龄结构来看，以中青年为主，主要集中在 25 岁及以下和 26~35 岁两个年龄阶段，总占比达 72.67%，其中 26~35 岁年龄段的游客大多拥有稳定的收入来源，综合来讲是恩施州文旅融合发展最主要、最稳定的客源。此外，中老年游客出于康养休闲、回归乡村的目的也占据了一定的比重，调查者中 36 岁及以上的游客总占比达到 27.33%。

从游客受教育程度来看，我国国民素质随着高等教育的普及发展得到不断提升，大学和研究生学历的游客成为恩施州乡村文旅融合最主要的客源市场，且大学及以上学历的游客总占比达到 90.66%，而初中及以下学历的游客占比较少。

从游客职业结构来看，前来恩施州进行乡村文化旅游的游客职业具有多样化的特征，其中占比最高的是企事业单位工作人员（含管理人员和一般员工），总占比达到 45%，其次是在校学生，占比达到 27%。私营业主/个体户、专业人员/技术人员/教师/医生游客人数占比较为相近，分别是 6.33%、8%。值得注意的是，政府公职人员、自由职业者、离退休人员皆占有一定的比例，该类群体的游客拥有较为充足的闲暇时间和较为稳定的经济来源，是恩施州在推动乡村文旅融合发展过程中应该重点开拓的客源群体。

从游客收入水平来看，恩施州乡村旅游游客多为中等收入群体，低等收入群体游客和高等收入群体游客占比相对较小。月收入在 4001~6000 元的游客占比最高，达到 25.33%；月收入在 2001~4000 元的游客比重最少，占比为 11.33%；处于 8001 元及以上的游客占比达到了 20%，该类群体游客皆属于高收入群体，大多是来自武汉的乡村旅游游客，是恩施州开发和打造乡村文旅产品不容忽视的重点客源群体。

5.1.2 客源市场结构

通过对客源市场的调查发现，恩施州乡村旅游游客多为湖北省内游客，占比 28.00%，而其他地区游客来源较为分散，其中北京、上海、广东地区游客比重较大，分别为 7.70%、7.30%、7.30%（见图 8），这说明随着我国交通设施的日渐完善，距离限制对游客旅游动机的影响较小，经济发达地区居民进行长距离乡村旅游的可能性日渐增大。从省内客源市场构成来看，恩施州本地游客占据的比重较大，而武汉、宜昌、襄阳等处于鄂西生态文化旅游圈内的城市游客居多，特别是经济发展水平较高的武汉成为恩施州乡村文旅融合省内第一大客源城市。

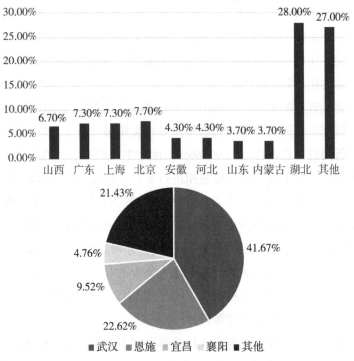

图 8   恩施州乡村文旅融合发展省内外客源构成

综合来看，武汉、恩施、宜昌等距离较近的省内城市仍然是最主要的客源地，这与恩施州实际的客源市场情况基本一致，这些城市也是恩施州乡村文旅融合发展的核心客源市场，而省外的距离较近的湖南、四川等省份是需要重点开拓的二级市场，其他的经济较为发达的城市则是潜在客源市场，是在恩施州乡村文旅融合发展较为成熟的阶段应当重点开拓的机会市场。

5.2   乡村旅游游客行为特征分析

5.2.1   信息来源渠道

调查结果显示，恩施州乡村旅游者获得乡村文化旅游目的地信息的主要方式是网络，占比达到 48.33%，其次是旅行社宣传和亲戚朋友推荐，占比分别为 16.67%、14.33%，同时电视广告和报刊也占据了一定比重，分别为 10%、5.33%（见图 9）。该结果表明，在互联网快速发展的背景下，通过官方网站、公众号、热门 APP 等网络渠道已经成为恩施州乡村旅游游客获取信息的重要方式，且采取这种方式获取乡村文化旅游信息的多为外地游客。同时，恩施州乡村文化旅游游客以本地和省内游客为主，亲戚朋友的口碑宣传帮助恩施州招揽了一大批回头客以及受其影响的新客源。此外，近些年来旅行社特色旅行路线的规划以及精准营销的开展，帮助恩施州乡村文旅融合的发展拓展了客源市场，吸引了一大批外地游客。

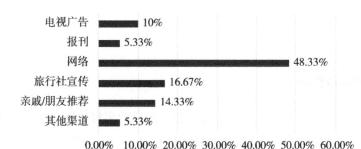

图 9　恩施州乡村旅游游客信息来源渠道

5.2.2　乡村旅游方式

由于乡村旅游在休闲体验、自然休憩、文化熏陶等方面的独特优势，家人和朋友陪伴出行，以此来增进感情、愉悦身心，家人或朋友陪伴成为恩施州乡村旅游游客最主要的出游方式，占比达到 38.67%。其次，旅行社组团和单独出游也占了较大比重，占比分别为 20.67%、20%（见图 10）。许多恩施州乡村旅游游客由于出游能力较弱，乡村地区交通不便等原因，会将旅行社组团作为首选的出游方式；而年轻的旅行爱好者则会选择单独出游，寻求旅行的刺激和放松。公司组织员工进行乡村旅游，可以在休闲娱乐的同时，增强员工合作的精神，因此单位组织的出游方式也占据了一定的比重。

调查结果显示，由于对恩施州乡村交通系统的熟知度较低，外地乡村旅游游客多会选择公共交通工具和旅游大巴为主要的交通方式，而对于恩施州本地或周边的乡村旅游游客来说，自驾是出游最佳的交通方式。

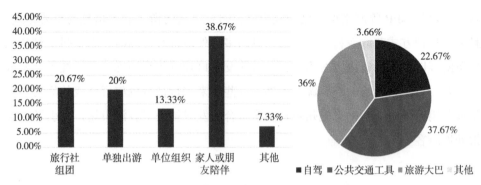

图 10　恩施州乡村旅游游客出游方式与交通方式

5.2.3　乡村旅游目的

从出游目的来看，恩施州乡村旅游游客出游目的多样，休闲度假、观光游览、文化体验是最主要的出游目的，占比分别为 68.33%、63.67%、32.33%（见图 11）。同时，由于恩施州乡村环境秀美、民族文化丰富多样，也吸引了许多前来进行探亲访友、健康疗养的游客，而出于商务会议和学习交流目的出游的游客较少，主要是因为恩施州乡村文旅融合发展水平不高、相关基础设施有待进一步完善。

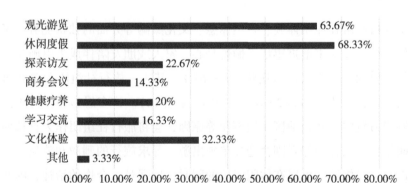

图 11　恩施州乡村旅游游客出游目的

5.2.4　乡村旅游目的地选择

为了便于了解游客喜好以及进一步了解恩施州乡村文旅融合发展状况，问卷列举了一些恩施州较为著名的乡村文化旅游景点。从调查结果来看，盛家坝二官寨、沐抚古镇、石门河地心谷景区、枫香坡所占比重较大（见图12），可知历史文化、民族文化和生态环境兼具的乡村旅游景点更受游客青睐和欢迎。从游客选择乡村旅游地地域分布来看，相较县级的乡村旅游地，市级周边的景点更受游客欢迎，因而恩施州乡村文旅融合发展应该注意区域联合，以增强重点景区发展辐射带动县级乡村旅游景点的升级发展。

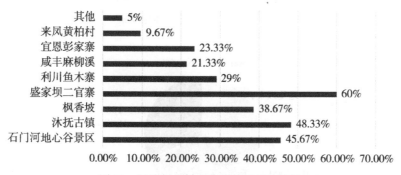

图12　恩施州乡村文化旅游目的地选择

5.2.5　乡村旅游体验要素

从游客偏好的乡村旅游体验要素来看，超过60%的游客期望能够体验到恩施州乡村民俗文化和自然生态风光（见图13），也由此带动了游客对于与之相关的特色美食、乡村民宿、农事体验、建筑设施等的体验需求。恩施州乡村文旅融合发展应该注重文化资源的发掘利用和旅游要素的组合升级，以此来丰富、创新乡村旅游产品的文化内涵和类别，促进乡村文旅融合层次的不断提升。

5.2.6　停留时间及个人消费

问卷结果显示，恩施州游客在恩施州乡村旅游地停留时间一般较长，停留2天及以上的游客占93%，小部分游客停留时间为1天，占比为7%。由此带来的乡村旅游消费相对较高，集中在501～1000元和1001～2000元两个价格段，占比分别为31.67%、42.33%（见图14）。因此恩施州在促进乡村文旅融合发展时应当注意中高端文旅产品的开发与升级，以此来满足游客的消费需求。

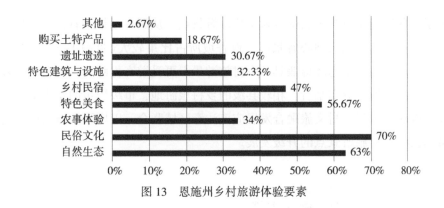

图 13　恩施州乡村旅游体验要素

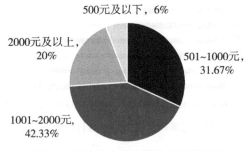

图 14　恩施州乡村旅游游客旅游消费

5.3　乡村文旅融合发展游客认知情况分析

5.3.1　发展优势

调查结果显示，恩施州乡村旅游游客大多认为乡村生态环境秀美、旅游资源丰富是恩施州乡村文旅融合发展的明显优势，占比分别为71%、58%，其次则是相关基础设施完善，占比为51.67%。值得注意的是，认为文化底蕴深厚和交通便利是恩施州乡村文旅融合发展优势的游客占比相对较少，分别为37%、39.33%（见图15），这说明恩施州在促进乡村文旅融合发展的过程中，在文旅产品的开发、文旅活动的深度体验以及交通便利程度等方面仍然存在不足，以至于游客没有形成对恩施州特色文化的深度认识和理解，同时也降低了游客的重游意愿。

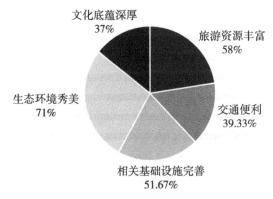

文化底蕴深厚
37%

旅游资源丰富
58%

生态环境秀美
71%

交通便利
39.33%

相关基础设施完善
51.67%

图 15　恩施州乡村文旅融合发展优势

5.3.2　文化及产品偏好

调查结果显示，超过 50% 的乡村旅游游客认为恩施州的地域文化、民族文化、遗址文化、历史文化具有较大的开发潜力和价值，其次是农耕文化和红色文化，占比分别为 32.33%、27.67%（见图 16），而认为抗战文化具有较大开发价值的乡村旅游游客则占比较少。受文化偏好的影响，恩施州乡村旅游游客最喜爱人文景观类和文化遗产类文旅产品，占比分别为 61.33%、49.33%（见图 17），而喜爱文化旅游类商品（就是指那些纪念品、土特产之类的）的游客占比最少。因此，恩施州应重点促进最具特色的民族文化、地域文化和乡村旅游的深度融合发展，逐渐推进遗址文化、历史文化、农耕文化等多文化与乡村旅游的融合发展，打造丰富多样、高质量的文旅产品，重点打造人文景观类、文化遗产类、文化演艺类文旅产品，以文化节会类产品增强游客的文化体验与感知，满足游客的精神文化需求和消费需求，同时应加大抗战文化的开发，让文旅融合的形式更加新颖、内容更加丰富。

5.3.3　游客满意度分析

从旅游的食住行游购娱六要素、环境、服务及价格方面的 17 个评价因子对恩施州乡村文旅融合发展的游客满意度进行分析，满意程度分为非常满意、满意、一般、不满意以及很不满意，且分值从 5 到 1 依次递减，得到相关结果见表 6。

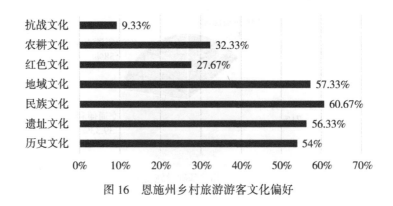

图 16　恩施州乡村旅游游客文化偏好

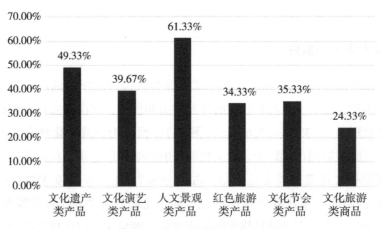

图 17　恩施州乡村旅游游客文旅产品偏好

表 6　　　　　　恩施州乡村文旅融合游客满意度描述性分析

评价因子	最小值	最大值	均值	标准差	排序
自然生态	1	5	3.72	0.792	3
人文景观	1	5	3.71	0.665	4
民俗风情	1	5	3.75	0.699	2
体验、休闲、娱乐项目	1	5	3.59	0.735	10
特色建筑	1	5	3.65	0.712	7
特色美食	1	5	3.83	0.682	1
土特产品	1	5	3.56	0.712	13

评价因子	最小值	最大值	均值	标准差	排序
住宿环境	1	5	3.63	0.678	9
交通状况	1	5	3.41	0.771	15
卫生状况	1	5	3.57	0.7	12
公共服务与配套设施	1	5	3.52	0.723	14
景区管理	1	5	3.58	0.67	11
景区治安	1	5	3.64	0.804	8
当地居民态度	1	5	3.68	0.654	6
景区服务人员的服务态度	1	5	3.70	0.756	5
景区服务人员的服务品质	1	5	3.68	0.818	6
旅游消费品价格	1	5	3.52	0.735	14

从旅游六要素来看，恩施州在乡村文旅融合发展过程中，特色美食方面让游客感到最满意，均值为3.83，其次是民俗风情和自然生态，满意度均值分别为3.75、3.72。根据上文的分析可知，乡村旅游游客更希望体验到恩施州的乡村民俗文化，但游客对民俗风情的满意度却低于特色美食。在与当地村民的交谈中得知，乡村旅游游客在品尝到美味可口的地域美食后，在重游相关景点时，对乡村旅游的文化体验提出了更高的要求，这与游客对体验、休闲、娱乐项目的满意度处于较低水平是一致的，这说明恩施州在促进乡村文旅融合发展的过程中忽视了文旅体验、休闲、娱乐项目的创新与管理。值得注意的是，交通状况和土特产的游客满意度在所有的评价因子中满意度均值都处在低水平，分别为3.41、3.56，从与游客以及当地居民的交谈中得知，乡村旅游景点一般位于村镇，交通便利程度不佳，游客可进入性不强，阻碍了恩施州在其乡村文旅融合客源市场的拓展，同时，土特产的销售多在景点内或景点周围展开，种类相似或重复、价格不合理、外来游客无法辨别真伪等原因导致游客满意度不佳。

从旅游环境来讲，恩施州乡村旅游游客对当地居民态度和景区治安的满意度较高，这是由于恩施州独特的地貌特征，乡村旅游景点多为山地、岩溶地貌，因此在其文旅融合发展过程中尤其要注意旅游安全问题，此外恩施州农村居民热情好客，给游客留下了宾至如归的感觉，这与恩施州游客满意度连续获得全省第一的实际情况是一致的。

从旅游服务与价格来看，恩施州乡村旅游游客对景区服务人员的态度和品质的满意度较高，满意度均值分别为 3.70、3.68，游客对旅游消费品的价格满意度较总体而言却处在低水平，满意度均值为 3.52。从与游客和当地居民的交谈中得知，产品种类太少、创意不足、质量不高、定价不合理是游客对旅游消费品价格满意度不高的原因。

5.4　恩施州乡村旅游和文化融合发展存在的问题

问卷调查结果显示，超过 50% 的游客认为恩施州乡村文旅融合发展过程中品牌开发深度不足、产品质量和结构有待优化的问题最突出，其次是认为复合型人才缺乏，占比达到 41.33%（见图 18）。笔者将结合该结果以及上文有关分析，总结出恩施州在乡村文旅融合发展过程中存在的问题。

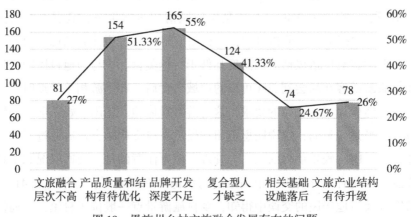

图 18　恩施州乡村文旅融合发展存在的问题

5.4.1　产品质量不高，产品结构有待优化

恩施州乡村文旅产品质量和结构有待优化表现在三个方面：一是产品同质化现象严重。游客对文旅商品购买的喜好程度偏低，尤其是对土特产的购买较少，且对旅游消费品的价格满意程度极低，产品重复没有新意，产品质量与游客的期

望存在一定差距，甚至会引发乡村旅游经营者之间的不正当竞争，扰乱市场秩序；二是产品开发深度不足。出于学习交流目的出游的游客数量较少，这说明恩施州乡村文旅产品的打造缺乏创意和深度，并没有满足众多渴望进行民俗文化体验的游客，也由此导致了游客对恩施州乡村文旅融合发展文化资源优势的忽视，且并没有了解到其特色文化的魅力。三是产品结构不合理。在众多的文旅产品中，游客更喜爱人文景观类产品和文化遗产类产品，然而游客对人文景观和民俗风情的满意度却低于特色美食，这说明恩施州乡村文旅产品的供需结构不合理，产品供给质量无法满足游客的美好需求。

5.4.2 相关基础设施建设落后，重游率较低

恩施州在促进乡村文旅发展过程中，缺乏区域性规划，文旅基础设施建设相对落后，阻碍了客源市场的进一步拓展，影响了乡村旅游游客的消费体验。一是交通系统不够完善。随着恩施州乡村文旅融合的不断升级式发展，客源市场将会逐渐向省外扩展，且问卷调查结果显示超过60%的游客一般会选择公共交通工具和旅游大巴作为出行的主要交通方式，但是大多数游客对乡村交通状况的满意度很低，这说明由于乡村交通状况不佳，严重影响了游客的乡村旅游体验。二是公共服务与配套设施尚待完善。笔者从调研了解到恩施州乡村文旅融合发展尚处于探索阶段，公共服务与配套设施建设缺乏全面的规划与管理，游客对体验、休闲、娱乐项目及乡村旅游景点卫生状况的满意度较低，导致外地游客重游率低，这与调查结果显示的有 25.33% 的游客重游意愿不高相一致(见图 19)。

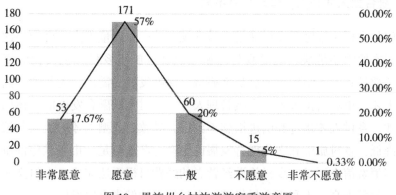

图 19　恩施州乡村旅游游客重游意愿

5.4.3 文旅融合层次不高，品牌开发深度不足

恩施州乡村旅游发展较晚，文旅融合发展尚处初级阶段，根据问卷调查结果得知，恩施州乡村旅游游客对恩施州的良好生态环境以及丰富的旅游资源认可度较高，并大多认为二者是恩施州促进乡村文旅融合发展的先天优势，而对恩施州乡村文化旅游资源优势的认可度相对较低，这说明恩施州乡村文旅融合发展尚未形成主流文旅品牌，导致游客对恩施州乡村特色文化的认知程度较低。同时，相对于县域乡村旅游景点来说，距离市区较近景点的游客量较多，普遍分散经营，规模较小，无法通过区域联合发展形成品牌效应，阻碍了国际国内文旅品牌知名度的提升。此外，恩施州乡村文旅融合种类虽多但精品较少，融合深度与广度不足，文化创意以及高科技元素应用较少，融合层次不高。

5.4.4 特色文化资源挖掘不足，文旅体验性不佳

问卷调查结果显示，接受此次问卷调查的乡村旅游游客认为恩施州的红色文化、抗战文化和农耕文化的开发价值不大。其原因是恩施州乡村文旅融合发展缺乏创新意识，对文化资源的内涵认识不够深刻，导致对特色文化资源的挖掘不够，缺乏深度文旅体验型产品，以观光游览和休闲度假为主，兼具文化内涵和文化创意的产品不够，且附加衍生产品很少，降低了游客对红色文化、抗战文化和农耕文化的参与度，导致游客的消费水平无法进一步提高，影响了乡村旅游经营者和当地农村居民的收益，打击了居民参与乡村建设的积极性，不利于乡村文旅产业链的延伸。

5.4.5 复合型人才缺乏，管理水平不高

恩施州乡村文旅融合发展缺乏区域性规划、产品质量不高、融合层次不高等问题的根本原因还是缺乏既懂乡村旅游又熟知恩施州乡村特色文化的复合型人才，人才数量和人才结构不能满足文旅融合深度发展的需求，尤其缺乏高端复合型创意人才、市场营销人才、高级管理人才。乡村文旅融合发展的主体归根结底在于人才，乡村人才培育和引进措施不到位，导致专业型人才的流失与浪费，管理效率降低，乡村旅游和文化融合发展内生动力严重不足，市场秩序混乱，乡村旅游游客消费信心不足，乡村旅游经营者的经营目标无法完成，乡村文旅融合发展产生的效益不高，不利于乡村经济和乡村治理的健康有序发展。

5.4.6 文旅产业发展较慢，产业结构有待优化升级

恩施州重视生态文化旅游产业在其四大产业集群打造中的战略地位，将生态文化作为恩施州乡村文旅融合发展的主流文化，吸引了大量的客源，但乡村旅游游客的需求日渐多变化、多样化，单一的文旅融合产业已经无法满足当地的乡村旅游发展需要，阻碍了农业供给侧结构性改革的进程，不利于乡村经济的高质量发展。一方面，文化资源挖掘深度不够，农旅产业链延伸不足。农业发展是乡村经济发展的重要基础，恩施州在促进乡村文旅融合发展的过程中，对农耕文化的挖掘深度不够，忽视了农旅融合产业链的延伸，导致农业产业化发展程度低，农业经济效益不佳。另一方面，文旅企业实力不足，市场化运营能力弱。恩施州文旅企业数量少、整合资源能力弱、企业之间缺乏有效合作，文旅产业融合深度不足、融合层次不高，没有形成规模效应与辐射效应，市场影响力不足。

6. 乡村旅游和文化融合发展案例分析

6.1 袁家村——乡村旅游与民俗文化融合发展成功案例

6.1.1 发展现状

袁家村位于陕西省咸阳市礼泉县，被誉为"关中第一村"。袁家村立足本地文化资源优势，大力发展乡村旅游业，实现一二三产业促进乡村文旅融合发展的良性循环。袁家村依托本地乡村生活和关中民俗文化，打造关中印象体验式景区，建设独有品牌、塑造独特风格、创意特色文化，在此基础上全方位打造层次递进、环环相扣、村景一体、互补兼顾、三产共融的商业经营模式，从而进一步推动招商引资、管理提升、业态创新。同时，为了推动农副产品的线上线下销售，袁家村积极采用"互联网+""旅游+"模式，拓宽农产品市场化渠道，促进农民持续增收、产业持续发展，不断培育乡村旅游发展新动能和发展后劲。目前，拥有400多人口的袁家村，村资产已有1亿多元，最高日游客接待量达18万人，年游客量超百万(见图20)，带动周边十余村落脱贫致富，被誉为"乡村旅游黑马典范"。可见，以特色民俗文化为中心发展乡村旅游产业，带来的经济效益、文化效益以及社会效益巨大，进一步证明了乡村旅游和文化融合发展的重要性。

2015 年袁家村投资效益见表 7。

表7   **2015 年袁家村投资效益**

区域	总人数	总投资(万元)	总收入(万元)	单人年产出(万元)	投资收入比
小吃街	234	102.5	5099.5	21.79	1∶49.8
酒吧街	59	420	1025.9	17.39	1∶2.4
作坊	305	175	1539.1	5.05	1∶8.8
酒店	191	1000	288.1	1.51	1∶0.3
民俗	47	160.2	448.9	9.55	1∶2.8
农家乐	324	1680	2058	6.35	1∶1.2

6.1.2 文旅特色分析

(1)特色资源

袁家村依托周边的历史文化资源,立足自身的民俗文化优势,以关中美食、关中建筑、关中民俗为中心,打造"袁汁袁味"特色小吃、关中样式民居建筑、豪放淳朴的民俗文化,充分利用本地特有的文化资源优势(见表8),发展特色文化乡村旅游,增强其旅游吸引力、影响力,旅游人次逐年上升,以资源优势发展形成产业优势,实现乡村经济高质量发展。

表8   **袁家村特色文化资源**

饮食文化	注重原汁、原味及"色香",在全国各大菜系中以风格古香,形式华丽典雅,香辣、脆爽而独树一帜
建筑文化	聚集模式:建筑的群落布局以村落为聚集模式,中规中矩地沿东、西、南、北四个方向平行展开
	"风水"原理:各住宅的落位朝向亦都遵循着"风水"原理;"负阴而抱阳",前有"案山、朝山"后有"祖龙","聚气使不散"
	建筑细节:建筑的装饰也讲求乡土情结和精神内涵,如门前拴马桩、抱鼓石、窗上雕刻
民俗艺术文化	戏曲秦腔:具有高昂激越、强烈急促的特点,又被称为"吼戏"
	陕西皮影:在人物造型塑造方面具有单纯质朴、生动形象、有势有韵的特点
	弦板腔:唱腔既豪放悲壮、高昂激扬,又委婉细腻、柔和清亮

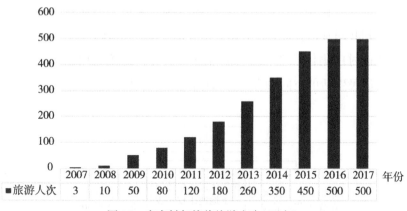

图 20 袁家村年接待旅游人次(万人)

(2)特色产品

袁家村乡村旅游通过关中印象体验地、城市体验店、外部项目开发、策划咨询、农产品供应链五大业务板块的助推,打造了丰富多样、独具特色的旅游产品(见表9)。袁家村围绕旅游六大要素,植根关中文化特征,打造民俗体验类、演艺类、旅游商品类等特色乡村旅游产品,不断满足游客的消费需求和文化体验需求,促进乡村旅游和文化融合纵深发展,带动相关产业优化升级。

表 9　　　　　　　　　　　袁家村文旅产品构成

餐饮类	小吃街、农家乐、民族餐厅、甜品店、果吧、酒吧、咖啡馆
住宿类	品味酒店、情怀客栈、特色农家、温泉疗养中心
民俗体验类	关中大院、关中印象、民俗活动、农家生活
休闲娱乐类	酒吧街、艺术长廊、大唐地宫、游乐场、VI 小镇、冰雪大世界、马场
演艺类	民俗演艺、杂耍、秦腔、皮影戏
旅游商品类	生态有机绿色食品、地方特产、手工艺品、民族服饰、书画古玩、草药

(3)商业化运营

袁家村实行现代管理制度,因地制宜展开商业化运营,增强经济效率。在投资集团公司下设置陕西关中印象地旅游管理公司,并针对不同发展目标设置不同的管理机构，有效实现科学管理；在保证袁家村土地使用权、建筑建设及使用权的前提下，推行股份制，鼓励村民以及周边村民入股，保证商户和村民有利可图，努力达到共同富裕；通过土地流转，整合袁家村周边十个村庄，规划建设袁家社区，建设村庄集体产业、整合农业优势资源、高效利用土地资源，实现旅游、产业与居民生活的空间融合。袁家村作坊街管理示意图见图 21。

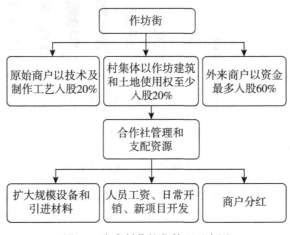

图 21　袁家村作坊街管理示意图

6.1.3　经验启示

（1）专注关中民俗文化，全面挖掘乡村旅游潜力。袁家村因地制宜以关中民族文化为核心，向广大游客展示地道的乡村生活，形成个性化、高端化和系列化旅游产品产业链，吸引众多城市游客前来旅游和消费，以乡村旅游带动相关产业发展，促进袁家村经济高质高效发展。此外，袁家村看准市场形势，大胆进行转型升级，由乡村旅游向乡村度假转型，不断向外输出袁家村品牌及模式，以良好的市场前景对各地美丽乡村建设和农业产业化产生积极影响和示范作用。

（2）专注服务村民，助力实现共同富裕。袁家村在自身发展过程中，坚持农民地位优先，坚决不拿村民的自主权和控制权做交易，坚定合作共赢、共建共享发展理念，确保村民的根本利益和长远利益不动摇，全面调动村民参与村庄建设的积极性，实现发展方向、发展战略、发展目标的民主化和科学化。同时，高度重视村民教育，成立农民学校，并专门设有"明理堂"。乡村建设成果真正惠及村民，走好共同富裕道路。

（3）专注食品质量监管，赢得游客信赖。袁家村高度重视食品安全和健康餐饮，以农副产品种植、加工包装到营销环节的严格监管保障袁家村餐饮业的安全放心，同时做到食品信息的高度透明化，建立全面的信任体系。袁家村满足游客情感诉求，游客和社交媒体主动帮忙宣传，新客获取成本被降低，游客回头率更高，袁家村的市场价值不断放大和提升。

6.2 鲁朗国际旅游小镇——乡村旅游与民族文化融合发展成功案例

6.2.1 发展现状

鲁朗国际旅游小镇位于西藏自治区林芝鲁朗镇，该小镇集藏族文化、自然生态、圣洁宁静、现代时尚于一体，素有"东方瑞士"的美称，是乡村旅游与民族文化融合发展成功的典型代表。该小镇位于"中国最美景观大道"西藏林芝318国道旁，地理位置优越；冰川地貌、高山峡谷和动植物资源景观并存，旅游资源丰富，具有极大的开发利用价值和潜力。2018年，鲁朗国际旅游小镇游客量突破百万，《中国国家地理》杂志将这里评为"中国最美户外小镇"。自该小镇建成运营以来，在整合旅游资源、提升规划档次、改善村容村貌、带动经济发展等方面起到了积极的促进作用，并先后获得"国家级旅游度假区""中国乡村旅游创客示范基地""自治区生态旅游示范基地"等荣誉，可见鲁朗国际旅游小镇大力促进乡村旅游与民族文化融合发展，成为当地实现可持续发展的良好载体，大大促进了当地经济的生态绿色发展。

6.2.2 文旅特色分析

（1）工布文化

鲁朗国际旅游小镇的外观以林海和花海组成一大特色，独具特色的藏族工布文化则是该小镇乡村旅游业的灵魂。鲁朗是西藏工布文化的核心区域，独特的工布建筑、民俗、服饰、嫁娶等文化，渐渐成为鲁朗国际旅游小镇打造特色产业、提供乡村旅游产品与服务的重要元素。如今，在当地政府的助推下，工布文化已经成为小镇的名片和文化标签。工布特色民宿的发展，在为小镇带来经济收益的同时，极大地激发了当地居民对工布文化的保护意识和行动；围绕工布文化打造的各类文旅产品(见表 10)，吸引了大量游客前来进行乡村文化旅游体验，促进了小镇文化品牌的建设。

表 10　　　　　　　　　　　鲁朗国际旅游小镇文旅产品构成

餐饮类	鲁朗石锅鸡、东北酱骨头饺子馆、清真美食城、零度空间冷饮店、迦名生态食府、石锅烤肉城、雪域林海生态美食
住宿类	恒大酒店(藏式庭院式)、保利酒店(藏式别墅式)、珠江酒店(藏式宫廷式)、莲花客栈
民俗体验类	篝火晚会、响箭比赛、赛马比赛
休闲娱乐类	鲁朗林海茶馆、"雪堆白"藏文化非遗活态体验馆、养生古堡、迦缘咖啡
演艺类	工布箭舞、工布民歌(《吉祥工布》)
旅游商品类	地方特产、工布传统手工艺品、工布民族服饰

(2)智慧旅游

为提升当地旅游信息服务水平，鲁朗采用大数据、全网络、信息化等手段完善网络配套设施建设，设置智慧导游、动感 VR、沙盘宣传片等设备，实现线上与线下双向互动，力图打造服务完善的国际旅游小镇。例如，游客在其信息游客服务中心通过观看图片和视频便可轻松获取鲁朗国际旅游小镇的吃住行游购娱等信息。此外，网络营销是鲁朗国际旅游小镇智慧旅游的重要环节，是其乡村旅游产业的延伸。鲁朗国际旅游小镇充分利用搜狐、微信、新浪、微博等平台大力宣传小镇特色，基本上形成了全媒体的营销模式，大大提升了小镇的知名度和美誉度。

(3)创客空间与民宿

于 2016 年 6 月正式启动的鲁朗创客空间，总投资达 1.3 亿元，占地约 2 万平方米，致力于西藏艺术文化展示基地、创客空间的孵化基地等的打造，是林芝市首个创业产业园区。创客空间在建立"产学研"模式的基础上，积极与锐捷网络、中国电信等多家企业达成合作联盟，搭建了良好的"企业+人才+技术"链式平台。在创客空间，通过现场演示鲁朗当地特色文化，现场展销和线上售卖本地特色产品，鲁朗的文化和旅游特色得以生动地呈现给游客。此外，当地政府专门设立旅游扶贫基金，鼓励农牧民开设民宿，通过专项基金的扶持，农牧民改善民宿软硬件设施，增添藏式民宿的文化特色和格调，大大地提升了乡村民宿的品质。住藏式民居、品藏式奶茶、穿工布服饰等深度的藏式生活体验，受到广大游客的青睐和推崇。小镇自运营以来，特色产业的发展为当地农牧民提供近1000个就业岗位，2018年小镇农牧民的人均可支配收入就达到了2.1万元，极大地提升了当地村民的就业技能，有效地增加了当地农牧民的经济收入。

6.2.3 经验启示

（1）科学规划，升级管理。鲁朗国际小镇是由广东省援建的重点旅游开发项目，充分利用了资金优势，因地制宜进行规划开发，高标准高起点建设推动小镇形成了藏式风情、圣洁宁静的风格，为小镇前期吸引了大量稳定的客流量。在旅游规模进一步扩大的情况下，旅游的负面问题也随之出现，低端的旅游体验、粗放式管理、散漫的经营造成的鲁朗镇恶意竞争、游客投诉等问题严重阻碍了小镇特色旅游的可持续性发展。面对这种情况，管理者及时转变经营理念，利用政府贷款优惠政策，给予村民资金补助，改善小镇经营环境，进而提升服务质量，实现了由"粗放"到"集约"的转变。

（2）制度保障，惠及农民。在小镇建立初期，鲁朗景区管委会对处于创业初期的商户提供营业前三年免租金，旅游淡季提供资金补助，在用电、用水方面也给予相应优惠等多项扶持政策，帮助商户提升服务质量，增加经营收入。石锅鸡是小镇的饮食特色，管理者对其配料、分量、价格制定细致的标准，努力让价格透明化，避免商户之间的恶性竞争，保障了游客的消费利益；同时，小镇规定酒店、家庭旅馆必须明码标价，有效的价格监督让游客有了选择的主动权。在生态环境保护方面，管理者建设了垃圾转运站、污水处理厂等环保配套设施，制定严格的规章制度，打造生态宜居小镇。政府制定的一系列制度，既保障了商户的经济利益，惠及了当地农民，又增添了游客们的消费信心，稳定并增加了小镇的客流量，有利于调动鲁朗国际小镇农牧民参与小镇建设的积极性，推动小镇乡村旅游高质量发展的实现。

（3）利用科技，创意文化。鲁朗国际小镇充分利用工布文化，创造性开发民俗特色，同时利用科技手段，增添小镇的现代感，增强游客们文化体验的深度。游客们可以在商业街开设的民族服饰店、手工艺品商店、石锅鸡餐饮店、家庭旅馆内进行深度的文化体验；在小镇的游客体验中心，游客可以快捷地拍摄并获取3D合影照；同时，在二楼的VR体验馆，戴上VR眼镜，游客们就能获得俯瞰鲁朗景区的虚拟体验。科学技术的应用，为游客增添了游玩乐趣，同时扩大了营销效应，有利于鲁朗国际小镇智慧旅游、文化旅游的纵深发展，进一步激发乡村旅游业对其他产业的带动效应。

7. 促进恩施州乡村旅游和文化融合发展的对策

7.1 优化融合产品质量和结构，提升供给效率

依托乡村地区文化资源优势，整合多门类文化旅游资源，发挥生态环境优势，继续在继承、保护文化资源的基础上，开发、打造一批游客喜闻乐见的文旅融合精品，提升恩施州乡村文旅融合发展产品的供给质量，优化融合产品结构，满足游客对中高端融合产品的需求。一是定期制订市场调查计划，针对乡村旅游景点运营过程中出现的新状况、新问题，进行专门的市场调查，弄清游客对乡村旅游产品的需求和喜好，赢得市场竞争优势；二是继续以创造和升级人文景观类、文化遗产类、文化演艺类产品为重点，创新文化旅游类商品形式，丰富文化旅游类商品内涵，刺激乡村旅游游客消费需求；三是创新乡村旅游和文化融合产品形式，利用新技术、新元素为文旅融合产品增添现代感，避免乡村文旅产品同质化现象，增强恩施州乡村文旅融合发展的市场竞争力和影响力；四是时刻关注旅游市场的发展趋势和游客的需求特点，通过拓展乡村旅游产品线长度、深度、宽度、关联度，打造选择性强、品类丰富、新颖有趣的产品组合，从总体上满足乡村旅游游客的不同需求。

7.2 坚持科学规划与管理，完善相关配套设施

要实现恩施州乡村旅游和文化融合发展达到相关产业结构优化升级、融合层次不断提高、产品质量不断提升等目标，就要坚持科学的规划与管理，优化升级包括交通、公共服务与配套设施在内的文旅融合发展所需的配套设施。首先，当地政府给予适当的政策支持，以适当的宏观调控和指导性计划，激发市场活力，增强乡村旅游经营者管理与规划决策的科学性，并以适当的资金支持与优惠政

策，拨付专门的配套设施建设款项。其次，乡村旅游经营者设立专门的规划管理部门，推行规划管理责任制，定期进行市场考察，加强景区管理工作的监督与反馈，因地制宜加强融合配套设施的建设和完善。最后，构建区域联合发展机制，"以市带县"，以文旅发展合力带动乡村文旅产业发展，并延伸产业链，多角度多方式惠及农民，以产业发展升级促进管理发展和相关配套设施的完善。此外，还可采取 ISO9001、ISO14001 和准军事化管理，实现标准化的乡村旅游管理，以"脸笑起来，路走起来，礼敬起来，垃圾捡起来"的细节管理为要求，形成特色管理文化，促进形成一支优秀的乡村旅游管理团队，进而提升乡村旅游服务质量，促进恩施州乡村文旅融合高质高效发展。

7.3 增强创新意识，加强品牌的营销和管理

乡村旅游企业应树立创新意识，以产品创新和市场营销做大做强文旅融合品牌，增强恩施州乡村旅游和文化融合发展的市场影响力。一是充分利用互联网技术进行产品、路线、服务营销，使游客充分了解恩施州乡村旅游信息，以新颖的文化旅游产品和服务，打响品牌知名度。二是做强做大做精一批具有创新性、竞争力、专业水平高、特色明显的恩施州文化与旅游深度融合的文旅企业，增强文旅企业的创新能力，充分发挥文旅企业的市场主体作用，以文旅企业品牌建设带动恩施州乡村文旅品牌的建设与升级。三是重点做好做精游客偏好的文旅小镇和旅游演艺模式，以模式创新作为产业发展思路，同时以多个区域、多种平台联盟营销激发游客的乡村旅游热情，实现集群式创新发展，打造一批知名度较高的区域性乡村文旅品牌。四是乡村旅游景点及其所在地政府部门应树立文旅品牌管理意识，针对游客和媒体的诉求及时作出回应，抛弃被动的"民众举报—媒体曝光—部门查处"监管模式，积极畅通投诉、举报的渠道，正视发展问题，以游客为中心，提高投诉处理的效率，维护好乡村文旅品牌。

7.4 深挖文化资源内涵，满足游客的文旅体验需求

恩施州文化资源丰富，相较于城市地区，文化资源保护状况较好且生态环境优势明显，充分利用和挖掘恩施州乡村文化旅游资源是其乡村文旅融合发展的根本所在，以文化资源的挖掘、创造、发展，打造开拓多种形式的特色文化专题旅游和体验性旅游，满足游客的深度文旅体验需求。一是多维度整合多种

文化资源，以多种形式的融合丰富乡村旅游产品和服务内涵，增强各类文化之间的互动，不断延伸恩施州乡村文化脉络，增添融合产品和服务的文化魅力；二是打造游客喜爱的人文景观类和文化遗产类产品，以自然生态为基石、文化内涵为灵魂、文旅产品为载体，不断增强恩施州乡村文旅融合深度和广度，依靠全方位的文旅体验吸引客源；三是始终坚持与时俱进的发展理念，在尊重当地乡村文化内涵要义和原始风貌的基础上，因地制宜进行文化资源的利用和创新，打造出兼具文化性和时代性的文旅体验项目和产品，满足恩施州乡村旅游游客多变化、多样化、高层次的文旅体验需求；四是深挖文化根源，发掘乡村旅游景点吸引游客的核心价值，萃取精华、提炼特色、固化凝练，围绕主题文化设计旅游点、调整旅游线路、打造旅游片区，升华恩施州乡村文旅融合发展主题文化的体验价值。

7.5 优化人才建设机制，培养多层次文旅融合人才

根据笔者与当地乡村旅游经营者的交谈，得知近些年来恩施州文旅企业在人才引留方面的瓶颈严重影响了乡村文旅项目、产品、服务质量的提升，制约了恩施州乡村旅游和文化融合层次的全面提高。因此，要想扫除制约恩施州乡村旅游和文化融合发展的障碍，解决其在管理、规划、营销方面的困境，必须优化人才建设机制，培养多层次文旅融合人才。一是建立和完善人才引留制度，通过完善的人才激励制度、员工持股以及扩大员工参与决策的权利等方式引留一批爱农村、懂旅游、善管理、会营销的综合型高层次人才。二是建立完善的人才培养和内部提拔制度，一方面可以通过联合培养、社会机构培训等方式为恩施州乡村文旅融合发展培养特定岗位人才；另一方面可以通过内部培训方式从现有人才队伍里面进行人才提拔，借助各种可能的学习机会和资源，增长其知识与能力，使其适应不断变化的市场需求。三是充分利用湖北省丰富的高等教育资源，引留新时代大学生人才队伍，为恩施州乡村文旅融合发展注入新鲜血液并提供智力支持。四是根据文旅产业发展出现的新情况、新趋势，当地高等院校的旅游学院应针对旅游人才的实践培养、课程设计做到深度思考、长远谋划、及时应对，努力培养出符合恩施州乡村文旅融合发展需求的民宿人才、非遗人才、演艺人才等。

7.6　培育乡村文旅企业，推动文旅产业结构优化升级

文旅企业是文旅融合发展的市场主体，恩施州乡村文旅融合发展必须依靠市场主体的力量丰富文旅产业融合形式，促进文旅产业结构的优化升级，增强文旅产业集群发展的规模效应和辐射效应。一是高起点高标准打造乡村文化产业集群，多规合一，全面推进恩施州乡村文化与旅游深度融合，优质高效地发展文旅产业，形成生活空间、文化空间和地理空间三位一体的产业融合态势，从而增加恩施州乡村文化资源和旅游资源的开发价值。二是深挖文化资源内涵，促进农旅产业融合发展，以文旅融合发展带动农业产业化发展，增加文旅融合产品的附加值，以农民收入的提高促进农业经济的发展。三是增强文旅企业的实力，推进文旅企业之间的合作，以专业化的市场运营促进文旅产业融合层次的提升，增强恩施州乡村产业经济发展实力，有效推动乡村产业振兴的实现。四是建议组织专业的研究团队定时评估恩施州乡村旅游经济发展的敏感性和风险性，发布乡村旅游经济增长数据、经济系统风险指数，为恩施州乡村文旅产业风险防控政策的制定提供科学依据，减小恩施州乡村文旅企业风险，减轻政府财政负担。

8. 结论与展望

本研究结合乡村振兴战略背景，对恩施州乡村旅游和文化融合发展的现状和存在的问题进行了调查研究。首先，通过阅读国内外的最新参考文献，对恩施州乡村旅游发展状况进行了相关了解，分析了恩施州乡村旅游和文化融合发展的现状，设计了本研究的调查问卷，通过实地调研、问卷发放，与当地居民、乡村旅游经营者及游客进行深入访谈。然后，就获取的相关信息进行深入分析，发现恩施州乡村旅游和文化融合发展存在的问题，针对其发展的薄弱方面，借鉴国内袁家村和鲁朗国际旅游小镇文旅融合发展的成功经验。最后，针对恩施州在促进乡村旅游和文化融合发展过程中存在的产品质量和结构有待优化、相关基础设施建设落后、文旅融合层次不高、文旅产业结构有待优化升级等问题，就如何促进恩施州乡村旅游和文化融合高质量发展，提出了相关的对策建议，如优化融合产品质量和结构，提升供给效率；坚持科学规划与管理，完善相关配套设施；增强创新意识，加强品牌的营销和管理；培育乡村文旅企业，推动文旅产业优化升级

等，旨在推进恩施州乡村旅游和文化深度融合发展，从而推动乡村振兴。

参 考 文 献

[1]倪明，王咏.质量兴农背景下商业秘密保护支持研究[J].哈尔滨学院学报，
2020，41(10)：66-70.

[2]李杰，吴秋丽，曹舒婷.河北省深度贫困地区新媒体信息贫困的多发机制与
多方援助策略[J].邢台学院学报，2020，35(2)：11-14.

[3]瞿萧羽，刘子恒.融入 CDIO 理念的建筑学实训工厂建设研究[J].住宅产
业，2021(11)：99-101，113.

[4]徐进茹，常鑫，关雅琪，陈怡曼，宋丹，汪雨.产业融合视角下旅游业创新
发展路径——以湖北省恩施州旅游产业为例[J].当代旅游，2020，18(16)：
39-40.

[5]王军.文旅融合视域下宜昌市红色文献保护与利用研究[J].新世纪图书馆，
2022(7)：24-29.

[6]孙小龙，秦彬朦，郜捷，刘红兰，朱林彤，侯晓敏.贵州省文化与旅游产业
融合效率及时空演化研究[J].贵州师范大学学报(自然科学版)，2022，40
(4)：39-48.

[7]卢俊欣，刘小永，王艳梅.下宜卡村农文旅融合"融"出乡村振兴新景象[N].
曲靖日报，2022-07-19(4).

[8]隋依诺.少数民族地区文旅产业数字化发展研究——以云南地区为例[J].互
联网周刊，2022(15)：33-35.

[9]徐珍珍.湖北省恩施州旅游空间结构演变与影响因素研究[D].武汉：湖北
大学，2019.

[10]冯耕耘，杨倩.基于 DEA 模型的恩施州旅游扶贫效率评价研究[J].三峡大
学学报(人文社会科学版)，2021，43(6)：46-50.

[11]刘丹丽.发展中国家旅游竞争力：时空变化及其与经济发展的关系[D].南
京：南京大学，2019.

[12]李俊轶.恩施州旅游产业可持续发展路径研究[D].恩施：湖北民族大
学，2019.

[13]钟丽娟．基于游客感知价值的民宿旅游影响因素研究[D]．桂林：广西师范大学，2022．

[14]李乐．全域旅游视角下乡村旅游发展策略探析[J]．山西农经，2022(13)：48-50．

[15]刘民坤，胡玲．"三农"现代化与乡村旅游的时空耦合研究[J]．北方园艺，2022(15)：138-147．

[16]华剑英，杨文亚．乡村振兴战略背景下金华乡村旅游发展困境与突破对策[J]．农业与技术，2022，42(12)：166-169．

[17]徐翠蓉，赵玉宗，高洁．国内外文旅融合研究进展与启示：一个文献综述[J]．旅游学刊，2020，35(8)：94-104．

[18]李军，王欢．文旅融合助推绿色经济高质量发展对策研究——以佛山市为例[J]．绿色科技，2022，24(6)：246-248，253．

附 录
恩施州乡村旅游与文化融合发展调查问卷

尊敬的先生/女士：

您好！我们最近正在进行一项关于乡村旅游与文化融合发展的课题研究，请您在百忙之中填写这份调查问卷，本问卷采取不记名的方式，请您放心并如实填写，谢谢！

一、乡村旅游游客个人基本信息

1. 您来自：_____ 省（自治区、直辖市）_____ 市（县）
2. 您的性别是？（   ）
   A. 男　　　　　　　　　　B. 女
3. 您的年龄是？（   ）
   A. 25 岁及以下　　　　　　B. 26~35 岁
   C. 36~45 岁　　　　　　　 D. 46~55 岁
   E. 56 岁及以上
4. 您的学历是？（   ）
   A. 初中及以下　　　　　　 B. 高中/中专
   C. 大专/本科　　　　　　　D. 硕士及以上
5. 您的职业是？（   ）
   A. 政府公职人员　　　　　 B. 企事业单位管理人员
   C. 企事业单位一般员工　　 D. 私营业主/个体户
   E. 专业人员/技术人员/教师/医生
   F. 在校学生　　　　　　　 G. 自由职业者
   H. 离退休人员　　　　　　 I. 其他
6. 您的月收入是？（   ）
   A. 2000 元及以下　　　　　B. 2001~4000 元
   C. 4001~6000 元　　　　　 D. 6001~8000 元

E. 8001 元及以上

二、恩施州乡村旅游游客行为特征

1. 您获得恩施州乡村文化旅游目的地相关信息的渠道是？（　　　）

　　A. 电视广告　　　　　　　　B. 报刊

　　C. 网络　　　　　　　　　　D. 旅行社宣传

　　E. 亲戚/朋友推荐　　　　　　F. 其他渠道

2. 您此次的出游方式是？（　　　）

　　A. 旅行社组团　　　　　　　B. 单独出游

　　C. 单位组织　　　　　　　　D. 家人或朋友结伴

　　E. 其他

3. 您前往乡村文化旅游目的地的主要交通方式是？（　　　）

　　A. 自驾　　　　　　　　　　B. 公共交通

　　C. 旅游大巴　　　　　　　　D. 其他（请注明）＿＿＿＿＿

4. 您此次前来进行乡村旅游的主要目的是？（可多选）（　　　）

　　A. 观光游览　　　　　　　　B. 休闲度假

　　C. 探亲访友　　　　　　　　D. 商务会议

　　E. 健康疗养　　　　　　　　F. 学习交流

　　G. 文化体验　　　　　　　　H. 其他（请注明）

5. 您期望到哪些恩施州知名乡村文化旅游景点去旅游？（可多选）（　　　）

　　A. 盛家坝二官寨　　　　　　B. 石门河地心谷景区

　　C. 沐抚古镇　　　　　　　　D. 枫香坡

　　E. 利川鱼木寨　　　　　　　F. 咸丰麻柳溪

　　G. 宣恩彭家寨　　　　　　　H. 来凤黄柏村　　　　I. 其他

6. 您期望恩施州在促进乡村文旅融合发展过程中为游客提供哪些休闲活动？（可多选）（　　　）

　　A. 自然生态　　　　　　　　B. 民俗文化

　　C. 农事体验　　　　　　　　D. 特色美食

　　E. 乡村民宿　　　　　　　　F. 特色建筑与设施

　　G. 遗址遗迹　　　　　　　　H. 购买土特产

　　I. 其他（请注明）＿＿＿＿＿

7. 您此次在恩施州乡村旅游目的地停留了几天？（　　）

    A. 一天　　　　　　　B. 两天　　　　　　　C. 两天以上

8. 您此次来恩施州乡村旅游的个人总消费是多少？（　　）

    A. 500元及以下　　　　　　　B. 501~1000元

    C. 1001~2000元　　　　　　　D. 2001元及以上

三、游客对恩施州乡村旅游和文化融合发展的认知情况

1. 您认为恩施州乡村旅游和文化融合发展的优势有哪些？（可多选）（　　）

    A. 旅游资源丰富　　　　　B. 交通便利

    C. 相关基础设施完善　　　D. 生态环境秀美

    E. 文化底蕴深厚

2. 您认为在促进乡村旅游和文化融合发展过程中，恩施州开发价值最大的文化旅游资源有哪些？（可多选）（　　）

    A. 历史文化　　　　　　　B. 遗址文化

    C. 民族文化　　　　　　　D. 地域文化

    E. 红色文化　　　　　　　F. 农耕文化

    G. 抗战文化

3. 以下关于恩施州乡村旅游和文化融合发展开发方式，您最喜欢哪一种？（可多选）（　　）

    A. 文化遗产类产品　　　　B. 文化演艺类产品

    C. 人文景观类产品　　　　D. 红色旅游类产品

    E. 文化节会类产品　　　　F. 文化旅游类商品

4. 您认为恩施州乡村旅游和文化融合发展情况如何？（　　）

    A. 非常好　　　　　　　B. 较好　　　　　　　C. 一般

    D. 较差　　　　　　　　E. 非常差

5. 您认为恩施州在乡村旅游和文化融合发展过程中存在哪些具体问题？（可多选）（　　）

    A. 文旅融合层次不高　　　B. 产品质量和结构有待优化

    C. 品牌开发深度不足　　　D. 复合型人才缺乏

    E. 相关基础设施落后　　　F. 文旅产业结构有待升级

6. 您是否愿意选择再次来恩施州进行乡村文化旅游体验？（　　）

A. 非常愿意　　　　B. 愿意　　　C. 一般

D. 不愿意　　　　　E. 非常不愿意

7. 您认为以下哪种文旅融合模式将有利于恩施州乡村旅游的进一步发展？（可多选）（　　　）

A. 主题公园　　　　B. 文旅小镇

C. 旅游演艺　　　　D. 博物馆

E. 历史文化名园　　F. 主题度假酒店

四、游客对于恩施州乡村文旅融合发展方面的满意度(请在相对应的数字下打"√")

	项　　目	非常满意	满意	一般	不满意	很不满意
六要素	自然生态	5	4	3	2	1
	人文景观	5	4	3	2	1
	民俗风情	5	4	3	2	1
	体验、休闲、娱乐项目	5	4	3	2	1
	特色建筑	5	4	3	2	1
	特色美食	5	4	3	2	1
	土特产	5	4	3	2	1
	住宿环境	5	4	3	2	1
	交通状况	5	4	3	2	1
环境	卫生状况	5	4	3	2	1
	公共服务与配套设施	5	4	3	2	1
	景区管理	5	4	3	2	1
	景区治安	5	4	3	2	1
	当地居民态度	5	4	3	2	1
服务	景区服务人员的服务态度	5	4	3	2	1
	景区服务人员的服务品质	5	4	3	2	1
价格	旅游消费品价格	5	4	3	2	1

四川省峨边彝族自治县底底古村乡村旅游发展研究

1. 研究背景

  乡村旅游是解决"三农"问题，实现乡村振兴战略最有效最直接的手段之一。乡村旅游发展依托农村本身的生活、生产和环境，耗资较小，起步较快，回报率可观。对于农村村民来讲，这是一个门槛较低、自主性更强、综合性更高的创业方式，也是有效可行的增收途径。通过新型经营模式的开发，乡村旅游能够极大地延长农业产业链，增强农村与市场的关联性。同时，乡村旅游能直接受益于国家对乡村地区基础设施、公共设施的大力建设，而乡村旅游区的配套开发也能反过来促进周边的生活环境发展，带动农村的现代化建设。我国广大的乡村地区，尤其是四川省峨边彝族自治县这类少数民族地区，都有着丰富的自然景观资源。乡村旅游的发展能够取代这些地区传统的伐木、开垦等对环境具有破坏性的产业，让绿水青山变成金山银山。乡村旅游近年来高速发展有目共睹，根据人民网公布的数据，2018 年全国休闲农业和乡村旅游接待人次超 30 亿，营业收入超过8000 亿元。2019 年中央一号文件强调要大力发展休闲农业和乡村旅游，强化规划引导，采取以奖代补、先建后补、财政贴息、设立产业投资基金等方式扶持休闲农业与乡村旅游业发展。

  乡村旅游在精准扶贫中具有独特优势。旅游扶贫是中国脱贫攻坚中的生力军，旅游扶贫具有如下优势：旅游扶贫是充分运用市场机制的扶贫，效率高、成本低；旅游扶贫是造血式扶贫，可以由脱贫直接跃升到致富；旅游扶贫是广泛受益的扶贫，带动性强、覆盖面宽；旅游扶贫是物质和精神"双扶贫"，持续性强、返贫率低。自旅游扶贫工作开展以来，许多"老少边穷"地区靠发展旅游业实现了经济社会全面转型，走上了脱贫致富的道路。2011 年至 2014 年，全国通过发展乡村旅游带动了 10% 以上贫困人口脱贫，旅游脱贫人数达 1000 万人以上。2015 年 7 月，原国家旅游局和国务院扶贫办提出，到 2020 年，通过引导和支持贫困地区发展旅游使约 1200 万贫困人口实现脱贫。2018 年，原国家旅游局会同 11 个相关部门制定了《乡村旅游扶贫工程行动方案》。党的十九大报告作出了"中国特色社会主义进入新时代"的重大判断，并且明确指出"我国社会主要矛盾已经转化为人民日益增长的美好生活需要和不平衡不充分的发展之间的矛盾"。供给侧结构性改革也为乡村旅游发展提供了新的机遇和方向。

峨边彝族自治县位于四川西南小凉山区，属乐山市管辖，幅员 2395 平方公里，辖 6 镇、13 乡、129 个村，拥有丰富的生态旅游资源，享誉中外的峨边黑竹沟已被列为省级自然保护区和风景名胜区，国家级森林公园。同时峨边彝族自治县聚居着 11 个民族，彝汉两族是世居民族，其中彝族约占 30%。由于地处边陲，自然条件艰苦，峨边彝族自治县一直以来是四川省内脱贫困难的深度贫困县。依托黑竹沟景区，富有少数民族特色的乡村旅游发展为峨边县的经济发展注入了鲜活的血液和动力。2015 年，乐山市旅游体育委通过了《峨边县乡村旅游发展规划》。黑竹沟景区周边被称为"五朵金花"的五个彝族贫困村通过建设特色旅游新寨、彝族特色民宿客栈，开展彝族传统节庆活动等方式，大力发展乡村旅游，相继脱贫。其中，底底古村在相关专家为其编制的《峨边彝族自治县底底古村旅游开发策划方案》的指导下，从各方面对乡村旅游产业进行了完善，并引进了禅驿黑竹沟度假酒店，将酒店、彝寨和景区融为一体，形成了一道独特的风景线。2017 年年底，该村最后 17 户贫困户脱贫，实现了整村脱贫。2019 年底底古村被评选为国家乡村旅游重点村。

从发展现状和成果来看，四川省乐山市峨边彝族自治县底底古村发展乡村旅游取得了一些成绩，有力推动了当地脱贫致富的进程；从发展方式和过程来看，底底古村引进民宿酒店，将酒店与彝寨融为一体的发展方式具有创新性和可持续性。课题组对底底古村发展乡村旅游的情况进行了较长时间的实地调研和考察，通过问卷调查、访谈及对相关文献和案例的对比研究，发现底底古村乡村旅游发展仍存在一些问题值得研究并加以解决。因此，本研究具有一定的现实意义。

2. 相关概念及理论基础

2.1 乡村旅游相关概念和理论

乡村旅游目前在国内外学术界没有统一的定义，其根源在于学者们对旅游产品和乡村性的不同认识。但基于世界经济合作与发展委员会的分析，综合来讲，乡村旅游指发生在乡村地区，以田园风光为中心和核心卖点，与自然环境和传统活动连接紧密，以小规模企业商户为经营主体的旅游活动。乡村旅游分为传统乡村旅游和现代乡村旅游。传统乡村旅游主要指以返乡探亲等形式进行的度假活动。现代乡村旅游则在动机上有别于传统旅游，主要是城市游客对乡村地区的自然景观、建筑文化、田园风光的需求。同时现代乡村旅游在时间上也不仅限于假期进行。本课题研究的底底古村乡村旅游属于现代乡村旅游。

根据党的十九大对新时代中国特色社会主义的全面部署，乡村旅游的发展被赋予了全新的时代意义，在解决"三农"问题，推进全面脱贫，实现乡村振兴的道路上，扮演着不可或缺的重要角色。近年来，我国乡村旅游高速发展。2018 年，中央一号文件提出了"实施休闲农业和乡村旅游精品工程"的要求。同年，文化和旅游部等 17 个部门印发了《关于促进乡村旅游可持续发展的指导意见》，为乡村旅游发展设定了绿色发展、特色发展、多元发展、品质发展、融合发展五项基本原则，并提出了"到 2022 年，旅游基础设施和公共服务设施进一步完善，乡村旅游服务质量和水平全面提升，富农惠农作用更加凸显，基本形成布局合理、类型多样、功能完善、特色突出的乡村旅游发展格局"的基本目标。该文件还从加强规划引领，优化区域布局；完善基础设施，提升公共服务；丰富文化内涵，提升产品品质；创建旅游品牌，加大市场营销；注重农民受益，助力脱贫攻坚；整合资金资源，强化要素保障等六大方面提出了具体指导意见。

2.2 乡村旅游扶贫相关概念和理论

乡村旅游扶贫，即通过开发贫困地区丰富的乡村旅游资源，兴办旅游经济实体，使旅游业形成区域支柱产业，实现贫困地区村民和地方财政双脱贫致富。在国外，相关概念主要是 PPT（pro-poor tourism）和 ST-EP（sustainable tourism-eliminating poverty）。前者最早由英国国际发展局资助的贫困人口旅游发展合作组织提出。后者则在 2002 年 8 月南非约翰内斯堡的世界旅游组织关于可持续发展的峰会上被提出。国内的学者则从参与主体、发展条件和目标来定义乡村旅游资源。总体来讲，乡村旅游扶贫对象应是拥有一定旅游发展基础的地区，比国家界定的贫困地区和贫困人口的范围要大。而乡村旅游扶贫应包含创造收入、振兴产业和精神脱贫等多重目标。

我国幅员辽阔，地形复杂，各地区之间发展差异较大。由于地理位置、气候环境、历史渊源等诸多原因，我国仍存在着一些相对贫困地区。而这些地区大多位于乡村地区，山区和少数民族聚居地区，客观上拥有较为丰富的旅游资源，尤其是乡村旅游资源。贫困地区的旅游资源是旅游扶贫的基础，通过对旅游资源的开发，旅游产业的发展，可以带动区域经济发展，提供就业机会，提高贫困人口收入，从而实现"造血式扶贫"。《乡村旅游扶贫工程行动方案》提出了乡村旅游扶贫工程的五大任务和八大行动。其中五大任务包括：科学编制乡村旅游扶贫规划；加强贫困村旅游基础设施建设；大力开发乡村旅游产品，挖掘文化内涵；加强乡村旅游扶贫人才培训。八大行动则有：乡村环境综合整治专项行动，旅游规划扶贫公益专项行动，乡村旅游后备厢和旅游电商推进专项行动，万企万村帮扶专项行动，百万乡村旅游创客专项行动，金融支持旅游扶贫专项行动，扶贫模式创新推广专项行动，旅游扶贫人才素质提升专项行动。

2.3 民族特色村寨旅游相关概念和理论

民族特色村寨，是我国少数民族仍保持传统方式聚居的社区和村镇，通常保留着传统的民族特色建筑、风俗节庆和生活方式。民族特色村寨旅游，一般指少数民族特色村寨旅游，是以少数民族村寨社区为旅游目的地，以"乡村性"和"民族性"为中心和核心卖点的旅游活动。杨军辉认为，民族特色村寨旅游，是乡村旅游和民族旅游的交叉旅游方式。

2.3.1 民族特色村寨的分类

杨军辉依据民族旅游资源和交通区位条件的不同，将民族特色村寨分为七个类型(见表1)。

表1　　　　　　　　　　　　民族特色村寨分类

类型名称	旅游资源	环境条件	区位条件
皇冠型	优	优	优
明珠型	优	一般	差
典藏型	优	一般	差
博雅型	一般	优	优
入世型	一般	一般	一般
桃园型	一般	差	差
特色型	差	优	优

2.3.2　民族特色村寨推动少数民族村落乡村旅游发展的作用机理

（1）乡村性和民族性

少数民族村落乡村旅游发展的核心竞争力，是具有"乡村性"和"民族性"的旅游资源。"乡村性"指游客对田园风光和乡村生产生活方式的体验程度；"民族性"则指当地传统民族文化产品的丰富和典型程度。特色民族村寨旅游的发展，是以上两种旅游资源的最佳结合方式。特色民族村寨建设的过程，既是对乡村风光的保持和改善，也是对传统建筑、传统艺术、传统饮食的发掘和展示。而特色民族村寨旅游带来的收入，又反过来为民族传统文化提供经济支撑，提高当地村民对发展和传承民族文化的积极性。

（2）产业升级发展方向

通过产业集聚，建设旅游综合体是乡村旅游的发展方向。少数民族特色村寨旅游的发展，是在保持传统村落生活风貌的基础上，将农业生产、餐饮、娱乐、住宿、观光、庆典等多元化产业结合起来，给予游客沉浸式的体验。这一过程也就是产业链延长、升级的过程。通过民族特色村寨的建设，当地的产业将会更加兴旺，基础设施进一步完善，乡村旅游业将更加具备内生动力，实现可持续发展。

2.3.3 民族特色村寨旅游发展的影响因素

（1）旅游资源和旅游环境

旅游资源是民族特色村寨开发的基础，其中重点是民族性和乡村性的旅游资源，既包括村寨中的民族特色建筑、风俗节庆、生活氛围，也包括村寨的自然景观、乡村风光等。陈宇将少数民族地区的旅游资源分为四个主类(见图1)。

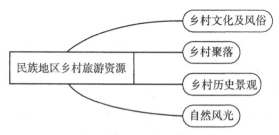

图1　民族地区乡村旅游资源分类图

旅游资源的典型性与知名度也是非常关键的影响因素。在民族特色村寨开发的过程中，其旅游资源的典型性和知名度较大程度上决定了其开发路线、营销模式和发展前景。同时，民族特色村寨的自然环境、基础设施、社区参与程度也是旅游开发的重要推力。值得重视的是，旅游资源和自然环境大多是天然形成或者历史遗留的，具有一定的客观性。但村寨基础设施的建设和社区环境的优化是旅游开发过程中需要政府、企业、村民多方做出努力的，也是一些先天条件有局限的村寨和景区需要着重发展的部分。

（2）交通区位条件

交通区位条件是民族特色村寨发展中不可忽视的影响因素之一，连接着游客、村民和开发企业，更是在西部山区的少数民族地区进行旅游开发的先决条件。在杨军辉建立的模型中，村寨所依托的城市与优质客源地之间的交通通达程度所占的权重高于村寨本身与发达地区的距离。但值得注意的是，西南地区一些少数民族自治区县本身位置就较为偏远，而依托这些区县的村寨作为二级目的地，则可能位于交通情况更为复杂的山区。因此，民族特色村寨的交通区位条件是一个多层次的影响因素，也是旅游业和当地区域发展相互促进和影响的因素。

(3)政策支持

政策支持是民族特色村寨旅游发展不可或缺的重要助力。由于我国的少数民族地区大多处于较为偏远，各方面条件复杂艰苦，经济建设一定程度上依赖国家的扶持和援助。民族特色村寨这类乡村旅游业的发展虽然对于村民等参与者来讲成本门槛较低，但在基础设施建设、交通建设、专业人才培训等各方面仍然需要政府的引导和相关政策的支持。2014年的中央民族工作会议提出"要重视利用独特地理风貌和文化特点，规划建设一批具有民族风情的特色村镇"。对于峨边彝族自治县本身而言，乐山市旅游体育委2015年发布的《峨边县乡村旅游发展规划》具有一定的指导意义。

(4)营销策略

合理的营销方式也是旅游业发展的重要推动力。对于民族特色村寨旅游而言，传统的民族乡村旅游资源，在相对远离发达地区的区位条件下，要吸引更多的消费者，营销和宣传方式是至关重要的。在网络信息时代和"旅游+"新潮流的推动下，旅游产品的创新宣传营销模式层出不穷。民族特色村寨旅游营销模式的创新，核心在于打造优质旅游品牌，强化对民族乡村旅游资源典型性的宣传。贵州黄果树景区、四川黑竹沟景区等采取的民族村寨依托传统景区的宣传营销方式是较为成功的。

2.3.4　民族特色村寨乡村旅游可持续发展机理

(1)传统村落"活化效应"

"活化效应"是指在传统村落发展乡村旅游过程中，通过对传统文化的保护和内生动力的培养，防止村落在不科学的发展冲击下走向衰落的策略方法。黄杰和李晓东等认为，传统村落的"活化"和乡村旅游发展是两个相互促进，又相互制约的互动因子，具有广泛的内在联系，从而提出了4C+4D的互动模式(见图2)，即在政府的引导下，以村民为核心，村委为纽带，以企业作为驱动力，通过初级、中级、高级三层互动，让传统村落保质保真，产生内生动力，从而形成可持续的健康发展趋势。

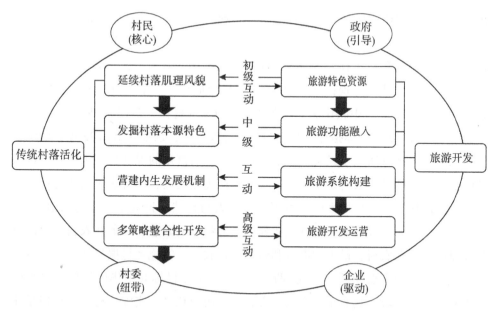

图2 少数民族地区传统村落活化与旅游开发互动模式框架

（2）文化补偿机制

杨军辉认为，民族特色村寨旅游可持续发展的核心在于民族传统文化的保护和发展，其中最重要的要素之一是村民与村集体的自觉、积极、有效参与。形成这种良性发展模式的根本性、基础性保障是建立文化补偿机制。补偿机制的主体是政府、企业、旅游者、个体工商户和传统文化的破坏者等。补偿客体则是村寨村民、集体和文化管理保护部门。补偿方式由经济补偿、政策倾斜、产业扶持、机会补偿、公共事业投资补偿组成。在明确主客体、权责关系的前提下，文化补偿机制的运转能有效保护民族特色村寨的传统文化财富。

2.4 乡村振兴相关概念和理论

2.4.1 乡村振兴的概念

十九大报告提出实施乡村振兴战略。农业农村农民问题是关系国计民生的根本问题，必须始终把解决好"三农"问题作为全党工作的重中之重。2018年的中央一号文件《中共中央 国务院关于实施乡村振兴战略的意见》按照党的十九大提出的决胜全面建成小康社会、分两个阶段实现第二个百年奋斗目标的战略安排明确了乡村振兴战略"三步走"的阶段性目标任务：到 2020 年，乡村振兴取得重要进展，制度框架和政策体系基本形成；到 2035 年，乡村振兴取得决定性进展，农业农村现代化基本实现；到 2050 年，乡村全面振兴，农业强、农村美、农民富全面实现。2018 年中共中央、国务院印发了《乡村振兴战略规划（2018—2022年）》，提出了 22 项具体指标，其中约束性指标 3 项，预期性指标 22 项；明确了产业兴旺、生态宜居、乡风文明、治理有效、生活富裕的发展总要求。乡村振兴战略强调要坚持党管农村工作，坚持农业农村优先发展，坚持农民主体地位，坚持乡村全面振兴，坚持城乡融合发展，坚持人与自然和谐共生，坚持因地制宜、循序渐进。全面建成社会主义现代化强国，最艰巨最繁重的任务在农村，最广泛最深厚的基础在农村，最大的潜力和后劲也在农村。实施乡村振兴战略，是解决新时代我国社会主要矛盾、实现"两个一百年"奋斗目标和中华民族伟大复兴的中国梦的必然要求，具有重大现实意义和深远历史意义。实施乡村振兴战略是建设现代化经济体系的重要基础，是建设美丽中国的关键举措，是传承中华优秀传统文化的有效途径，是健全现代社会治理格局的固本之策，是实现全体人民共同富裕的必然选择。

2.4.2 乡村振兴对乡村旅游的发展要求

根据《中共中央　国务院关于实施乡村振兴战略的意见》，乡村振兴对乡村旅游的发展有以下几点要求。

（1）推动农村产业的发展升级

乡村旅游作为综合性产业，应当在发展过程中大力开发建设品种多样、功能齐全、质量上乘的乡村旅游项目，逐步延长农业产业链，提升农业价值链，完善农业利益链。在乡村旅游开发过程中，应研究出台合理的市场准入、事故监管等方面管理规范。发展具有创意和特色的休闲农业、农村文化产业和乡村共享经济。

（2）提高农民收入和生活水平

乡村旅游产业应通过多样化的形式让产业链增值收益合理地惠及全体农民，例如保底分红、股份合作、利润返还等。政府应发挥引导作用，大力扶持乡村旅游就业创业，通过发展餐饮、观光、民宿等乡村旅游相关产业，提供更多的就业机会。同时应重视并宣传乡村旅游相关职业技能培训，扩大开展规模，鼓励农村劳动力向乡村旅游领域转移，提高农民就业质量。

（3）保护农村传统文化和生态环境

乡村旅游的开发，应正确处理当地的生态环境和传统文化开发与保护的关系。在生态环境方面，升级管理和保护的手段和制度，做到科学化、现代化。同时应提供更多更好的绿色生态产品和服务，打造绿色生态环保的乡村生态旅游产业链，促进生态和经济良性循环。在传统文化方面，对农村优秀传统文化要在保护传承的基础上，创造性转化、创新性发展，不断赋予时代内涵、丰富表现形式。应建立科学合理的保护制度、补偿机制和传承体系。

2.4.3 底底古村乡村旅游发展与乡村振兴的互动机理

乡村振兴战略的提出和实施是底底古村乡村旅游发展的重要机遇。在乡村振兴战略的号召和指导下，各级政府、村委和企业更加重视乡村旅游发展，为底底古村提供了更多的政策和资源支持。同时全国的乡村旅游市场的兴旺和发展也给了底底古村更广阔的舞台和更多的经验教训。

底底古村乡村旅游的发展也是乡村振兴战略落实和推进的组成部分和微观体现。旅游业的发展将带动底底古村第三产业和传统第一产业的规模化、转型和升级，并以建设旅游综合体为目标，推动农村产业深度融合，完善紧密利益联合机制，激发农村创新创业活力，最终将实现产业兴旺。乡村旅游的可持续发展需建立在对当地田园风光和自然景观保护良好的基础上，有利于推动底底古村农业绿色发展，持续改善底底古村人居环境，加强底底古村周边生态环境的保护和修复，实现并保持底底古村的生态宜居。乡村旅游开发的核心在于对底底古村地区传统彝族文化的挖掘和展示，也必然是对当地彝族传统的文化风俗进行优化和发扬的过程，有利于加强底底古村的思想道德建设，丰富底底古村的乡村文化生活，弘扬底底古村优秀传统文化，实现乡风文明。乡村旅游具有较高的社区参与度和低门槛高回报的特点，是旅游扶贫的重要推动力。底底古村乡村旅游的发展已经为底底古村村民的脱贫致富作出了巨大贡献，同时也是底底古村加强建设基础设施，提高劳动力质量，完善公共服务供给的重要内生动力，是底底古村保障和改善民生，实现生活富裕的必然选择。产业发展和村寨的规模化将会要求当地管理的专业化和规范化程度提高，加强底底古村基层党组织对乡村振兴的全面领

导，促进自治法治德治有机结合，夯实基层政权，从而提升底底古村的治理有效
程度。

3. 发展乡村旅游对底底古村的重要意义

乡村旅游是解决"三农"问题最直接、最有效的手段之一，同时也是精准扶
贫的重要推手。发展具有民族特色的乡村旅游，建设民族特色村寨，是四川省峨
边彝族自治县底底古村因地制宜、切实可行的发展方案，对古村和全县彝族村镇
的脱贫致富有着重大的实践和指导意义。

3.1 打造特色产业，实现产业兴旺

底底古村具有丰富而典型的民族性、乡村性旅游资源，但由于地理环境，对
外交通较为不便，经济基础薄弱，属于"典藏型"民族特色村寨。乡村旅游的发
展成本和门槛较低，同时可以充分利用底底古村的资源禀赋，建立并培育古村具
有内生发展动力的乡村旅游产业，并让村民和社区参与进来。目前，底底古村通
过引进禅驿黑竹沟度假酒店，将村落中的彝族老屋改造成客房。同时酒店也经营
销售村落传统的彝族餐饮、刺绣、漆器，并举办彝族传统节庆和相关的艺术活
动。而酒店的一线员工绝大多数来自底底古村的彝族村民，充分让村民参与到产
业建设当中，让本地村民逐步从传统的"务农者""耕山者"转变成为"旅游从业
者"。底底古村禅驿黑竹沟度假酒店自营业开始，半年时间即创造了100多万元
的旅游收入。在乡村振兴的大背景下，坚持特色旅游产业的发展，底底古村以少
数民族特色村镇旅游开发为龙头，以市场需求为导向，以优势资源为依托，狠抓
文旅结合和一二三产业融合发展，延伸产业链，提升价值链，初步形成了民族文
化旅游业、种植业、养殖业、服务业和民族民间手工艺品加工业并行发展的产业
格局。

3.2 推进旅游扶贫，实现生活富裕

乡村旅游发展是推进精准扶贫的重要动力。旅游不仅在推动精准扶贫、巩固
脱贫成果方面发挥显著作用，而且在推动农民增收致富、促进农业转型升级、推
进社会主义新农村建设、美丽乡村建设中发挥越来越大的综合带动作用。我国民

族地区与乡村、贫困地区、边疆在空间分布上具有高度的重叠性。四川省峨边彝族自治县虽然不是边疆地区，但也处于西南山区深处，地理交通条件艰苦而复杂，一直以来都是四川省内脱贫困难的深度贫困县。但它保留着完整的彝族民俗风情文化并且拥有国家级森林公园黑竹沟景区，自然景观瑰奇，乡村旅游扶贫在这里拥有天然基础。底底古村大力发展民族特色村寨旅游，通过改造古屋民宿、建设彝家乐、雇佣本村员工、深挖彝族文化等形式，加强社区参与，让古村村民成为乡村旅游发展和旅游扶贫的主体之一。随着乡村旅游的发展，底底古村的产业结构将发生改变。第三产业所占的比重会增加，相比单一的传统农产品生产模式，有利于生产经营效益的提升。在产业链延长升级的过程中，底底古村的农副产品、餐饮服务等产业将形成可持续的内生动力，实现真正意义上的"造血式"扶贫。这样的发展过程不仅可以兼顾经济效益和生态环保，拥有强劲的造血功能与带动作用，还能让贫困地区村民接触到外界的思想观念和现代的生活方式，具有重大现实意义。

3.3 带动基础设施建设，提升发展潜力

四川省峨边彝族自治县长期以来的深度贫困，很大一部分原因是其艰苦复杂的自然地理条件。不光是峨边县城位于山区，其下辖的许多村镇分散位于山区的更深处，贫困和不便捷的交通又使峨边传统的集中帮扶和村镇发展很难有成效。《峨边县乡村旅游发展规划》提出构建"1123"空间结构，即一城（将县城打造成彝族文化休闲和旅游服务城）、一轴（依托大渡河和峨美公路交通轴线，打造峨边旅游纵向发展轴）、两环（峨美公路和黑竹沟旅游复线连接沙坪、红花、杨村、大堡、金岩、黑竹沟、哈曲、万坪、白杨、新林等乡镇，共同构成原生态的彝族文化体验和生态文化体验环；峨轸路、峨马路、新平路、新杨路连接沙坪、毛坪、五渡、平等、杨河、新林等乡镇，构成峨边生态观光休闲环）、三片区（南部生态文化体验旅游片区、北部峡谷观光休闲片区和东部山地观光度假旅游片区）。大渡河和峨美公路形成的峨边旅游纵向发展轴是峨边旅游发展的重要区域，该县将重点打造该轴线，牵引沿线乡镇、景区共同发展。

交通条件的改善带动了整个峨边彝族自治县的发展，尤其是旅游业。如底底古村禅驿黑竹沟度假酒店这类高端民宿酒店，需要建设条件较好的供暖供电和网络设施。同时，基础设施的改善，交通的便捷，会吸引更多的游客，从而让政府

和企业有条件进一步加大对峨边彝族自治县乡村旅游开发的投资。而这些基建成果也将切实造福峨边彝族村镇的村民们。例如在底底古村，据酒店负责人员说，在合同到期后，禅驿黑竹沟度假酒店所有装修和设施将全部留给底底古村，由村民共同所有。与乡村旅游发展相辅相成的大规模基础设施建设，既促进了产业发展，又造福了当地村民，更提升了像底底古村这样的偏远村落的发展潜力。

3.4 振兴底底古村文化，建设文明乡风

民族文化的可持续发展是民族村寨旅游业可持续开发的基础和保障。在底底古村民族特色村寨旅游开发过程中，对古村传统彝族文化风俗的深挖是不可或缺的。底底古村依托彝族传统文化，建成了彝族文化广场、牛角图腾、玉带图案，日月广场、民俗文化展馆，村内道路沿线布设民族彩旗、绘制彝族文化墙和太阳历等，将传承民族文化与发展乡村民宿有机结合，引导游客追思彝族文化，丰富乡村民宿体验内涵。文化是少数民族特色村镇建设的灵魂。要充分利用民族地区文化特色，精心打造主题鲜明的特色村镇，让农村"亮"起来、"活"起来、"动"起来。

在深度结合彝族文化的乡村旅游开发过程中，当地村民的文化认同感可以得到加强，传统的彝族文化风俗可以避免在"空心化"现象中失传。文化认同感和文化自信的建立，能够增加当地村民，尤其是年轻人的向心力。随着旅游产业的发展和扩大，更多优质的专业人才将留在古村中为家乡的发展作出贡献。

同时，旅游产业的发展和旅游扶贫的推进将改变当地村民的观念。底底古村从闭塞落后的山村成为民族特色旅游热门村寨的过程中，也会在村民中普及脱贫致富的先进观念和现代专业的服务意识，摒弃一些落后的思维模式和生活陋习，从而实现真正的"精神脱贫"，推动当地乡风文明建设。

3.5 保护生态环境，实现生态宜居

底底古村位于四川省峨边彝族自治县，属于边陲山区。村中有耕地面积80亩，林地面积922亩，荒山2980亩，森林覆盖率达70%，同时也是距离黑竹沟国家森林公园最近的一个乡村旅游点。黑竹沟国家森林公园总面积838平方千米，核心景区面积575平方千米，外围保护地带263平方千米，海拔高度1500～4288米。黑竹沟森林公园的神奇莫测被国内外广泛称为"中国百慕大"，是国内

最完整、最原始的生态群落之一。

相比于峨边地区传统的伐木、能源、矿产等对环境具有破坏性的产业，乡村旅游发展的内核在于对村镇田园风光和自然景观的展现，让绿水青山变成金山银山。底底古村的乡村旅游发展依托黑竹沟景区的自然风光，在开发过程中，尤其注重对植被的保护，同时力求新增的建筑与山势、地势相结合。黑竹沟及周边彝族村寨之间的旅游线路建设带动了沿线对地质灾害的防护和治理。底底古村在旅游开发过程中，对水电线路、排洪设施、垃圾和粪便处理等公共设施进行了治理和升级，正在逐步形成良好的生态宜居环境。

4. 底底古村乡村旅游发展现状及存在的问题

4.1 底底古村乡村旅游发展现状

4.1.1 基本介绍

峨边彝族自治县是一个典型的少数民族聚居县和省级深度贫困县，是四川省88个重点扶贫县之一，彝区、山区、贫困地区三重叠加。黑竹沟镇底底古村属纯彝族村，位于峨边彝族自治县西南，距成都233千米，距乐山131千米，离峨眉山101千米，距离县城50千米，黑竹沟镇镇政府驻地，紧邻黑竹沟景区，海拔高度在1100米左右，省道309线(峨美路)49公里处分路沿村道行驶1公里即到村委会。全村共有4个村民小组，211户，769人，耕地面积80亩，林地面积922亩，荒山2980亩，森林覆盖率达70%，是距离黑竹沟景区最近的一个乡村旅游点，也是离成都最近的彝族村落。底底古村以其独特的地理位置、优美的生态环境、淳朴的民俗文化在全国旅游村寨中脱颖而出，2019年7月申报成为第一批全国乡村旅游重点村。

4.1.2 独特的生态环境和传统文化

底底古村属中亚热带湿润季风气候，气候温和，四季分明，雨量较充沛，日照较充足。年平均气温16.5℃，极端高温36.2℃，极端低温-3.2℃。年平均日照1014小时，占全年可照时数的23%，全年无霜期313天。底底古村位于小凉山区，平均海拔约 1080 米，呈典型的高山台谷地貌，具有丰富的山体旅游资源和瀑布、山涧等水文景观。

底底古村是黑竹沟乡村旅游"五朵金花"之一，依然保留着具有传统色彩浓厚的彝族特色饮食、歌舞、节庆等元素（见表 2），体现出小凉山彝族文化的独特魅力。

表 2 　　　　　　　　　　底底古村彝族特色旅游资源表

特色饮食	特色歌舞	特色风俗	特色节庆	特色建筑
坨坨肉	达体舞	抢新娘	彝族新年	彝族彩楼
泡水酒	彝族民歌	彝族服饰	毕摩祭祀	牛角图腾
玉米酒		篝火晚会	苏尼祭祀	玉带装饰

峨边县委、县政府对生态环境和传统文化的保护工作高度重视。2018年，底底古村被纳入黑竹沟景区管委会，按照景区标准进行统一管理和保护。县民族宗教局牵头，在村里建设了民俗馆。在相关帮扶政策的支持下，底底古村乡村旅游合作社获得近 4 万元资金补贴，用于传统文化的积极发掘和品牌打造。

4.1.3　乡村旅游发展概况

2015 年，底底古村邀请专家编制了《峨边彝族自治县底底古村旅游开发策划方案》，方案从背景分析、核心问题、总体思路、产品开发等九个方面进行了全方位策划。底底古村的乡村旅游经过 4 年的发展，其基础设施建设水平，旅游产品丰富程度及接待能力都得到了较大提高。2018 年，底底古村引进禅驿黑竹沟度假酒店，游客人数显著增长，旅游收入明显增加，村民发展旅游的意愿逐渐显现，服务意识显著提高。截至 2019 年 6 月，已接待浙江、重庆、成都、广州、广西等国内 100 多个旅行团，50 多个政府部门和民间团体以及多个旅游扶贫考察团，实现旅游收入 100 万余元，成功创建国家 2A 级景区、省级乡村旅游示范村、市彝家新寨示范村。

4.1.4 基础设施与公共服务设施建设

在乡村旅游发展过程中，底底古村对当地的基础设施及公共服务设施进行了大力的改善和增设(见表3)。公共服务设施及交通条件的升级和改良极大提高了底底古村的接待容量，基础设施的建设则改善了当地居民的生活条件，同时提高了当地民宿产业的服务质量。

表3 底底古村基础设施与公共服务设施建设项目表

设施类型	具体项目
公共服务设施	新建乡村旅游合作社、文化陈列馆、游客服务中心及购物店 新建文化广场(可作为停车场)(1000平方米)、日月广场(1000平方米) 美化村委会广场 新建公共卫生间 增加并完善垃圾桶、路灯、标识牌、绿化带配置
基础设施	新建住房93户、改建住房112户，为住户添置10平方米以上新式厨房及沼气池 新建活动室、幼儿园、卫生服务室、活动广场 水、电、光纤管道铺设、翻新 新建垃圾池11个、排洪沟1.56km
交通条件	新建进村公路环线4.2km、2条旅游步道、1条环游步道 村内道路加宽、硬化

4.1.5 脱贫致富成就

底底古村坚持企业+合作社+村民的发展模式，通过租赁民居、聘用村民、利润分红等方式，变"输血"为"造血"，实现真正的助农增收。禅驿黑竹沟度假酒店进驻以后，作为龙头企业，对当地的就业和配套产业发展起到了明显的带动作用，为底底古村的乡村旅游产业发展作出了较大贡献。2018年，底底古村禅驿黑竹沟度假酒店为当地村民带来了人均0.5万元、最高2万元的额外收入。

随着乡村旅游的稳步发展，底底古村村民年人均纯收入逐年提升，2017年人均纯收入3980元，2018年人均纯收入6680元，2019年人均纯收入达到8900元。2017年实现整村脱贫退出目标，目前贫困发生率为零，未出现返贫现象。

4.1.6　底底古村禅驿黑竹沟度假酒店

随着乡村旅游的发展，底底古村于 2018 年引进知名旅游企业——立事达集团投资 700 余万元建成禅驿黑竹沟度假酒店。

作为底底古村乡村旅游发展引进的第一家龙头企业，禅驿酒店担任着开拓者和奠基者的重要职责。禅驿酒店作为连锁品牌，聘用优秀的设计团队，依托地势修建了彝族风情和现代化风格兼备的酒店主体。同时酒店采取现代化的管理、运营、宣传方式，依托黑竹沟景区，为底底古村旅游业发展起到良好的带头作用。

由于当地的乡村旅游尚处于起步阶段，客流量仍有限。酒店的客户类型主要有开展的团建公司单位、旅行社、社会团体和零散客。其中浙江台州椒江区与底底古村是对口帮扶关系，在旅行社方面提供了较多客流。

在调研期间，课题组了解到酒店的销售渠道主要由三方面组成，集团销售部 50%，协议单位 30%，OTA 内部订房 20%。集团内部销售则主要依托禅驿黑竹沟度假酒店的品牌效应，利用通用活动券制度，将忠实客户引流到底底古村。

底底古村禅驿黑竹沟度假酒店租赁村民农房 13 幢，年租金近 10 万元。租赁村集体资产 3 处，年租金 2 万多元，从第三年开始以 2%复式递增。酒店招聘村民 19 人，年工资约 50 万元，处于峨边县酒店行业较高水平。酒店年收入，合作社按 20%分红，年预估集体收益约 15 万元。同时酒店的经营带来了大量的外地游客，带动了当地第三产业和土特产的销售。酒店对古村房产首个租赁期为 18 年，如租约解除，酒店所有的设施、项目将归村集体所有。

4.2　底底古村乡村旅游发展实证分析

2019 年 9 月至 2020 年 1 月，课题组多次前往底底古村进行调研，针对底底古村乡村旅游的发展现状及存在的问题等方面进行了实地走访和问卷调查，并对四川省峨边彝族自治县相关管理人员进行了访谈。与此同时，在当地相关人员的协助下，针对底底古村当地村民，其中包括底底古村禅驿黑竹沟度假酒店当地员工及彝家乐等商户，发放问卷 320 份，收回问卷 305 份，有效问卷 300 份，有效率达 93.75%；向底底古村游客，包括底底古村禅驿酒店住客，发放问卷 320 份，收回问卷 312 份，有效问卷 300 份，有效率达 93.75%。

通过调研发现，底底古村的乡村旅游在近年来取得了可喜的成就，但由于当地经济基础和环境区位条件较差，从供给侧结构性改革、精准扶贫和可持续发展的角度来看，仍有许多问题亟待解决。根据杨军辉的分类方法，底底古村属于典型的典藏型民族村寨景区。这类村寨拥有非常丰富和典型的民族文化和乡村旅游资源，但受到较差的环境条件和区位条件的限制，旅游开发难度较大。

4.2.1 底底古村乡村旅游发展村民参与调查分析

（1）村民人口特征（见表4）

表4 <center>底底古村村民人口特征</center>

调查指标	选项	频数（人）	比例（%）
性别	男	126	42%
	女	174	58%
民族	汉族	6	2%
	彝族	294	98%
年龄	25岁及以下	43	14.33%
	26~35岁	32	10.67%
	36~45岁	74	24.67%
	46~55岁	81	27%
	56岁及以上	60	20%
学历	小学及以下	232	77.33%
	初中	53	17.67%
	中专及以上	15	5%

从性别比例来看，调查结果中男性占42%，女性占58%，反映出底底古村的男女比例差距较小，女性村民略多于男性，可能与外出务工等因素有关。

在民族组成方面，受访村民中98%为彝族，汉族仅占2%，说明底底古村是较为典型的少数民族村落。在乡村旅游开发的过程中，既要发挥底底古村民族特色浓厚的优势，也要注意到少数民族地区的特殊性。

从年龄结构来看，调查结果中25岁及以下的村民占比14.33%，26~35岁村民占比 10.67%，36~45 岁村民占比 24.67%，46~55 岁村民占比 27%，56 岁及以上村民占比 20%。这组数据中 26~35 岁的村民占比最少，而 46 岁及以上村民占比高达 47%，说明底底古村青壮年人口流失较为严重，常住村民中老年人与儿童较多。

在学历方面，调查显示小学及以下学历的村民占比 77.33%，初中占比 17.67%，中专及以上占比 5%，这说明底底古村村民受教育程度普遍较低，人均素质有待提高。

（2）乡村旅游村民参与度

从参与乡村旅游产业情况来看，底底古村村民中有 26.67%直接参与到了乡村旅游产业的经营和工作中，有 40%通过供应原材料等方式间接参与乡村旅游产业，有 33.33%没有参与乡村旅游相关行业（见图 3）。这组数据说明底底古村已有较大比例的村民直接或间接地参与到乡村旅游产业中，但相比而言直接参与者比例仍较低，间接参与者多于直接参与者。同时 33.33%的村民认为自己完全没有参与到乡村旅游发展中。

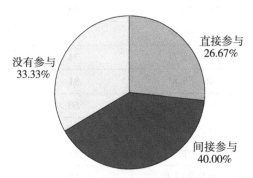

图 3 底底古村村民参与乡村旅游状况统计数据

从底底古村村民了解乡村旅游的信息渠道来看，受访村民选择政府宣传的有 166 人，选择学校教育的 10 人，选择网络媒体的 103 人，选择禅驿酒店的 218 人，不太了解的 95 人（见图 4），占比分别为 55.33%、3.33%、34.44%、66%、31.67%。这组数据说明底底古村村民了解乡村旅游的渠道主要是政府宣传和对禅驿酒店的直观认知，宣传形式仍较为有限。31.67%的村民对乡村旅游缺乏了解，反映出相关宣传普及工作仍需加大力度。

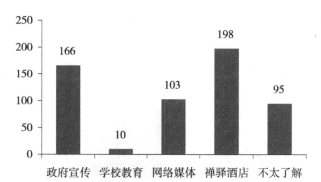

图4 底底古村村民了解乡村旅游渠道统计数据

(3)村民对乡村旅游发展的反馈

从底底古村村民对乡村旅游增收满意度的统计数据来看，非常满意、满意、一般、不满意所占比例分别为4.00%、29.33%、46.33%、20.33%(见图5)。调查结果显示，对乡村旅游增收情况持满意及以上态度的底底古村村民比例为33.33%，反映出乡村旅游不仅让底底古村摘掉了"贫困帽"，也让一部分村民获得了较为满意的收入。但同时仍有20.33%的村民持不满态度，反映出底底古村的乡村旅游在产业规模和参与度等方面仍有待提高。

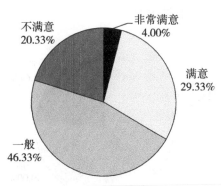

图5 底底古村村民对乡村旅游增收满意度统计数据

关于乡村旅游对底底古村文化的影响，调查结果显示32.33%的村民认为乡村旅游发展对当地传统文化的影响是积极的，有利于底底古村彝族传统文化的推广和传承；18.33%的村民则认为乡村旅游对当地文化造成了负面影响，原因有传统节庆商业化、日常生活受到干扰等；同时有 13.33% 的村民认为没有影响，36.00% 的村民表示不太了解（见图6）。以上数据表明底底古村仍需普及传统文化与乡村旅游之间的联系，建立完善的传统文化保护和补偿机制。

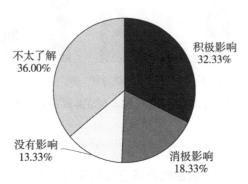

图6 底底古村村民对乡村旅游文化影响认知统计数据

在乡村旅游对农副产品销售的促进作用方面，调查结果显示有 23.67% 的村民认为促进作用非常显著，40% 的村民认为作用一般，36.33% 的村民认为没有作用（见图8）。这组数据说明乡村旅游对底底古村的农副产品销售起到了一定的促进作用，但仍有很大一部分村民由于参与程度较低或者受到生产方式的限制，认为促进作用有限，或者没有被惠及。

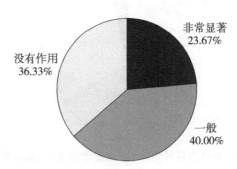

图7 底底古村村民对乡村旅游促进农副产品销售效果评价统计数据

(4)村民对乡村旅游未来发展的期望

从底底古村村民对乡村旅游未来发展的期望来看，受访村民中有 259 人认为应该提高扶贫效益，197人认为应该加强基础设施建设(见图8)，占比分别为86.33%和65.67%，说明村民在乡村旅游发展问题上最重视的还是对收入和生活质量的改善。同时值得注意的是受访村民中对技能培训和创业方面表示重视的并不多，仅占22.67%和33.33%。这说明当地村民的创业意识和专业意识仍有待提高，需要政府和相关企业的进一步宣传和支持。

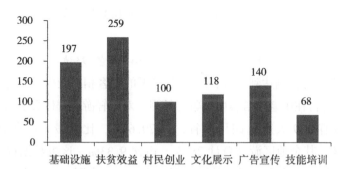

图8 底底古村村民认为乡村旅游未来需要发展方面统计数据(多选)

4.2.2 底底古村乡村旅游游客认知体验调查分析

(1)游客基本特征(见表5)

表5 底底古村游客基本特征

调查指标	选项	频数(人)	比例(%)
性别	男	143	47.67%
	女	157	52.33%
年龄	25岁及以下	31	10.33%
	26~35岁	38	12.67%
	36~45岁	93	31%
	46~55岁	84	28%
	56岁及以上	54	18%
地区	四川省	239	79.67%
	浙江省	33	11%
	其他	28	9.33%

续表

调查指标	选项	频数(人)	比例(%)
	旅行社	96	32%
旅行性质	个人自助旅游	59	19.67%
	团体活动	145	48.33%

从游客的性别比例来看,受访游客中有男性 143 人,女性 157 人,分别占比 47.67%和 52.33%,比例较为均衡。

在年龄结构方面,占比较高的人群依次是 36~45 岁 93 人、46~55 岁 84 人、56 岁及以上 54 人,总比例达到 77%;35 岁及以下的游客相对较少,总计 23%。这组数据说明底底古村在中老年游客中竞争力较强,对年轻游客群体吸引力有限。

受访游客有 239 人来自四川本省,占 79.67%,比重最大;有浙江游客 33 人,占比 11%;其余地区游客总计 28 人,占比 9.33%。这组数据说明底底古村的客源地主要集中在本省,对省外游客吸引力还较为有限。浙江省游客相对较多则是因为浙江省台州市椒江区与底底古村存在定点帮扶关系,这应当是底底古村宣传营销和市场扩张的重要方向之一。

(2)游客需求与认知特征

从底底古村游客旅行的目的来看,受访游客中有 46.33%是为了游览黑竹沟景区入住底底古村禅驿酒店,占最高比例(见图 9)。这组数据说明了底底古村对黑竹沟景区的依托关系,对底底古村的产品开发和营销路线具有指导意义。同时也反映出底底古村需要进一步增强自身作为民族特色旅游村寨的核心竞争力。

在游客了解底底古村的信息渠道方面,调查结果显示,有 123 人是通过禅驿

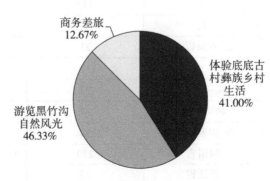

图 9　底底古村游客旅行目的统计数据

酒店的宣传了解到底底古村，约占 41%；有 92 人来到底底古村是由团队活动统一组织，之前并不太了解底底古村，占比 30.67%；通过网络媒体了解底底古村的游客仅 35 人，占比 11.67%（见图 10）。这组数据表明目前底底古村的宣传营销主要依赖禅驿酒店的广告宣传和对口单位团体合作活动，在网络媒体方面的宣传能力尤为不足。

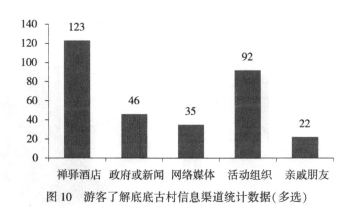

图 10　游客了解底底古村信息渠道统计数据（多选）

从少数民族村寨对游客的吸引点来看，受访游客中有 241 人选择传统美食，199 人选择田园生活，178 人选择传统建筑，142 人选择传统节庆，132 人选择传统歌舞，113 人选择传统工艺品（见图 11）。这组数据表明，对于少数民族村寨旅游，游客更加期望得到饮食、环境和娱乐活动等沉浸式、互动式的体验。结合与受访游客的交谈，笔者发现目前传统工艺品、传统文化艺术等对普通游客的吸引力相对较弱，更需要与前者结合起来，并且做出特色，保质保真。

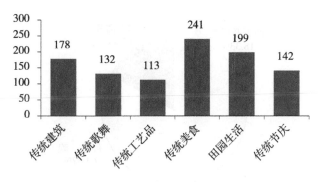

图 11　底底古村游客对少数民族村寨期望统计数据（多选）

（3）游客体验反馈

从游客对底底古村交通状况的反馈数据来看，受访游客，包括团体游客，都主要通过自驾和包租私人车辆前往底底古村，占比分别为58.33%和34.00%（见图12）。调查结果显示游客对底底古村交通状况表示不满意的占比61.33%，表示一般的占比20.33%，表示满意的占比18.33%（见图13）。这组数据说明底底古村的交通条件较差，影响游客体验。交通问题也是课题组基于先期访谈和个人体验得出的重难点问题，需要峨边县政府发挥主导作用，着力解决。

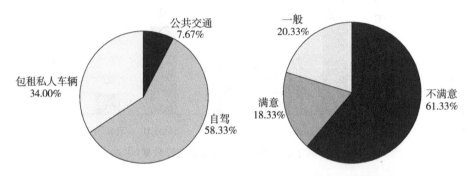

图12　底底古村游客交通方式统计数据　图13　游客对底底古村交通状况反馈统计数据

从底底古村游客的停留时间统计数据来看，64.67%的受访游客在底底古村停留一晚，17.00%的游客当天离开，18.33%的游客会停留两天及以上（见图14）。这反映出底底古村拥有住宿导向的核心企业，因此游客留宿率相对较高，但停留时间较短。要提高游客的停留时间，仍需扩大底底古村乡村旅游产业规模，提高当地旅游项目的核心竞争力。

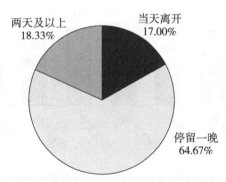

图14　游客在底底古村停留时间统计数据

　　从底底古村游客的重游意愿来看，受访游客中明确表示会重游底底古村的占比 7.33%，明确表示不会再来的游客占比 37.00%，55.67% 的游客认为是否重游取决于底底古村各方面条件改善的情况（见图 15）。这组数据表明底底古村目前在重游率方面有较大不足，难以吸引回头客。结合与受访旅客的交流，大部分旅客对底底古村的自然风光和特色民俗表示肯定，但认为目前底底古村旅游业规模较小，游客的体验较为单一局限。

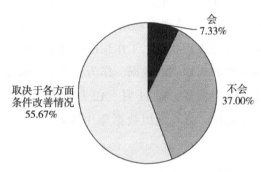

图 15　游客对重游底底古村态度统计数据

（4）游客对底底古村乡村旅游未来发展的期望

　　在游客对底底古村乡村旅游未来发展的期望方面，调查结果显示，有 237 人认为应丰富娱乐体验设施，204 人认为应加强基础设施建设，188 人认为应改善交通情况，127 人认为应该增强彝族风情体验，82 人认为应改善服务态度（见图 16），占比分别为 79%、68%、63.67%、42.33%、27.33%。这组数据反映出，丰富娱乐设施、加强基础设施建设、改善交通条件是目前底底古村增强吸引力的重点。

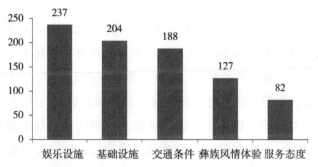

图 16　游客认为底底古村乡村旅游未来需要发展方面统计数据（多选）

4.3 底底古村乡村旅游发展存在的问题

（1）地理气候环境复杂，交通区位条件差

底底古村位于西南山区深处，海拔达 1100 米左右，气候条件复杂多变，具体表现为潮湿多雨，昼夜温差大，夏季多暴雨，冬季气候寒冷，时常形成极端的低温天气。小凉山地区地质条件复杂，在多雨水天气条件下，易产生洪涝塌方等自然灾害。在这样的气候条件下，底底古村的乡村旅游有着较强的季节性，旺季主要在 5—6 月，客流量和盈利呈现不均衡，季节差异较大的特征。这种特征对旅游产业的经营方式、设施维护和员工工作积极性都造成较大的负面影响。根据底底古村禅驿黑竹沟度假酒店提供的数据，作为村寨主要的游客住宿点，酒店入住人数在 5 月、6 月、10 月较多，在 11 月、12 月较少，最高值和最低值都与平均值 402 人差距较大（见图 17）。这组数据集中体现了底底古村旅游的季节性明显。

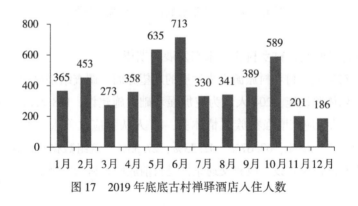

图 17　2019 年底底古村禅驿酒店入住人数

底底古村距成都 233 千米，距乐山 131 千米，离峨眉山 101 千米，距离县城 50 千米。而在乐山市区往峨边县及峨边县内部的线路中，狭窄崎岖的盘山公路占很大比例。此外，峨边县的矿产、木材、畜牧等产业较多，来往货车密集，也会对游客车辆造成不便。而峨边县的交通建设财政预算也长期处于不足的状态。同时，底底古村本身的建设施工、物料运输也受到这种特殊的地理交通条件限制。问卷调查显示，游客中 61.33% 对峨边县及底底古村的旅游交通表示不满意。

课题组在访谈过程中了解到，局限性较大的自然环境不仅对游客产生了困扰，禅驿黑竹沟度假酒店等企业和商户的投资信心也受其影响。

（2）产业模式单一，基础设施薄弱

峨边县是长期以来的深度贫困县，底底古村尽管近年来扶贫工作成就可观，但总体而言经济条件仍较为落后，旅游产业发展处于起步阶段，且内生动力不足，主要体现在产业规模有限、模式单一和基础设施薄弱方面。

底底古村的乡村旅游发展目前主要通过龙头企业带动，以底底古村禅驿黑竹沟度假酒店为中心展开，主要由彝家乐、风俗馆、微田园等项目组成。其中微田园等仍属于底底古村目前直接参与较为原始的第一产业；风俗馆规模较小，对游客的吸引力有限；彝家乐都以彝家菜、彝族乡村生活和手工艺体验等传统农家乐模式为主，形式较为单一重复。底底古村的旅游产业目前仍面临产业规模较小，模式单一，社区参与的深度和广度有限的难题。

底底古村是距离黑竹沟景区距离最近的彝族村寨，而禅驿黑竹沟度假酒店是黑竹沟景区周边屈指可数的高端酒店，有吸引大量游客的条件和发展潜力。但笔者通过在底底古村考察期间的访谈和调查发现，目前依托黑竹沟景区，以禅驿黑竹沟度假酒店为核心的底底古村仍旧是一个"驿站"式的存在。许多自助游客将底底古村作为游览黑竹沟景区的休息站，他们认可底底古村秀丽的自然风光和禅驿酒店较高的服务质量，但认为村寨本身的旅游产业规模较小，游客能获得的体验有待丰富。大部分游客表示，如果底底古村能够扩大规模，丰富娱乐体验项目，他们愿意做"回头客"，尽管底底古村从 2013 年新寨建设开始，在水电管线铺设、垃圾排洪处理等方面下了功夫，但底底古村直至 2017 年年底，仍属于贫困村。而古村主推的酒店民宿、彝家乐等主要项目以传统民居改造而成，基础条件较差。而较为落后的交通条件也加大了基础设施建设的成本和难度。在气温较低或者降水强度较大的时间段，古村中仍会出现断电断水的突发情况。

由此可见，底底古村薄弱的基础设施和单一的娱乐消费场所在留住游客、吸引回头客方面呈现出较大的劣势。同时，复杂的施工条件和市场预期也导致企业的资金投入有限。底底古村乡村旅游的进一步发展，还需要多元主体、多层次、多方面的努力和尝试。

（3）缺乏专业人才，当地员工积极性较低

目前底底古村乡村旅游的实际工作中，主要的参与者除了禅驿黑竹沟度假酒店的少数管理人员以外，大多是当地村民和村委会干部。其中负责一线工作的人员普遍文化水平较低。以禅驿黑竹沟度假酒店为例，酒店目前在编的服务人员 13 名，其中大多是当地彝族村民，中专以上学历的仅 3 名。由于素质的局限，工作人员的管理能力、服务水平和质量都不高。从问卷调查结果来看，底底古村需要解决的不仅仅是人才参与度问题，还是当地人才培养、人才储备的根本性问题。供给侧结构性改革的大趋势下，尽管底底古村拥有丰富的少数民族旅游资源，但将这些资源转化为具体的旅游项目和特色服务，仍需要高素质的专业人才和管理人才。由于底底古村的乡村旅游仍处于起步阶段，在本地人才的培养和保留，以及外地人才的引入仍是急需解决的难题。

课题组通过访谈发现，在底底古村的乡村旅游和旅游扶贫的发展过程中，还有一个较大的问题是当地村民观念落后。当地村民长期生活在封闭落后的山区，由于受教育水平和自身素质有限，他们对旅游扶贫缺乏概念，对自身的脱贫和发展也缺乏动力，有些当地员工出现旺季散漫怠工，淡季旷工离职等行为。

(4) 文化开发和营销形式有待创新

特色民族村寨旅游开发的重要基础是对少数民族传统文化的挖掘和开发，为游客提供带有典型少数民族传统工艺、风俗色彩的服务。目前乡村旅游市场上充斥着低质量、同质化、过分商业化的陷阱。底底古村目前对彝族文化和古村文化的表现形式还较为单一，服务产业本身对传统文化的理解和表达能力也有待提高。从笔者在实习期间的实地了解及相关访谈内容来看，出现以上问题一方面是底底古村乡村旅游发展仍处于起步阶段，规模较小，开发程度较浅，另一方面是缺乏将传承和创意转化为旅游或表演项目的专业人才。

同时底底古村的知名度仍然不足，宣传手段也不够丰富。调查问卷显示，游客了解底底古村的渠道主要是禅驿黑竹沟度假酒店的相关宣传，有 31.67% 的游客在参与团体活动来这里之前并不了解底底古村。而通过网络媒体了解底底古村的游客仅有 11.67%。根据笔者调查，目前除了在官方或新闻宣传中和携程等酒店预订网站以外，在百度等搜索引擎和马蜂窝等游记网站几乎没有关于底底古村的游客记录。在互联网和新媒体营销方面，底底古村的旅游宣传主要依靠禅驿黑竹沟度假酒店的公众号，形式较为单一。

(5) 扶贫增收效益仍需提高

乡村旅游发展通过振兴产业、扩大就业、政策补贴等方式，对底底古村的脱贫攻坚工作作出了巨大贡献。根据政府公开数据，底底古村人均可支配收入从

2018 年的 6680 元增加到 2019 年的 8900 元，增幅达 33.23%。峨边彝族自治县农村人均可支配收入，2018 年为 11091 元，2019 年为 12231 元(见图 18)。对比而言，底底古村的人均可支配收入状况由于起点较低，产业发展从无到有，在峨边彝族自治县范围内仍不算高，有较大的提升空间。

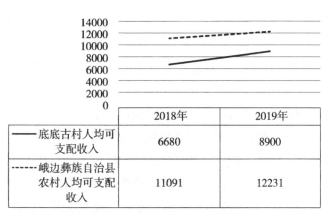

	2018年	2019年
—— 底底古村人均可支配收入	6680	8900
---- 峨边彝族自治县农村人均可支配收入	11091	12231

图 18 底底古村与峨边彝族自治县人均可支配收入对比图

提高扶贫效益是底底古村村民对乡村旅游发展最主要的期望之一。从前文的统计数据来看，底底古村村民认为目前的乡村旅游发展增收情况仍有待提高，同时在带动农副产品销售方面的效果也仍需加强。底底古村的乡村旅游发展仍处于起步阶段，需要持续提高当地村民在乡村旅游发展中的收益，杜绝"飞地效应"，才能培育出可持续的内生动力。

(6)生态环境治理与文化保护制度不成熟

底底古村及周边区域目前开发程度较低，旅游发展和商业化也处于起步阶段，当地的自然环境和文化氛围尚未受到严重破坏。但就笔者的观察，底底古村还没有关于生态与文化的成熟保护制度。村中的一些景观、旅游设施维护程度较低，进出口路面时有泥泞、杂乱的情形，影响游客的观感和体验。根据前文的调查结果，当地村民对旅游开发与传统文化保护的关系尚缺乏认识。而村中的传统文化艺术的传承和开发也缺乏规范化、专业化的引导。从防微杜渐、夯实基础的角度来看，底底古村应在现阶段开始构建相应的保护制度与补偿制度。

5. 贵州省西江镇千户苗寨发展乡村旅游成功案例分析

5.1 现况与成就

位于贵州省雷山县东北部的西江镇是目前发展情况较为良好的民族特色村寨。西江镇拥有 1285 户，共 5120 人，其中 99.5% 都是苗族，因此被称为"千户苗寨"。西江镇海拔 833 米，距离县城 37 公里，距离州府凯里市 81 公里，地形地势复杂崎岖，交通闭塞。雷山县是国家级贫困县，西江镇的经济水平则更加落后。西江镇毗邻国家级森林公园雷公山，同时西江千户苗寨是全国最大的苗族聚居地，拥有丰富的苗族特色民族性、乡村性旅游资源。综合来看，西江镇千户苗寨的旅游资源优势、经济基础、自然环境和地理区位条件与峨边县底底古村高度相似。西江镇的旅游扶贫目前已取得优异的成果，村民收入节节攀升，旅游产业发展兴旺。"西江模式"于 2019 年进入两会专刊，成为全国乡村旅游扶贫和民族特色村寨旅游的典范。"西江模式"的成功对底底古村具有较强的借鉴和启示意义。西江镇千户苗寨乡村旅游发展成就见表 6。

表6 　　　　　　　　　　**西江镇千户苗寨乡村旅游发展成就**

指标类型	具体成就
游客量增长	从 2008 年的 77.73 万人增加到 2017 年的 753 万人
旅游综合收入增长	从 2008 年的 1 亿元增加到 2017 年的 64 亿元
人均收入增长	从 2007 年的 2000 元增加到 2017 年的 15000 元
企业与个体工商户数量	1300 户
带动邻近村寨就业数量	2000 人

5.2 特色与优势

5.2.1 苗族特色旅游资源

作为全国最大的苗族村寨，西江镇拥有丰富的苗族特色旅游资源，其中包括独特的吊脚楼、丰富的民族节日和传统的苗族工艺。

吊脚楼是三层的复式建筑，将家居、储物和畜牧分层结合起来。这种建筑式样自古以来就有传承，无论在建筑学、艺术和历史社会学方面都具有重要的意义。西江镇苗寨的吊脚楼数量众多，规模巨大，也形成了相当壮观的风景线。同时吊脚楼也为餐饮、民宿等旅游产业提供了优质的场所和环境。

西江镇仍然保留着庆祝诸多苗族节日的传统。最有代表性的是祭祀先祖的牯藏节，节日期间有水牯牛斗角、芦竹会等丰富的民族特色活动。在节庆宴请中，宾客还能体验苗族特色的开亲歌、芦笙舞等传统歌舞项目。西江镇的传统节庆和迎客宴请，集中展现了苗族独特的服饰、饮食、歌舞、信仰等文化，既是旅游产业可以着重开发的项目，也是得天独厚的营销优势。将苗族村民喜闻乐见的节日与艺术形式更深入地与旅游业相结合，也有利于提高社区参与度和积极性，保护苗族传统文化，实现西江镇民族特色村寨旅游的可持续发展。

西江镇盛产极具特色的苗族传统工艺品，如苗族银饰、服饰、芦笙等。手工艺品一直是乡村旅游的传统产业，在电商和互联网营销高度发达的今天，焕发出了新的生命力。

5.2.2 自然环境和物产

西江镇位于贵州东南，森林密布，山水环绕，依托著名的雷公山国家森林公园。雷公山国家森林公园总面积4354.73公顷，森林覆盖率达88%，是以保护秃杉等珍稀生物为主的自然资源(包括水源涵养、旅游)并具有综合经营效益的亚热带山地森林生态公园。因此，西江镇不但拥有丰富的民族乡村旅游资源，还有美丽的自然景观。西江镇的住宿和餐饮等旅游产业能与雷公山景区形成良性的互动关系。西江镇还拥有丰富的原生态物产如木耳、香菇、野菜、茶叶、酸汤鱼等，既符合目前游客对生态旅游的需求，也让西江镇的旅游更加具有"乡村性"。

5.3 经验与策略

5.3.1 政府主导下的多元主体参与模式

"西江模式"能够快速起步，稳健发展，最核心的机制是在政府主导下的多元主体参与模式，其中主要包括雷山县及西江镇政府、优势龙头企业、当地商户和苗寨村民。对于经济基础薄弱、地理区位条件复杂的西江镇而言，政府的主导作用不可或缺。2008 年 9 月，"贵州省第三届旅游发展大会"在西江镇召开。当地党委政府抓住机遇，投入上亿资金搞建设、立规划，在民族文化保护上设规程、定制度；鼓励、引导商户积极参与旅游市场的培育和活化。在政府的大力支持和推动下，西江镇及周边的基础设施、公共服务设施和交通状况得到了极大的改善和提升(见表 7)。

表 7　　　　　　　　　　西江镇公共设施建设

时间	公共设施建设情况
2008 年	对古街、游方街以及村寨巷道进行了提升改造，铺设了富有苗族文化气息的路面 开通了西江至凯里朗西旅游公路 改造了县城到西江的雷西公路 西江苗寨开通两个客运站 两个大型停车场的修建，使得西江苗寨在旅游旺季拥有了 4000 多辆车的停车能力 西江苗寨修建、扩建了演艺表演场、芦笙场等村寨文化活动场所
2009 年	西江苗寨拥有了近百人的环卫队伍 西江苗寨新增绚烂的灯光夜景
2011 年	西江苗寨开始修建自己的污水处理厂
2015 年	凯雷高速公路修到西江苗寨门口
2016 年	西江苗寨有了第一座"三星级"的旅游公厕

在西江千户苗寨乡村旅游发展过程中，西江千户苗寨文化旅游发展有限公司作为龙头企业的带动作用不可忽视。该公司于 2009 年成立，政府注资 3000 万元，在景区建设、项目经营和市场开拓方面贡献巨大。作为西江景区最大的旅游经营主体，该公司优先录用当地的失地农民、贫困户、困难户等，目前该公司有741 名员工，其中 365 人来自西江村，占到了公司员工总数的 50%。

西江千户苗寨乡村旅游的可持续性发展离不开当地村民的积极参与。当地政府长期对有意愿的村民进行乡村旅游创业、就业方面的引导、帮扶和支持。相关部门以极低的价格将景区内的 311 个摊位租赁给村民。因此在乡村旅游产业发展的过程中，当地村民的接待能力、服务意识也不断提高。据不完全统计，在西江苗寨景区现有 300 多家农家乐接待户中，共有 100 多户是西江本地人经营。目前，西江千户苗寨直接从事旅游服务行业的西江镇各村村民共计 2000 多人。这些村民主要分布于西江 1000 多家各种经营主体中，在厨师、司机、环卫、安保、管理、餐饮服务、文化表演等岗位工作。这些岗位工资每月从 2000 元到 4000 元不等。

5.3.2　打造闻名全国的苗族文化品牌

西江镇的苗族文化品牌打造策略重点在于发挥政府、龙头企业、村民和学界等多主体的共同作用，同时坚持特色文化引领，重视市场驱动，创新营销手段，做到既紧跟时代，又保质保真。西江千户苗寨邀请文化名人，如著名作家余秋雨等前来游览宣传；积极牵头传统节庆的庆祝活动，如"吃新节""苗年节""鼓藏节"等，并鼓励开展"苗歌大赛""千人齐唱苗族古歌"等活动；重视国际化宣传，获得了"全球十佳国际乡村旅游目的地"荣誉称号，并在美国纽约时代广场的巨型屏幕上播放广告宣传片。在多样化的宣传营销策略的促进下，西江苗寨旅游品牌产生了质的飞跃，先后获得了"全国 4A 级景区""中国民族特色村寨""全国文化产业示范基地""全国十大民族文化旅游目的地"等荣誉。

5.3.3　可持续发展理念，保护与开发并重

在乡村旅游的发展过程中，西江镇注重优秀传统文化的保护、传承和展示。当地政府通过一系列措施(见表 8)，以加强文化展示、制定保护条例、推动文化继承等多种方式，增强了当地民众的文化认同感和文化保护意识，从而提高了当地乡村旅游发展的可持续性。

表8　　　　　　　　　　西江千户苗寨文化保护措施

文化保护方式	具 体 项 目
建设博物馆、展示馆	建立西江苗族博物馆、20 余户家庭博物馆和 20 余个文化展示馆
制定保护条例	制定村寨吊脚楼奖励保护条例

续表

文化保护方式	具 体 项 目
开展苗族特色文化教育宣传	开展"学苗文唱苗歌""西江讲堂" 编纂《西江千户苗寨志》

6. 底底古村发展乡村旅游的对策

大力发展乡村旅游是底底古村脱贫致富、乡村振兴的最佳路径之一。课题组结合以上调研和分析,针对底底古村目前发展乡村旅游存在的主要问题提出如下相应对策。

6.1 推进落实相关政策与规划

底底古村经济基础薄弱,乡村旅游发展尚处于起步阶段,而当地所面临的许多困难,如气候、交通、基础设施等问题,是村落本身和私人企业难以解决的。因此,在底底古村发展乡村旅游的过程中,政府的主导作用是不可或缺的。2018年颁布的《关于促进乡村旅游可持续发展的指导意见》提出了"旅游基础设施和公共服务设施进一步完善,乡村旅游服务质量和水平全面提升,富农惠农作用更加凸显,基本形成布局合理、类型多样、功能完善、特色突出的乡村旅游发展格局"的基本目标,政府的主导作用主要应体现在制定旅游公共政策、投资基础设施和配套服务设施等方面。同时,要对乡村旅游相关的企业和商户出台更加优惠的配套政策,增强投资信心和从业动力。

峨边县政府及底底古村村委应继续落实《峨边县乡村旅游发展规划》和《峨边彝族自治县底底古村旅游开发策划方案》。据《峨边县乡村旅游发展规划》,峨边县乡村旅游发展在2018—2020年属于产品体系完善期,2021—2025年属于深度开发与全面发展期。底底古村作为重点打造的品牌旅游乡村,应进一步得到政府的大力支持。

6.2 大力改善交通条件,建设旅游交通轴体系

根据杨军辉对"典藏型"民族村寨的定义,改善区位和环境条件是底底古村

乡村旅游突破瓶颈的关键。而增强当地与依托城市及旅游客源地间的交通通达度和便捷度，是改善景区区位条件的必要一环。从调查问卷的结果来看，有189名游客期望底底古村的交通状况得到改善，171名村民认为包括交通在内的基础设施建设需要加强，可见这是大多数游客和村民期望得到改善的问题。

对于底底古村而言，交通条件的改善分为全局和自身及周边两个方面。

从全局角度出发，峨边县应围绕一轴一核两区多点的乡村旅游布局，加强建设连接一城(峨边县城)，二环(彝族生态文化体验环和峨边生态观光休闲环)，三片区(南部生态文化体验旅游片区、北部峡谷观光休闲片区和东部山地观光度假旅游片区)的交通轴，即连接沙坪、红花、杨村、大堡、金岩、黑竹沟、哈曲、万坪、白杨、新林等乡镇的峨美公路和黑竹沟旅游复线和连接沙坪、毛坪、五渡、平等、杨河、新林等乡镇的峨轸路、峨马路、新平路、新杨路。依托峨边县的乡村旅游发展体系和交通布局，政府当加强引导作用，将《峨边县乡村旅游发展规划》中强调的乡村旅游发展轴和乡村旅游聚集核连接整合起来。以峨边县城沙坪镇为中心，辐射带动底底古、先锋、老鸦、古井、解放、依乌、恒心、月儿坪等乡村旅游特色示范点，形成"百里生态文化旅游长廊"，以点带线，再到面，带动全域乡村旅游发展。政府还应修缮并拓宽道路，改善路况，加强来往货车监管，争取建设出与旅游发展全局配套的交通体系，让山路不再阻碍游客体验彝族乡村风情。

从底底古村自身及周边角度来看，据笔者观察，底底古村的入口与黑竹沟镇紧密相连，较为嘈杂狭窄，应当保持古村及周边道路的路况良好和清洁，适当拓宽、整改古村进出道路。底底古村的停车区域主要分布在广场和禅驿黑竹沟度假酒店大堂附近，规模较小，尤其是广场上停车区域未与村委、篮球场和通道作明确区分。随着客流量的增多，古村应扩大并规范游客停车区域。

6.3 加强配套设施建设

作为以"住进彝家，体验田园生活"为主要卖点的旅游区，底底古村的基础设施条件仍需改善。就笔者的亲身体验和游客及工作人员的意见来讲，供电供水供暖的质量应当是提升重点，尤其是提高气温骤降或雨水天气的稳定性。从问卷结果来看，有204名游客和171名村民认为基础设施的建设是底底古村乡村旅游急需加强的地方。峨边县在水力发电方面有天然的优势和较长的开发传统，在政府的主导和支持下，以底底古村为代表的旅游村寨应当可以建立起自己的小型水电站。调查显示，认为底底古村娱乐设施需要加强建设的游客是所有选项中人数最多的。结合禅驿酒店管理人员的反馈，底底古村的第三产业和配套娱乐设施仍需添置和升级，丰富游客活动体验的空间和时间，提升景区的综合服务功能，才能提高留宿率和重游率。从乡村旅游业的性质出发，底底古村可以将休闲娱乐、生态体验、文化风俗展示等方面作为重点，增设一些茶馆、酒馆、表演中心和具有民族特色的购物区。

由于底底古村目前经济基础较为薄弱，配套基础设施、公共设施和娱乐设施的建设需要政府的主导和大力支持，也需要发挥企业和商户的内生动力。在开发建设过程中，政府和村委要注重前期规划，明确发展阶段，合理利用各方面资源。应继续主导牵头底底古村旅游业的招商引资，吸引更多的企业、商户入驻底底古村，振兴当地产业发展，同时坚持并完善目前对底底古村当地村民、商户的补助鼓励制度，提高社区对当地旅游业的参与度和认同感，增强底底古村乡村旅游产业发展的内生动力。基于底底古村目前的发展模式和"西江模式"的成功经验，底底古村的旅游配套产业和设施要形成规模化发展趋势，龙头企业的带动作用不可或缺。在相关政策的支持下，禅驿黑竹沟度假酒店可以进一步扩大投资，扩充或增设与酒店配套的娱乐消费区、文化展示区。

在第三产业和文娱设施的开发过程中，企业和商户应重视传统文化和自然生态的保质保真，避免过度商业化和同质化，实现可持续发展。政府相关部门、村委及村民个体也需加强对配套设施建设和产业开发过程各方面的考评监督工作。

6.4 引进各类专业人才，提高工作人员素质与觉悟

根据前文的数据和分析，专业人才匮乏，工作人员及村民文化水平较低，工作积极性有待提高，是底底古村亟待解决的问题。人才问题的改善过程是多层次、多方面的，应在政府主导下，由企业、社区、商户、村民等多元主体共同配合推进，主要分为引进、培养、激励三个方面。

底底古村应抓住峨边县政府引进脱贫攻坚人才的机遇，大力引进素质相对较高的专业人才，其中包括大学生、优秀农民工、企业家代表、文化艺术人才、专业的技术人员、管理人员等。针对外地人才，政府应定期前往各地农业院校、职业高校、企业等地进行宣传。应当为高素质人才提供有吸引力的薪资和职业前

景，为有相关经验和实力的企业团队提供优惠政策，与对口的职校、高校积极建立合作关系。同时要完善峨边县人才市场制度，通过市场进行多层次、多角度的人才选拔和引进。政府及村委应对村民展开更加深入和广泛的乡村旅游宣传，增强当地村民对底底古村旅游发展前景的认知和自信，了解参与本村乡村旅游发展的渠道和方式。建立外出务工人员的信息库，积极了解外出务工人员的情况，并将古村目前的产业发展和就业需求及时宣传到位，争取更多的外出务工人员回到家乡参与建设。

从长远可持续发展的角度来讲，重中之重是建立并不断完善本地的人才培养体系。政府应加大财政投入，建立专门的旅游专业人才培养中心，在底底古村定期开展专业培训项目课程，对当地旅游业的管理和工作人员进行理论和实践能力培训。人才培养的过程还应注重多元化和专业化，以充实管理型、营销型、服务型、文化风俗继承型等多方面人才储备。加强对基础教育、专业培训、脱贫致富和职业精神方面的普及宣传，兴办村内的小学、培训中心，提高当地村民的平均素质和对参与乡村旅游建设的思想觉悟。同时提高当地村民对底底古村的文化认同和自豪感，让更多的年轻力量和本土专业人才愿意回到古村，留在古村。

在引进和培养人才的同时，还需建立并完善合理的人才激励制度。既要鼓励当地的政府和相关部门引进人才、留住人才，也要以奖励补助、薪资待遇和职业前景激励愿意留下来的人才。对于参与乡村旅游工作的底底古村当地员工，村委和企业应进行旅游扶贫的宣传辅导工作，制定相关规章制度和奖惩机制，提高当地员工的工作积极性，避免出现怠工离职现象。

6.5 深耕底底古村特色，创新营销方式，提升彝寨品牌效应

旅游品牌是旅游景区的产品和服务共同组成的综合概念，代表着景区本身的形象、吸引力和品质。树立品牌是提升古村景区形象和知名度的重要手段。对于底底古村来讲，打造品牌效应，能吸引更多的游客，创造更可观的旅游收入，从而进一步改善自身的配套设施，并获得更多招商引资的机遇。从长远角度来看，打造品牌的过程将会为底底古村的发展和规模化打下坚实的基础，有利于底底古村旅游资源的保质保真，更是实现可持续发展的有效方式。底底古村的品牌定位目前较为清晰，即主打乡村性与民族性的民族特色村寨旅游。因此当地的特色旅游产品、服务方式和营销方式应当围绕乡村性和民族性展开，同时旅游综合体是

符合乡村旅游核心内核的发展方向，完善设施和保护环境则是可持续发展的应有之义。

6.5.1　开发特色乡村旅游产品

作为彝族村寨，底底古村的特色旅游产品主要有小凉山彝族餐饮、建筑、歌舞、节庆、工艺、特产等，从而可以推出的项目有彝族特色宴会(坨坨肉、泡水酒)、节日庆典(毕摩、苏尼、达体舞)、生活方式(茶叶、香料生产)、手工艺品制作(漆器、银饰)的特色体验、建筑与自然风光结合的观光旅游等。以上都是乡村旅游的传统项目。在供给侧结构性改革的大背景下，应当让这些带有鲜明民族特色的传统旅游项目焕发出新的生机，让当地村民愿意发展传承，外地游客喜闻乐见，既保质保真，又迎合时代潮流。深化彝家村寨的主题，深挖底底古村的独特性，避免同质化，增强以彝族风俗文化为依托的体验感。底底古村还可通过与其他民族村寨或景区进行文化交流，或者文化资本入股，与周边的旅游点形成良性的经济文化互动机制，从而扩大底底古村文化的影响力和品牌效应。

针对底底古村旅游季节性强的特点，应根据底底古村及所依托的黑竹沟景区不同的季节特点，以及不同性质、不同需求的游客群体开发针对性的旅游项目、线路和套餐，如家庭旅游、艺术采风旅游、民族文化教育旅游等，以增加景区竞争力的深度、厚度和综合性。同时要加强对古村现有的特产销售门店和电商平台的建设和完善，将古村的传统彝族商品，如峨边绿茶、高山蜂蜜、熊猫竹笋、山核桃等以新的形式、新的包装和加工推入不同维度的消费者视野中。

6.5.2　提升特色服务质量

民族特色村寨旅游是对景区充满乡村风味和民族特色的生活方式的沉浸式体验，其核心产业多数为服务型，如餐饮、休闲、文艺演出和住宿等。因此底底古村的企业、商户及相关工作人员需要不断提高服务质量，让游客有宾至如归的旅行体验，为底底古村树立良好的口碑。首先需要加强各方面特色服务的专业性，做到保持原生态而不粗陋，保持乡村性而不落后。古村的企业和商户应当在政府的支持下引进专业人才，展开专业培训。餐饮行业应在体现彝族风味的同时注重食品卫生和广大游客的口味；歌舞表演应更具底底古村特色和传承性，避免庸俗化和同质化；住宿及其他服务工作应做到专业、友好和规范。其次要建立完善的市场监督管理制度，对当地的商户和村民进行普法教育，做到旅游市场的公开透明化，杜绝宰客行为。在日常经营过程中，应当注意服务设备和配套设施的维护和更新以及古村的保洁环卫工作和周边生态环境的保护。

6.5.3 创新宣传营销方式

创新宣传营销方式在互联网、物联网和数据服务平台高度发达的今天显得尤为重要。作为"典藏型"的民族特色村寨，多元平台的创新营销方式有利于让更多的游客了解到底底古村和彝族特色乡村旅游产品。对宣传营销的创新主要可以分为政府官方宣传、网络媒体营销和实体广告宣传三个方面。

在当地政府和村委的宣传工作方面，应提升宣传队伍的专业性，引进对口人才并进行业务能力培训。官方宣传要具备创新思维和紧跟时代发展的策略，可以通过建立底底古村旅游官方网站、拍摄底底古村旅游宣传片、组织有关底底古村主题的文艺创作活动等方式来推广底底古村乡村旅游。政府应利用对口帮扶政策，向对口帮扶底底古村的发达地区，如浙江省台州市椒江区，大力宣传底底古村乡村旅游，开拓新的旅游市场与客源地。

新时代的宣传营销创新主要集中在互联网领域。底底古村的旅游营销应当积极运用电商平台、网络自媒体和线上广告。企业和商户应广泛运用去哪儿、携程旅行网、途牛旅游等综合性旅游网站，为底底古村旅游产品寻找广阔的营销平台，扩大底底古村的知名度。同时可以建立官方或私人的微博、抖音账号，用短视频、游记和热评文章等方式将底底古村的特色文化、乡村生活和自然风光以多元化、多层次的方式展现给全国网络用户。

底底古村同样要注重传统的实体广告宣传，如公路广告、报刊广告及宣传册等形式。在传统宣传方式上也应进行创新，例如在宣传册设计中加入更多赏心悦目的彝族元素，让广告牌更具观赏性，避免千篇一律，让观者产生厌倦情绪。政府和企业可牵头或组织与各地旅行社的合作项目，发挥乡村旅游场地宽阔、活动自由的优势，吸引更多的团体顾客。

6.6 落实旅游精准扶贫，发展成果惠及村民

尽管底底古村已经实现全村脱贫，但当地的经济基础依旧薄弱，村民收入仍处于较低水平。从底底古村村民的未来期望统计数据来看，提高扶贫效益仍是村

民们对乡村旅游发展最高的需求。因此底底古村的乡村旅游发展应始终坚持惠民导向，将精准扶贫作为重要的工作方针，将扶持贫困群众作为旅游资源开发的基本原则，让底底古村旅游的行业发展成为当地村民致富的内在动力，让当地村民切实享受旅游资源开发带来的经济利益。

旅游扶贫的核心在于社区参与。只有强化村民的主体地位，鼓励村民自觉参与旅游业发展中，底底古村才能构建新的经济生产关系，建立内生发展机制，实现造血式扶贫。底底古村应进一步加强旅游扶贫相关宣传，让村民加深对旅游扶贫政策的认识，采取政策和激励制度来鼓励个体工商户和村民通过创业、就业等不同形式参与到旅游开发当中。

政府和村委应发挥主导作用，为旅游扶贫项目提供优惠的政策和平台，引导和激励旅游企业增强其公益性。政府还需规范底底古村乡村旅游开发的利益分配制度，对经济状况不同的村民受益程度进行科学测评，为情况较为困难的家庭和个体提供补助和优惠政策，避免产生过大的贫富差距或者"飞地效应"。底底古村应成立扶贫相关的自治小组，对扶贫工作进行监督，及时收集村民对扶贫效益的反馈。在政府的引导支持和企业的主动配合下，底底古村应建立相对完整的旅游扶贫产业链，通过优先从本地进货、多推销本地产品等方式，将传统的农副产品生产和手工艺品制作整合进旅游扶贫发展的"活化机制"中。

6.7 建立文化与生态补偿机制，坚持活化发展

传统彝族文化和原生态的自然风光是底底古村乡村旅游的核心卖点。在开发过程中，做好文化和生态环境的保护工作是底底古村乡村旅游实现可持续发展的根本前提。保护底底古村文化和生态环境的核心举措应是建立有效的补偿机制，应依据"开发者付费、受益者补偿、破坏者赔偿"的原则，明确补偿机制的主客体及权责关系，并切实保障补偿机制运行。补偿机制的建立和运行，将底底古村的乡村旅游发展与村落本身的生命力结合起来，实现真正的活化可持续发展。

政府同时作为开发者、受益者和补偿机制的保障者，应当发挥公平公正的主导作用。政府应完善文化和生态保护政策，在审核及推进旅游开发项目时，对文化和生态保护标准方面需严格把关。在旅游开发过程中，政府应对文化保护传承及生态保护治理的相关工作及负责单位进行合理的资金补贴及政策支持。还应建立有效的奖惩制度，对传统文化的发展和生态环境的保护作出贡献的个人和集体

要予以奖励，坚决依法惩处破坏底底古村文化遗产及生态环境的行为。企业作为开发者，应当严格遵守相关法律法规，杜绝开发过程中对底底古村传统文化及生态的破坏和过度商业化行为。在开发利用底底古村文化生态旅游资源的同时，企业要积极通过资金和配套设施建设等方式反哺底底古村的文化传承保护和生态治理。底底古村村民作为传统文化和生态环境的直接受益者，应自觉承担补偿责任，主动参与到底底古村传统文化与生态环境的保护工作中。村民中应明确底底古村传统手艺、歌舞、仪式等的传承责任人，保障传统文化传承的稳定性。村民应通过分包的形式负责每户住宅及耕地周边的日常环保工作。村集体应成立传统文化及生态环境保护相关的委员会，做好监督和反馈。

7. 结论与展望

本研究以四川省乐山市峨边彝族自治县底底古村为研究对象，以国内外研究成果为基础，通过问卷访谈、实证分析等方法，对当地乡村旅游的发展现状和存在问题进行了调查研究，再结合相关理论及西江千户苗寨的成功案例，对底底古村的乡村旅游发展提出有针对性的策略建议。

经过对国内外文献和研究成果的查阅，笔者获悉了国内外乡村旅游、旅游扶贫和民族旅游的理论基础和发展状况，并着重吸纳了杨军辉的民族特色旅游村寨分类方法及文化补偿机制理论、黄杰等人的少数民族地区传统村落"活化发展"理论。结合十九大提出的乡村振兴理论，课题组从"打造特色产业，推进旅游扶贫，带动基础设施建设，振兴古村文化，保护生态环境"等五个方面阐述了底底古村发展乡村旅游的重要意义。课题组前往底底古村进行实地调研，深入了解了底底古村乡村旅游发展现状，分别对底底古村游客、村民进行了问卷调查，并对底底古村禅驿黑竹沟度假酒店管理人员进行了深入访谈。通过对问卷调查结果及多方获得数据的综合分析，总结了底底古村发展乡村旅游存在的问题，例如自然环境及交通条件有局限、产业基础薄弱、人才匮乏、营销模式单一等。接着以贵州西江千户苗寨作为成功案例，分析并总结了"西江模式"的特点和成功经验，例如积极发挥政府主导作用、龙头企业带头效应、增强居民参与等。综合以上调查研究及分析所得，最后课题组为底底古村的乡村旅游发展提出了推进落实相关政策与规划、大力改善交通条件、加强配套设施建设、引进各类专业人才、提升彝寨品牌效应、落实旅游精准扶贫、建立文化与生态补偿机制等七点对策。

　　本研究虽然就底底古村乡村旅游发展中所存在的问题提出了相应对策，在选题视角和研究内容上有一定的创新，但是仍有较大不足。首先底底古村村民结构特殊，老人与少儿较多，甚至部分存在语言不通的情况。因此问卷设计和调查结果可能存在不够深入、全面的问题。其次课题组学术与理论水平较为有限，对相关理论成果的掌握和吸收可能存在一定的遗漏和缺失，因此在问题分析和策略研究方面的深度和高度都有待提高。

参 考 文 献

[1] 关于促进乡村旅游可持续发展的指导意见[Z].

[2] 12 部门共同制定《乡村旅游扶贫工程行动方案》[EB/OL]. http：//www.gov. cn/xinwen/2016-08/18/content_5100433. htm.

[3] 陈宇. 湘西少数民族地区乡村旅游资源分类及评价[J]. 中国农业资源与区划，2019，40(2)：205-210.

[4] 黄杰，李晓东，谢霞. 少数民族传统村落活化与旅游开发的互动性研究[J]. 广西民族研究，2018(5)：119-128.

[5] 中共中央　国务院关于实施乡村振兴战略的意见[EB/OL]. http：//www.xinhuanet. com/2018-02/04/c_1122366449. htm.

[6] 中共中央　国务院印发《乡村振兴战略规划（2018—2022 年）》[EB/OL]. http：//www. xinhuanet. com/politics/2018-09/26/c_1123487123. htm.

[7] 李羽佳，赵长轶. 精准扶贫背景下四川偏远民族地区乡村旅游发展对策研究[J]. 决策咨询，2018(2)：39-41，46.

[8] 徐克勤. 把握实施乡村振兴战略机遇，进一步推进少数民族特色村镇建设[N]. 中国民族报，2018-07-06(6).

[9] "西江模式"进入两会专刊，旅游带动扶贫，助推脱贫攻坚[EB/OL]. http：//www. hbhczx. gov. cn/index. php? c=home&a=show&id=1666.

[10] 廖远涛，魏宗财，陈婷婷. 贵州西江镇千户苗寨旅游发展策略研究[J]. 小城镇建设，2010(1)：94-98.

[11] 未来 10 年峨边将打造国内知名的乡村旅游目的地[EB/OL]. https：//

leshan. scol. com. cn/ttxw/content/2015-05/25/content _ 51725558. htm？ node =
112961.

[12]康叶红，樊雅俊. 乡村振兴背景下大湘西乡村旅游人才现状分析及对策研究
[J]. 产业与科技论坛，2019，18(19)：85-86.

[13]吴育炳. 民族特色旅游营销现状、问题及对策研究——以贵州西江千户苗寨
为例[J]. 佳木斯职业学院学报，2017(10)：441.

[14]向从武，冯伟林. 西南民族地区旅游扶贫成效与益贫机制构建[J]. 贵州社
会科学，2019(3)：149-154.

[15]杨军辉. 资源—环境—区位视域下民族村寨旅游开发研究[D]. 西安：西北
大学，2016.

附录 A

四川省峨边彝族自治县底底古村乡村旅游发展
村民参与度调查

您好！我们最近正在进行关于四川省峨边彝族自治县底底古村乡村旅游发展的课题研究，感谢您百忙之中填写这份问卷。本次问卷采用匿名形式，仅用于数据统计，请按照您的实际情况和感受放心填写。

一、村民个人基本信息

1. 请问您的民族是？（　　　）

   A. 彝族   B. 汉族

   C. 其他（请注明）_____

2. 您的年龄是？（　　　）

   A. 25 岁及以下   B. 26~35 岁

   C. 36~45 岁   D. 46~55 岁

   E. 56 岁及以上

3. 您之前是外出务工人员吗？（　　　）

   A. 是   B. 不是

4. 您的受教育情况是？（　　　）

   A. 小学及以下   B. 初中

   C. 中专及以上   D. 其他（请注明）_____

二、村民对乡村旅游参与度调查

1. 您有参与到本村的旅游业吗？（　　　）

   A. 直接参与（从事旅游餐饮住宿相关经营或工作）

   B. 间接参与（为旅游行业提供原料或配套服务）

   C. 没有参与

2. 本村开展乡村旅游开发和旅游扶贫以后，您对目前的收入增益情况满意吗？（　　　）

　　A. 非常满意　　　　　　　B. 满意

　　C. 一般　　　　　　　　　D. 不满意

3. 您认为乡村旅游的发展对彝族的传统文化产生了什么样的影响?（　　　）

　　A. 积极的　　　　　　　　B. 消极的

　　C. 没有影响　　　　　　　D. 不太了解

4. 本村旅游业发展后,您感受到水、电、道路等基础设施改善了吗?（　　　）

　　A. 有　　　　　　　　　　B. 没有

5. 您对乡村旅游的了解主要来自?（可多选）（　　　）

　　A. 政府宣传　　　　　　　B. 学校教育

　　C. 网络媒体　　　　　　　D. 禅驿酒店

　　E. 不太了解

6. 您认为本村旅游业的发展对本村的农副产品和手工艺品的销售带动作用如何?（　　　）

　　A. 非常显著　　　　　　　B. 一般

　　C. 没有作用

7. 您认为本村未来的乡村旅游发展应该加强哪些方面?（可多选）（　　　）

　　A. 加强基础设施建设　　　B. 鼓励村民创业

　　C. 丰富彝族文化展示　　　D. 增强旅游扶贫效益

　　E. 提高广告宣传力度　　　F. 展开专业技能培训

附录 B
四川省峨边彝族自治县底底古村乡村旅游游客体验
与认知调查问卷

您好！我们最近正在进行关于四川省峨边彝族自治县底底古村乡村旅游发展的课题研究。感谢您百忙之中填写这份问卷。本次问卷采用匿名形式，仅用于数据统计，请按照您的实际情况和感受放心填写！

一、游客个人基本信息

1. 您的性别是？（　　　）

    A. 男　　　　　　　　B. 女

2. 您的年龄是？（　　　）

    A. 25 岁及以下　　　B. 26~35 岁　　　　C. 36~45 岁

    D. 46~55 岁　　　　E. 56 岁及以上

3. 您来自_____省（自治区、直辖市）

4. 您是通过什么形式来底底古村旅游的？（　　　）

    A. 旅行社　　　　　B. 单位或团体活动　　C. 个人自助旅游

二、游客体验与认知调查

1. 您来底底古村的目的是什么？（　　　）

    A. 体验底底古村彝族乡村生活

    B. 游览黑竹沟地区自然风光

    C. 商务差旅

2. 您是以什么交通方式来到底底古村的？（　　　）

    A. 公共交通　　　　B. 自驾游　　　　　C. 包租私人车辆

3. 您对峨边县及底底古村目前的交通状况满意吗？（　　　）

    A. 满意　　　　　　B. 不满意　　　　　C. 一般

4. 您了解底底古村相关信息的方式是？（可多选)（　　　）

    A. 网络平台及媒体　　　　B. 政府或新闻宣传

C. 亲戚朋友推荐　　　　　D. 活动统一组织，之前并不知道

E. 通过禅驿酒店的宣传　　F. 其他(请注明)_____

5. 少数民族传统村落最吸引您的地方是什么？(可多选)(　　)

A. 传统建筑　　　　　　　B. 传统歌舞艺术

C. 传统工艺品　　　　　　D. 传统美食

E. 田园牧歌式的生活　　　F. 传统节庆

6. 您在底底古村会停留几天？(　　)

A. 当天离开，不过夜　　　B. 停留一夜

C. 两天及以上

7. 您会再来底底古村旅游吗？(　　)

A. 我对底底古村很满意，会再来的

B. 我觉得底底古村不吸引我，不会

C. 底底古村的风光很好，如果继续改善各方面设施，我会考虑再来

8. 您希望底底古村旅游未来哪些方面得到增强？(可多选)(　　)

A. 水、电、网络等基础设施　　B. 交通状况

C. 娱乐设施　　　　　　　　　D. 彝族风情体验

E. 工作人员服务态度

附录 C
底底古村禅驿黑竹沟度假酒店管理人员访谈

1. 请您简要介绍一下禅驿黑竹沟度假酒店的创立过程。

2. 您认为禅驿黑竹沟度假酒店对于底底古村的乡村旅游发展和旅游扶贫做出了什么样的贡献？

3. 您认为底底古村禅驿黑竹沟度假酒店在营销方式上有什么创新？

4. 您怎么看待底底古村的旅游产业发展现状？

5. 您认为目前禅驿黑竹沟度假酒店在经营过程中有哪些困难？

6. 您能简要介绍一下禅驿黑竹沟度假酒店工作人员的情况吗？

7. 您对禅驿黑竹沟度假酒店和底底古村乡村旅游未来的发展有什么建议吗？